LA GUERRE
DES TROIS HENRI

*

DU MÊME AUTEUR

AUX ÉDITIONS LE GRAND-CHÂTELET

La Devineresse
Marius Granet et le trésor du Palais Comtal
Le Duc d'Otrante et les Compagnons du Soleil
Juliette et les Cézanne

AUX ÉDITIONS DU MASQUE

Attentat à Aquae Sextiae
Le Complot des Sarmates, suivi de *La Tarasque*
L'Archiprêtre et la Cité des Tours
Nostradamus et le dragon de Raphaël
Le Mystère de la Chambre Bleue
La Conjuration des Importants
La Lettre volée
L'Exécuteur de la Haute Justice
L'Énigme du Clos Mazarin
L'Enlèvement de Louis XIV
Le Dernier Secret de Richelieu
L'Obscure mort des ducs
La Vie de Louis Fronsac

AUX ÉDITIONS JEAN-CLAUDE LATTÈS

La Conjecture de Fermat
Le Captif au masque de fer
Les Ferrets de la reine
Trilogie *La Guerre des trois Henri*
Les Rapines du duc de Guise
La Guerre des amoureuses (à paraître en février 2009)
La ville qui n'aimait pas son roi (à paraître en juin 2009)

www.editions-jclattes.fr

Jean d'Aillon

LES RAPINES DU DUC DE GUISE

Roman

JC Lattès
17, rue Jacob 75006 Paris

ISBN : 978-2-7096-3054-2

LES PERSONNAGES

NICOLAS AMELINE, *avocat, bourgeois de Paris,*
JEAN BOUCHER, *recteur de la Sorbonne, curé de Saint-Benoît de la Sainte-Trinité,*
JEAN BUSSY, *sieur de Le Clerc, procureur du roi,*
ISOARD CAPPEL, *banquier et agent espagnol,*
FRANÇOIS CAUDEBEC, *écuyer de Philippe de Mornay,*
GILBERT CHAMBON, *commissaire de police au Châtelet,*
EUSTACHE DE CUBSAC, *Gascon au service de François d'O,*
LUDOVIC DA DIACETO, *financier italien, ami de François d'O,*
GUILLAUME FAIZELIER, *homme de main de Jehan Salvancy,*
CHARLES DE GUISE, *duc de Mayenne, frère du Balafré,*
HENRI DE GUISE, *prince lorrain, surnommé le Balafré,*
FRANÇOIS HAUTEVILLE, *notaire secrétaire du roi, contrôleur des tailles de l'élection de Paris,*
OLIVIER HAUTEVILLE, *son fils,*
HENRI III, *roi de France,*
CHARLES HOTMAN, *receveur de l'évêque de Paris,*
PHILIPPE HURAULT, *comte de Cheverny, chancelier,*
DIMITRI KORNOWSKI, *Sarmate polonais, au service de François d'O,*
JACQUES LE BÈGUE, *commis de François Hauteville, puis de son fils Olivier,*
ISABEAU DE LIMEUIL, *épouse de Scipion Sardini,*
CHARLES DE LOUVIERS, *seigneur de Maurevert,*
JEHAN LOUCHART, *commissaire au Châtelet,*
CLAUDE MARTEAU, *maître des comptes, frère de Michel Marteau,*

MICHEL MARTEAU, *seigneur de La Chapelle, maître des comptes,*
GEORGES MICHELET, *sergent à verge au Châtelet,*
CASSANDRE DE MORNAY, *fille adoptive de Philippe de Mornay,*
PHILIPPE DE MORNAY, *seigneur du Plessis, surintendant d'Henri de Navarre,*
FRANÇOIS D'O, *marquis de Fresnes, gouverneur du château de Caen,*
PERRINE, *servante d'Olivier Hauteville,*
FRANÇOIS DU PLESSIS, *seigneur de Richelieu, Grand prévôt de France,*
NICOLAS POULAIN, *lieutenant de la prévôté de l'Île de France,*
FRANÇOIS DE RONCHEROLLES, *marquis de Mayneville,*
JEHAN SALVANCY, *receveur général des tailles de l'élection de Paris,*
SCIPION SARDINI, *financier italien,*
ANTOINE SÉGUIER, *conseiller au parlement, maître des comptes, frère de Jean Séguier,*
JEAN SÉGUIER, *lieutenant civil de Paris,*
THÉRÈSE, *cuisinière d'Olivier Hauteville,*
MICHEL VALIER, *homme de main de Jehan Salvancy,*
RENÉ DE VILLEQUIER, *gouverneur de Paris, beau-père de François d'O.*

1.

Lundi 7 janvier 1585, lendemain de l'Épiphanie

Olivier Hauteville rentrait chez lui fort contrarié. Il n'avait pas trouvé le père Jean Boucher, recteur de la Sorbonne et curé de Saint-Benoît de la Sainte-Trinité, au rendez-vous que le religieux lui avait donné.

Le jeune homme lui avait écrit avant les fêtes de Noël afin de convenir d'une date pour la soutenance de sa thèse en philosophie. La lettre avait été portée par Gilles – son valet – et le recteur avait répondu verbalement qu'il le recevrait à tierce le 7 janvier devant l'imprimerie de la Sorbonne.

Il n'y était pas, et Olivier l'avait attendu en vain avant de se rendre à la cure de Saint-Benoît, près de Sainte-Geneviève, où habitait Jean Boucher. Personne ne s'y trouvait, pas même un domestique !

Alors qu'il s'approchait du Petit pont, Olivier vit une foule agitée entre le Petit-Châtelet et les grèves qui descendaient vers la rivière.

— Que se passe-t-il ? demanda-t-il à un huissier du Palais, en robe et bonnet noirs, qui s'était arrêté comme lui.

— C'est un libraire, je crois, un huguenot. Il vendait des libelles contre Mgr de Guise. On va le jeter à la Seine.

Curieux, Olivier s'approcha afin de ne rien rater du spectacle qui s'annonçait. Avec une corde, une bande de clercs du Palais tirait sur la grève enneigée un homme sans connaissance qui n'était plus qu'une plaie.

Olivier se sentit brusquement mal à l'aise. Quelqu'un à côté de lui se signa et se mit à prier.

— Vous le connaissez ? demanda Olivier.

— Oui, c'est mon voisin. Je ne comprends pas... il n'est pas huguenot !

Des cris et des hurlements retentirent. Une femme en robe noire et tablier parvint à traverser la foule. Son fichu lui avait été arraché et ses cheveux gris flottaient au vent.

— Laissez-le ! hurla-t-elle en se jetant sur le clerc qui tirait la corde.

— C'est la femme de l'hérétique ! vociféra un homme.

Aussitôt, on se jeta sur elle pour la frapper et lui arracher ses vêtements. Des femmes se joignirent à la curée.

Olivier regardait, tétanisé. Des archers qui gardaient le Petit pont s'étaient approchés pour commenter la rixe. Armé d'un bâton, un homme assena un violent coup sur la tête de la femme. Le sang jaillit et elle s'écroula. Plusieurs mains saisirent alors les deux corps inanimés et, s'approchant de la rivière, les jetèrent à l'eau. Ils furent aussitôt emportés par le courant glacé. Des enfants, vite imités par les clercs, se mirent à leur jeter des pierres pour les faire couler.

Maintenant que tout était terminé, des groupes de badauds commentaient et approuvaient bruyamment l'exécution des hérétiques. Depuis la Saint-Barthélemy, il était légitime de jeter les disciples de Calvin à la Seine, répétaient-ils à plaisir.

— Ils avaient qu'à aller à la messe ! assura une matrone à la hure de hyène dont la bouche féroce exprimait toute la méchanceté du monde.

Malgré son dégoût, Hauteville opina.

— Mort au Bougre ! Vive Guise ! criaient les clercs, tout fiers d'avoir fait justice en voyant les corps sombrer dans les remous du fleuve.

— Au couvent, le Bougre escouillé ! Mort aux hérétiques ! répliqua un homme vivement applaudi.

Olivier haussa les épaules pour se donner une contenance et reprit son chemin vers le Châtelet, tandis qu'arrivait par le pont Saint-Michel une troupe de gardes du roi et que la foule se dispersait.

Les clercs avaient eu raison, tentait-il de se convaincre. Heureusement que Mgr de Guise était là ! Comme l'avait fait son père, François de Guise, le duc les protégerait de leur bougre de roi et des hérétiques qui voulaient exterminer les bons chrétiens.

Sur le Petit pont, par un espace entre deux maisons, il regarda la Seine. Les corps avaient réapparu, ils allaient sans doute s'accrocher dans les piles de bois du pont Saint-Michel. Alors qu'il contemplait ce triste spectacle, des souvenirs enfouis affleurèrent à la mémoire d'Olivier.

On était le dimanche 24 août 1572. Il avait neuf ans et c'était la Saint-Barthélemy. Réveillé par le tocsin, il avait vu Margotte – la gouvernante qui s'occupait de lui depuis la mort de sa mère et qui partageait la couche de son père – debout à la fenêtre de la chambre, en chemise de nuit. Son père se tenait à côté d'elle avec une lanterne. Le jour pointait. Ils regardaient tous les deux dans la rue. Sortant de son lit, il s'était approché pour regarder, lui aussi.

Une bande d'hommes à cheval, en morion et corselet, épée et pique à la main, suivie d'un prêtre et dirigée par un gentilhomme dont l'armure de cuivre étincelait – il avait appris depuis que c'était le duc de Montpensier – brisait la porte de la maison à l'enseigne du Plat d'Étain, en face de chez eux. C'était celle d'un gentilhomme protestant dont on disait qu'il était parent de l'amiral de Coligny.

Les hommes étaient entrés, puis avaient retenti des coups de mousquet, des cris, et enfin des hurlements. Alors, il avait vu avec horreur des corps jetés par les fenêtres : d'abord le chef de la famille, puis ses fils âgés d'une dizaine d'années. Ensuite ce fut son secrétaire, suivi des femmes de la maison, des servantes, pour la plupart toutes désaccoutrées, et enfin de plus jeunes enfants. Même un enfantelet qui vagissait encore.

Dans la rue, des gens étaient sortis pour assister au massacre. Descendu pour se renseigner, son père n'avait pas tardé à remonter, livide.

— Le roi a appris que les hérétiques voulaient attaquer le Louvre... le Palais... et la Bastille... tuer toute sa famille... piller la ville, avait-il balbutié sous le coup de l'émotion. Tout avait été préparé par Coligny et ses amis. Ça ne m'étonne pas, avec toutes les atrocités qu'il a commises l'année dernière en Languedoc ! Qu'est-ce qui a pris à notre roi de lui faire confiance ! Heureusement qu'il a déjoué ce complot. Il a décidé d'exécuter l'amiral de Coligny et de punir tous ceux qui y participaient... M. de Grandcastel, notre voisin, en faisait partie... Il a payé et c'est justice. Le prévôt des marchands et les échevins avaient reçu des ordres...

— Mais les femmes... les enfançons..., avait balbutié sa gouvernante, tremblante d'émotion.

— Femmes de huguenots ! Elles ne sont bonnes qu'à être troussées ! avait répondu brutalement son père en détournant le regard pour cacher ses larmes.

Olivier était resté devant la fenêtre ouverte, muet de stupeur devant l'épouvantable spectacle. Le tocsin sonnait maintenant dans toutes les églises. Par moment, il reconnaissait le son de la Babillette et de la Muette, les deux des grandes cloches de Notre-Dame. La bande du gentilhomme à l'armure brillante s'était éloignée pour s'occuper d'une autre famille d'hérétiques. Les voisins déshabillaient les victimes afin de rapiner leurs vêtements. Des pillards vidaient la maison, d'autres découpaient les têtes des cadavres avec des tranchoirs pour les accrocher aux fenêtres, d'autres encore attachaient les corps par des cordes et les tiraient vers la Seine, sans doute pour les jeter à l'eau.

Toujours en regardant la rivière et les corps qui flottaient, Olivier se souvint des odeurs âcres de chairs grillées, du feu, de la fumée, des ombres qui couraient, des éclairs rouges des épées et des poignards, des cris incessants : « Vive Jésus ! Vive la messe ! »

En bas de la rue, une autre troupe armée était apparue. Sous son morion, Olivier avait reconnu le dizainier de leur quartier ; un brave homme qui venait souvent chez eux parler avec son père. Il y avait aussi plusieurs bourgeois de sa connaissance.

— Il y a des hérétiques ici ! avaient crié des voisins en désignant une porte.

Aussitôt la troupe s'était dirigée vers la maison. Quelques minutes plus tard, on jetait les corps d'une femme et de son fils par les fenêtres. Le garçon était son ami et il n'avait pu détacher son regard du petit corps ensanglanté.

— Que fais-tu encore là ! avait crié son père. Va dans la cuisine et n'en bouge plus !

Jamais, il ne l'avait vu ainsi. Son père ne maîtrisait plus ses gestes et son visage était secoué de tremblements convulsifs tant il avait peur. Il avait poussé le volet de bois intérieur, fermé le verrou, et l'avait saisi par le bras pour l'emmener. Ensemble, ils avaient dévalé l'escalier. En bas, son père avait vérifié que la grille qui doublait la porte était baissée.

Tout le monde s'était retrouvé dans la cuisine. La gouvernante, les servantes, le commis de son père. Tous étaient terrifiés, livides. Du dehors, des cris assourdis leur parvenaient : des hurlements, des supplications, et surtout le fracas continuel des arquebuses et des pistolets. La gouvernante s'était mise à prier, aussitôt imitée par tous.

Son père avait tenté de les rassurer.

— Que risquons-nous ? Ils ne s'attaquent qu'aux huguenots et nous sommes bons catholiques. Nous n'avons pas à nous en mêler !

La gouvernante l'avait regardé, les yeux emplis de larmes et de tristesse.

— Et s'ils croient qu'on est des hérétiques ?

— Nous sommes de bons catholiques ! avait crié son père d'une voix étranglée, tout en frappant du poing sur la table. Nous allons à la messe et à confesse. Tout le monde le sait dans le quartier !

Il devait pourtant penser que cette protection était insuffisante, car il avait ajouté au bout d'un instant :

— Et puis la maison est solide, c'est une forteresse imprenable.

Le tocsin sonnait de façon continue, sans pour autant couvrir les bruits du massacre, les hurlements d'agonie et les coups de feu.

Alors que le bruit faiblissait, son père était retourné dans l'escalier pour observer la rue par une meurtrière.

— Alors ? avait demandé la gouvernante, en le voyant revenir.

— Tout est rouge de sang, Margotte, avait-il dit en cachant mal sa détresse. Le bijoutier qui habite en face de l'épicier du *Drageoir Bleu* est pendu à sa fenêtre avec sa femme. Il y a des bandes de gueux dans la rue qui dépouillent les cadavres.

Olivier se souvenait encore que Margotte l'avait serré dans ses bras en priant.

— Il y a d'autres pillages vers la rue de Venise, avait-il ajouté. L'auberge du *Porcelet Blanc* est saccagée. Il ne faut pas sortir, il suffit d'attendre. Le roi va forcément envoyer des Suisses ou des gardes françaises pour rétablir l'ordre.

Ils avaient mangé le pain sec qui restait. La cuisinière avait préparé une épaisse soupe, mais en montrant les récipients alignés contre le mur, elle les avait prévenus qu'elle n'avait presque plus d'eau.

L'eau était rare. Chaque matin, la cuisinière allait à la fontaine pour remplir les quinze seaux indispensables pour la boisson et la cuisine. Seule une petite quantité était utilisée pour se laver les mains lorsqu'elles étaient trop sales, et aux beaux jours, ils se les lavaient uniquement à la fontaine. Le reste du temps, ils ne se décrassaient qu'avec une toile sèche et du vinaigre, sauf deux fois par mois, quand ils allaient aux étuves.

— Il faut garder l'eau pour boire, avait décidé M. Hauteville. Ce soir, j'irai à la fontaine remplir un seau.

C'est durant ce repas que leur commis, Jacques Le Bègue, avait proposé qu'ils établissent un tour de garde et qu'ils s'arment pour se défendre si les pillards parvenaient à entrer dans la maison. Son père avait acquiescé et était allé chercher la pertuisane qu'il utilisait pour les rondes du guet bourgeois. C'était la seule arme de la maison. Le Bègue avait pris une hache et le valet un long couteau. Sa gouvernante avait gardé le dernier couteau pour elle. Elle savait quel serait son sort si les pillards pénétraient chez eux.

La journée s'était écoulée en prières. Le soir, son père l'avait embrassé et lui avait longuement parlé de sa mère qui était au ciel. Ils avaient prié pour elle en lui demandant de l'aide.

Le lendemain, un échevin et quelques bourgeois casqués et armés d'arquebuses étaient venus chez eux. Le commis avait peur de les laisser entrer et son père avait longuement parlementé avec les visiteurs avant d'ouvrir.

Mais ils ne faisaient pas partie des pilleurs et des fanatiques. Olivier s'était glissé dans un coin de la chambre pour écouter la conversation.

— Il faut mettre un terme aux violences, avait dit l'échevin. Le roi n'a jamais voulu ces meurtreries. Sa Majesté ordonne à tous les bourgeois de Paris de rejoindre leur quartenier pour former un corps de garde.

— Pourquoi ces massacres ? avait interrogé son père. Je n'ai pas osé sortir sinon pour chercher un peu d'eau.

L'échevin avait raconté le complot présumé de Coligny et comment le roi s'en était protégé en frappant le premier et en demandant à ses proches et à la milice urbaine l'exécution des complices. Cela, c'était justice. Mais ensuite, tout le monde s'était mis au pillage. La veille, Claude Marcel, l'ancien prévôt des marchands, avait désigné ceux qu'il fallait tuer. Avec une bande d'écorcheurs, il avait parcouru la ville pour éventrer femmes, enfants, et nourrissons.

— La tuerie est finie ? avait demandé son père.

— Dans la rue Saint-Martin, qui appartient au chapitre de Saint-Merry et au prieuré Saint-Martin, oui car elle abrite peu de protestants. Mais plus haut, vers l'enseigne du *Chapeau-Rouge*, il y a beaucoup de financiers et de changeurs calvinistes. Là, le massacre continue. J'ai vu de mes yeux des dizaines de cadavres pendus sur l'échelle patibulaire de Saint-Martin-des-Champs. Je vous en conjure, monsieur Hauteville, vous devez venir avec nous pour rétablir l'ordre, sinon, ces morts resteront sur notre conscience et Dieu nous jugera.

Son père n'avait pas hésité. Il avait saisi sa pertuisane et son casque, et était parti avec eux. Il n'était rentré que le soir, le visage défait.

— Les chaînes sont tendues dans les rues et les portes de la ville sont fermées. Le massacre continue dans le quartier de Saint-Germain-l'Auxerrois où des centaines de huguenots, venus pour assister aux noces d'Henri de Bourbon, ont été occis. Au milieu des rues sèchent des ruisseaux de sang, et les cadavres déshabillés sont partout, pendus aux fenêtres, aux arbres, ou abandonnés sur le sol, avait-il dit à Margotte. Il y a quantité de maisons pillées aux portes brisées. Presque tous les joailliers du pont Notre-Dame, qu'ils soient hérétiques ou non, ont été assassinés et jetés dans la Seine. Une troupe appartenant au duc d'Anjou les a mis au pillage, hier.

» Des bandes de meurtriers parcourent encore les rues, enfonçant les portes, égorgeant ceux qu'ils veulent rançonner et forçant les femmes qu'ils abandonnent nues et ensanglantées dans les rues. Paris ressemble à une ville en guerre prise d'assaut. Nous avons réussi à protéger quelques catholiques, mais pour les hérétiques, c'était impossible, on nous aurait massacrés.

Dans la rue redevenue calme, Margotte et la servante, escortées de Gilles et de Jacques Le Bègue, porteur de la hache, étaient allées chercher de l'eau et avaient pu, à prix d'or, acheter quelques légumes et du lard. Les marchés étaient fermés, aucun chariot d'approvisionnement n'entrait dans Paris.

Son père était reparti le mardi, et en rentrant le soir, il leur avait appris que le roi avait tenu un lit de justice au palais de justice. À cette occasion, il avait déclaré devant le parlement n'avoir agi que pour « prévenir l'exécution d'une malheureuse et détestable conspiration faite par ledit amiral, chef et auteur d'icelle et ses dits adhérents et complices en la personne dudit seigneur roi et contre son État, la reine sa mère, MM. ses frères, le roi de Navarre, princes et seigneurs étant près d'eux ».

Sa Majesté avait justifié le massacre, mais ordonné qu'il cesse puisque justice était faite. Ses prévôts et ses gens d'armes avaient ordre de pendre ceux qui s'attaqueraient désormais à des protestants.

Le dimanche suivant, Olivier était sorti pour la première fois depuis la Saint-Barthélemy. Les massacres avaient cessé, mais comme il se rendait à Saint-Merry avec son père pour écouter la messe, on voyait encore des cadavres pendus aux fenêtres. Certains étaient couverts de corbeaux qui les picoraient, d'autres étaient noirs de mouches bourdonnantes. Il se souvenait surtout de l'odeur. Avec la chaleur d'août, la puanteur habituelle des crottes et des déjections était masquée par celle de la mort et du sang séché. C'étaient les mêmes relents infects qu'on respirait dans le quartier de la Grande boucherie.

Le sermon avait été fait par le père Boucher qui était maintenant recteur de la Sorbonne et qui dirigeait sa thèse.

Selon lui, l'occision des protestants était une juste punition de Dieu. Nous ne devrons jamais l'oublier ! avait-il martelé avec fureur à ses ouailles.

— Le père Boucher a raison, c'est moi qui suis

trop faible, avait seulement dit son père en sortant de l'église.

Dans les jours suivants, le calme était revenu. De nouveaux voisins avaient emménagé et les horreurs de ces trois effroyables journées s'étaient estompées. Son père n'en avait plus jamais parlé, ni Margotte.

Charles IX, le responsable de la tuerie, était mort deux ans plus tard, rongé par le remords, disait-on. Le nouveau roi, Henri III, qui avait pourtant participé au massacre bien qu'il clame le contraire, tentait de conduire depuis dix ans une politique d'équilibre entre catholiques et protestants. Seulement, chacun savait qu'il protégeait les hérétiques.

Son père lui avait souvent répété l'affirmation du père Boucher : vivre à côté d'un huguenot sans le dénoncer, c'était se condamner à la damnation éternelle ! Olivier lui donnait raison. Pourtant, après ce qu'il avait vu devant le Petit pont, il ne se sentait plus si sûr de lui. Secoué par la vision de cet homme et de cette femme ensanglantés, assassinés, mais aussi par les souvenirs qui affleuraient, il ne savait plus que penser. Il oublia le père Boucher et sa thèse, et se pressa pour rentrer chez lui. Il fallait qu'il parle avec son père et Margotte de ce qu'il venait de voir.

Depuis des mois, Olivier entendait dire que les violences se multipliaient contre les huguenots. Qu'on rapinait leurs biens, qu'on les pendait ou qu'on les jetait en Seine. Le peuple faisait désormais justice lui-même, car chaque fois que des hérétiques étaient arrêtés, le roi les protégeait. L'année précédente, après avoir saisi un ministre et ses auditeurs durant un prêche, le parlement les avait seulement bannis de la prévôté de Paris, alors qu'on aurait dû les brûler vifs, ou au moins les pendre.

Depuis des semaines, des clercs de la Sorbonne assuraient que les huguenots entraient dans Paris pour préparer une Saint-Barthélemy des catholiques. Olivier se rappelait des horreurs que son père lui avait racontées sur la prise de Cahors, cinq ans plus tôt, par les soudards d'Henri de Navarre. Les huguenots ont amené l'enfer sur la terre, répétait-il souvent en rapportant les atrocités des reîtres qui confectionnaient des colliers d'oreilles arrachées aux pauvres catholiques.

Si le roi ne les protégeait pas de la méchanceté des hérétiques, le duc de Guise le ferait. Après tout, son père avait déjà sauvé la France.

Olivier traversa l'Île et, après avoir passé le pont Notre-Dame, remonta rapidement la rue des Arcis puis la rue Saint-Martin. Il eut son premier sourire quand il aperçut la tourelle hexagonale de leur maison.

C'était une de ces constructions biscornues comme il y en avait tant à cette époque où les encoignures, les courettes et les culs-de-sac étaient innombrables. Situé du côté de la rue de Venise, à peu près en face de la rue des Ménétriers, leur logis avait été construit par le grand-père d'Olivier sous le règne de Henri II. On le remarquait à sa tourelle à six pans qui s'avançait sur la rue. C'était l'unique entrée de la maison.

Au niveau de la rue Saint-Martin, la tourelle bornait une courette de quinze pieds de large et profonde de huit. En vérité, c'était plutôt un porche dont la couverture constituait le plancher du premier étage. L'autre côté de cet espace était fermé par l'échoppe d'un tailleur qui avait deux devantures voûtées en ogives, l'une ouvrant sur la courette, l'autre sur la rue et dont les colombages au-dessus étaient peints en vert.

Leur maison était construite sur deux étages, avec de vastes combles sous le grand pignon fortement pentu aux colombages rouge vif. Les deux niveaux d'habitation avaient chacun deux salles principales ouvrant dans l'escalier à vis enchâssé dans la tour. En tout, il y avait donc quatre chambres, sans compter les galetas et les garde-robes. Le père d'Olivier et la gouvernante qui l'avait élevé à la mort de sa mère occupaient chacun une salle du premier niveau, Olivier et le commis de son père logeaient au second niveau. La cuisinière, le valet et la servante dormaient sous les combles.

Arrivant dans le porche couvert qui formait courette, Olivier y découvrit le tailleur en conversation avec un autre voisin. Tous deux arboraient un air sinistre. La porte de la tourelle était ouverte, ce qui ne manqua pas de l'étonner, son père la fermant toujours soigneusement à clef.

— Monsieur Hauteville ! le héla le tailleur en l'apercevant... On vous attend...

— Qui donc ?

— Il... il y a eu... un grand malheur, bredouilla son voisin.

Olivier comprit que quelque chose de grave était survenu et son cœur se mit à battre le tambour.

— Mon père ? fit-il en déglutissant.

— Vous devriez entrer, proposa doucement le tailleur en détournant le regard.

Olivier le regarda un instant sans comprendre, puis pénétra dans la tourelle pour grimper les marches quatre à quatre. La porte de la chambre de son père était ouverte. Un inconnu en velours noir et toquet de la même couleur se tenait dans la pièce avec, à ses côtés, deux archers du guet armés d'épée et de pertuisane. Jacques Le Bègue, le commis, et Perrine, la servante, étaient agenouillés et gémissaient devant le lit sur lequel son père était allongé, son pourpoint noir marqué d'une large tache sombre.

En le découvrant ainsi, blessé, inanimé, peut-être mort, Olivier eut l'impression que la pièce tanguait.

— Qui êtes-vous ? demanda l'homme en noir d'un ton menaçant.

— Père ! cria le jeune homme en se précipitant vers le lit sans se préoccuper de personne.

Olivier prit une main. Elle était rigide et glaciale. Il remarqua alors combien le visage de son père était figé dans une expression de surprise. La plaie sur sa poitrine était bien visible. Un coup de lame juste sous le cœur avait déchiré le pourpoint. Ce fut seulement à cet instant qu'Olivier comprit qu'on avait tué son père.

Il embrassait le cadavre en sanglotant quand, subitement, on le tira sans ménagement en arrière.

— Laissez-moi... qui êtes-vous ? Vous l'avez tué !

C'était l'homme en noir qui l'avait saisi. Olivier le considéra dans un mélange d'aversion et de curiosité. Il était de petite taille, avec un faciès de furet, un visage anguleux, des lèvres fines trop claires, et surtout un teint bilieux, déplaisant, rehaussé par une barbe et une courte moustache noires.

— Vous êtes son fils ? demanda l'inconnu avec malveillance.

— Oui, qu'est-il arrivé ? demanda Olivier en étouffant un sanglot.

— C'est moi qui pose les questions, et c'est vous qui allez nous le dire, asséna l'homme en noir.

En parlant, il scrutait Olivier avec de petits yeux méchants et inquisiteurs.

— Mais qui êtes-vous, enfin ? gémit le jeune homme.

— Je suis le commissaire du quartier, M. Louchart. M. Le Bègue vient de nous prévenir du massacre.

— Le massacre... je ne comprends pas...

Louchart se taisait, arborant une expression à la fois sévère et méprisante.

— Madame et Gilles, murmura alors Le Bègue. Ils sont à côté...

— Quoi ? Pourquoi Margotte n'est pas là ? demanda Olivier.

— Elle... elle aussi, sanglota le commis.

Le jeune homme se releva, son regard s'égara sur la chambre, sur les deux archers indifférents à son malheur, sur Louchart enfin, qui, les paupières plissées, le fixait toujours avec une sorte d'ironie malveillante. En vacillant, il se dirigea vers la porte à côté du lit qui séparait la chambre de son père et celle de Margotte.

Margotte, qui l'avait élevé, était étendue sur son lit, la gorge tranchée. C'était une plaie béante, une plaie de boucherie. Sa robe était maculée de sang. Sur le carrelage, dans une position grotesque, se trouvait Gilles baignant dans une épaisse flaque de sang.

Thérèse, leur vieille cuisinière, grosse comme une tour et déformée par l'embonpoint, priait à genoux devant le lit.

— Margotte ! hurla-t-il en découvrant l'horrible scène.

— Où étiez-vous ? s'enquit le commissaire qui se tenait derrière lui.

Olivier se retourna, le visage défait, en larmes. Il étouffait, sa famille venait de disparaître, il vivait un cauchemar. Il allait se réveiller !

— Moi ? bafouilla-t-il.

— Croyez-vous que je parle à cette femme ? fit le commissaire Louchart en désignant Margotte.

Olivier se retint de le frapper.

— Cette femme était comme ma mère, monsieur !

— Vous ne m'avez pas répondu, jeune homme.

— Où j'étais ? J'étais à la Sorbonne... Je devais rencontrer M. le recteur, le père Jean Boucher, qui est le curé de Saint-Benoît de la Sainte-Trinité.

— Pourquoi ?

La surprise et l'horreur commençaient à se dissiper et Olivier reprit un peu d'assurance :

— Il devait me donner une date pour la soutenance de ma thèse en philosophie.

— Il pourra donc confirmer que vous étiez avec lui ? s'enquit Louchart d'un ton affecté.

— Non, je ne l'ai pas vu, répliqua le jeune homme en secouant la tête. Mais quelle importance ? Qui a commis ces crimes ?

— J'ai besoin de savoir où se trouvait chacun d'entre vous quand ce massacre a eu lieu, fit Louchart. Le commis de votre père était au tribunal de l'élection, votre cuisinière et votre servante, chez des boutiquiers, il n'y a que vous dont j'ignore l'alibi.

— L'alibi ? De quoi parlez-vous ? D'abord, répondez-moi, que s'est-il passé ici ? Ce sont des rôdeurs ? Les connaissez-vous ?

— Ce n'étaient pas des rôdeurs. Votre père a ouvert à quelqu'un qu'il connaissait. Pourquoi pas à vous ?

— Quelle stupidité ! C'était mon père !

— Il est plus courant qu'on ne le croit qu'un fils assassine son père pour hériter plus tôt, asséna le policier avec une sorte de dégoût.

— Vous êtes fou ! fit Olivier en secouant la tête, complètement ahuri.

— Donc le père Boucher ne pourra pas confirmer votre présence à la Sorbonne ? Avez-vous rencontré quelqu'un d'autre ?

— Heu... Non.

— Ennuyeux...

— Pourquoi ?

— Où êtes-vous allé exactement ? demanda Louchart d'un ton dubitatif.

— D'abord à la Sorbonne. Nous devions nous retrouver devant l'imprimerie. J'ai attendu M. le recteur près d'une heure. Ensuite je suis allé chez lui, mais il n'était pas là. Personne ne m'a ouvert.

— Qui avait décidé de cette rencontre ?

— Gilles, notre laquais, lui avait porté une lettre avant Noël et le père Boucher lui avait donné verbalement le jour, l'heure et le lieu de notre rencontre.

— Je vérifierai, mais votre Gilles ayant eu le ventre ouvert, il sera difficile de le faire parler, plaisanta Louchart dans un sourire méprisant.

Il fit quelques pas dans la pièce, avant de déclarer :

— Les archères de la tourelle d'escalier permettent de savoir qui veut entrer, et M. Le Bègue m'a affirmé que M. Hauteville baissait toujours la grille située derrière la porte.

— En effet. Mon père était d'un naturel prudent.

— M. Le Bègue m'en a montré le mécanisme. C'est très astucieux...

L'unique entrée de la maison se situait dans la tour contenant l'escalier. À l'intérieur du mur, une herse de fer pouvait barrer le passage si on brisait la porte. Elle glissait dans de profondes rainures de pierre et ne pouvait être forcée tant ses barreaux étaient épais. Suspendue par une poulie, elle se déplaçait à l'aide d'un contrepoids qui glissait dans le mur. Un levier, dissimulé dans la chambre de M. Hauteville, permettait de la monter et de la descendre facilement. En bas, il était possible de la verrouiller et de la déverrouiller avec la clef de la porte d'entrée. Grâce au contrepoids, on pouvait aussi la lever à la main. Enfin, ultime sécurité, un verrou permettait de la condamner, depuis la chambre de M. Hauteville. Il était le seul avec son fils à savoir le faire fonctionner.

Ce mécanisme prodigieux avait été commandé par le grand-père d'Olivier à un maître serrurier. Il n'existait que trois clefs. Une pour M. Hauteville, une pour son fils, et une pour M. Le Bègue, qui la confiait à la cuisinière quand il sortait, car lorsque les maîtres étaient dehors et avaient verrouillé, il fallait qu'au moins une des personnes à l'intérieur dispose d'une clef.

S'il se présentait un visiteur, il était aisé de savoir qui demandait à entrer en regardant par les meurtrières ouvertes le long de la cage d'escalier.

— Comme M. Hauteville a ouvert sans méfiance avec sa clef, il devait connaître son assassin... poursuivit le commissaire. À moins, bien sûr, que celui qui est entré n'ait eu une clef...

— Peut-être... sans doute, répondit Olivier avec indifférence, incapable encore de prendre conscience de ce qui venait d'arriver.

— Sûrement ! Seulement, personne ne peut dire où vous étiez. Aussi, je vais vous raconter ce qui s'est passé : vous avez fait semblant de partir à la Sorbonne, vous avez dû traîner dans la rue jusqu'à ce que la cuisinière et la servante sortent. Sans doute espériez-vous que Gilles soit avec elles, car vous auriez préféré qu'il n'y ait personne, mais bon...

» Ensuite vous êtes revenu. Vous avez ouvert avec votre clef. Vous avez poignardé votre père dans sa chambre, mais la maîtresse de votre père – c'était sa maîtresse, n'est-ce pas – vous a entendu, alors vous l'avez égorgée, et comme il restait Gilles, vous l'avez appelé par l'escalier. Il est descendu sans méfiance, et vous l'avez poignardé ici, devant la porte. Puis vous êtes tranquillement parti pour revenir maintenant.

Pendant que le commissaire parlait ainsi d'un ton monocorde, Olivier secouait la tête, les yeux révulsés par les accusations dont il était l'objet.

— Je vais vous conduire au Grand-Châtelet où le lieutenant criminel vous interrogera, décida Louchart.

— Vous êtes fou ! s'écria Olivier. Chacun ici vous dira que j'aimais mon père, et aussi Margotte !

— Vous aimiez Margotte ? Ce pourrait être un aveu ! je pensais que vous aviez tué votre père pour jouir de ses biens, mais peut-être étiez-vous aussi jaloux de lui, répliqua Louchart. Vous deux, garrottez-le !

— Non ! Allez au diable !

La cuisinière et la servante regardaient la scène, médusées, pétrifiées par ce qu'elles venaient d'entendre.

— Monsieur le commissaire, vous vous trompez, c'est impossible ! Nous savions tous qu'Olivier allait à la Sorbonne, protesta Le Bègue, qui était entré dans la chambre.

— Vous serez interrogé en temps utile par le lieutenant criminel, décida le commissaire en le repoussant. La culpabilité de cet homme se lit sur son visage.

Les deux archers avaient saisi Olivier qui se débattait mais l'un d'eux lui tordit si violemment le bras qu'il dut se laisser faire. Ils l'attachèrent solidement avec une lanière de cuir.

— Vous autres, déclara Louchart en désignant les servantes et le commis, ne quittez pas cette maison ! Sinon, je vous retrouverai et je vous ferai enfermer, vous aussi.

Après leur départ, Jacques Le Bègue resta un long moment prostré. Thérèse et Perrine avaient beau le questionner en pleurnichant, il ne répondait pas. Il prenait maintenant pleinement conscience qu'il avait échappé à la mort. Quelqu'un s'était introduit dans la maison et avait tué tous ceux qui s'y trouvaient. Il aurait été là, il serait mort à cette heure.

Et ce quelqu'un ne pouvait être Olivier ! Il le connaissait trop bien. L'accusation de ce Louchart était absurde. Plus il y songeait, plus il trouvait que ce commissaire avait agi comme s'il avait décidé à l'avance qu'Olivier était coupable ! D'ailleurs, il était arrivé bien vite ! Il avait même affirmé que c'était lui, Le Bègue, qui était allé le chercher, ce qui était faux. Qui l'avait prévenu ?

Il questionna la cuisinière qui était revenue la première à la maison.

— Que s'est-il passé quand vous êtes arrivées ?

— La porte était ouverte, j'étais surprise. C'est en montant qu'on les a découverts, monsieur. J'ai couru voir le tailleur, et c'est là qu'on vous a vu.

— Mais le commissaire nous a rejoints presque aussitôt...

— Oui, quelqu'un avait dû le prévenir.

— Si vite ? Alors que vous n'aviez parlé à personne, sauf au tailleur ? Qui l'a prévenu ?

— Je ne sais pas, monsieur, balbutia-t-elle, inquiète qu'on ne la croie pas.

Qu'est-ce que tout cela signifiait ? se demanda Le Bègue, désemparé.

Au bout d'un moment, il comprit qu'il ne pouvait pas agir seul. Il lui fallait du secours pour sauver le fils de son maître. Qui pourrait l'aider ? Un ami ? Mais Le Bègue n'en avait pas. Un magistrat ? Ceux qu'il connaissait ne voudraient pas se mêler de ça. Un policier, alors... Hélas, ce commissaire Louchart était déjà de la police !

Il songea soudain à leur voisin, Nicolas Poulain, qui était lieutenant du prévôt d'Île-de-France et connaissait M. Hauteville.

Il prit son manteau et son bonnet.

— Lavez-les et habillez-les. On les fera enterrer demain aux Innocents, dit-il aux autres avant de sortir de la pièce.

L'épouse du lieutenant du prévôt était la fille de l'épicier à l'enseigne du *Drageoir Bleu* qui vendait des condiments, des aromates, des clous de girofle, du poivre blanc, des bougies de cire d'abeille, de l'huile, du vinaigre et des fruits secs, à quelques maisons de celle des Hauteville. L'épicier était bourgeois de Paris et il appartenait à un corps respecté, le second des six corps marchands, juste après celui de la draperie.

Quand Le Bègue arriva à la boutique, l'épouse de Nicolas Poulain tenait l'échoppe avec sa mère. Dans l'ouvroir, il leur raconta le crime qui venait de se produire. Les deux femmes étaient déjà informées, car la rumeur avait vite circulé, mais elles ignoraient que le fils Hauteville avait été arrêté.

— J'ai besoin de l'aide de votre mari, madame Poulain, lui seul peut me donner des conseils. Le fils de mon maître est innocent, je le jure sur la Sainte Bible !

— S'il est innocent, il sera relâché, déclara la belle-mère de Poulain d'un air pincé.

Marguerite, touchée par son désarroi, fut plus compatissante.

— Mon mari est parti en chevauchée comme chaque semaine et ne rentrera que vendredi. Je lui ferai part de votre visite et peut-être viendra-t-il vous voir. Mais c'est une affaire dans laquelle il ne pourra certainement pas intervenir, elle dépend du Châtelet de Paris.

— Je préférerais venir moi-même, madame… je vous en prie, insista-t-il en voyant qu'elle hésitait.

Devant ses larmes, elle accepta, mais visiblement à contrecœur.

2.

Lundi 7 janvier 1585, lendemain de l'Épiphanie

Philippe de Mornay, seigneur du Plessis, se leva pour faire quelques pas dans la pièce afin de calmer l'agitation qui l'avait envahi. Raviver ces souvenirs le faisait trop souffrir. Depuis la cour, on entendait des cliquetis d'armes retentir. Il s'approcha de l'embrasure de la fenêtre ogivale et jeta un regard vers l'extérieur. Il sourit en voyant sa fille adoptive et s'apaisa peu à peu. C'était elle qui s'entraînait malgré le froid et la neige qui couvrait Figeac.

Il leva les yeux vers le ciel de plomb. À travers les petits verres rouges et verts taillés en losange, on devinait qu'il neigerait encore, cette nuit.

En frissonnant, il se rapprocha du feu qui crépitait dans la cheminée. La grande salle occupait toute la façade du premier étage. Elle était presque vide. Les propriétaires – catholiques – avaient abandonné la maison depuis quelques temps quand son épouse, son personnel et ses trente hommes d'armes étaient arrivés, trois semaines plus tôt. Lui-même ne les avait rejoints que l'avant-veille. Depuis la mort du duc d'Alençon, il ne faisait que voyager et il était fatigué de cette vie d'errance et de dangers. Partout en France, les routes, les chemins, et les ponts appartenaient aux brigands et aux rançonneurs. Les périls étaient tels qu'il avait fait son testament pour ce dernier voyage qui l'avait une nouvelle fois conduit à Paris afin de rencontrer le roi. Sa femme n'était guère mieux lotie que lui. Depuis la naissance de leur fille Anne, Charlotte avait accouché de deux garçons mort-nés.

Ils payaient tous deux un rude prix à leur cause.

C'est que la mort du frère cadet du roi en juillet dernier avait tout changé [1]. Désormais Henri III était le dernier Valois, et il n'avait pas de descendance mâle. Selon la loi salique, le trône reviendrait au plus proche descendant de Saint Louis, c'est-à-dire à Henri de Bourbon, roi de Navarre. À peine la mort d'Alençon était-elle connue que l'Espagne avait demandé à négocier avec Navarre. C'est lui, Mornay, qui avait conduit les discussions. Les Espagnols proposaient de le reconnaître comme héritier de la couronne de France s'il leur laissait libre champ en Flandre. Pour preuve de sa bonne foi, le roi d'Espagne offrait cinquante mille écus, et en promettait six fois plus si Henri de Bourbon s'alliait avec lui contre le roi de France.

Cette dernière proposition avait outragé Philippe de Mornay. Sur son conseil, Navarre avait tout refusé et renvoyé les écus en déclarant au roi d'Espagne que, s'il arrivait qu'il *cède en puissance*, il ne le ferait *jamais en conscience*.

M. de Mornay s'était alors rendu à Lyon où se trouvait Henri III pour lui faire part de la décision de son maître. C'était en août, et le voyage n'avait été qu'une succession d'escarmouches et de brigandages contre sa troupe. Mais le déplacement avait été utile pour resserrer les liens entre les deux rois qui ne

1. François d'Alençon.

s'étaient plus rencontrés depuis neuf ans. Le Valois avait apprécié la fidélité de son beau-frère qui lui avait déclaré être sujet du roi de France et ne pouvoir donc être *d'aucune autre ligue que la sienne*.

Les deux hommes avaient la même conception de la royauté et de la grandeur du royaume.

Un peu plus tard à Montauban – une des quatre places de sûreté concédées aux protestants par le dernier traité de paix – s'était déroulée l'assemblée générale des églises de France durant laquelle les députés avaient dressé une liste de remontrances qu'ils faisaient au roi de France. Mornay, qui venait d'être nommé surintendant de la maison du roi de Navarre – une charge équivalente à celle de premier ministre –, avait été désigné pour les présenter à Henri III.

C'est que peu d'hommes à la cour du roi de Navarre possédaient son talent de diplomate et sa science. Calviniste inébranlable, M. de Mornay connaissait la Bible par cœur et parlait le latin et le grec, ainsi que d'autres langues telles que l'allemand, le flamand, l'anglais ou l'italien. Mais surtout, il était doué d'une rare habileté politique.

Il était donc parti à nouveau sur les routes, porteur des remontrances de l'assemblée protestante mais aussi d'une lettre du roi de Navarre dans laquelle celui-ci assurait à Henri III qu'il ne changerait pas de religion *pour toutes les monarchies du monde*.

Mornay était resté près de deux mois à Paris et, bien que ni la déclaration de Montauban ni la décision d'Henri de Navarre n'aient plu à Henri III, il avait obtenu une prolongation du droit des protestants à disposer de places de sûreté pendant encore deux ans.

Après six mois d'errances, Mornay était enfin de retour parmi les siens et, depuis deux jours, il en savourait toute la douceur. Il attendait maintenant la venue de Navarre. Il avait en effet été convenu qu'ils se retrouveraient à Figeac avec le baron de Rosny [1], l'autre principal conseiller d'Henri.

Mornay n'aimait pas Rosny qu'il jugeait opportuniste – n'avait-il pas un temps suivi cet avorton méprisant qu'était François d'Alençon ? – et bien qu'il logeât à quelques maisons de la sienne, il n'avait pas cherché à le rencontrer. Lui, il n'avait jamais varié. Même durant la Saint-Barthélemy, alors que même Henri de Navarre avait abjuré, il était resté fidèle à sa foi.

La Saint-Barthélemy ! Mornay soupira et revint vers la grande table de travail pour se saisir des feuillets qu'il avait noircis durant la matinée.

Depuis des années, Charlotte, sa chère épouse, le pressait pour qu'il écrive ses mémoires, comme elle le faisait elle-même chaque jour. Il lui opposait que le temps lui faisait défaut, que le service d'Henri de Navarre l'occupait trop et puis, qu'à trente-six ans, il avait bien le temps de le faire plus tard.

Mais cette fois, il n'avait pu échapper à son insistance, n'ayant d'autre occupation en attendant Navarre. Vaincu, il s'était attelé à la corvée.

Le passé lui était revenu par bribes, avec une oppressante nostalgie. Ses parents... ses études... comment, à peine à vingt ans passés, il était devenu le secrétaire de Coligny.

L'amiral de Coligny ! Un homme dur, ambitieux, impitoyable, mais qu'il admirait toujours. Il avait encore le cœur serré quand il songeait à sa mort tragique, d'autant qu'il savait que lui, Mornay, en était la cause, comme il était aussi à l'origine de cet effroyable massacre...

1. Maximilien de Béthune, futur duc de Sully.

En ce mois d'août 1572, l'amiral était devenu le premier des ministres du roi Charles IX, qui l'appelait son père. Entre les catholiques et les protestants modérés, une authentique réconciliation semblait encore possible. À la fin du mois, le mariage d'Henri de Navarre avec Marguerite, la sœur du roi, allait définitivement sceller cette entente.

Mais quel meilleur ciment entre d'anciens ennemis que de se battre, ensemble, épaule contre épaule, contre un ennemi commun ? C'était l'idée de Philippe de Mornay : « Le remède contre les guerres civiles est d'employer la nation belliqueuse sur les terres d'autrui car peu de Français quittent leur épée quand ils l'ont une fois ceinte... »

Il se souvenait encore de cette terrible phrase qu'il avait lui-même écrite dans un mémoire destiné au roi !

Selon lui, la guerre étrangère aurait pris le pas sur la guerre civile, car les catholiques et les protestants se seraient mélangés dans une même armée. L'idée avait séduit Coligny qui cherchait des arguments pour libérer la Flandre du joug espagnol. L'amiral avait présenté son mémoire au conseil, et le roi l'avait approuvé.

Mais pas sa mère. Catherine de Médicis détestait la guerre et était trop prudente pour se lancer dans une aventure militaire contre l'Espagne. Elle avait vécu le sac de Rome et connaissait trop bien la puissance et la cruauté des troupes espagnoles. Catherine était certaine que si la France défiait Philippe II, celui-ci le ferait payer cher au royaume. À la guerre, elle préférait la négociation, les combinaisons, les promesses ou les mensonges. Elle avait conclu que le seul moyen d'éviter que la France soit ravagée par l'armée espagnole était de tuer le chef protestant et ses proches.

Elle avait rallié à son idée son fils aîné – le roi actuel – et Henri de Guise. Persuadé que l'amiral de Coligny avait armé le bras de Poltrot de Méré [1], l'assassin de son père, le prince lorrain avait été facile à convaincre.

Son cousin le duc d'Aumale avait fait venir à Paris un nommé Maurevert, qui avait déjà tenté de tuer l'amiral. Caché près de la maison de Coligny, le vendredi 22 août, quatre jours après le mariage de Navarre, celui-ci avait tiré à bout portant avec un mousquet sur le chef huguenot.

Le jour des noces d'Henri de Navarre, Philippe de Mornay aurait dû faire la fête comme tous ses amis. Pourtant, il se souvenait n'être guère sorti tant il éprouvait un profond malaise, peut-être dû à la chaleur, ou aux Parisiens haineux qui criaient à Notre-Dame : *À la messe, les huguenots !* en s'adressant aux protestants restés hors de l'église.

Le conseil du roi ayant approuvé son idée d'envoyer une armée en Flandre, il avait obtenu un congé pour ramener sa mère chez eux, près de Senlis. Elle n'était venue que pour le mariage de Navarre et avait hâte de quitter Paris. Le vendredi, il se trouvait chez un ami quand un serviteur était venu lui dire que M. de Coligny venait d'être blessé par une arquebusade. « On a tué l'amiral ! On a meurtri notre père ! » répétait le messager en sanglotant.

Mornay s'était précipité rue de Béthisy où logeait le chef protestant. Il avait découvert la rue envahie par un millier de gentilshommes huguenots, pleu-

---

1. Poltrot de Méré, gentilhomme protestant, avait fait croire à son ralliement à la cause catholique pour approcher François de Guise, le père d'Henri de Guise. Il l'avait tué d'un coup de pistolet devant Orléans. Mis à la torture, il avait avoué avoir été payé par Coligny, avant d'être écartelé dans d'atroces circonstances.

rant, menaçant, agitant leurs épées pour venger leur chef.

Avec François Caudebec, son écuyer et ami, Philippe de Mornay logeait alors dans une auberge de la rue Saint-Jacques, le *Compas d'Or*. Ils avaient aussitôt cherché une chambre dans les environs pour participer à la défense de l'amiral. Mais toutes les auberges étaient pleines et bien qu'il eût trouvé un logis rue de Béthisy, ils avaient dû retourner dormir sur la rive gauche, car le logement ne pouvait être libre avant le lundi. Ce contretemps lui avait sauvé la vie.

Dans les rues, il avait été frappé par l'effervescence qui gagnait Paris. Les bourgeois étaient armés de piques et d'épieux à tous les carrefours, des prêtres, juchés sur des bornes, expliquaient que Dieu venait de frapper un ennemi de l'Église. Conscient que cette tentative d'assassinat allait rallumer les haines, Mornay s'était rendu chez sa mère pour la supplier de quitter aussitôt Paris avec Caudebec pour escorte.

En vain, elle avait insisté pour qu'il les accompagne : s'il y avait péril, lui avait-il répondu, il ne pouvait s'en exempter quand les gens de l'amiral restaient sur place.

Le samedi soir, après avoir veillé sur M. de Coligny toute la journée, il était revenu fort tard au *Compas d'Or*. Quelques heures plus tard, il avait été réveillé par le tocsin de Saint-Germain-l'Auxerrois et la cloche du Palais. Peu de temps après, un voisin de chambrée était venu lui dire qu'on tuait dans les rues. Il s'était levé pour rejoindre l'amiral, mais son aubergiste l'en avait dissuadé. Bien que catholique romain, c'était un homme de conscience. Il y avait des listes de proscription et on le cherchait, l'avait-il prévenu.

À cinq heures du matin, il avait brûlé ses papiers

avant de monter se cacher sur les toits où il était resté tout le dimanche. Personne ne l'avait aperçu, mais lui avait tout vu et entendu. Bourgeois, gentilshommes, artisans, coupe-jarrets et pendards de la cour des miracles, tous une écharpe blanche nouée au bras gauche, parcouraient les rues, épées et couteaux en main en criant : « Tuez ! » ou encore : « Vive le roi ! » Quand ils découvraient quelque protestant, que ce soit un homme, une femme ou un vieillard, ils le perçaient de coups avec une joie meurtrière.

Mornay avait vu ces malheureux tendre des mains implorantes avant d'être dépouillés et pendus par les pieds, ou traînés à la rivière, la gorge coupée ou les entrailles pendantes. En quelques heures, la rue Saint-Jacques s'était transformée en un ruisseau de sang épais et gluant. Il avait aperçu des femmes enceintes, le ventre ouvert, des bourgeoises à qui on coupait les mains pour leur ravir un bracelet d'or. Avec effroi, il avait suivi des yeux un rôtisseur qui embrochait des nourrissons avec sa lardoire pour les montrer avec fierté à la populace en joie.

Plus tard dans la journée, sanglotant d'émotion, il avait été rejoint par un voisin de chambrée qui arrivait de Notre-Dame. Là-bas, lui avait dit son nouveau compagnon, toutes les maisons, autant celles des catholiques que celles des protestants, étaient mises à sac et leurs habitants jetés en Seine. Les femmes qui s'agrippaient aux arches étaient lapidées. Au Louvre même, tous les hôtes du roi, hommes et femmes, avaient été assassinés et leurs cadavres empilés dans la cour, dénudés, éventrés, mutilés, émasculés. Les filles d'honneur de l'escadron volant de la reine mère étaient venues les examiner en riant. Qu'étaient devenus l'amiral de Coligny, Henri de Navarre et le prince de Condé ? avait demandé Mornay. L'autre l'ignorait, mais craignait le pire.

Le soir, le cabaretier les fit rentrer et leur raconta la mort de l'amiral de Coligny et les évènements qui avaient suivi, tels qu'un échevin de ses amis les lui avait rapportés.

— Dans la nuit, le roi a envoyé des détachements à pied et à cheval partout dans Paris. Il craignait que les protestants ne tentent de venger M. de Coligny, avait-il dit au prévôt des marchands. M. de Guise avait été chargé d'empêcher ces représailles. Avec une importante troupe, il s'est rendu au logis de l'amiral où bon nombre de gentilshommes huguenots se trouvaient encore. Il y a eu bataille, mais les gens de Coligny étaient trop peu nombreux, et seuls les Suisses de la garde du roi de Navarre ont opposé une véritable résistance avant d'être tués. Sur ordre du duc de Guise, M. de Coligny a été percé d'un coup d'épieu et son corps a été jeté par une fenêtre. Les assassins ont ensuite traîné son cadavre jusqu'au gibet de Montfaucon pour le pendre. D'autres en ont coupé des morceaux pour les manger…

Philippe de Mornay se souvenait avoir sangloté en apprenant cette horreur.

— Après, la tuerie s'est étendue à toute la ville. Sans doute avait-elle été préparée par des proches du roi et des Lorrains, car le tocsin de Saint-Germain-l'Auxerrois était le signal du massacre. On avait même marqué les portes des protestants d'une croix blanche et sur certaines on avait écrit : *Ici on tue* !

— Mais pourquoi… pourquoi ? avait murmuré Mornay. Pourquoi Dieu a-t-il permis ce massacre ?

— Le roi assure qu'il y a eu complot, monsieur. Que Coligny et ses amis voulaient l'assassiner. Il aurait juste pris les devants…

— C'est faux ! avait crié Mornay.

— Peut-être, monsieur… Et sans doute les gens du roi et de Guise n'avaient-ils pas prévu que la tuerie deviendrait une telle boucherie. Ceux qui haïssent les protestants sont devenus des bêtes sauvages. Dans ce quartier, des bandes de gueux et de clercs se sont attaquées aux libraires. Beaucoup ont été précipités du haut de leur maison dans des feux où flambaient leurs livres. Les femmes, souvent avec leurs enfants dont elles ne voulaient pas se séparer, ont été traînées vers la Seine, lardées de coups, et jetées dans le fleuve en si grand nombre que l'eau en était rouge. Maintenant, il n'y a plus de loi dans Paris. On ne tue plus pour la religion mais pour les pécunes et la picorée. Quiconque peut occire son ennemi en le déclarant calviniste. Un frère peut se débarrasser de son parent pour recueillir l'héritage. Par cupidité, par jalousie, ou par vengeance, tout est possible !

L'homme, un solide gaillard qui avait vu bien des misères, avait les larmes aux yeux.

— Il n'y a donc personne pour nous défendre ? Où sont le roi et ses Suisses ? Où est le duc d'Anjou qui est lieutenant général du royaume ?

— Anjou, avec quelques centaines d'hommes, a pris part à la curée, monsieur. C'est lui qui a ravagé le pont au Change et pillé toutes les boutiques des joailliers et des orfèvres. Quant au roi, je vous l'ai dit, il a ordonné lui-même qu'on tue tous les protestants !

Le lundi matin, la furie meurtrière avait continué. Son hôte était alors venu le prier de partir en lui disant qu'il ne pouvait plus le protéger, car les miliciens pillaient la maison de son voisin libraire, qu'ils venaient de tuer. Ils allaient arriver chez lui d'un instant à l'autre pour fouiller l'auberge.

— Croyez-vous que je pourrais sortir par la porte Saint-Jacques ? avait demandé Philippe de Mornay.

C'était la plus proche de l'auberge.

— Non, monsieur. Toutes les portes sont fermées par la garde bourgeoise. Si vous avez des amis dans Paris, essayez plutôt de vous réfugier chez eux.

Il avait endossé son plus simple habit noir et était sorti armé de son épée, avec une écharpe blanche à l'épaule, comme en portaient les assassins. Dans la rue, il y avait des cadavres partout, mais on l'avait ignoré, chacun étant occupé à piller. Il avait décidé d'aller rue Saint-Martin, chez un huissier de ses amis qui s'occupait des affaires de sa maison.

Il avait traversé la Seine, saisi d'horreur par les maisons saccagées avec des corps pendus aux fenêtres, par les femmes dénudées abandonnées sur les pavés, par les petits enfants écrasés à coups de pierre. En chemin il avait vu des atrocités inimaginables. Un marchand arrachait les oreilles d'une femme pour avoir les diamants de ses boucles. Dans l'île, un libraire brûlait au milieu de ses livres. Rue des Arcis, un homme avait jeté sa femme en pâture à une foule de crocheteurs pour s'en débarrasser. Elle avait été violentée, puis exterminée à coups de bâtons. Partout ce n'étaient que meurtres et tueries. Déjà des corbeaux se nourrissaient des cadavres, noircissant parfois entièrement les corps qu'ils recouvraient.

Au milieu de ces horreurs, il n'était jamais intervenu. Par lâcheté, sans doute, par impuissance surtout. Il avait croisé une bande d'enfants de dix ans qui jouait à la balle avec une tête de nourrisson, puis des hommes ivres qui détroussaient des cadavres. À son arrivée, rue Saint-Martin, l'huissier l'avait fait passer pour un clerc en l'installant dans son étude. Alors qu'il se croyait enfin en sécurité, un domestique l'avait dénoncé au capitaine du guet.

Il était pourtant parvenu à s'enfuir par le jardin

avec l'aide d'un clerc qui lui avait assuré pouvoir le faire sortir par la porte Saint-Martin où il était connu pour y être souvent de garde. Le malheur avait voulu qu'elle soit fermée et ils avaient dû se rendre jusqu'à la porte Saint-Denis, où le clerc ne connaissait personne. Pourtant, après qu'ils eurent juré être clercs d'un procureur de Rouen, on les avait laissés sortir. Mais, dans la précipitation du départ, son guide n'avait pas mis ses chaussures et ne portait que des sortes de pantoufles. Après un temps de réflexion, un garde avait jugé qu'ils ne pouvaient aller à Rouen ainsi et il avait envoyé des arquebusiers pour les rattraper.

Alertés par les cris des poursuivants, ils s'étaient mis à courir et ils avaient attiré l'attention de quelques cabaretiers du faubourg ainsi que d'ouvriers des plâtrières. Ils avaient été rattrapés et on les avait traînés vers la rivière pour les noyer. Le clerc – béni soit-il – avait juré qu'ils n'étaient point huguenots et que leur procureur était connu à Paris, qu'il pouvait témoigner pour eux.

Par chance, ils n'étaient pas tombés sur de vulgaires assassins mais sur de vrais catholiques soucieux seulement d'extirper ce qu'ils condamnaient comme une hérésie. Persuadés qu'un calviniste ne pouvait connaître les textes saints, ils avaient fait apporter un bréviaire pour voir s'il entendait le latin. Presque convaincus après la lecture, ils avaient accepté que le clerc écrive une lettre à son maître. Quelqu'un l'avait portée à Paris et, ayant obtenu le soir une réponse écrite assurant qu'ils n'étaient ni rebelles ni séditieux, ils avaient été libérés.

C'est à ce moment qu'il avait appris, avec une immense tristesse, qu'Henri de Navarre avait abjuré.

Le cœur serré, Philippe de Mornay avait pris à pied le chemin de Saint-Denis jusqu'à Chantilly.

Là-bas, M. de Montmorency lui avait donné un cheval pour rentrer chez les siens. Il avait eu du mal à retrouver sa mère et ses gens qui s'étaient réfugiés dans la maison d'un gentilhomme voisin, car les massacres avaient gagné les campagnes et toute sa famille s'était dispersée. Avec Caudebec, ils avaient alors décidé de sortir du royaume. Le gentilhomme lui avait proposé un passeport signé par M. de Guise qui leur permettrait de circuler en sécurité mais il l'avait refusé, ne voulant pas devoir son salut à un criminel.

On leur avait conseillé de partir par Dieppe, où la fureur des assassins avait été tenue en échec par la volonté du gouverneur, Jean de Beauxoncles, seigneur de Sigogne, pourtant catholique.

Trois jours plus tard, ils allaient s'embarquer lorsqu'ils avaient trouvé, errant seule, une petite fille blonde de six ou sept ans nommée Cassandre. Affamée, amaigrie, elle paraissait perdue, mais ses yeux étaient vifs et perçants. Sa mère et ses gens avaient tenté de fuir leur village, dont elle ignorait le nom, mais à Dieppe, ils avaient été pris à partie par un groupe de massacreurs. Cassandre s'était enfuie et, depuis plusieurs jours, elle vivait dans la rue, se cachant et volant sa nourriture. Personne n'avait fait attention à elle tant il y avait de gens qui cherchaient à fuir la France pour l'Angleterre. Qu'étaient devenus ses parents ? Elle l'ignorait. Ce devaient être des gens de qualité, car elle portait une robe en taffetas moiré de valeur. Que deviendrait cette enfant si elle restait seule ? Sans même chercher à répondre à cette question, Philippe de Mornay avait décidé de garder la fillette avec lui. Ils avaient embarqué le soir même. En Angleterre, il avait trouvé une femme pour s'occuper de l'enfant. Le premier soir où celle-ci avait lavé et couché Cassandre, elle avait découvert que la fillette portait un médaillon en forme de cœur, en or et émaux, sous sa robe. La fillette ne voulait pas l'enlever, puis elle avait accepté que M. de Mornay l'examine. Le bijou, d'un demi-pouce de large, était décoré de lys sur fond bleu. Mornay en avait déjà vu d'identique à la cour et il savait qu'il y avait un mécanisme. Sous les yeux effarés de l'enfant, il avait ouvert le médaillon. Mais il n'y avait pas de secret à l'intérieur. Sur les deux faces internes était écrit en minuscules caractères, pourtant bien lisibles :

Mon cœur, si jamais vous m'avez fait cet honneur de m'aimer,

Il faut que vous me le montriez à cette heure.

Que signifiait cette phrase, et pourquoi cette décoration de fleur de lys ? La fillette ne le savait pas. Elle avait toujours porté le bijou en ignorant qu'on pouvait l'ouvrir.

Cassandre n'avait plus quitté Mornay, qu'elle appelait son père, et lui n'avait jamais percé le secret du médaillon.

Aujourd'hui, c'était une jeune femme d'une vingtaine d'années, exubérante, avec un goût prononcé pour la raillerie, un esprit vif, et surtout d'une grande gaîté.

Tout le monde croyait qu'elle était sa fille, sauf sa femme Charlotte, bien sûr, et Caudebec.

Mornay reposa les feuillets qu'il avait écrits. La Saint-Barthélemy hantait toujours ses nuits. Ces hommes jetés des fenêtres, ces femmes désaccoutrées et éventrées avant d'être jetées en Seine, ces enfants pendus. Pourrait-il jamais oublier ? Mais si le destin était cruel, il était aussi ironique, car c'est grâce à ces horreurs qu'il y avait gagné une fille dont il était fier. On gratta à la porte et il fit entrer.

L'intendant de sa maison introduisit deux hommes, deux géants mi-blonds mi-roux aux sourcils épais et au visage velu comme des ours. Sous leur rude manteau de laine épaisse, encore blanc de neige, ils portaient un corselet d'acier avec un gorgerin. Une barbute italienne couvrait leur nuque, des gantelets de maille protégeaient leurs gants de cuir. Leurs bottes étaient ferrées et à leur ceinture pendaient épée et miséricorde [1].

— Hans ? Rudolf ? s'exclama M. de Mornay en les voyant entrer.

Hans et Rudolf étaient des Grisons protestants au service de Scipion Sardini, un banquier lucquois d'une soixantaine d'années auquel Henri de Navarre avait fait appel plusieurs fois pour se faire prêter de l'argent. Sardini était un des quatre grands banquiers italiens de Paris avec Sébastien Zamet, Ludovic da Diaceto et Antoine Gondi, même si les Gondi étaient de moins en moins banquiers puisque le fils aîné d'Antoine, Albert, était maréchal de France, et son frère évêque de Paris.

Comme la plupart de ses compatriotes, Sardini était très proche de Catherine de Médicis. Mornay l'avait rencontré quelquefois, ainsi que son épouse, et il connaissait, comme tout le monde à la cour, le précieux service que l'Italien avait rendu à Catherine de Médicis ; un service assez agréable. Ce n'était un secret pour personne que la reine mère utilisait les charmes de certaines de ses dames d'honneur. Ces filles, que certains appelaient l'escadron volant, et d'autres le haras de putains, étaient chargées de séduire et de pénétrer les desseins des adversaires de leur reine. C'est ainsi que Mlle de Rouet avait longtemps gouverné Antoine de Bourbon, le père de Navarre.

1. Longue dague utilisée pour achever l'adversaire terrassé, sauf s'il implorait miséricorde.

Vingt ans plus tôt, la plus jolie et la plus réputée de ces filles était Isabeau de Limeuil, dont Catherine de Médicis était parente par sa mère. M. de Mornay était trop jeune pour l'avoir connue quand elle était dame d'honneur, mais il se souvenait d'un poème qu'avait écrit Brantôme, qui s'en était épris :

Douce Limeuil, et douces vos façons,
Douce la grâce, et douce la parole,
Et votre œil qui doucement m'affole,
Et fait en moi douces mes passions,
Douce la bouche, et douce la beauté,
Doux le maintien, douce la cruauté.

La parole libre et hardie, Isabeau de Limeuil brillait autant par l'esprit que par sa beauté. Mais la vivacité de ses reparties lui attirait plus d'ennemis que ses charmes ne lui amenaient d'amants. Catherine l'avait choisie pour gagner Louis de Bourbon – le prince de Condé, frère d'Antoine de Bourbon, et certainement le meilleur capitaine des protestants – dans le camp catholique. Condé était alors prisonnier à la cour, depuis qu'il avait été capturé à la bataille de Dreux. La *douce* Limeuil l'avait séduit et l'avait tant affectionné et beluté qu'il avait accepté de devenir lieutenant général du royaume, et même de se retourner contre l'armée anglaise qu'il avait précédemment fait venir en France. Les caresses de Limeuil l'avaient emporté sur le rigide dogme de Calvin.

Mais Isabeau n'avait pas su se garder de *l'enflure de ventre* et l'éclat avait été immense lorsqu'elle avait accouché à Dijon [1], quasiment devant la cour. À ce scandale s'en était ajouté un second quand Isabeau

---

1. En mai 1564, voir : *Nostradamus et le dragon de Raphaël*, aux éditions du Masque.

avait été accusée d'utiliser des philtres et des poisons pour séduire ou punir ses amants. On l'avait enfermée sous bonne garde au couvent d'Auxonne pour l'interroger, mais le prince de Condé l'avait fait évader.

Car Catherine n'avait pas tout prévu. Non seulement le prince aimait Limeuil, mais elle l'aimait aussi et elle avait demandé son aide. Comme à ce moment-là, Mme de Condé venait de mourir, Isabeau espérait bien devenir la nouvelle princesse. C'était sans compter sur les protestants et la pression terrible qu'ils avaient exercée sur Louis de Bourbon. Coligny, Calvin lui-même, étaient venus le voir. Acculé, il avait finalement choisi comme épouse Mlle de Longueville, une protestante. Cette trahison avait amené la rupture entre les amants.

Mlle de Limeuil, dont le bâtard était mort, était restée seule. Mais malgré sa beauté, personne ne voulait épouser cette femme, espionne, empoisonneuse et ribaude. Elle ne voulait pas entrer au couvent et Catherine de Médicis l'avait finalement proposée à son banquier, Scipion Sardini.

En dépit de leur différence d'âge, ce dernier n'avait guère hésité. Isabeau était belle, elle avait de l'esprit et venait d'une des plus vieilles familles de France ; son grand-père étant vicomte de Tonnerre. Lui n'était qu'un roturier, certes très riche, mais sans aucune position sociale, même si Catherine de Médicis l'avait fait baron de Chaumont. Ce mariage était pour lui une occasion inespérée de s'élever socialement.

Il avait donc rendu sa réputation à Isabeau, comme il se plaisait à le lui dire quand ils se disputaient et qu'elle évoquait l'honneur qu'elle lui avait fait en lui donnant son nom. Réputé pour ses querelles au début de leur mariage, le couple avait pourtant tenu. Ils avaient eu deux filles et deux garçons, et Isabeau prenait désormais à cœur les affaires de son époux qui lui accordait toute sa confiance.

Bien que très fidèle au roi – et peut-être à cause de cette fidélité – Scipion avait été un des premiers à écrire à Henri de Navarre après la mort du duc d'Anjou. C'était justement Hans et Rudolf qui avaient porté la lettre à Nérac, où se trouvait la cour du Béarnais. Le banquier avait écrit à Henri qu'il le reconnaîtrait comme le futur roi de France si Henri III n'avait pas d'enfant. C'était une des premières allégeances de financier, une des plus importantes aussi, compte tenu de la richesse et de la personnalité de Sardini.

— Entrez vous réchauffer, mes amis, proposa Mornay aux deux Suisses, en se forçant à réfréner sa curiosité.

Lui-même arrivait de Paris. Pour être là maintenant, les deux hommes avaient donc dû partir juste après lui. Sans doute portaient-ils quelque urgente nouvelle !

Hans s'approcha du feu et ôta l'un de ses gants ferrés, faisant apparaître une main aux jointures calleuses. Il défit ensuite entièrement son manteau et Rudolf, qui s'était aussi déganté, détacha la cuirasse de son compagnon fixée dans son dos par des crochets. Hans put ainsi atteindre son pourpoint de buffle, et fouilla dans sa chemise pour sortir une lettre cachetée qu'il tendit à Philippe de Mornay.

— C'est pour Mgr de Navarre ? demanda-t-il.

— Non, monsieur, c'est pour vous, déclara le Suisse avec un accent marqué.

Mornay regarda la lettre, on y avait écrit :

À Philippe de Mornay, surintendant de la maison de Mgr Henri de Navarre.

— Vous arrivez de Paris ?

— Oui, monsieur.

— J'en viens moi-même. Je suis arrivé il y a deux jours…

— Nous le savons, monsieur. À Paris, M. Sardini souhaitait vous voir mais, quand il a cherché à vous rencontrer, vous veniez de partir. Nous avons tenté de vous rattraper mais nous n'avons pas dû prendre le même chemin que vous. Nous sommes allés jusqu'à Nérac, puis revenus ici, sans débotter.

Mornay avait mis près d'un mois pour revenir de la capitale. Ceux-là avaient mis moins de temps pour aller à Nérac et revenir à Figeac, en plein hiver, avec des routes infestées de brigands. Ils avaient dû passer un mois éprouvant !

— Vous allez prendre du repos. Votre voyage a dû être difficile.

— C'est vrai, monsieur. Le mauvais temps, les loups et les brigands nous ont retardés. La guerre et la misère sont partout.

Mornay les dévisagea un instant avant d'opiner. Les deux colosses avaient dû connaître bien des aventures. C'étaient des brutes farouches, sauvages, aux muscles puissants et au front bestial. Ceux qui s'étaient attaqués à eux, loups ou brigands, avaient dû regretter leur imprudence. Il fit sauter le cachet de cire de la lettre avec la dague qu'il portait à sa ceinture, puis il s'installa dans l'embrasure d'une fenêtre pour la lire à la chiche lumière du jour.

Quelles que soient les raisons des guerres, la profondeur des haines entre les belligérants, la sauvagerie des combats, les financiers seront toujours indispensables pour payer les troupes et mettre la picorée à l'abri, songea-t-il, quand il eut terminé sa lecture.

Que devait-il faire de cette lettre ? En parler au

baron de Rosny ou attendre Henri de Bourbon qui devait arriver d'un jour à l'autre ? À moins qu'il ne décide de régler le problème lui-même. En tant que surintendant de la maison de Navarre, il était en droit de le faire.

Dehors, les cliquetis des lames s'intensifiaient.

— Nous allons descendre aux cuisines, proposa-t-il aux Suisses. Nous avons des difficultés pour nous approvisionner, les paysans ne veulent plus rien nous vendre, mais vous trouverez quand même de quoi vous rassasier. Vous pourrez loger au-dessus, il y a un bouge inoccupé où il reste une paillasse. Le cabinet n'est pas chauffé, mais cela a un avantage : le froid tue la vermine !

— Nous avons l'habitude, monsieur. Aurez-vous un courrier à nous remettre ? Nous devons rentrer au plus vite. Nous partirons demain.

— Peut-être…

Il parcourut encore la lettre du regard avant de la glisser dans son pourpoint :

— Suivez-moi, ordonna-t-il, en prenant son manteau posé sur une des coussièges de fenêtre.

3.

Lundi 7 janvier, lendemain de l'Épiphanie, le matin

Alors que sonnaient matines, après avoir embrassé sa femme et ses enfants comme s'il ne devait plus les revoir, Nicolas Poulain fit seller son cheval. Le temps était froid, mais il ne neigeait plus depuis deux jours.

Nicolas Poulain était lieutenant du prévôt des maréchaux d'Île-de-France. À cette époque, la police à l'intérieur des bourgs était assurée par les prévôts, les baillis, les chevaliers du guet, et dans les grandes villes par les lieutenants civil et criminel, tandis que le maintien de l'ordre dans les campagnes était exercé par les prévôts des maréchaux, assistés de lieutenants.

Les lieutenants des prévôts des maréchaux et leurs archers, tous portant casaque et bourguignotte à visière ou salade, armés d'épée, d'arquebuse et de pertuisane [1], avaient pour mission de faire des chevauchées sur le territoire qui leur était imparti et de courir sus aux aventuriers, gens sans aveu, bannis, essorillés et larrons.

---

1. Lance de 6 pieds de long terminée par un fer de glaive d'un pied muni de deux oreillons en croissant.

La principale différence entre les magistrats des villes et les prévôts des maréchaux était que ces derniers jugeaient en dernier ressort. Les brigands surpris en flagrant délit étaient pendus sur place, les autres étaient jugés par quatre officiers du roi. C'étaient toujours des arrêts sans appel.

En ce temps de guerre civile, Nicolas Poulain ne manquait pas de besogne. Chaque chevauchée apportait sa moisson de gens de sac et de corde ayant commis violences, pilleries ou larcins, qu'ils soient soldats, maraudeurs, ou plus généralement brigands de grand chemin.

La compagnie de maréchaussée de l'Île-de-France, commandée par le prévôt général, comprenait quatre lieutenants et couvrait les territoires de Paris, Sceaux, Saint-Denis, Villejuif, Saint-Germain-en-Laye, Versailles, Passy, Bondy, Bourg-la-Reine et Charenton.

Sur une si vaste étendue, les chevauchées de Nicolas Poulain duraient généralement trois ou quatre jours. Le reste de la semaine, les patrouilles étaient conduites par son premier sergent. Une journée entière, souvent le jeudi, était consacrée à entendre les plaintes et les doléances des habitants, à juger les prévenus, et à faire les procès-verbaux des chevauchées pour les adresser, de trois mois en trois mois, à la connétablie.

Le siège du tribunal de Poulain était la ville de Saint-Germain où se tenait la prévôté royale. C'est là aussi qu'étaient logés soit chez eux, soit chez l'habitant, ses sergents, ses hommes d'armes, son greffier et son commis. En revanche, Poulain, comme les autres lieutenants, habitait à Paris pour être à la fois proche du prévôt d'Île-de-France, M. Hardy, et du présidial du Grand-Châtelet qui jugeait les affaires les plus graves qu'il avait à traiter.

Ainsi, du lundi au jeudi soir, Nicolas Poulain n'était pas chez lui. Parfois, il s'absentait plus longtemps encore s'il avait à poursuivre quelque bande de larrons.

Enroulé dans son manteau, il descendit la rue Saint-Martin jusqu'à la rue Troussevache, puis contourna le cimetière des Innocents par la rue de la Ferronnerie. Se frayant un passage entre les auvents des boutiques qui avançaient trop souvent sur la rue, les enseignes trop basses qui assommaient facilement un cavalier, et gardant un œil sur ceux qui vidaient leurs eaux usées par les fenêtres, Nicolas Poulain gagna la rue Saint-Honoré jusqu'à la rue des Petits-Champs qu'il remonta.

Cet itinéraire n'était pas celui qu'il prenait habituellement pour se rendre à Saint-Germain.

À l'angle de la rue du Bouloi et de la rue des Petits-Champs [1] se dressait l'hôtel de Losse, la demeure du Grand prévôt de France, messire François du Plessis, seigneur de Richelieu. Plus tard, cette maison deviendrait celle du lieutenant de police Antoine de Dreux d'Aubray, puis celle de Nicolas de La Reynie et prendrait le nom du logis du lieutenant de police.

Cette belle bâtisse de pierre était fort pratique pour la charge de son occupant, car située à deux pas du Louvre. La grande porte du porche d'entrée était surmontée des armes des Richelieu – trois chevrons de gueules sur champ d'azur – et ornée de deux épées nues symbolisant la prévôté.

Ce portail était fermé, mais une poterne sur le côté était ouverte. Ayant sauté au sol et tenant son

1. Approximativement à l'emplacement de la galerie Vero-Donat. La rue des Petits-Champs est devenue la rue Croix-des-Petits-Champs.

cheval par la bride, Poulain s'y glissa pour se retrouver dans une cour avec un puits et un tilleul aux branches dénudées. Un concierge balayait la neige et le crottin pour laisser un passage propre vers l'écurie que l'on apercevait au fond de la cour.

— Je suis lieutenant du prévôt et je dois voir M. le Grand prévôt, déclara Poulain en s'avançant vers le domestique, un colosse deux fois plus large que lui.

Celui-ci, nullement impressionné par le titre de son visiteur, lui désigna un banc de pierre.

— Restez là ! ordonna-t-il. Je vais chercher le maître d'hôtel de M. le Grand prévôt.

Nicolas songea qu'on aurait pu au moins le faire entrer. En frissonnant, autant de froid que d'inquiétude, il s'assit sur le banc. Il n'était venu que deux ou trois fois chez le Grand prévôt chercher ses ordres, et celui-ci n'avait guère fait attention à lui. Mais il savait que François du Plessis était un homme méfiant, brutal, et d'une grande fidélité envers le roi. Comment réagirait-il à ce qu'il allait lui avouer ?

François du Plessis, seigneur de Richelieu, était le fils de Françoise de Rochechouart. À la mort de son mari, Mme du Plessis avait reporté tout son amour sur l'aîné de ses deux fils, Louis, porte-étendard d'une compagnie du duc de Montpensier. Par malheur, dans une stupide querelle de préséance, celui-ci avait été tué par son voisin.

Le cadet, François, était page à la cour. Mme du Plessis l'avait fait revenir et lui avait ordonné de venger son frère et l'honneur de la famille.

Le voisin meurtrier, craignant à juste titre des représailles, ne sortait de chez lui que par un souterrain qui le conduisait au gué d'une rivière lui permettant de gagner le grand chemin. Un matin, au moment où il traversait la rivière, François de Richelieu, qui le guettait, lui avait lancé une roue de charrette qui avait fait peur à son cheval. Désarçonné, l'assassin de l'aîné des du Plessis était tombé et Richelieu l'avait poignardé.

L'affaire était remontée au parlement et le jeune du Plessis avait été condamné à être rompu vif. Mais la sentence n'avait été exécutée qu'en effigie, le meurtrier étant introuvable. Certains dirent alors que sa mère avait obtenu sa grâce auprès du roi, d'autres que Richelieu s'était engagé dans les troupes du duc d'Anjou où il s'était distingué. Quelle que fût la vérité, les poursuites avaient été abandonnées et à la mort de Charles IX, François de Richelieu avait gagné la confiance d'Henri III et faisait partie de ses fidèles comme Villequier, O, ou Bellièvre. Il s'était marié avec Suzanne de La Porte, fille d'un riche et célèbre avocat au Parlement et s'était lié avec le baron d'Arques, devenu duc de Joyeuse, qui lui avait avancé trente mille livres pour acheter la charge de prévôt de l'Hôtel.

Le prévôt de l'Hôtel traitait les affaires de justice et de police de la maison du roi. Richelieu y avait été tellement apprécié par Henri III que celui-ci lui avait proposé la charge, plus prestigieuse, de Grand prévôt de France. Devenu le policier en chef de toutes les maisons royales, il menait aussi des missions secrètes, pour le roi.

Au milieu d'une cour aux mœurs dépravées, le Grand prévôt était redouté pour son caractère impitoyable. Personne n'avait oublié la façon dont il avait vengé son frère. Taciturne et mélancolique, les pamphlétaires l'avaient surnommé Tristan l'ermite tant il ressemblait au terrifiant Grand prévôt de Louis XI.

Comme lieutenant de la maréchaussée, Nicolas Poulain n'ignorait rien de la vie du célèbre Tristan l'ermite qui avait cumulé les charges de prévôt de l'Hôtel, de prévôt des maréchaux, et de Grand prévôt de France de Louis XI, à la fin de la guerre de Cent Ans. Entièrement au service du roi, Tristan l'ermite jugeait sans appel – et sans mansuétude – les traîtres, les rebelles, les espions et plus généralement tous ceux qu'il suspectait de crime de lèse-majesté. Quand il était de garde autour du château de Plessis-lès-Tours où résidait le roi, on ne voyait *que gens pendus aux arbres*. Louis XI l'appréciait si fort qu'il l'appelait son compère. Sans réelles preuves, Tristan l'ermite pendait, décapitait, ou noyait dans la Seine ceux qu'il soupçonnait de révolte, de conspiration ou de haute trahison. Avec lui, le simple fait de violer son serment de fidélité au roi entraînait la mort.

Comment le seigneur de Richelieu, nouveau Tristan l'ermite, allait-il réagir quand il lui expliquerait les raisons de sa venue ? s'interrogeait Nicolas Poulain avec crainte.

Tout avait commencé cinq jours plus tôt...

Alors que la nuit était tombée sur Paris recouvert par la neige, Mme Poulain, ses deux enfants et les servantes de la maison, écoutaient Nicolas qui leur racontait comment il avait capturé une bande de brigands qui s'attaquaient aux fermes isolées, tuant sans pitié tous les occupants après les avoir torturés pour leur faire dire où ils cachaient leur argent.

Enveloppés dans des robes chaudes et des manteaux, la maisonnée était rassemblée dans la grande chambre qui donnait sur la rue Saint-Martin, la seule pièce chauffée du logis, à l'exception de la cuisine quand on y préparait le repas. Dans l'âtre, une petite bûche rougeoyait et finissait de se consumer.

Avec ses sergents et hommes d'armes, expliquait Nicolas en mimant les opérations devant son public subjugué, ils avaient encerclé au lever du soleil le camp des pendards dans les bois de Saint-Germain. La bande de maroufles se réveillait à peine et commençait à partager la picorée de leur pillage de la veille quand ils avaient attaqué. Armés seulement de haches et d'épieux, les maraudeurs n'avaient pu résister aux mousquets, aux pertuisanes et aux épées de ses hommes à cheval.

Les blessés avaient été branchés sur place. Ceux qui s'étaient rendus avaient été ramenés à Saint-Germain pour être accrochés au gibet de Montfaucon le lendemain de Noël, après avoir fait amende honorable et avoir été flagellés. Quant au chef, il avait été roué et ses mains avaient été clouées aux portes de la ville pour rappeler aux habitants que la justice du roi s'exerçait sans indulgence.

Ce furent les martèlements étouffés venant de la rue qui attirèrent l'attention de la fille de Nicolas, âgée de sept ans.

— Père, on frappe à notre porte, ou chez grand-père ! s'exclama-t-elle.

Les parents de Mme Poulain habitaient au rez-de-chaussée. Le lieutenant du prévôt se leva pour s'approcher de la fenêtre dont il écarta prudemment le volet de bois intérieur.

On ne voyait rien dehors, mais on entendait effectivement frapper sur l'huis de la porte cloutée donnant dans la rue.

Il ouvrit un des battants aux petits vitrages blancs sertis dans du plomb.

— Que voulez-vous ? cria-t-il dans la nuit.

— C'est toi, Nicolas ? s'enquit une voix qu'il crut reconnaître.

— Qui êtes-vous ? demanda-t-il prudemment.

— Ton ami, Jean Bussy ! Tu ne me reconnais pas ? Je suis avec Michelet qui est sergent à verge au

Châtelet. Tu dois te souvenir de lui, on était ensemble au collège. Nous venons te parler… c'est important…

— Très bien, je vous ouvre. Ce sont… des amis, Marguerite, fit-il à sa femme en se retournant, légèrement soucieux. Jean Bussy et Michelet…

Elle s'assombrit.

— Couche les enfants et attends-moi dans la cuisine pendant que je leur parle. Ce ne sera pas long.

Il alluma une chandelle de suif, détacha du mur une épée dans son fourreau et saisit un pistolet à rouet sur une table dont il vérifia rapidement le mécanisme.

Nicolas Poulain avait trente et un ans. Fils d'une servante ayant travaillé dans plusieurs maisons nobles, la dernière étant celle du gouverneur de Paris, il n'avait jamais connu son père. Il savait seulement que c'était quelque riche personnage qui avait séduit sa mère, comme c'était souvent le cas pour la domesticité des grandes maisons. Malgré ses pressantes demandes, et même ses supplications, elle n'avait jamais voulu lui dire le nom de l'homme avec qui elle avait fauté.

Pourtant, Nicolas aurait voulu le connaître, au moins pour le remercier, car son mystérieux géniteur ne l'avait pas abandonné, comme le faisaient généralement ceux qui avaient des enfants naturels avec leurs domestiques. Il lui avait acheté l'étage de la maison où il vivait et lui avait laissé une petite rente pour qu'il fasse des études. À sa majorité, le père inconnu lui avait même fait porter une lettre de provision pour cette charge de lieutenant de prévôt qu'il exerçait. Ce devait être un homme bon pour s'être toujours ainsi occupé de son fils, alors pourquoi ne s'était-il pas fait connaître auprès de lui ? La question taraudait Nicolas depuis son enfance.

Les lieutenants des prévôts des maréchaux

devaient non seulement être vigoureux et courageux, mais aussi lettrés et savants en droit. Nicolas avait fait ses études au collège de Lisieux [1], puis son droit à la Sorbonne. Plus grand que les hommes de son temps, musclé comme un bûcheron, et adroit aux armes comme un *bravo* florentin, il était donc à même d'exercer le rude métier de policier.

C'est justement au collège, en sixième, quand il avait douze ans, qu'il avait rencontré Georges Michelet et Jean Bussy, devenu plus tard sieur de Le Clerc. Plus tard, en 1572, à la Sorbonne, il avait retrouvé Bussy. C'était à l'été de la Saint-Barthélemy dont Jean Bussy avait été l'un des plus féroces basochiens massacreurs. Emporté par son besoin de pillage il s'était attaqué aux catholiques aussi bien qu'aux protestants. Poursuivi par la justice, il avait dû s'exiler à Bruxelles où il avait vécu misérablement en exerçant le métier de maître d'armes. Finalement pardonné, il était rentré en France pour terminer ses études de droit et acheter une charge de procureur du roi. C'est à cette époque qu'il s'était pris de passion pour la fille d'un riche charcutier sur le point de se marier. N'écoutant que son appétit bestial, il avait fait jeter le fiancé en prison, puis enlevé la fille pour l'épouser de force. Avec la dot, il avait acheté une terre fieffée et s'était anobli du titre de sieur de Le Clerc bien qu'il n'ait jamais obtenu de lettres de noblesse. Il était désormais capitaine de la dizaine [2] de la rue des Juifs où il habitait, et gardien des clefs de la porte Saint-Antoine.

Quant à Georges Michelet, sombre brute au

1. Un des collèges parisiens.
2. Autrement dit, il était dizainier. Les quartiers de Paris étaient alors découpés en cinquantaineries, chacune divisée en dizaineries.

visage bovin, Poulain savait seulement qu'il rapinait les prisonniers qui lui étaient confiés et qu'il possédait un bordau à Saint-Denis.

Ce n'était pas la visite qu'il aurait souhaitée pour ce soir de fête.

Il sortit de la chambre et descendit l'escalier de bois jusqu'à la porte d'entrée qu'il ouvrit en levant les deux barres. Comme il faisait entrer les deux visiteurs, le froid le saisit. Il leur indiqua le chemin et les suivit dans l'escalier après avoir soigneusement refermé l'huis. Derrière eux, il fut suffoqué par leur puanteur. Michelet surtout. Personne ne se lavait tous les jours, bien sûr ; l'eau était trop rare et trop chère. Nicolas Poulain allait aux étuves de la rue Saint-Martin toutes les quinzaines, sa femme et les servantes se rendaient une fois par semaine rue des Vieilles-Étuves, aux bains pour femmes. Le reste du temps, on se frottait avec un linge sec, ou avec de l'eau mêlée à du vin pour chasser les poux. Malgré tout, seules les crèmes et les lotions préparées avec du thym et du romarin pouvaient masquer la puanteur des aisselles et des pieds. Apparemment Michelet et Bussy ne les utilisaient pas.

Dans sa chambre, le lieutenant du prévôt les fit asseoir sur son lit et attendit debout qu'ils s'expliquent, espérant qu'ils repartent vite.

— J'aurais préféré rester entre les draps avec une puterelle que d'affronter ce froid ! gronda Michelet en tendant ses mains vers le foyer.

Poulain sourit poliment. Michelet entretenait des garces dans son bordau, à la porte Montmartre, mais ce n'était certainement pas pour lui dire ça qu'il était venu.

— Je peux vous proposer un verre de clairet de Suresnes, fit Poulain d'un ton neutre.

— Volontiers ! approuva Michelet.

Tandis que Nicolas partait dans la cuisine, Bussy Le Clerc balayait la pièce des yeux, comme pour évaluer la fortune de son hôte.

Nicolas Poulain n'était pas riche, c'était évident. Sur les murs de sa chambre, sans doute la pièce la mieux meublée de la maison, il n'y avait aucune tapisserie, aucune crédence ou buffet exposant des assiettes ou de l'orfèvrerie. Seulement un Christ en croix et en face une image de la Vierge. Le lit lui-même ne portait que des rideaux de grosse toile entre ses piliers. Il y avait un vieux coffre vermoulu et deux escabelles. Les punaises couraient sur le carrelage de terre cuite.

Quand Nicolas revint, avec trois gobelets et un flacon, le procureur prit la parole.

— Je me souviens qu'au collège, Nicolas, tu étais toujours le premier à la confession et personne ne servait la messe mieux que toi...

— Certainement, mes amis ! Ma mère, qui est au ciel maintenant, voulait que je sois un bon chrétien comme l'était certainement mon père que je n'ai jamais connu.

— Tu n'as jamais rien appris sur lui ? s'enquit Michelet en plissant les yeux alors que Nicolas le servait.

— Rien ! Avant de lui fermer les yeux, j'ai demandé à ma mère de me donner son nom mais elle a à nouveau refusé, arguant que ce nom ferait mon malheur. Je pense que c'était un homme de la cour. Elle n'était qu'une servante mais n'a jamais manqué d'argent pour mon éducation. Il nous a laissé la moitié de cette maison et a acheté mon office de lieutenant du prévôt.

— Que penses-tu de Mgr de Guise ? demanda brusquement Jean Bussy, visiblement peu intéressé par le père de Poulain.

— C'est un grand seigneur, très honorable et bon chrétien, répondit Poulain prudemment.

— Au Châtelet, reprit Georges Michelet, nous sommes nombreux à nous inquiéter depuis la mort de Mgr d'Alençon. Tu sais que notre roi est escouillé... sauf avec ses mignons ! Que se passera-t-il à sa mort ?

— Je crains que les grandes guerres ne reprennent. Le Béarnais fera valoir ses droits, dit Nicolas.

— Droits qu'il n'a point ! le coupa sèchement Bussy Le Clerc. Le cardinal de Bourbon est plus près que lui de Saint Louis.

— C'est vrai, reconnut Poulain, en hochant la tête.

— Il serait aisé d'éviter une guerre, fit encore Jean Bussy. Le cardinal de Bourbon a été reconnu héritier du royaume par le Saint-Père et le roi d'Espagne. Mgr de Guise et les princes lorrains le soutiennent. Que les bourgeois de Paris déposent le roi et portent Mgr de Bourbon sur le trône, le Béarnais ne pourra que s'incliner !

— Mais ce serait félonie et blasphème ! Le roi a été choisi par Dieu !

— En laissant se développer l'hérésie, le roi a trahi sa mission, asséna Jean Bussy en haussant le ton. Dieu l'a renié, et comme tyran d'usurpation, il ne mérite plus de régner.

Pendant qu'il parlait, Michelet écrasait consciencieusement les punaises qui passaient près de ses bottes, ce qui provoquait une abominable puanteur.

— Peut-être, fit Poulain, aussi gêné par l'affirmation de Bussy que par l'odeur infecte. Mais il y a grand risque pour nous bourgeois à prendre parti dans cette querelle, le roi n'est pas si faible et le duc de Guise n'est pas si fort.

— Cette querelle est la nôtre ! gronda Jean Bussy. Sais-tu que des huguenots entrés secrètement dans la ville préparent avec l'approbation du roi une Saint-Barthélemy des catholiques ?

— Tu en es certain ? s'enquit Poulain.

— Certain ! Jehan Louchart, qui est commissaire au Châtelet, te le confirmera.

— Mais comment les bourgeois pourraient-ils intervenir dans ce chaos ? Le roi dispose de gardes suisses et de gardes françaises, tous armés d'épées et de mousquets, alors que les bourgeois du guet n'ont que des pertuisanes !

— C'est pour ça que nous sommes venus. Nous voulons te faire rencontrer quelqu'un qui te fera une proposition. Libre à toi de l'accepter ou de la refuser. La seule condition est de garder secret cet entretien.

Devinant l'hésitation de Poulain, Jean Bussy ajouta :

— Il y aura quantité de bonnes pécunes à gagner. Une picorée telle que ta famille et toi serez tranquilles jusqu'à la fin de ta vie. Je crois que tu en as besoin, déclara-t-il en désignant les lieux. Sans compter que tu obtiendras la faveur de grands seigneurs qui ont le moyen de te faire avancer, pourvu que tu leur sois loyal, et que tu restes fidèle à la foi catholique, apostolique et romaine.

— Il faudrait que tu sois bien coquart pour laisser passer cette chance, ricana le sergent en arrachant soigneusement les pattes d'une punaise qu'il venait d'attraper.

— Je resterai libre d'accepter ? hésita Poulain.

Il est vrai que l'avenir de sa famille le préoccupait. Il exerçait un métier dangereux. Qu'il soit blessé, ou même tué, que deviendraient ses enfants ?

— Parfaitement.

— Si je ne risque rien à écouter tes amis, j'accepte de les entendre, décida le lieutenant après une ultime hésitation.

— Alors viens chez moi demain matin, après huit heures. J'habite toujours rue des Juifs.

Ils se levèrent et Poulain les raccompagna. Après leur départ, il resta longuement songeur dans l'escalier.

Quand elle l'entendit rentrer, sa femme le rejoignit dans la chambre où Nicolas avait reçu les deux hommes.

— Nous n'avions plus vu M. Bussy depuis des années, lui dit-elle, d'une voix inquiète, que te voulait-il ?

— Je le saurai demain, ma mie.

— Je n'aime pas cet homme, Nicolas... Mais quelle odeur épouvantable ! Ils puaient comme des charognes !

Elle alla à la fenêtre et l'ouvrit un instant. Nicolas sourit devant sa véhémence.

— Je sais pourquoi tu ne l'aimes pas, et je ne l'aime pas non plus, affirma-t-il sans dissimuler son malaise.

Douze ans plus tôt, le jeudi de la Saint-Barthélemy, alors que le tocsin sonnait dans toutes les églises, Marguerite, qui n'avait que seize ans, avait aperçu Jean Bussy à la tête d'une bande de clercs de la basoche du Palais. Elle était collée à une fente du volet de bois que son père avait baissé devant leur échoppe. Les clercs s'étaient attaqués à la maison du bijoutier huguenot située en face de leur épicerie. Ils avaient jeté hommes, femmes, enfants et serviteurs par les fenêtres après les avoir éventrés. La maison avait été pillée et les corps brisés dépouillés de leurs vêtements. Les survivants pendus aux fenêtres par le col ou les pieds.

Certains n'étaient pas morts et agonisaient en gémissant. Le père de Marguerite, qui avait tout vu lui aussi, ne savait que faire sinon pleurer. Il connaissait le bijoutier et l'estimait. Sa fille était alors montée chercher de l'aide chez les Poulain. Nicolas avait aussi assisté au pillage mais sa mère ne voulait pas qu'il intervienne tant elle était terrorisée. Finalement, sur l'insistance de la jeune fille, il était descendu. Jean Bussy était parti, mais d'autres horreurs se perpétraient dans la rue. Il y avait des pillards partout mais ceux-ci ne faisaient pas attention à ceux qui décrochaient les cadavres. Avec l'aide du père de Marguerite, ils avaient détaché et conduit chez eux les deux survivants, une servante et un enfant de dix ans, mais les malheureux étaient mort le surlendemain.

Un an plus tard, les deux jeunes voisins se mariaient.

Le lendemain de la visite de Bussy et Michelet, Nicolas Poulain s'était rendu au logis du procureur.

Georges Michelet lui ouvrit et le conduisit dans une chambre. Poulain y trouva le père Santeuil, curé de Saint-Gervais, et un autre procureur auquel il avait parlé deux ou trois fois au Grand-Châtelet, mais dont il ignorait le nom. Il y avait surtout un gentilhomme de son âge, en pourpoint moiré à manches courtes, chemise écarlate aux manches brodées, chausses assorties et toquet avec aigrette en diamants. Une épée à poignée dorée était serrée à sa taille.

Cet homme le considéra d'un air légèrement dédaigneux. Il portait barbe et moustache en collier et sentait très fort le musc.

— Messieurs, je vous présente mon ami Nicolas Poulain que je connais depuis vingt ans, il est lieutenant du prévôt des maréchaux et l'homme qu'il nous faut, déclara Jean Bussy à l'assistance.

» Nicolas, poursuivit-il en s'adressant à Poulain. Monsieur est le seigneur de Mayneville, qui nous est envoyé par Mgr le duc de Guise. C'est lui qui m'a appris, ainsi qu'au commissaire Louchart que tu connais, qu'il y avait plus de dix mille huguenots déjà logés au faubourg Saint-Germain qui s'apprêtent à couper la gorge à nous autres, bons catholiques, afin de donner la couronne au roi de Navarre. Il y en aurait autant dans les autres faubourgs.

Pendant qu'il parlait, Mayneville opinait gravement. À la fin du discours de Le Clerc, le gentilhomme ajouta :

— La religion catholique est perdue si on n'y donne prompt secours pour empêcher ce qui se prépare.

— Tout de même, dix mille ! s'étonna Poulain. On devrait pouvoir les identifier dans les hôtelleries.

— Ils ne logent pas dans les hôtelleries, monsieur, répliqua Mayneville d'un ton condescendant. Ils sont reçus chez des amis du roi, chez des gens du conseil, de la cour ou du Parlement. Tous des politiques qui soutiennent secrètement l'hérétique navarrais. Vous savez comme moi que le faubourg Saint-Germain est une petite Genève.

Si c'était vrai, songea Poulain avec inquiétude, la police pouvait effectivement ne rien savoir.

— Comment faire pour empêcher cette méchante entreprise ? demanda-t-il.

— Les bons catholiques doivent secrètement prendre les armes. Les ducs de Guise, de Mayenne, d'Aumale, toute la maison de Lorraine, ainsi que les cardinaux, les évêques, les abbés, et le clergé de France les soutiendront. Ils auront avec eux le roi d'Espagne, le prince de Parme et le duc de Savoie.

— Mais est-on bien certain que notre roi Henri

se soit allié avec le Navarrais ? demanda Poulain, qui doutait malgré tout.

— Il lui a envoyé M. d'Épernon pour lui porter deux cent mille écus afin de préparer la guerre contre nous, bons catholiques. Cela ne vous suffit pas ? répliqua sèchement Mayneville. Heureusement qu'il y a suffisamment d'hommes dans cette ville qui sont prêts à mourir plutôt que d'endurer un roi hérétique.

— Il n'y a que deux ou trois cents gardes françaises au Louvre, et à peine autant de Suisses, intervint le curé Boucher. Le prévôt de l'Hôtel et le chevalier du guet ont peu d'archers, et le prévôt des maréchaux est vieux et malade. Si les huguenots hérétiques tentaient de nous massacrer, nous serions assez nombreux pour nous défendre et nous emparer de la Bastille et de l'Arsenal, peut-être même du Louvre… seulement nous n'avons pas d'armes.

— Des hommes tels que vous seraient utiles à notre cause, insista Mayneville. Et sachez que le duc de Guise n'est pas un ingrat.

— Je vous rejoindrai volontiers s'il ne s'agit que de nous défendre et de sauver la religion catholique, répondit Poulain, maintenant convaincu. Mais je refuse de participer à une entreprise contre le roi. Je lui suis fidèle, et le risque est bien trop grand…

— Tu peux nous croire, promit Jean Bussy en le prenant fraternellement par l'épaule. Nous ne voulons qu'éviter une prochaine Saint-Barthélemy. Nous n'entreprendrons rien si le roi reste bon catholique. Et nous pouvons même te jurer que, si tu étais pris, nous emploierions tous nos moyens pour te secourir, même par les armes.

— Vous n'avez rien à craindre, confirma M. de Mayneville, Mgr de Guise a plus de quatre mille hommes en Champagne et en Picardie pour vous secourir.

Poulain accepta d'un hochement de tête.

— Reviens ici demain à la tombée de la nuit, je te conduirai à nos amis.

Le lendemain, vendredi 4 janvier, après une nuit passée en réflexions, Poulain s'était à nouveau rendu au logis de Bussy Le Clerc, avec une lanterne à chandelle de suif. Il s'était couvert du gros manteau à capuchon qu'il utilisait pour ses chevauchées, car la neige tombait dru et le froid était vif. Il avait aussi emporté épée et pistolet.

Michelet et Jean Bussy l'attendaient et ils partirent pour la rue Saint-Germain-l'Auxerrois. C'est là que logeait, lui dirent-ils, le sieur de La Chapelle, secrétaire du roi et échevin de la ville. En chemin, ils lui expliquèrent que les gens qu'il allait rencontrer étaient avocats, marchands ou officiers du Palais ou du Châtelet, tous membres de la même union, une confrérie secrète constituée à l'origine par M. de La Chapelle et ses amis pour défendre la religion catholique.

— Chacun a ensuite recruté une ou deux autres connaissances, soit dans son quartier, soit dans son travail. Puis les nouveaux venus ont fait de même et nous sommes maintenant quelques centaines, raconta Bussy avec fierté.

Chez M. de La Chapelle, ce fut le commissaire Louchart, que Poulain connaissait pour l'avoir souvent rencontré au tribunal, qui les fit entrer et les conduisit dans la chambre où la confrérie se réunissait.

Louchart était un petit homme au visage anguleux et à la tête de rat. Sa barbe et sa moustache courtes et clairsemées mettaient en valeur son teint bilieux et ses petits yeux méchants.

Dans l'assistance, à part M. de Mayneville qui lui

fit un signe amical, Poulain ne connaissait guère que deux prêtres : le curé Boucher, recteur de la Sorbonne, et Jean Prévost, le curé de Saint-Séverin.

Bussy le présenta à Michel de La Chapelle, un jeune homme d'une trentaine d'années, au regard calculateur. Comme le silence se faisait, ce dernier prit la parole.

— Mes amis, je remplace notre chef M. Hotman qui n'a pas pu venir ce soir. La dernière fois, nous avions discuté de l'admission de M. Poulain dans notre confrérie. M. Poulain est lieutenant du prévôt Hardy et nous a été proposé par M. Bussy qui le connaît bien. Tout le monde était d'accord et M. de Mayneville a approuvé sa venue. Il est venu ce soir pour prêter serment.

Il se tourna vers Poulain.

— Vos amis vous ont parlé de notre société. Elle a été créée par M. Hotman avec quelques hommes de bien comme le père Boucher, M. Bussy et moi-même. Nous la nommons la sainte union. C'est une ligue destinée à nous défendre à la fois contre les impôts qui nous pressurent et pour sauver la foi romaine. Il y a ici ce soir les membres de notre conseil, que nous nommons le conseil des Six. Si nous œuvrons avant tout pour le salut de l'Église, nous voulons aussi que l'État dépense moins, et exige moins de nous. Chaque jour, notre nombre augmente tant le peuple est malcontent. Nous avons des représentants dans les seize quartiers de Paris [1]. Dans chaque paroisse, dans chaque rue, ces hommes de foi approchent ceux qu'ils jugent dignes de rallier notre idéal comme M. Bussy l'a fait avec vous. D'autres font de même avec ceux qu'ils côtoient dans leur métier.

---

1. Treize sur la rive droite de la Seine, un sur l'île de la Cité, deux sur la rive gauche.

Ainsi, le bon chrétien de la Cour des aides entreprend ses collègues, le sergent du Châtelet parle à ses camarades, l'avocat pratique les hommes de loi, le marchand enrôle ses amis. De cette prudente façon, nous incorporons sans péril de nouveaux partisans. La sainte union se transforme peu à peu en une armée au service de Dieu.

» Nous nous réunissons en général chaque vendredi pour traiter les affaires en cours. Mais avant de vous en dire plus, nous attendons de vous un serment de fidélité. Êtes-vous décidé à nous rejoindre ?

— Je le suis.

La Chapelle fit écarter chacun autour de Poulain pour que le serment soit solennel.

— Au nom de la Sainte Trinité et du précieux sang de Jésus-Christ, jurez sur les saints Évangiles et sur votre vie, votre honneur et vos biens, de garder inviolables les choses dites ici, sous peine d'être à jamais parjure et infâme, indigne de noblesse et honneur. Jurez d'obéir et de servir avec fidélité la sainte union, jurez d'être fidèle aux libertés de Paris et à la foi catholique et romaine.

— Je le jure ! déclara Poulain, sans hésitation.

— Voici ce qu'on attend de vous. Nous pouvons compter sur près de mille fidèles, et ce nombre augmente sans cesse. Mais si nous devons défendre notre religion, comment ferons-nous sans armes ? Nos amis du guet bourgeois n'ont que des pertuisanes ou des espontons à nous prêter.

» Pourtant, ce n'est pas l'argent qui nous manque, mais le roi a interdit à tous les quincailliers et armuriers de Paris de vendre arme ou cuirasse sans l'autorisation du prévôt ou des lieutenants de police. Même les commissaires ne peuvent en acheter, et seul le prévôt d'Île-de-France a encore cette liberté. Nous avons approché quelques armuriers, dont nous vous donnerons la liste, qui accepteraient de nous fournir, mais uniquement si vous leur assuriez que vous achetez ces armes pour la prévôté de l'Île-de-France.

— Que vous faudrait-il ? s'enquit Poulain.

— Des mousquets et des épées, ainsi que des morions ou des haubergeons pour nous protéger, intervint l'un des participants, un homme à l'allure militaire et à la barbe noire bien taillée.

— Les seize quartiers sont divisés en cinquanteneries et dizaineries. La plupart sont ralliés à notre cause. À ce nombre s'ajoutent cent ou deux cents membres de notre ligue capables de tenir une arme. Au total, il nous faut au moins cinq cents pièces d'armement, expliqua La Chapelle. Chacun doit avoir une épée, un corselet ou une brigandine, et un morion. Un mousquet aussi, si c'est possible. Ils commanderont ceux qui n'auront que des piques ou des fourches.

Poulain fit un rapide calcul.

— Chaque pièce peut valoir dix écus de trois livres [1] si elle est de bonne qualité. Pour une épée, une cuirasse et un haubergeon, cela fera au moins trente écus. Et il faut compter cent écus avec un mousquet.

— Cinq cents hommes à trente écus font quinze mille écus. Ce qui nous coûterait quarante-cinq mille livres au bas mot, intervint rageusement un autre homme. C'est beaucoup trop !

— M. Isoard Cappel est notre trésorier, dit La Chapelle en souriant. Il compte nos pécunes comme si c'étaient les siennes, mais nous aurons cet argent. Monsieur Cappel, je suppose que nous pouvons

1. Il y avait alors trois livres par écu. En 1575, Henri III fit frapper des francs d'argent valant une livre tournois.

remettre six mille écus à M. Poulain pour qu'il commence ses achats ?

— Effectivement, reconnut le trésorier.

— Il serait possible d'avoir des armes et des cuirasses moins chères en allant les acheter directement là où on les forge. Par exemple à Besançon, en Suisse, ou dans les Flandres, proposa Poulain.

— Mais on trouve tout ça rue de la Heaumerie !

— Certainement, monsieur, mais il sera difficile d'obtenir là-bas de grandes quantités d'équipement, et ce sera au prix fort. De surcroît, comme la vente d'armes est interdite à Paris sans autorisation, les marchands me demanderont des papiers que je n'ai pas.

— Vous n'aurez pas de problème avec les commissaires du Châtelet, l'assura Louchart. Il n'y aura aucun contrôle de notre part.

— Tant mieux, mais la jurande de la profession est vigilante et ne tient pas à être poursuivie. Certes, je pourrais expliquer qu'il s'agit d'un équipement pour les chevauchées prévôtales, ceux qui me connaissent me feront confiance... peut-être... Quoi qu'il en soit j'essayerai... Et si je parviens à acheter ces armes, où qui devrai-je les porter ?

— À l'hôtel de Guise, répondit Mayneville.

— Ou chez moi, précisa Jean Bussy.

— Ce point est donc réglé, décida La Chapelle. M. Cappel donnera l'argent à M. Poulain lors de notre prochaine rencontre. Le père Boucher va maintenant nous présenter les grandes lignes du plan qu'il a étudié avec M. Jean Bussy, au cas où le danger huguenot devait se préciser.

Boucher fit quelques pas au milieu de l'assistance dans une attitude avantageuse.

— Le vilain Hérodes..., commença-t-il.

Chacun se mit à rire sauf Poulain qui ne comprenait pas.

— C'est l'anagramme de Henri de Valois, lui souffla son voisin.

— ... Nous menace d'une Saint-Barthélemy. Mais il ignore que nous sommes capables de le devancer, s'il tente d'agir.

— En avons-nous le droit ? demanda un homme de l'assistance. La personne du roi est sacrée.

À cette question, Poulain inclina la tête en signe d'adhésion et il vit que plusieurs faisaient comme lui.

— Saint Thomas d'Aquin l'a écrit : le tyran d'usurpation peut être assassiné et le tyran d'exercice peut être déposé, car c'est le peuple qui fait les rois, assura le prêtre en écartant les mains.

Mayneville approuva du chef.

— Si cela s'avère nécessaire, voici comment nous nous y prendrons. En premier lieu, quelques hommes se rendront à minuit au logis de M. Testu, le chevalier du guet, à la couture Sainte-Catherine. M. Testu est méfiant aussi fera-t-on heurter à sa porte un archer du Châtelet qui demandera à lui parler de la part du roi. Dès la porte ouverte, notre troupe montera dans sa chambre et lui mettra le poignard sur la gorge. Ainsi prisonnier, il conduira nos hommes à la Bastille dont il est gouverneur et il nous la livrera... Après quoi, on lui coupera la gorge.

L'assistance approuva bruyamment.

— Je prendrai le gouvernement de la Bastille, intervint Jean Bussy. Nous y mettrons nos ennemis sous bonne garde.

— Nous agirons de la même façon avec M. le premier Président, M. le Chancelier et M. le Procureur général, poursuivit le curé Boucher.

— Nous pillerons leurs biens pour nous payer de nos efforts, ajouta Le Clerc en pouffant.

— Pour ce qui est de l'Arsenal, nous nous en assurerons par un fidèle qui est à l'intérieur. Touchant le Grand-Châtelet, les commissaires et les sergents qui sont à notre ligue feindront d'y mener de nuit des prisonniers et emporteront la place. M. Louchart en prendra ensuite le gouvernement à la place de M. Séguier.

» Quant au Palais [1], il sera aisé de l'occuper à l'ouverture. Il n'y a alors que peu de gardes. Le Temple et l'Hôtel de Ville seront saisis de la même façon. Il reste le Louvre, qui sera le plus malaisé à emporter avec les gardes suisses et les gardes françaises qui y logent ; sans compter les compagnies de gendarmes et de gentilshommes. Nous devrons sans doute l'assiéger afin d'affamer ses occupants. Faudra-t-il ensuite se défaire du roi ? Ce sera au conseil de décider…

— Il faut l'occire ! lâchèrent quelques voix.

— Non, le roi est sacré ! Il suffit de l'enfermer dans un monastère, proposa un des participants, appuyé aussitôt par la majorité de l'assistance.

— Nous verrons cela en temps et en heure, conclut La Chapelle. Je ne suis pas certain que les opérations soient si faciles, et pour être honnête, il me paraît bien présomptueux de prendre le Louvre avec cinq cents bourgeois armés d'épées alors qu'en face les gardes disposent de mousquets et de canons.

Poulain vit la face de Boucher s'allonger tandis que Louchart ajoutait :

— Sans compter les quarante-cinq brigands que M. d'Épernon a mis au service du roi…

— Il est tard, je propose que chacun rentre à son logis, poursuivit La Chapelle avec un hochement de

1. Quand nous parlons du Palais, il s'agit du palais de justice, ou encore du parlement, situé dans l'île de la Cité.

tête approbateur. Notre prochaine réunion aura lieu à la Sorbonne et M. Poulain nous fera part de ce qu'il peut acheter comme armes. Nos relations avec Mgr le duc de Guise seront comme toujours assurées par le sieur de Mayneville.

» Quelqu'un a-t-il encore quelque chose à dire ?

— Je pars en chevauchée lundi, pour quatre jours, intervint Poulain. Je ne pourrai pas m'occuper des armes avant la fin de la semaine prochaine.

— Il ne vous est pas possible de repousser cette chevauchée, ou de vous faire remplacer ? demanda M. de La Chapelle.

— Hélas, non ! J'ai d'ailleurs été averti par M. Hardy, qui est fort malade, d'aller lundi chercher mes instructions chez le Grand prévôt de France, avant de gagner Saint-Germain.

— M. de Richelieu ? s'inquiéta Louchart.

— Oui, il me précisera le territoire de ma chevauchée et les dernières affaires de brigandages autour de Saint-Germain dont il aura eu connaissance.

— Vous serez de retour vendredi ?

— Certainement, sauf en cas de poursuite.

— Nous nous reverrons donc ici même, vendredi soir. Vous nous direz alors ce que vous avez pu faire.

Le lendemain, samedi, Nicolas Poulain s'était rendu rue de la Heaumerie où se succédaient les boutiques de cuirassiers, de heaumiers, d'arquebusiers ou de fourbisseurs. Dans cette ruelle située entre la rue de la Vieille-Monnaie et la rue Saint-Denis étaient regroupées toutes les échoppes d'armuriers de Paris. La plupart des maisons avaient pour enseigne des heaumes ou des panneaux représentant saint Georges en armure d'acier monté sur un cheval caparaçonné de fer. Le bruit était infernal et la fumée du charbon de bois empoisonnait l'air. Au fond de chaque courette ou impasse, des forgerons avaient leur atelier où ouvriers et compagnons martelaient sans cesse lames et plaques de fer ou de cuivre.

En tout, la rue comptait une quarantaine de maîtres artisans et de forges que Poulain interrogea pour connaître leurs conditions. Il en conclut que les prix y étaient élevés et qu'il serait plus judicieux, comme il l'avait pensé, d'acheter des armes à Besançon.

Le dimanche, il l'avait passé en prières à la messe, puis en méditations, ne répondant qu'évasivement aux questions de sa femme. La voie dans laquelle il avait décidé de s'engager était dangereuse et pouvait avoir des conséquences néfastes autant pour lui que pour sa famille. Mais, profondément religieux [1], Poulain était persuadé que le Seigneur l'aiderait. Le sermon de son curé était d'ailleurs venu fort à propos, car le prêtre avait rappelé aux fidèles la parole de l'évangile :

Je suis ton Dieu et avec Moi à ton côté, qui peut être contre toi ?

---

1. Comme le montre la lecture du *procès-verbal de Nicolas Poulain*, conservé à la Bibliothèque nationale.

4.

Lundi 7 janvier, lendemain de l'Épiphanie

À Figeac, la maison qu'occupait Philippe de Mornay était distribuée autour d'une petite cour carrée. Une tour à six pans enfermait l'escalier qui desservait la grande salle. À peine passée la porte, le froid les saisit. Au rez-de-chaussée, Mornay laissa les Suisses dans la grande cuisine où s'affairaient trois cuisinières et deux marmitons en train de préparer des soupes pour toute la maisonnée. Un feu d'enfer brûlait dans l'immense cheminée. Les deux messagers s'installèrent devant une grande table sur laquelle étaient posés des pains que l'on venait de cuire. Mornay sourit en les regardant se jeter sur la nourriture, puis il sortit dans la cour. Son épouse Charlotte, avec laquelle il partageait tout depuis la Saint-Barthélemy, saurait le conseiller.

La petite cour avait été nettoyée de sa neige par les valets. Sous les arcades se pressaient deux douzaines de spectateurs ; des soldats, des écuyers, des serviteurs, et même des gentilshommes de Figeac, tous emmitouflés dans des manteaux d'épaisse laine. Charlotte, assise sur un banc avec ses deux enfants serrés contre elle, le vit et lui fit signe de s'approcher en souriant. Elle aussi assistait à l'assaut.

Au milieu de la cour, Cassandre, leur fille adoptive, ferraillait avec François Caudebec, son fidèle capitaine qui ne l'avait jamais quitté. Les duellistes formaient un couple étonnant.

Caudebec, âgé d'une quarantaine d'années, petit, lourd, d'une vigueur peu commune, velu comme un ours avec un regard de fauve, était un rude escrimeur, frappant d'estoc avec une rare force. En face, Cassandre, vingt ans peut-être – comme Caudebec, elle ignorait son âge exact –, était plutôt grande et longiligne. L'œil sûr, elle bougeait avec une invraisemblable agilité, compensant largement par sa souplesse la puissance de son adversaire. Mornay resta un instant à l'admirer. Blonde avec de longs cheveux attachés par un ruban, vive, de beaux yeux et une peau éblouissante, c'était l'idée qu'il se faisait de Diane chasseresse.

— Touchée, mademoiselle, s'exclama Caudebec, en lui donnant un coup de lame – à plat – sur le jarret.

C'était le coup de Jarnac, la botte secrète qui avait permis à Guy Chabot de tuer son adversaire lors d'un fameux duel qui avait eu lieu à Saint-Germain. Le fils de Guy Chabot, protestant comme son père, l'avait appris à M. de Mornay qui, à son tour, l'avait montré à Caudebec.

Les épées étaient émoussées et leur extrémité arrondie, mais, sous la violence du choc, Cassandre avait vacillé.

— C'est triché ! protesta-t-elle en réprimant un gémissement de douleur. J'ai vu mon père et j'ai été distraite, je connais bien ce coup !

— C'est comme ça qu'on se fait tuer, ma fille, ironisa Mornay. N'êtes-vous pas fatiguée ?

— Moi ? Non ! Mais Caudebec, certainement ! se força-t-elle à rire. Ces combats ne sont plus de son âge !

— Vous avez raison, mademoiselle, sourit le capitaine de Mornay. Je ne vous ai touchée que six fois, contre deux pour vous, je crois !

Il la salua d'une révérence railleuse, comme il avait vu le faire les Scaramouche et autres capitaine Spavento chez les comédiens ambulants qui passaient parfois dans les campagnes. La moquerie provoqua les fous rires de l'assistance.

— Vous ne m'avez pas laissé ma chance, François, répliqua-t-elle avec dépit.

Elle grimaça une moue en serrant les lèvres pour marquer sa contrariété.

— Fait-elle des progrès ? demanda Mornay à Caudebec, sur un ton faussement sérieux.

— Si elle continue à apprendre, elle battra un jour tous les mignons du roi, répliqua Caudebec en tendant son épée à un valet.

— Il faudrait pour cela qu'elle aille à la cour, intervint sèchement Charlotte de Mornay.

— Charlotte, pouvons-nous rentrer ? lui demanda son époux en lui prenant la main. J'ai à vous parler.

— Je m'en doute mon ami, répondit-elle.

En voyant arriver les deux Suisses, elle avait deviné qu'ils étaient chargés d'une importante mission. Aussitôt, elle avait donné des ordres pour qu'on s'occupe de leurs chevaux.

— François, Cassandre, accompagnez-nous !

Ils se dirigèrent ensemble vers la tourelle qui enserrait l'escalier tandis que les enfants du couple restaient sous la surveillance de leur gouvernante.

Charlotte Arbaleste – Mme de Mornay – était aussi à Paris pour les noces d'Henri de Navarre avec la sœur du roi, en août 72. Jeune veuve avec une fille en bas âge, elle ne connaissait pas encore Philippe de Mornay. Dans la nuit du samedi, une servante l'avait réveillée, apeurée. On tuait dans les rues. Les deux femmes s'étaient enfuies vers une autre maison où elles s'étaient dissimulées dans un bûcher, puis dans un grenier, car il n'y avait pas assez de place. Charlotte avait entendu les cris et les supplications de ceux que l'on massacrait alors que sa fille était cachée en bas avec une servante. Le massacre avait duré plusieurs jours durant lesquels elle était restée au désespoir de ne pas savoir ce que devenait son enfant. Le mercredi suivant, des amis lui avaient fait parvenir un message pour la prévenir que la tuerie était finie et qu'elle pourrait prendre un bateau pour quitter la ville. Elle avait suivi leurs indications mais la grande barque avait malheureusement été arrêtée et les passagers avaient dû montrer leur passeport. Comme elle n'en avait point, les gardes avaient décidé de la noyer avec sa fille. Finalement pris de pitié, ils l'avaient laissée passer.

Philippe et elle s'étaient rencontrés deux ans plus tard. Ils partageaient les mêmes goûts, les mêmes mœurs austères, et les atrocités auxquelles ils avaient assisté les avaient rapprochés. Ils ne s'étaient plus quittés. Aujourd'hui, ils avaient quatre enfants, plus Suzanne, née du premier mariage de Charlotte, et bien sûr Cassandre.

— Vous avez vu les Suisses ? demanda le surintendant de la maison de Navarre quand tous se furent confortablement installés dans la grande salle.

Charlotte hocha la tête.

— C'est Scipion Sardini qui les envoie. Ils m'ont porté cette lettre, dit-il en la lui tendant.

Monsieur,

Les raisons qui me portent à vous importuner sont si fragiles, que j'ai plusieurs fois repoussé de prendre la plume. J'avais envisagé de vous voir à Paris, mais j'ai trop hésité et quand je me suis décidé, vous veniez de partir.

Mais en ce temps troublé, tout peut avoir de l'importance.

Au début de l'année dernière ont eu lieu de retentissants procès faits à certains trésoriers pour avoir détourné des aides et une partie de la taille[1]*. Il est certain que le rendement de la taille diminue d'année en année. En quatre ans, l'élection de Paris a perdu près d'un million et demi de livres. Le roi a beau multiplier les coercitions et les contrôles, le peuple ne peut tout simplement plus payer et les fraudes sont trop nombreuses.*

Comme banquier et collecteur de taxes, je connais bien ces circuits financiers puisqu'une partie des recettes de l'État aboutit dans mes coffres où elles y sont plus en sécurité que chez le trésorier de l'Épargne ou à l'Arsenal.

Vous le savez, dans l'élection de Paris, c'est la commission de la taille et le bureau des finances qui établissent la répartition de l'impôt et chargent les élus d'évaluer les biens taillables par paroisse et diocèse. Les élus[2] *sont chargés de chevauchées régulières dans les paroisses afin de s'informer des facultés des taillables et de compléter les rôles établis par le bureau des finances, ou dressés par les collecteurs.*

Ensuite, dans chaque paroisse, durant le mois d'octobre, tous les habitants élisent des asséeurs collecteurs qui répartissent la taille et la collecte. Les sommes recueillies sont ensuite portées aux receveurs qui les

---

1. Les aides sont des taxes sur les marchandises, la taille est un impôt direct sur le revenu que payent seulement les roturiers.

2. Les élus étaient des officiers chargés de l'assiette et de la perception des impôts dans les pays d'élection. La collecte était différente dans les États qui possédaient des assemblées décidant du montant de l'impôt.

notent sur un registre paraphé par les élus. Après cet encaissement, les receveurs, lorsqu'ils ne sont pas trésoriers, font porter les tailles au receveur général ou à un trésorier général, ou encore au trésorier de l'Épargne.

Les agents du bureau des finances, qui changent chaque année pour éviter la corruption, vérifient le travail des élus, des collecteurs et des receveurs. Les contrôleurs des tailles examinent aussi les registres et les bordereaux des receveurs. Toutes les pièces de recette doivent être inscrites dans des registres transmis ensuite au tribunal de l'élection de Paris. Tout transfert d'argent à des trésoriers ou à l'Épargne est accompagné d'un acte signé et scellé.

Seulement ce règlement n'est jamais suivi à la lettre et la corruption règne en maître, aussi l'évasion est-elle importante, mais il ne s'agit que de petites fraudes. Encore que, cumulées, elles peuvent atteindre des sommes importantes.

J'en viens maintenant aux raisons de ce courrier. L'année dernière, M. Jehan Salvancy, receveur général des tailles de l'élection de Paris, a déposé chez moi l'équivalent de trente mille écus d'or en un seul versement. Habituellement, c'est mon premier commis qui s'en occupe mais, ce jour-là, j'étais présent. Quelque peu surpris, j'ai regardé les comptes de M. Jehan Salvancy dans mes livres pour constater que le montant de ses dépôts depuis quatre ans atteignait près de neuf cent mille livres. Et encore parce qu'il y a eu plusieurs retraits pour un total de cinq cent mille livres. Or, ces retraits avaient été faits par M. Robert Letellier, ancien drapier, trésorier de la maison du duc de Guise à Paris. Il m'avait apporté des reçus pour paiement signés par Jehan Salvancy.

Je me suis alors interrogé sur la provenance d'autant d'argent.

Il m'est venu à l'idée que M. Salvancy avait trouvé un moyen indécelable de détourner une partie importante des tailles de l'élection de Paris pour financer la guerre de M. le duc de Guise, lequel est fort démuni en pécunes. Mais si je ne me trompe pas, j'avoue ne pas deviner comment il s'y prend compte tenu des contrôles qui existent. J'ai pourtant fait un lien avec une étrange affaire qui a été jugée en juillet de l'année dernière. On a alors pendu devant l'hôtel de Bourbon un nommé Larondelle et son complice. Ces deux hommes, fort âgés, avaient gravé des sceaux de la Chancellerie avec une telle dextérité qu'il était impossible de les discerner des originaux [1]*. Or on n'a jamais su pour qui ils travaillaient. Auraient-ils pu fabriquer des sceaux du trésorier de l'Épargne et participer d'une certaine manière à cette fraude ? C'est une hypothèse.*

Je vous supplie humblement de me pardonner d'avoir eu de si méchantes idées mais peut-être Mgr Henri de Navarre saura que faire de cette information.

Monsieur, je prie Dieu qu'il vous donne, ainsi qu'à Mgr de Navarre, une santé heureuse et une très heureuse vie.

À Paris, le 10 décembre 1584

Quand elle eut terminé sa lecture, Charlotte Arbaleste tendit la lettre à Cassandre.

— Que veux-tu faire ? demanda-t-elle à son époux.

— Si les tailles du roi servent à financer la guerre conduite par le duc de Guise, il faut arrêter cette saignée.

— Sans doute, mais comment ? Vas-tu en parler à Mgr de Navarre ?

---

1. Rapporté par Pierre de l'Estoile.

— Que pourrait-il faire si loin de Paris ? intervint Cassandre.

— Le moins que je puisse faire est d'écrire au roi pour le prévenir.

— Lui parleras-tu de Sardini et de ce Salvancy ? Imagine que rien ne soit vrai dans cette lettre... Navarre pourrait se brouiller avec Sardini à cause de cette indiscrétion...

— J'y ai songé, ma mie, et c'est pourquoi je souhaite votre opinion... hésita Mornay en passant sa main dans sa barbe. Mais Sardini n'est pas seulement banquier, il a aussi l'affermage de nombreuses taxes, en particulier les aides sur le vin mis en perce. À Paris, on m'a rapporté que le roi allait lui confier la collecte de lettres de confirmation de charge que tous les conseillers et les procureurs du Châtelet devront lui payer deux cents écus. C'est un homme qui connaît parfaitement les rouages de la fiscalité, et je crois qu'on peut se fier à son jugement.

— Il faudrait en savoir plus avant d'agir... suggéra Cassandre, en jouant avec son médaillon fleurdelisé qui ne la quittait jamais.

— Près d'un million de livres ! s'exclama Caudebec qui venait à son tour de terminer – à grand-peine, car il lisait fort mal – la lecture de la lettre que lui avait donnée la fille adoptive de Mornay. Voilà qui permettrait de payer une bonne armée de lansquenets !

Mornay le considéra avec intérêt.

— Ce que tu viens de dire n'est pas sot, mon ami ! Salvancy me dit que l'argent est encore en grande partie dans ses caisses. Ce serait encore mieux s'il était dans celles du Béarnais. Sur mon conseil, Henri a agi avec dignité en refusant les cinquante mille écus du roi d'Espagne, il n'empêche qu'ils nous seraient maintenant bien utiles !

— Crois-tu que M. Sardini te les offrira pour obliger Henri ? ironisa Charlotte. Cet Italien pense avant tout à ses intérêts ! Il ne nous fera pas de cadeaux.

— Ce Salvancy pourrait trépasser, suggéra François Caudebec avec un mauvais sourire. Déjà, le rapinage des tailles cesserait…

— Il n'a sans doute pas organisé une telle entreprise tout seul. S'il meurt, quelqu'un le remplacera, répliqua Charlotte.

— Et tuer cet homme ne rendra pas l'argent au roi, compléta Cassandre.

— Tu as une meilleure idée ? lui demanda son père.

— Si on pouvait prouver que ce Salvancy détourne les impôts du royaume, il serait possible de lui faire peur et, en échange de notre silence, de le contraindre à nous remettre sa fortune mal acquise, suggéra-t-elle.

— C'est une vue de l'esprit, Cassandre ! la morigéna Charlotte en haussant les épaules. Comment prouver sa culpabilité ? Nous sommes à Figeac et il est à Paris. Nous ignorons tout de la façon dont il s'y prend. D'ici, on peut peut-être décider de sa mort, mais rien de plus.

— Il faut donc que l'un de nous se rende à Paris, répondit Cassandre d'une voix assurée. À la fois pour mettre cet homme hors d'état de nuire, et pour lui prendre l'argent qu'il a volé afin de le rapporter à Mgr de Navarre.

— C'est ce que je m'étais dit, soupira son père en hochant la tête, mais je ne peux m'absenter en ce moment où j'attends monseigneur. Et Caudebec ne pourrait y aller seul. Je vais en parler à Henri à son arrivée, peut-être aura-t-il quelque gentilhomme à me prêter.

— Pourquoi pas moi ? s'enquit Cassandre en se levant.

— Toi ? s'étonna Charlotte. Aller à Paris seule ? Tu n'y penses pas, avec tous ces dangers !

— J'en ai assez de la cour de Nérac et de ses coucheries ! s'exclama la fille de Mornay. J'en ai assez de m'ennuyer à Montauban pendant que vous vous battez pour notre foi ! Je veux être utile... mes parents ont été assassinés par des catholiques qui soutenaient le duc de Guise... il faut que je fasse quelque chose, pour leur mémoire. Je n'ai aucune estime envers Henri III qui a approuvé la Saint-Barthélemy, mais j'ai enfin l'opportunité de faire du tort au Lorrain en découvrant comment Salvancy vole le trésor public.

— Tu oublies que tu es une femme, ma fille ! répliqua Charlotte en haussant les épaules. Tu crois que, parce que tu tires à l'épée, tu peux te conduire comme un homme ?

— Il y a eu dans cette guerre bien des femmes plus valeureuses que les hommes, madame. Madeleine de Miraumont a défendu son château en armure et l'épée au poing, c'est même elle qui conduisait ses hommes au combat [1]. Claude de La Tour a agi de la même façon, pourquoi pas moi ?

Mornay ne disait rien, comme abîmé dans ses réflexions. Cassandre avait raison. Il lui avait appris tout ce qu'il savait. Elle était perspicace, parfaitement capable de découvrir la vérité, elle avait les capacités d'un homme d'action, et surtout elle avait sa confiance. Certes, le voyage serait dangereux, mais si François Caudebec l'accompagnait avec les Suisses, ils pourraient la protéger.

1. C'était en 1575, elle défendit son château attaqué par le lieutenant de Basse-Auvergne.

— Supposons, fit-il en levant une main, supposons, que j'accepte ton idée et que François t'accompagne… que ferais-tu à Paris ?

Cassandre laissa éclater sa joie.

— Père ! Vous me laissez y aller ?

— J'ai dit : supposons ! Et tu ne m'as pas répondu.

— C'est pure folie ! protesta Charlotte en secouant la tête.

— J'irai chez Sardini, il m'en dira plus, après quoi je tâcherai de m'introduire auprès de ce Salvancy. Je tenterai de découvrir comment il s'y prend, de trouver son point faible, peut-être de lui faire peur…

— Il y aura de rudes adversaires dans l'ombre, Cassandre. Si M. Salvancy détourne cet argent pour le duc de Guise, ce n'est pas à un simple receveur des tailles que tu vas t'attaquer, mais à toute l'organisation guisarde.

— Philippe, sois raisonnable ! intervint Charlotte. Admettons que Sardini veuille héberger Cassandre, tout Paris saura vite que c'est ton enfant. Comment la fille de celui qu'on surnomme le pape des huguenots [1] pourrait-elle conduire une enquête dans cette maudite ville catholique ?

— Elle pourrait ne pas être ma fille ! suggéra Mornay, après avoir digéré la remarque un instant. Cassandre parle parfaitement italien, comme Caudebec. Accompagnés de Hans et Rudolf, ils pourraient faire croire qu'ils arrivent d'Italie. Qu'elle est une nièce de Sardini…

Cassandre approuva d'un grand sourire enthousiaste.

1. C'était le sobriquet de Philippe de Mornay.

— *Mi chiamo Cassandra, sono la nipote di Scipio Sardini*, fit-elle en riant.

Les réticences de Mme de Mornay faiblissaient. Après tout, songea-t-elle, quand elle fuyait les massacres de la Saint-Barthélemy, elle avait pris des risques bien plus grands !

— Tu oublies le voyage ! Traverser la France en ce moment et en cette saison est une folie, dit-elle.

— Vous pouvez compter sur moi, madame, intervint Caudebec, séduit par une telle expédition.

— Il vous faudra être de retour à Montauban avant l'été [1]. Tu m'écriras régulièrement, Cassandre, ajouta Mornay. Je vais te donner un code pour chiffrer ton courrier.

— J'ai peur que Cassandre ne soit guère en sûreté chez Sardini, intervint Charlotte. As-tu oublié la douce Limeuil ?

— De qui parlez-vous, ma mère ? demanda Cassandre.

— Isabeau de Limeuil, l'épouse de Scipion Sardini...

Elle soupira.

— Après tout... tu l'apprendras assez tôt, ma fille..., poursuivit Mme de Mornay. Tout a commencé il y a vingt ans, tu n'étais pas née. Catherine de Médicis voulait que les trois frères Bourbon se convertissent au catholicisme. Charles était déjà cardinal. Restaient Antoine – le roi de Navarre et le père d'Henri –, et Louis, le prince de Condé. Ces deux-là tombèrent dans les rets de ces femmes que la reine mère appelait sa milice galante, son escadron volant. Antoine fut séduit par la belle Rouet, et Condé par Isabeau de Limeuil. Condé parvint pourtant à sortir de ce piège et épousa finalement Mlle de Longueville,

---

1. Mornay était gouverneur de Montauban depuis 1581.

non sans avoir malheureusement fait un enfant à la Limeuil.

— C'est elle qui a épousé M. Sardini ?

— Oui, personne ne voulait plus d'elle ! fit Charlotte de Mornay en haussant les épaules d'évidence.

— Vous ne semblez pas l'aimer, ma mère ?

— En effet. Tu le sais, Condé est mort à Jarnac, peu de temps après son remariage avec Mlle de Longueville. Ces noces avaient humilié Mlle de Limeuil, car elle espérait devenir princesse de Condé. Le soir de la bataille, le duc d'Anjou [1] apprit qu'Isabeau était dans les environs, car elle se rendait à Bordeaux. Il la fit chercher pour reconnaître le corps du prince qui avait reçu un coup de feu dans la tête et qui était défiguré. Anjou voulait être certain que c'était lui. L'ayant examiné, Limeuil ne murmura que ce mot : *Enfin* [2] !

» Sous un visage d'ange, Isabeau est une femme mauvaise et vile, déclara Charlotte. Et si elle ne fait plus partie de l'escadron de ribaudes de Catherine de Médicis, elle est restée proche d'elle et elle hait les protestants depuis que Condé l'a trahie pour une protestante. Si elle te perce à jour, elle te dénoncera et causera ta ruine. Aller chez Scipion Sardini, c'est s'installer dans le nid d'une vipère.

— Elle ne me percera pas et je serai plus forte qu'elle, ma mère. Pour notre cause.

— Billevesée ! murmura Charlotte.

Philippe de Mornay soupira, il regrettait déjà d'avoir accepté.

Il passa la soirée avec sa fille, lui prodiguant tous ses conseils et lui apprenant tout ce qu'il savait sur la

1. Le roi Henri III au moment de notre histoire.
2. Voir à ce sujet : Nostradamus et le dragon de Raphaël, éditions du Masque.

situation à Paris et à la cour. Il lui confia aussi un chiffre pour coder les dépêches qu'elle enverrait, si elles arrivaient jusqu'à lui, et enfin deux passeports signés par le roi Henri III. L'un fut rempli au nom de Cassandra Sardini, venant de Lucques, et l'autre resta en blanc. Caudebec était aussi là, à écouter, et Mornay ajouta son nom sur les deux passeports, comme valet d'armes. C'était une époque où les passeports demandés par les hôteliers et à l'entrée des villes n'étaient que des feuilles donnant la description du ou des voyageurs. Toute personne de qualité en avait en blanc pour ses proches et les gens à son service. Ceux que possédait M. du Mornay lui avaient été remis par le chancelier, M. de Cheverny, lors de son dernier voyage à Paris.

Enfin, ils préparèrent des armes pour le voyage et convinrent d'un itinéraire avec les deux Suisses qui furent mis dans la confidence. Ils acceptèrent bien volontiers de raconter aux gens de M. Sardini qu'ils avaient ramené Cassandre de Lucques et jurèrent de ne dire à personne qui elle était vraiment.

Dans la nuit, Mornay écrivit une longue lettre à Scipion Sardini. Il lui confiait sa fille et lui expliquait sa mission, sans lui dire qu'elle était chargée de ramener les neuf cent mille livres qui étaient dans ses coffres. Il fit également d'autres lettres pour des gentilshommes de ses amis. La petite troupe pourrait ainsi s'arrêter chez eux pour passer la nuit, car les auberges seraient rares, inconfortables et parfois dangereuses.

À l'aube, il neigeait quand ils montèrent tous les quatre à cheval. Mornay savait que leurs étapes seraient courtes et qu'ils n'arriveraient pas à Gramat ce soir, où M. de Gontaud d'Auriole [1] les aurait reçus. Ils devraient donc faire halte en route. Peut-être à Thémines, ou encore à Fons ou à Issept. Dans le Quercy, il n'avait que des amis et ils trouveraient facilement un toit. Ce serait plus difficile à mesure qu'ils se rapprocheraient de Souillac, puis de Limoges.

Ils avaient pris en longe trois chevaux supplémentaires qui portaient leurs bagages, de la nourriture et du fourrage. Cassandre était vêtue en cavalier. À part le fait qu'elle ne portait pas de barbe, personne ne pouvait deviner qu'elle était une femme.

Les quatre voyageurs saluèrent une dernière fois M. de Mornay, puis sortirent de la cour.

Il les suivit à pied quelque temps. Tandis qu'ils s'éloignaient, il leur cria :

— N'oublie jamais, Cassandre : *Arte et marte !*

Par le talent et par le combat ! Sa devise.

1. Gontaud d'Auriole, baron de Gramat, avait aidé Henri de Navarre à prendre Cahors.

5.

Lundi 7 janvier 1585, lendemain de l'Épiphanie

Debout dans l'embrasure d'une fenêtre du cabinet qui jouxtait sa chambre, François d'O regardait avec attention la lettre que le messager venait de lui remettre. C'est Dimitri qui l'avait introduit. Le Sarmate était toujours là, devant la porte, la main sur son sabre. Le visage impassible.

O tourna et retourna la lettre plusieurs fois. Il savait qu'un jour ou l'autre, le passé le rattraperait. Cet instant était donc arrivé.

Les vitres de la fenêtre lui renvoyèrent son image. À trente-six ans, sa chevelure, coupée très courte, et sa barbe, taillée en pointe, étaient toujours aussi noires et aussi drues qu'à vingt ans. En voyant son collet à l'italienne et son pourpoint de soie noire, il se dit avec un brin de nostalgie qu'il aurait fait encore bien des conquêtes s'il était resté à la cour.

Quatre ans !

Cela faisait quatre ans qu'il avait quitté la cour, disgracié pour ses dettes de jeu et son insolence, avec une réputation d'intrigant, de débauché, de joueur, et d'infâme duelliste. Mais cette disgrâce, il l'avait recherchée, par fidélité. C'était son plan, et nul ne pouvait le percer à jour, pas même Épernon ou

Joyeuse. Il avait tout fait pour masquer sa véritable personnalité. À part le roi, qui l'appelait son Grand économique pour sa science de la finance, seuls ses proches savaient que cette réputation n'était pas la réalité. Qu'il avait l'esprit fin, qu'il était cultivé, sérieux, travailleur, obligeant, et qu'il détestait tuer sans raison. Il avait tout donné à son monarque ; sa réputation, son honneur et sa vie.

Le dénouement approchait-il ?

La mort du frère cadet du roi, en juillet dernier, avait rallumé les passions religieuses et politiques, puisque désormais l'héritier du royaume était l'hérétique Henri de Navarre.

Cela ne troublait guère François d'O. Il n'avait jamais été fanatique et le massacre de la Saint-Barthélemy l'avait révulsé. C'était un des rares sujets qui l'éloignaient du roi. Celui-ci avait beau lui avoir assuré, à maintes reprises, qu'il n'y était pour rien, O savait qu'il lui mentait. Avec sa mère et Henri de Guise, il avait été l'un des instigateurs du meurtre de Coligny, ce qui avait entraîné le massacre. Même s'il n'y avait pas participé lui-même, il avait laissé faire ses hommes et ses amis.

O n'avait jamais compris cette attitude car le roi était tout sauf un être sanguinaire.

Lui était resté à l'écart. Il s'était toujours opposé à ce que l'on maltraite les protestants. Il se souvenait encore de la lettre qu'il avait envoyée aux échevins de Caen, quelques années après le massacre, quand il avait été nommé gouverneur de Normandie : *Je vous recommande et mets sous votre protection ceux de la religion prétendue réformée. C'est le soulagement de tout le pays que nous puissions vivre doucement les uns avec les autres.*

Son rôle de seigneur était aussi de ramener la concorde dans les esprits divisés et égarés.

Mais aujourd'hui, tout allait recommencer. On disait que la Ligue [1] se ranimait à Paris alors qu'Henri de Navarre tenait la Guyenne, le Périgord et la Saintonge. La France ne pouvait avoir trois rois, tous nommés d'ailleurs Henri, comme par une ironie du destin. Guise, le Lorrain, par son armée et sa popularité, savait qu'il avait le royaume à portée de main ; le Béarnais, lui, avait la légitimité de la race ; quant au dernier Valois, impuissant et enfermé dans son Louvre, les prédicateurs fanatiques appelaient à sa mort. Pour échapper à ces furieux, il n'avait pas d'autre choix que de faire semblant de soutenir Guise et de s'opposer au roi de Navarre. Tout se résumait ainsi, comme le rapportait une chanson : *Henri veut, par Henri, déshériter Henri.*

Disgracié et chassé de la cour, le marquis d'O s'était rapproché du duc de Guise et lui avait fait allégeance. Un gentilhomme de son rang devait avoir un suzerain, et vers qui d'autre aurait-il pu se tourner puisque le roi l'avait chassé ? Certes le duc n'avait plus aucun crédit à la cour, où il ne résidait pas, mais sa puissance était formidable tant il était adulé du peuple pour sa ressemblance avec son père, le premier *Balafré*, celui qui avait sauvé Paris de l'invasion espagnole.

Et puis Guise lui avait assuré qu'il resterait sujet du roi de France. Il lui avait juré qu'il souhaitait uniquement que le cardinal de Bourbon soit reconnu comme héritier du royaume, en tant que descendant du sixième fils de Saint Louis, plus proche de

1. Le duc de Guise avait constitué une ligue catholique en 1576, mais celle-ci avait rapidement périclité quand Henri III l'avait ralliée pour en prendre la tête.

Louis IX que son neveu [1] Navarre. Le marquis en avait poliment convenu et l'avait assuré de sa fidélité.

Ainsi, par cet engagement, O se savait désormais félon à son roi.

Chassant ces pensées déplaisantes, le marquis brisa le sceau de cire rouge.

Cher et bien aimé monsieur d'O,

Je sais que vous ne vous départirez jamais de l'affection et de la fidélité que vous portez au bien de mon service.

Je ne vous ai point oublié, mon fidèle économique, et ce sera un plaisir de vous voir.

Je vous attends bien vite et je prie Dieu qu'il vous donne en santé très longue et très heureuse vie.

Donné à Paris, le 3 janvier 1585.

Il n'y avait pas de signature. C'était inutile. François d'O avait tant et tant refait cette écriture qu'il la connaissait parfaitement.

Au-devant de la lettre, sous le sceau, était écrit : *À monsieur d'O, gouverneur du château de Caen*.

— Qui vous a remis cette lettre, monsieur ? demanda-t-il au messager.

Petit, sombre de peau, l'homme avait tout du brigand de grand chemin, et ne masquait même pas son arrogance. Corselet de cuivre sous un manteau sali par la boue et la neige, chevelure et barbe en bataille, il tenait son bassinet à la main. Ses bottes à éperons de fer étaient râpées et déformées. Une lourde et large épée de côté, en acier à poignée de bronze, pendait à son baudrier de buffle où était aussi accrochée une dague de chasse.

---

1. Rappelons que le cardinal de Bourbon était le frère d'Antoine de Bourbon, le père du futur Henri IV.

— M. de Villequier, monseigneur. C'était il y a quatre jours. Panfardious ! J'ai crevé trois bêtes en galopant comme un forcené. M. le gouverneur de Paris m'avait dit que je devais arriver avant jeudi. J'ai trois jours d'avance !

O laissa filtrer un sourire sans joie. Il s'approcha du feu et y jeta le pli, le regard fixé sur le papier qui se consumait. Un autre lien avec le passé qui disparaissait, songea-t-il avec mélancolie avant de se tourner à nouveau vers la fenêtre. La neige qui tombait depuis deux jours paraissait se calmer, mais il était déjà trois heures. Trop tard pour partir ce soir.

— Comment vous appelez-vous, mon ami ?

— Eustache de Cubsac, monseigneur.

— Gascon ?

— Oui, monseigneur.

— Je suis satisfait de vous. Je le dirais à M. de Villequier. Vous êtes à son service ?

— Non, monseigneur. Je ne suis au service de personne. C'est M. de Montpezat qui m'a recommandé à M. de Villequier.

— M. de Montpezat ? J'ai connu un jeune François de Montpezat, baron de Laugnac, au service de M. de Nogaret, remarqua O avec une once de méfiance. On le surnommait l'homme de proie malgré son jeune âge.

En raison de sa brutalité et de son ambition démesurée, le marquis d'O n'avait jamais apprécié Jean-Louis de Nogaret, duc d'Épernon. Il savait qu'Épernon s'était réjoui de sa disgrâce qui lui laissait le champ libre auprès du roi. Si ce Cubsac était à Épernon, quel piège cela cachait-il ?

— C'est bien lui, monsieur. M. d'Épernon s'inquiète pour la vie du roi, monsieur, reprit le Gascon avec fougue. Il a demandé à M. de Montpezat de faire venir des gentilshommes gascons qu'il connaît personnellement afin de constituer une garde rapprochée autour de Sa Majesté. Hélas pour moi, je suis arrivé trop tard à Paris et toutes les places étaient prises.

— Expliquez-moi ça… pria le marquis d'O plus chaleureusement, maintenant rassuré devant l'expression piteuse du messager.

— M. d'Épernon avait décidé que cette garde serait formée de quarante-cinq gentilshommes, monsieur. Quinze étant à tour de rôle autour du roi en permanence. Je suis le quarante-sixième ! Je n'aurai une place que si l'un des autres quitte ou perd sa charge, ce qui n'est guère probable tant les appointements sont élevés ; ce sont les mêmes que ceux des gentilshommes ordinaires de la chambre.

— Connaissez-vous quelques-uns de ces quarante-cinq ?

— Je les connais tous, monsieur ! gasconna Cubsac d'un ton rocailleux. Il y a mon parent Saint-Malin, M. de Montserié, ainsi que son frère, M. de Sarriac, Saint-Pol, Pichery, M. de Joignac, Sainte-Maline…

— Ça suffira ! Quel genre d'hommes sont-ils ? demanda O, en secouant négativement la tête.

— Des gens comme moi, cap de Bious ! Bon bretteurs et bons buveurs… s'exclama le Gascon avec un air joyeux.

— Je vois, fit O, en l'arrêtant d'un geste de la main.

Mi-gentilshommes mi-brigands, se dit-il. C'était bien l'idée d'un barbare comme Épernon !

— Et si je vous proposais d'entrer à mon service ?

— Ici ? demanda le Gascon en balayant du regard la pièce d'un regard inquiet.

La salle lui paraissait vraiment sinistre, avec ses

coffres massifs datant du siècle précédent, sa lourde table de chêne, ses tentures épaisses et poussiéreuses, son fauteuil à haut dossier, cet énorme bahut ciselé serré contre un lit de sangles pour domestique et ces flambeaux de résine qui ne produisait qu'une chiche lumière. Quant à la campagne qu'il avait traversée, elle ne lui avait paru bonne que pour la chasse au loup.

— Vous trouvez peut-être le Louvre plus attrayant, avec ses corridors obscurs et ses cabinets sans fenêtres ? ironisa le marquis, qui avait surpris le regard de Cubsac.

— C'est que je veux faire fortune à Paris, monseigneur !

— Comme vous voulez, répondit O sèchement. Dimitri, conduis M. de Cubsac aux cuisines. Qu'il mange à satiété et que mon intendant lui trouve un endroit chauffé pour dormir.

Cubsac se tourna vers l'homme nommé Dimitri. En arrivant, il l'avait à peine regardé, jugeant qu'il s'agissait d'un valet. Maintenant, il remarquait sa longue barbe blonde, sa nuque rasée, sa robe en brocart ornée de fourrure, ses bottes cloutées, et surtout le sabre à sa taille, une sorte de cimeterre à la poignée incrustée de pierres multicolores. D'où sortait ce sauvage ? s'interrogea le Gascon. Le nommé Dimitri ouvrit la porte et Cubsac se tourna vers le marquis d'O qu'il salua avant de suivre l'étrange domestique.

O resta seul et se tourna vers la fenêtre. La neige tombait, épaisse et silencieuse, formant un épais rideau blanc qui masquait l'horizon. Le marquis parut s'abîmer dans la contemplation du ciel gris. Le passé lui revenait en rafales. À vingt ans, après de solides études, il était devenu gentilhomme de la chambre de Charles IX reprenant la charge de son père, capitaine des gardes écossaises. Il avait suivi le roi en 1573, lors du siège de La Rochelle ; c'est là qu'il avait rencontré Henri, alors duc d'Anjou, et gagné son estime. Le duc en avait fait son secrétaire particulier, car il était l'un des rares à la cour à avoir reçu une véritable éducation.

Lorsque Henri était devenu roi de Pologne, il était parti avec son avant-garde, en compagnie de son frère Manou. Quand le roi l'avait rejoint, c'est à lui qu'il avait demandé de rédiger sa correspondance secrète ; il s'acquittait aussi des missions les plus confidentielles. C'est à ce titre qu'il était rentré en France en 1574, dès qu'Henri avait appris que son frère Charles IX était au plus mal. Le roi voulait un fidèle capable de l'informer rapidement de ce qui se passait à la cour. Il avait fait le voyage de retour avec Dimitri Kornowski, un Sarmate polonais auquel il avait sauvé la vie.

À la mort du roi Charles IX, Henri avait fui la Pologne pour monter sur le trône de France. O lui était resté très attaché. Il avait été de toutes les campagnes militaires contre les protestants, avait participé à bien des duels contre les amis de Guise, ou ceux du duc d'Alençon. Il avait même organisé un traquenard pour tuer le capitaine Moissonière, un protestant qui gênait le roi. O s'en souvenait toujours avec honte.

Cependant, il y avait gagné définitivement la confiance du monarque. Fidèle, aussi courageux au combat que bon conseiller, le seul sans doute qui ait quelque cervelle ! disait Henri à son entourage. René de Villequier, le premier gentilhomme de la chambre, lui avait alors proposé d'épouser sa fille Charlotte. René était un homme puissant et redouté à la cour tant pour son habileté que pour sa violence. Une dizaine d'années plus tôt, certain que sa femme,

Françoise de La Mark, était grosse d'un autre, il l'avait tuée sur son lit, blessant aussi la demoiselle d'honneur qui lui tenait le miroir alors qu'elle se pinpelochait.

C'était l'époque où Henri III lui témoignait toute sa faveur et son estime, songea le marquis avec nostalgie. Il avait rang égal avec Anne d'Arques [1] et Jean-Louis de Nogaret [2]. Après sa nomination au poste de gouverneur de Paris, Villequier lui avait cédé la charge de premier gentilhomme de la chambre. O était déjà capitaine des chevau-légers, et membre du conseil. Enfin, il avait été nommé gouverneur de Normandie et de Caen. Une place stratégique puisque la Normandie fournissait le quart des impôts du royaume.

Mais pendant ce temps, Navarre devenait de plus en plus puissant, et Guise de plus en plus insolent. Dans son Louvre, le roi était chaque jour plus à l'étroit entre ces deux-là.

C'est alors que François d'O avait proposé son plan au roi, qui l'avait d'abord refusé tant les risques étaient grands. Mais O lui en avait montré tous les avantages, et Henri III avait finalement cédé. Ensuite, tout était allé très vite. Sa disgrâce en 1581, même s'il avait gardé le château de Caen – le verrou de la Normandie –, puis son rapprochement avec Henri de Guise, favorisé par son parent, le marquis de Mayneville qui avait épousé sa cousine Hélène.

Il avait ensuite participé au complot de Salcède [3],

---

1. Duc de Joyeuse.
2. Duc d'Épernon.
3. Nicolas de Salcède, gentilhomme aventurier au service du duc de Guise, avait tenté d'assassiner le duc d'Alençon en 1582, aux Pays-Bas. Dénoncé et arrêté, Salcède avait été conduit en France, soumis à la question, puis condamné à être écartelé.

ce qui lui avait attiré définitivement la confiance de Guise.

Aujourd'hui, l'heure du dénouement était sans doute arrivée. Malgré son exil, il n'ignorait rien des inquiétants évènements qui se déroulaient en France. Deux semaines plus tôt, le marquis de Mayneville était passé le voir. Un traité secret allait être signé entre les Lorrains, Philippe II et le pape Grégoire XIII, lui avait-il assuré. Ce traité reconnaîtrait le cardinal de Bourbon comme héritier du royaume de France. En contrepartie, Guise s'était engagé à détruire l'hérésie.

Mayneville avait rappelé à O sa promesse et son allégeance envers les Lorrains. Il devrait livrer le château de Caen lorsque le duc de Guise le lui demanderait.

François d'O se dirigea vers la porte, sortit dans la galerie et prit la direction des appartements de son épouse Charlotte.

La fille de Villequier, vêtue d'une épaisse robe et d'un manteau d'intérieur turquoise, brodait avec sa dame de compagnie devant un feu qui réchauffait à peine tant les grandes salles du château étaient hautes de plafond. Charlotte avait le teint diaphane, le front haut de son père, un nez aquilin, une petite bouche et un regard timide mais généralement inexpressif. Elle tenta pourtant un maigre sourire en voyant son mari, car malgré un mariage de convenance, elle aimait son époux. Lui l'estimait, tout en regrettant ses conquêtes de la cour.

Il s'inclina respectueusement et lui baisa les mains. D'un regard, il fit comprendre à la dame de compagnie qu'elle devait sortir.

— J'ai entendu un cavalier arriver tout à l'heure mon ami, lui dit Charlotte, j'espère que ce n'est pas une mauvaise nouvelle. Qui peut chevaucher par ce temps ?

— C'était un messager de votre père, madame. Je dois partir pour Paris.

Elle resta silencieuse quelques secondes, comme pour digérer la mauvaise nouvelle. Chevaucher avec cette neige et ce froid était pure folie ! Et surtout, elle allait rester seule, tristement seule.

— Combien de temps vous faudra-t-il, mon ami, pour arriver là-bas, avec ce temps ? demanda-t-elle enfin d'une voix égale.

— Huit jours, au moins. Plus certainement deux semaines. J'irai le plus vite possible.

— Et combien de temps resterez-vous absent, François ?

— Je ne sais pas, j'ignore ce qu'on me veut. Un mois ? Deux mois ? Plus, peut-être. Je vous enverrai un courrier.

Pourquoi allait-il à Paris ? se demandait-elle. Ils avaient été chassés de la cour. C'était une grande misère pour elle qui aimait tant les bals. Depuis quatre ans, elle se morfondait ici, loin de ses amies. Le roi rappelait-il son mari ? Tout en sachant qu'elle n'obtiendrait rien de lui, elle espérait une confidence. Son époux était bien trop secret, trop calculateur, pour se confier à quiconque. Ainsi, il ne lui avait jamais parlé du contenu des lettres qu'il lui donnait, et qu'elle joignait au courrier pour son père.

— Les routes ne sont pas sûres, François. Il vous faut une escorte nombreuse et bien équipée.

— Je sais me défendre et j'ai besoin de reprendre l'entraînement, ma mie. Ceux qui s'attaqueront à moi le paieront cher, répliqua-t-il avec un sourire cruel. Dimitri m'accompagnera, il vaut dix hommes. Le Gascon qui m'a apporté cette lettre, un nommé Cubsac, rentrera avec nous à Paris. Je crois que je peux compter sur lui. Je n'ai donc besoin que de mon valet de chambre et d'un homme d'armes. Nous voyagerons à cheval avec des bagages sur deux bêtes de monte.

— Vous logerez chez mon père ?

— Non, je préfère qu'on ignore ma présence. J'irai chez Ludovic da Diaceto, rue du Temple. Si je dois rester à Paris, je ferai meubler notre maison de la rue de La Plâtrière. Vous pourrez m'écrire là-bas. Il y a suffisamment d'hommes d'armes ici pour défendre le château mais, aux beaux jours, partez à Maillebois. Vous y serez mieux. Vous savez où est mon coffre, je vous le confie.

Elle hocha la tête avec un demi-sourire. Au moins, il lui avait toujours fait confiance pour son argent.

Car O était riche. Dépensier, certes, mais aussi bon économe. Dans son coffre se trouvaient plus de soixante mille écus, dont encore les vingt mille écus que le roi lui avait donnés à son départ. Il disposait aussi de soixante mille livres de rente auxquelles s'ajoutaient les quarante mille qu'il avait reçues en vendant sa charge de maître de la garde-robe royale. Il touchait également une pension de quatre mille écus, que le roi ne lui payait, hélas, pas tous les trimestres, car l'État était en grande disette financière.

— Vous passerez à Caen ? demanda-t-elle.

— Oui, je dormirai au château demain et j'en profiterai pour voir mon frère.

— Il sera content de votre visite, sa maladie le mine et m'afflige fort.

Il la salua à nouveau cérémonieusement avant de regagner son appartement. Là, il annonça son départ à Charles, son valet de chambre, et il lui demanda de préparer ses habits. Le domestique était un ancien soldat qui l'avait accompagné en Pologne et qui le suivait partout.

O retourna dans son cabinet et avec une clef qui ne le quittait jamais, et dont son épouse avait le double, il ouvrit le coffre de fer scellé dans une niche derrière une tenture. À l'intérieur étaient rangés des sacs de cuir de différentes teintes. Il en prit un de couleur paille qui contenait des doubles ducats, des pistoles, des nobles à la rose et des écus au soleil pour environ vingt mille livres. Dimitri gratta à la porte et entra.

— M. de Cubsac se goinfre à la cuisine, annonça le Sarmate à son maître.

— Nous partons demain pour Paris, Dimitri. Avec Cubsac et Charles. Trouve un garde qui puisse nous accompagner. Choisis un solide gaillard qui n'ait peur de rien. Nous ne serons que cinq, mais prévois deux ou trois chevaux qui serviront de bât et de monture de remplacement. Qu'on prépare de la nourriture et du fourrage dans des sacoches sur les selles. Départ au lever du soleil.

— Je m'en occupe, monsieur.

O se rendit dans sa chambre où se trouvait maintenant une lingère avec son valet. Il les ignora et ouvrit un grand coffre ouvragé pour en tirer une épée de côté à la lame gravée et à la garde en arceaux. Cette belle et souple lame au fourreau en argent était un cadeau du roi.

— Charles, vous préparerez aussi mes vêtements de voyage pour demain. Bottes et gants fourrés. N'oubliez pas mes vêtements de cour mais ne prenez que l'essentiel.

Il revint dans son sombre cabinet avec l'arme. Un valet était en train d'allumer les chandelles dans des lanternes murales et de changer la résine des torchères. La pièce était très encombrée avec de nombreux coffres contre les murs, une grande table sur laquelle se trouvait de quoi écrire, des chaises caquetoires et des pliants, sans compter le lit à sangles et le grand bahut sur lequel se dressait une aiguière en étain toujours pleine d'eau fraîche ainsi que quelques verres de faïence. Le marquis d'O posa l'épée sur le lit puis alla ouvrir l'un des coffres. Il en tira une autre épée, plus simple et plus longue, à la lame d'un demi-pouce de large et à la garde en bronze doré, une main gauche [1], un mousquet court à mèche lente, et deux petites arquebuses à main dont la mise à feu se faisait par un rouet. L'une des arquebuses était prolongée par une lame et pouvait aussi servir d'arme blanche. Il sortit ensuite un sac de balles de plomb et une boîte à poudre ainsi que des mèches. D'un autre coffre, il tira une bourguignote damasquinée, ramenée de Pologne, et un plastron de cuivre ciselé, plus commode en chevauchée que sa lourde cuirasse d'acier réservée aux batailles.

Il rassembla cet équipement, puis entreprit de vérifier les rouets des arquebuses avant de les charger. Le rouet était une roue à ressort qui, lorsqu'elle était brusquement relâchée, faisait pivoter une dent d'acier contre une pierre à feu laquelle projetait des étincelles dans un bassinet, ce qui mettait le feu à la poudre. Ce mécanisme, inventé par Léonard de Vinci, permettait de tirer d'une seule main, sans avoir besoin de tenir une mèche, mais il était très fragile, se bloquant souvent et rendant l'arme inutilisable. Sachant que dans les affrontements, le bon état du rouet faisait la différence entre la vie et la mort, le marquis d'O ne confiait jamais ce travail à un autre.

Alors qu'il tassait la poudre au fond d'une des

1. Courte épée d'un pied de long que l'on tenait de cette main durant les duels.

arquebuses à main, son regard s'égara sur le mur où étaient accrochées d'autres armes. Il y avait là une arbalète à cranequin, un cadeau de Catherine de Médicis. Elle était plus courte qu'une arquebuse à main, mais un peu plus encombrante avec son arc d'acier et sa manivelle. De surcroît, elle ne tirait qu'une seule fléchette de fer. Seulement elle ne faisait aucun bruit, ce qui pouvait s'avérer utile. Il se leva et la mit avec les autres armes.

— Sandioux ! Cette maudite neige n'arrêtera donc jamais de tomber ! jura Cubsac derrière eux.

Ils étaient partis à prime et avaient chevauché toute la journée dans la neige et la boue. Mis à part l'heure passée dans une auberge pour se restaurer et se réchauffer, le Gascon n'avait cessé de gronder et de jurer contre les éléments. Dimitri souriait à sa colère. Il avait revêtu le grand manteau des Sarmates polonais et se moquait de la froidure. Sa tête était couverte d'un bonnet de fourrure, et non d'un casque. O, qui était gelé, l'enviait ; sa bourguignote était glaciale et il ne sentait plus ses doigts malgré ses gants en peau de loup.

Le valet de chambre redevenu valet d'armes fermait la marche. Devant lui, les trois chevaux de bât soufflaient et peinaient sur la pente roide qui menait à la porte des Champs du château de Caen.

À la barbacane, ils durent attendre un moment qu'on lève le pont-levis et la grosse herse de bois. Une demi-heure plus tard, ayant laissé leurs chevaux dans l'ancienne aula de l'Échiquier, devenu écurie, ils se retrouvèrent dans la grande salle du logis des Gouverneurs, devant un feu pétillant et un bol de vin bouillant à la main. Surpris par leur arrivée, Jacques d'Isancourt, le lieutenant qui assurait le gouvernement du château avec sa compagnie d'hommes d'armes, les avait pourtant reçus avec plaisir. L'hiver était calme : les visiteurs, et les nouvelles qu'ils apportaient, étaient toujours attendus avec intérêt.

Pendant que Cubsac grondait sur les prêches insolents de quelques curés parisiens contre le roi, et qu'il parlait de la fameuse troupe de quarante-cinq Gascons que M. d'Épernon venait de mettre à la disposition de Sa Majesté, le marquis d'O avait pris son lieutenant à l'écart.

Le gouverneur de Caen était désormais le duc de Joyeuse. Joyeuse avait été son ami, mais O ne se fiait pas à lui, tout en reconnaissant son courage et sa fidélité. En son absence, Joyeuse ne devait pas entrer au château, pas plus que les échevins de la ville, insista-t-il.

De même, si Mayneville se présentait, ou un quelconque membre de la maison de Lorraine, aucun ne devait pénétrer, même s'il n'était accompagné que d'une petite troupe. Ayant terminé ses recommandations, O partit faire une visite des remparts et du donjon – le logis du roi –, puis rejoignit son frère malade depuis quelques semaines.

Jean de Manou, cadet de François d'O, l'avait accompagné en Pologne. Même s'il était l'un des rares hommes à qui il pouvait se confier, il lui dit seulement qu'on l'attendait à Paris.

— Tu ne veux pas m'expliquer ce que tu vas faire là-bas ? Si je pouvais au moins t'accompagner…

— Non, Jean, j'en suis désolé. Tu es malade et tu me gênerais. Soigne-toi, plutôt. J'aurai bientôt besoin de toi.

Manou le considéra un instant avec tristesse, puis lui tendit les bras et le serra dans une forte étreinte. Quand il l'eut relâché, il lui demanda :

— Ce sera dangereux ?

— Depuis quatre ans, je joue un jeu dangereux,

tu le sais. Cette fois je risque fort d'être doublement relaps.

— Tu logeras où ?

— Chez Ludovic da Diaceto. Si je dois rester, je ferai meubler ma maison.

— Qui te gardera ?

— Charlotte m'a déjà posé cette question, sourit-il. J'ai Dimitri. Cela suffira. Je sais me défendre, tu sais...

— Mais combien de gens aimeraient occire François d'O à Paris ? s'enquit Jean de Manou, d'un ton désabusé.

— Beaucoup ! Beaucoup trop, mon frère !

— Demande une escorte à Isancourt.

— Non, je ne peux dégarnir le château en ce moment. Et ce ne sont pas les marauds du grand chemin qui vont m'effrayer. D'ailleurs, tu sais que je suis prudent et que j'évite les affrontements inutiles. Mais, à mon tour de te dire de faire attention. En mon absence, on tentera peut-être de prendre le château par ruse...

— Ne crains rien, mon frère. Cependant prends garde aux dangers de la route. Ce ne sont pas les écorcheurs que je crains mais les bandits bien aguerris et bien armés qui font du brigandage sous prétexte de guerre religieuse. La semaine dernière, Isancourt en a pendu une dizaine qui s'étaient attaqués à des fermes.

— Je les éviterai, je te le promets.

— Garde-toi de trop paillarder avec les bordelières de la cour, le railla enfin Manou, avec un sourire fatigué.

En quittant Caen, après avoir entendu la messe dans l'église Saint-Georges, le marquis d'O avait envisagé de faire étape à Lisieux. Diable ! Il y avait moins de dix lieues à parcourir, et s'ils trouvaient des montures fraîches en route, ils arriveraient avant que la nuit ne soit tombée ! Mais la neige incessante changea tout et ils ne trouvèrent en chemin ni chevaux ni nourriture. Pas même une auberge, toutes avaient été pillées et brûlées par des bandes de maraudeurs ou des troupes en guerre. Les Panfardious ! succédaient aux Sandioux ! et aux Cap de Bious ! dans la bouche de Cubsac qui avait du mal à supporter le froid et la faim.

Dans l'après-midi, quand il fut certain qu'ils n'arriveraient pas à Lisieux, le marquis d'O poussa jusqu'à Bieville où une ferme fortifiée leur permettrait de passer la nuit en sûreté, sinon au chaud. La famille O était connue et respectée en Normandie, pourtant le marquis dut parlementer longuement tant le fermier se méfiait d'une troupe d'hommes en armes. Il accepta seulement de les loger dans une grange attenante à sa maison forte où ils durent se nourrir avec leurs propres provisions et dormir sans feu. Le lendemain, la neige tombait toujours, bien que plus faiblement.

Heureusement, ils passèrent leur troisième nuit à Lisieux dans de meilleures conditions que la précédente. L'auberge de l'*Aigle d'Or*, bien protégée à l'intérieur des murailles de la ville, était constituée de solides bâtiments à pans de bois en encorbellement entourant une grande cour. L'enseigne en bois représentait un aigle noir survolant une table où deux convives à la trogne rouge et la panse bedonnante faisaient bonne chère. O connaissait l'endroit et savait qu'ils y seraient bien traités. Effectivement, le repas de venaison et de chapon gras semés d'amandes et de dragées fut délicieux et abondant, et le marquis put avoir une chambre bien chauffée pour lui tout seul.

Cubsac souffrait de nombreuses gelures et

Dimitri lui montra comment les soigner avec de la graisse de mouton. Charles, le valet de chambre redevenu soldat, vérifia mousquets et pistolets avec l'homme d'armes, un gaillard d'une vingtaine d'années, prénommé Bertier et solide comme un roc. Ce soir-là, le marquis d'O observa avec satisfaction que les épreuves des deux premiers jours avaient déjà soudé sa petite troupe. Depuis son voyage en Pologne il savait quelles querelles pouvaient provoquer le mauvais temps et la faim. Le plus dur du voyage restait à faire : jusqu'à Neufbourg, ils n'auraient que de médiocres gîtes d'étape.

La nuit suivante, ils s'arrêtèrent dans une hôtellerie ayant l'aspect d'une petite forteresse avec ses deux tourelles flanquant un corps de logis enserré autour d'une courtine où on entrait par un pont-levis. Le dîner – un gibier trop dur et du vin piquant – fut médiocre. L'aubergiste s'en excusa ; les paysans ne lui portaient plus rien et il achetait la viande à des braconniers qui lui vendaient à prix d'or les plus mauvais morceaux. Pour se rattraper, il mit en garde le marquis d'O contre une bande d'écorcheurs qui écumait la forêt de Fontaine.

Ils repartirent aux aurores, la pluie ayant remplacé la neige. Ils avançaient très lentement tant la boue collante faisait peiner les chevaux. Le Gascon jurait sans cesse, ajoutant des « Mordioux ! » à ses « Panfardious ! » à chaque fois que son cheval s'enfonçait dans une fondrière trop profonde. Seul Dimitri paraissait dans son élément.

La nuit venue, ils furent logés dans le manoir d'un ami d'O. Une solide bâtisse de brique et de bois, avec une tourelle et un pigeonnier octogonal. Leur hôte leur confirma que plusieurs voyageurs avaient été dépouillés et navrés dans la forêt de Fontaine.

C'est le lendemain qu'ils y arrivèrent. Avant d'y

pénétrer, ils observèrent la forêt un long moment. Les arbres, dégarnis, étaient couverts de neige et rien ne laissait paraître que des brigands pouvaient s'y terrer. Les cinq hommes repartirent, épée libre attachée à la dragonne et pistolets chargés dans les fontes. Cubsac marchait en tête, surveillant les fourrés et guettant l'embuscade. Ensuite, suivaient O et Dimitri, ce dernier le mousquet à la main, puis les trois chevaux de bât et, fermant la marche, le valet et l'homme d'armes, eux aussi avec leur mousquet prêt. À la selle de Dimitri et de Charles pendait une petite lanterne de fer contenant une chandelle allumée.

Ceux qui les attendaient au milieu du chemin n'étaient que des paysans et des valets de ferme armés de fourches et de faux, mais ils étaient deux grosses douzaines. Leur masure brûlée, leur famille décimée par la violence des soldats en maraude ou par les épidémies, ils n'avaient plus rien à perdre et étaient décidés à ne pas leur céder le passage sans les avoir dépouillés, et sans doute occis pour se venger des atrocités qu'ils avaient subies.

La troupe du marquis s'arrêta à quatre toises devant eux. O hésitait. Charger les gueux était courir le risque d'être navré d'un coup d'épieu ou de fourche. En outre, il avait aperçu une corde, tendue entre deux arbres, qui gênerait une telle manœuvre.

À la chandelle de sa lanterne, Dimitri alluma la mèche lente qu'il avait préparée. Charles et Bertier firent de même tout en s'approchant du marquis, laissant les chevaux de bât en arrière.

— Écartez-vous ! ordonna O aux maraudeurs.

— Laissez-nous vos chevaux et vos bagages, répondit fièrement l'un des gueux, ensuite nous verrons si nous vous accordons merci.

D'un bref regard, O vit que Dimitri et ses hommes d'armes tenaient leur mousquet prêt.

Cubsac s'était écarté. Épée et miséricorde déjà en main, il semblait pressé d'en découdre.

— Allons ! ordonna François d'O à Dimitri.

Les mèches grésillèrent dans la lumière des mousquets qui crachèrent la mort simultanément. Ceux qui avaient tiré jetèrent aussitôt leur arme dans un fourré pour saisir leur pistolet glissé dans une sacoche de selle. Épée dans l'autre main, ils chargèrent en même temps que le marquis d'O et Eustache de Cubsac.

Chaque coup de pistolet porta, puis ce fut le combat rapproché, au corps à corps, épée contre fourche. Ce fut une brève furie. Les premiers coups de mousquet avaient décimé les gueux et, au moment de la charge, une dizaine d'entre eux s'enfuirent. Ne restèrent que six ou sept hommes au courage désespéré, vite blessés ou tués par les lames des assaillants.

L'échauffourée sanglante se termina en moins de temps que pour dire une patenôtre.

Cubsac à lui tout seul avait tué trois hommes par ses prodigieux revers de taille, mais il avait été atteint d'un coup de fourche, heureusement dévié par sa cuirasse. Son bras était légèrement navré. Le cheval de Charles s'était écroulé sous un coup de faux dans le jarret mais le valet était indemne. Trois des gueux étaient atteints de plusieurs coups de lame et perdaient leur sang, couchés dans la neige en gémissant. L'un avait même le ventre ouvert d'où sortaient ses entrailles fumantes dans l'air glacé.

— On poursuit les autres, monsieur ? demanda Dimitri avec férocité.

— Non, pends ces trois-là avec leur corde. (Il désigna un chêne.) Ils resteront exposés au bord du grand chemin et serviront d'exemple. Puissent-ils effrayer ceux qui seraient tentés de les imiter.

Dimitri, aidé de Bertier, s'exécuta, mais comme

la corde était insuffisante, ils n'accrochèrent que deux des pauvres hères qui se débattirent un instant avant de mourir.

Cubsac interrogea le marquis du regard. Devait-il achever le blessé en lui coupant la gorge ?

O hésita. La fièvre du combat était retombée. Le sol était rouge de sang. Il leva les yeux vers le ciel gris, les premiers corbeaux tournaient au-dessus d'eux. Comment font-ils pour savoir si vite qu'ils ont à manger ? se demanda-t-il comme chaque fois après un affrontement.

Il essuya son épée sanglante sur l'encolure de son cheval et la glissa dans le fourreau.

— Laisse-le ! Que Dieu et la Vierge lui viennent en aide.

Cubsac eut une moue désapprobatrice avant de diriger sa monture vers les bêtes de bât pour aider Charles qui déjà ôtait les bagages de l'une d'elles pour disposer d'une monture. Dimitri tira sans ménagement le blessé agonisant sur le bord du chemin, ramassa les mousquets, puis entreprit de les recharger avant de remonter en selle. Les autres rechargèrent aussi leur pistolet tandis que Cubsac, qui n'avait pas utilisé le sien, avança son cheval sur le chemin pour vérifier que la voie était libre. Entretemps, Bertier avait ôté l'équipement du cheval blessé qu'il avait achevé.

Quand tout fut terminé, ils repartirent sans un regard en arrière et ne s'arrêtèrent qu'à la sortie du bois, dans une ferme brûlée, pour avaler le repas froid que leur avait vendu l'aubergiste de l'*Aigle d'Or*.

À Neufbourg, ils furent reçus royalement dans le manoir d'un autre ami du marquis, puis, la nuit suivante ce fut une auberge dans la ville de Louviers. Le ciel restait gris, mais il n'y avait plus ni pluie ni neige. La suite du voyage fut plus facile. À Vernon, les auberges ne manquaient pas, et la nourriture était abondante.

Saint-Germain, leur dernière étape, fut la plus agréable. O et sa troupe entrèrent dans Paris par la porte Saint-Honoré dans l'après-midi du dixième jour depuis leur départ de Courseulles.

6.

Lundi 7 janvier, lendemain de l'Épiphanie, le matin

Assis sur son banc dans la cour du Grand prévôt de France, Nicolas Poulain méditait donc sur ce qu'il était advenu durant ces derniers jours quand un homme en noir à l'expression maussade vint le chercher. C'était l'intendant de l'hôtel qui lui demanda de le suivre.

À l'intérieur de l'hôtel, il n'y avait aucune décoration, sinon les armes de Richelieu sculptées au plafond de l'escalier. Ils montèrent au premier étage, puis traversèrent une antichambre meublée de coffres massifs et d'un dressoir en noyer à deux vantaux, tout vermoulu. L'intendant ouvrit une porte sans frapper et le fit pénétrer dans une salle glaciale dans laquelle trônait une imposante armoire à deux corps décorés de médaillons en relief représentant des figures de divinités antiques.

François du Plessis, seigneur de Richelieu, était assis à une grande table de travail aux pieds tournés sur laquelle étaient empilés plusieurs dossiers, ainsi que quelques encriers, des plumes, des canifs et un nécessaire à cacheter. Un maigre feu ronronnait dans une immense cheminée qui enfumait la pièce. Un unique tableau représentant le roi était accroché dans le dos du Grand prévôt.

Celui-ci leva un regard impatient vers son visiteur. Des yeux sombres, profondément enfoncés dans un visage blême et amaigri cerné par une fine barbe noir de corbeau, lui donnaient un air sinistre. Son pourpoint de velours noir et son toquet de la même couleur renforçaient cette impression.

— Monsieur Poulain, fit-il. Que me vaut le plaisir de cette visite ?

Le ton semblait poli mais le regard ne l'était pas. Pour le Grand prévôt, le mot plaisir avait certainement un sens différent de celui utilisé couramment. À la question, Poulain perdit ses moyens et fut incapable de sortir le discours qu'il avait préparé.

— C'est... un honneur, monsieur, que vous vous souveniez de moi, balbutia-t-il.

— Je n'oublie jamais rien ni personne, répliqua sèchement le prévôt sans lui proposer de s'asseoir.

Décontenancé, le lieutenant du prévôt d'Île-de-France oublia ce qu'il avait préparé et déclara brusquement sans reprendre haleine :

— Monsieur le Grand prévôt, il y a quatre jours, j'ai reçu la visite de deux anciens camarades de collège qui venaient me proposer de participer à un complot contre Sa Majesté.

Le visage de Richelieu marqua sa stupéfaction. Il s'attendait à ce que Poulain lui demande une grâce, un passe-droit, ou même une charge, et nullement qu'il lui annonce ça.

— Que dites-vous ? Quel genre de complot ? D'abord de qui s'agit-il ? gronda-t-il.

— M. Jean Bussy, sieur de Le Clerc, qui est procureur au Châtelet, et M. Michelet, qui est sergent... J'ai accepté leur proposition...

— Quoi ! rugit cette fois Richelieu en se dressant si brutalement que sa chaise se renversa.

— Je suis policier, monsieur le Grand prévôt, et je tiens ma charge du roi, expliqua Poulain d'une voix un peu plus assurée. Dès que j'ai su qu'il y avait un projet de crime contre Sa Majesté, j'ai jugé qu'il me fallait feindre pour en apprendre le plus possible afin de vous le faire savoir.

Richelieu se passa la main dans la barbe et examina son visiteur avec une attention nouvelle. Puis, il redressa sa chaise et fit quelques pas qui l'éloignèrent de la table. Le Grand prévôt était un homme particulièrement méfiant. Il connaissait suffisamment les hommes et la cour pour croire facilement qu'on pouvait dénoncer un complot, simplement par fidélité.

— Vous les avez rejoints pour les dénoncer ? Dans quel but ? Vous souhaitez une récompense ?

— Je suis français naturel, monsieur le Grand prévôt, et j'ai prêté serment de fidélité à mon roi souverain lorsque j'ai été reçu en l'état de lieutenant en la prévôté de l'Île-de-France. J'ai juré alors que s'il se brassait quelque chose contre son État, j'étais tenu, sous peine de crime de lèse-majesté, de l'en avertir, car je vis des gages et profits que me donne Sa Majesté. Voilà pourquoi j'ai pris la résolution de venir vous parler [1].

— Une telle loyauté n'est guère courante, monsieur. Êtes-vous noble ?

— Non, monsieur, mais je ne connais pas mon père et je pense qu'il l'était.

---

1. Les phrases de Nicolas Poulain, dans ce dialogue, sont en grande partie reprises du *procès-verbal de Nicolas Poulain*, déjà cité.

Le prévôt s'approcha de lui en hochant la tête. Peut-être que cet homme ne mentait pas, se dit-il.

— Racontez-moi tout, sans rien négliger.

Poulain commença par la visite que lui avaient faite Bussy Le Clerc et Michelet, puis il relata l'entretien qu'il avait eu chez le procureur, en présence de Mayneville.

— Mayneville ! Cet homme est le maître Jacques du duc de Guise et l'âme damnée du duc de Mayenne ! Que s'est-il passé ensuite ?

— J'ai accepté d'être des leurs, monsieur, comme je vous l'ai dit, et je me suis rendu avec eux le lendemain, chez M. de La Chapelle.

— La Chapelle fait donc partie du complot ?

— Oui, monsieur, il y avait là une vingtaine de personnes venant du Châtelet et du corps de ville. Les quarteniers les auraient rejoints et enrôleraient des fidèles à leur cause. Leur association serait déjà importante. Ils auraient embrigadé quantité de bourgeois, d'hommes de robes, de commissaires et de sergents, de clercs et de religieux aussi, pour constituer une union bourgeoise qui s'allierait à la nouvelle ligue qu'aurait constituée M. de Guise avec ses frères et ses cousins.

— Une union... une ligue ! s'exclama le prévôt.

— Oui, monsieur, j'ai même dû prêter serment de fidélité à cette confrérie, qu'ils nomment la sainte union. Mais quand j'ai été reçu en l'état de lieutenant en la prévôté de l'Île-de-France, mon serment à Sa Majesté prévoyait expressément que tout autre serment que je ferais mettant en cause ma fidélité au roi serait sans valeur. Je ne suis donc pas parjure en les dénonçant, d'autant que cette union est criminelle de lèse-majesté et qu'y entrer était le seul moyen de prévenir le roi.

— Vous raisonnez fort justement, monsieur,

approuva Richelieu avec un sourire sans joie. Que savez-vous d'autre ?

— Certains de ceux que j'ai vus chez M. de La Chapelle constituent le conseil de leur ligue. Ils se nomment le conseil des Six. M. Hotman en serait le président et M. de La Chapelle ainsi que le père Boucher en sont membres.

— Le conseil des Six ? Je m'en souviendrai quand je les ferai pendre. Mais qu'espèrent-ils, sans arme et sans armée ?

— Je suis chargé d'acheter des armes pour eux, monsieur.

— Vous !

Richelieu resta un moment sans voix. Sans rien ignorer de l'agitation qui grondait contre le roi, il ne se serait jamais douté qu'une telle entreprise ait pu débuter sans qu'il en soit averti. Mais il est vrai que si les commissaires du Châtelet en faisaient partie…

— Je vais mettre fin à tout cela, gronda-t-il. Qui d'autre avez-vous vu là-bas ?

— M. Isoard Cappel, que l'on m'a présenté comme leur trésorier. Le commissaire Louchart, que je connais, et deux curés : le père Boucher – le recteur de la Sorbonne – et le père Prévost, le curé de Saint-Séverin, tous deux membres de leur conseil. Il y avait bien sûr M. de Mayneville et MM. Michelet et Le Clerc. Je n'avais jamais vu les autres participants.

— Vous semblez bien connaître ce Le Clerc…

— J'étais au collège, puis à la Sorbonne, avec lui, monsieur. Il a quitté la France après la Saint-Barthélemy pour avoir un peu trop massacré. Il a été maître d'armes à Bruxelles et on le dit fort adroit escrimeur. Il aurait été le professeur de M. de Bussy d'Amboise [1].

1. Bussy d'Amboise, favori du duc d'Alençon, était un duelliste redouté des mignons d'Henri III. Massacreur de la Saint-

C'est un homme habile et audacieux. Fort zélé catholique aussi. Avec la dot de sa femme il a acheté une charge de procureur. Il n'a pas très bonne réputation au Palais à cause de sa rapacité et de son goût des pécunes.

— Je vais faire saisir tout ce joli monde, menaça le prévôt dans un rictus empreint d'une joie mauvaise, et les faire ensuite accrocher à Montfaucon.

— Je ne crois pas que ce serait une bonne idée, monsieur.

Richelieu le foudroya du regard.

— Que voulez-vous dire ? demanda-t-il, les yeux fulminant de colère tant il détestait qu'on le contrarie.

— Je ne vous ai pas tout dit, monsieur... Je connais aussi leur plan pour déposer le roi.

— Déposer le roi ! balbutia Richelieu.

Son corps entier se raidit devant cette affirmation sacrilège.

— Il s'agit d'une méchante et damnable entreprise, monsieur. Le Clerc s'emparera de M. Testu, puis se fera remettre la Bastille. En même temps, les conjurés couperont la gorge à M. le premier président et aux principaux officiers de la Couronne avant de prendre par surprise le Palais, l'Arsenal et le Temple. M. Louchart remplacera M. Séguier à la lieutenance civile de police et l'armée des bourgeois assiégera le Louvre pour se saisir du roi et le déposséder de sa couronne.

» Ils ont prévu de mettre Paris au pillage, car leur dessein est aussi la picorée. Ensuite, ils donneront le

---

Barthélemy, il était devenu l'amant de l'épouse de M. de Montsoreau. Celui-ci l'apprit et lui tendit un piège. Bussy tomba dans le guet-apens et se battit contre le comte et une douzaine de spadassins. Son épée rompue, il fut finalement tué.

trône à ceux de Lorraine. Tant de sang répandu m'a ôté tout repos, monsieur, et j'ai longuement réfléchi. Arrêter les meneurs maintenant ne servirait à rien, d'autres prendraient leur place. Il faut les surprendre quand ils tenteront leur coup de force afin de les écraser définitivement.

Surmontant sa contrariété, Richelieu resta silencieux. Cet homme avait raison. Mettre fin au complot maintenant serait inutile, les Guise recommenceraient dans quelques mois et il n'aurait plus personne pour le prévenir. Avoir un espion dans leur camp allait être un avantage considérable.

— Vous accepteriez d'être mon agent à l'intérieur de leur ligue ? demanda-t-il.

— Oui, monsieur.

— Vous risquez gros…

— Je le sais, monsieur, mais si avec la grâce de Dieu je peux empêcher un si grand carnage je ferais une bonne œuvre. Les richesses que me promettent ces rebelles ne me profiteraient en rien si je devais être damné en enfer, expliqua-t-il avec sincérité.

Richelieu hocha la tête et lui sourit franchement pour la première fois. Il lui tendit même la main.

— Vous êtes un homme brave, monsieur Poulain, et surtout un homme loyal. Je saurai m'en souvenir, ainsi que Sa Majesté que j'informerai aujourd'hui. Tout ceci restera bien sûr secret. Je serai votre seul interlocuteur. Où habitez-vous ?

— Rue Saint-Martin. La maison de l'épicier au *Drageoir Bleu*.

— Je vous ferai parvenir mes instructions si cela s'avère nécessaire. Connaissez-vous une personne de confiance, si vous êtes absent ?

— Mon épouse, Marguerite.

— Si j'ai à vous écrire, mon porteur montrera une plaque à mes armes. Faites-les connaître à votre femme et détruisez ma lettre après l'avoir lue. Vous-même, vous pouvez m'écrire, sans donner votre nom, dans une lettre cachetée à l'attention de mon valet de chambre, M. Pasquier. Il me la transmettra immédiatement si vous portez dessus une double croix dans le cachet de cire. Maintenant, dites-moi, qu'allez-vous faire pour ces achats d'armes ?

— Je ferai traîner le plus possible, monsieur, j'en achèterai peu à chaque fois, et quand je saurai où elles sont entreposées, vous pourrez aisément les faire saisir. Pour l'instant, je dois les porter à l'hôtel de Guise, mais je suppose qu'elles seront transportées ailleurs pour être distribuées aux conjurés.

— Astucieux, opina le prévôt.

— Mais je ne sais comment m'y prendre, car les armuriers de la rue de la Heaumerie voudront une lettre de mon prévôt. Peut-être devrais-je plutôt acheter ces armes à Saint-Germain, où ce sera plus aisé.

— Ne perdez pas ce temps ! décida Richelieu. Vous devez gagner la confiance de ces comploteurs rapidement. Je verrai le prévôt Hardy[1] et lui demanderai une lettre pour l'achat de quelques cuirasses et épées. Je vous la ferai porter.

— Merci, monsieur le Grand prévôt.

Richelieu le raccompagna à la porte, l'ouvrit et appela un valet.

— À vous revoir, monsieur Poulain.

Lundi 7 janvier, le soir et les jours suivants

Une fois garrotté, Olivier Hauteville ne s'était plus débattu. Ne comprenant rien de ce qui lui arri-

1. Le prévôt des maréchaux d'Île-de-France.

vait, il avait été attaché derrière le cheval d'un des archers et tiré jusqu'au Grand-Châtelet sous les quolibets des badauds, persuadés qu'il voyaient passer un criminel.

Au Châtelet, les formalités d'écrou furent rapides. Louchart et son prisonnier passèrent par le guichet d'accès réservé aux prisonniers situé en face de la grande cour. Un guichetier ouvrit la grille et les quatre hommes traversèrent la salle de garde, puis la courette intérieure qui la prolongeait. Olivier grelottait, il avait oublié son manteau en partant et ses chaussures étaient trempées d'avoir tant marché dans la neige. Ils pénétrèrent dans une salle sans fenêtre, éclairée seulement par des chandelles placées dans des niches murales et un flambeau de graisse qui dégageait une épaisse fumée. Il y avait là quelques gardes qui jouaient aux dés, ainsi qu'un sergent à verge qui sommeillait sur un banc, appuyé contre un mur. Olivier n'y était jamais venu. Louchart se dirigea vers une des portes ferrées et frappa avec la poignée de sa dague tout en donnant son nom. La porte grinça lugubrement en s'ouvrant et un garde poussa Olivier à l'intérieur. C'était une pièce obscure dont les murs suintaient de crasse et de salpêtre. Sur l'un d'eux étaient accrochés de gros trousseaux de clefs. Il y avait une table vermoulue sur laquelle se trouvait un livre épais à la couverture souillée.

C'était le bureau des écrous. L'homme aux traits creusés et à la barbe blanche et clairsemée qui leur avait ouvert eut un regard joyeux.

— Monsieur Louchart, vous m'amenez un nouveau pensionnaire ? fit-il en se frottant les mains tout en considérant Olivier avec intérêt.

Olivier savait que le greffier touchait des épices des prisonniers et qu'un homme de la bourgeoisie comme il l'était allait lui rapporter force pécunes.

Les deux archers étaient restés dehors.

— Oui, ce garçon a tué son père. Donnez-moi le registre d'écrou.

Le greffier ouvrit un grand livre sur sa table. Louchart y inscrivit le nom de Hauteville, la raison de son enfermement, puis il nota une abréviation signifiant qu'il ne devait pas avoir de visite.

— Mettez-le au dernier niveau pour la nuit, ça le fera réfléchir, décida-t-il. Mais pas à la *fin d'Aise* ou à la *Chausse d'Hypocras* [1], tout de même, plutôt dans la grande cave, avec des fers ou un carcan. Un de ces jours, je viendrai l'interroger avec un procureur.

Il sortit sans saluer alors qu'un porte-clefs entrait.

— Basile, emmenez celui-ci en bas, ordonna le greffier. Dans la grande salle, avec un carcan.

Le porte-clefs, un bonhomme bedonnant, sentant fort et à la barbe hirsute, s'avança jusqu'au mur et s'empara d'un trousseau, puis il se tourna vers Olivier qu'il fouilla soigneusement. Ayant trouvé une bourse et un couteau, il les posa sur la table en faisant un clin d'œil au greffier.

— Ce sera le prix de votre pension, expliqua ce dernier à Olivier en glissant les objets dans un tiroir.

Ils sortirent et se dirigèrent vers une autre porte cloutée de fer avec un guichet grillagé. Le geôlier ayant murmuré quelques mots, un verrou grinça et un guichetier, à la barbe couverte de poux roux, apparut dans l'ouverture de la porte. Il tenait une lanterne à chandelle de suif qui fumait plus qu'elle n'éclairait.

---

1. La *Fin d'Aise*, la *Chausse d'Hypocras*, comme les *Chaînes*, la *Boucherie* ou la *Barbarie* faisaient partie des basses-fosses les plus terribles du Châtelet. Elles étaient inondées et parfois les prisonniers ne pouvaient ni se lever ni s'allonger.

Le porte-clefs bouscula Olivier pour le faire entrer et ils s'engagèrent dans un couloir en pente. Olivier tremblait convulsivement tant l'endroit était effrayant. La peur et la souffrance imprégnaient les murs crasseux et moisis. De rares soupiraux obscurcis par la crasse laissaient filtrer un peu de lumière, puis ils descendirent des escaliers. Ensuite, la seule lumière fut celle des torchères de résine ou de suif qui dégageaient une épaisse fumée noire. Au bout d'un moment, le geôlier ouvrit une grille et poussa Olivier dans un nouveau corridor, puis un autre escalier. Des gémissements se faisaient entendre malgré l'épaisseur des murs. Ils empruntèrent une galerie voûtée recouverte de sable dont on ne distinguait pas le bout. Finalement Olivier vit un banc où se tenait un guichetier au visage blanchâtre.

— Celui-là est pour la grande salle, lui dit le geôlier. Mets-lui un carcan ou des fers.

L'autre prit sa lanterne, saisit un énorme anneau contenant deux ou trois douzaines de clefs, et se leva pour se rendre à une porte cloutée qu'il ouvrit en tirant deux gros verrous. Un horrible remugle de pourriture et d'excréments les saisit. Tenu par un bras, tant il chancelait de peur, Olivier descendit un nouvel escalier. En bas, le porte-clefs tira un autre verrou rongé de rouille et ils pénétrèrent dans l'enfer.

À peine étaient-ils entrés que toutes sortes de supplications, râles, imprécations ou injures jaillirent. L'un des gardiens bouscula violemment Olivier, pétrifié par la terreur. Ils se trouvaient dans une longue cave dont il ne voyait pas l'extrémité. La lanterne éclaira des corps étendus ou assis, enchaînés au mur par le cou ou avec un carcan aux pieds. À peu près une toise séparait chaque prisonnier. Ceux qui avaient fers et carcan ne pouvaient bouger. L'odeur d'excrément était pestilentielle.

Olivier ne pouvait maîtriser ses tremblements. Le geôlier aux clefs s'arrêta devant un carcan vide et lui ordonna de s'asseoir. Il se soumit. Sans ménagement, le gardien lui plaça les deux pieds dans les creux de la planche inférieure, puis abaissa la seconde planche qui s'articulait sur l'autre par une grossière charnière. Il la fixa par un gros cadenas rouillé.

— Je lui mets la chaîne ? demanda-il au premier gardien en désignant l'anneau de fer attaché au mur.

Olivier devina qu'il mourrait rapidement si on l'attachait ainsi. Il jeta un regard affolé à son voisin enchaîné par le cou et les pieds et qui paraissait inconscient. Déjà mort peut-être.

— C'est pas la peine, répliqua le porte-clefs. Il s'en ira pas !

— Ça c'est sûr ! ricana l'autre.

Ils s'éloignèrent et l'obscurité s'étendit.

— Il fait jour, dehors ? cria un homme dans un sanglot.

— Oui, murmura Olivier après un silence.

Il resta assis, persuadé que seule cette position lui permettrait de survivre. Ses chevilles étaient déjà douloureuses. Il avait soif. Il avait froid. Des cris et des glapissements de dément retentissaient par moment. Des prières aussi. Quelqu'un psalmodia une triste chanson rythmée par le bruit des chaînes. Combien de temps allait-il rester là ? Le commissaire avait parlé de plusieurs jours avant de revenir. Il songea qu'il ne résisterait pas si longtemps. Il allait mourir dans cette cave, oublié du monde.

Au bout d'un moment, épuisé et souffrant trop, il s'allongea sur la paille imprégnée d'excréments qui couvrait le sol, il grelottait mais au moins, dans cette position, ses chevilles lui faisaient moins mal. Il avait envie d'uriner. Il sentit un rat le frôler, le humer. Hurlant de terreur, il donna un coup à la bête qui s'attaquait à ses vêtements. Il resta ensuite un long moment sans bouger, l'esprit vide mais le corps aux aguets. Un peu calmé, il se mit à prier pour l'âme de son père et de Margotte, ainsi que pour la sienne. Beaucoup plus tard, alors qu'il sombrait dans l'inconscience tant il avait froid, la porte s'ouvrit et la lanterne d'un gardien éclaira le cachot. Comme il était resté dans le noir, il ignorait quelle heure il pouvait être. Venait-on le chercher ? Les gardiens s'avancèrent. Ils étaient trois. Ils passèrent devant lui en ignorant les supplications des prisonniers. Ils s'arrêtèrent plus loin et détachèrent un homme avant de le traîner de force vers la sortie.

Tous les prisonniers se mirent à hurler, glapir, supplier, réclamaient à boire, à manger, à aller aux latrines aussi. Ils insultaient Dieu, le roi, les gardiens… Certains invoquaient le démon pour qu'il leur vienne en aide.

— On va vous porter de l'eau et du pain ! cria un des porte-clefs, excédé. Ceux qui se taisent pas auront rien ! Vous irez aux latrines quand les autres gardiens seront là !

Les cris se calmèrent un peu.

Un des geôliers allait et venait, comme s'il cherchait quelqu'un. La lanterne éclaira brusquement son visage et Olivier reconnut le gardien qui l'avait amené quelques heures plus tôt. Il s'arrêta devant lui.

— Je dois aussi emmener celui-là, fit-il à son compagnon.

L'autre s'accroupit et chercha une clef dans l'anneau. Il en introduisit une dans le cadenas, l'ouvrit et leva la planche du carcan.

— Lève-toi ! ordonna-t-il.

Olivier ne sentait plus ses jambes et ses pieds, il

se redressa et chancela aussitôt. Le gardien à côté de lui le rattrapa et le tint par la taille un instant.

— Avance, maintenant ! fit-il avec dureté.

Les jambes flageolantes, secoué par les sanglots et les frissons, Olivier parvint à marcher. L'autre porte-clefs les suivit. Allait-on lui administrer la question ? En chemin, il n'entendit que des pleurs et des lamentations de prisonniers souffrant de froid ou de faim. Il prit conscience qu'il avait faim, lui aussi.

Il pénétra dans une salle voûtée pourvue d'une unique fenêtre en hauteur. Il y avait un lit de bois avec une paillasse, un pot à eau, deux tabourets et un seau pour les commodités. L'âtre était froid, mais pour Olivier c'était le paradis après l'enfer.

— Le procureur viendra t'interroger dans la journée, grommela le gardien. Je vais te porter un pain qui te durera deux jours. J'allumerai le feu plus tard pour que M. le procureur n'ait pas froid.

Olivier utilisa le seau et s'allongea sur le lit où il parvint à s'endormir. Il se réveilla quand le porte-clefs entra avec une bûche et un fagot de brindilles. On avait posé un pain noir à côté de lui.

— Je vais allumer le feu. C'est pas pour toi mais pour M. le procureur.

Olivier se rapprocha de l'âtre, essayant de se réchauffer tout en rongeant le pain, dur comme de la pierre. Il grelottait. Il resta ainsi une couple d'heures jusqu'à ce que la porte s'ouvre à nouveau. Le porte-clefs entra le premier et remit une bûche dans la cheminée. Suivaient Louchart, encore plus bilieux que la veille, puis un homme voûté tenant une écritoire, et un dernier personnage en chasuble noire et bonnet.

— C'est lui qui a tué son père ? s'enquit celui-ci en associant sa question d'une grimace de dégoût.

— Oui, monsieur le procureur, répondit le commissaire Louchart.

— Jean, installez-vous là et notez tout ce qui se dira.

Il désigna l'un des tabourets et prit l'autre. Louchart s'assit sur le lit tandis qu'Olivier restait debout.

Le procureur avait une quarantaine d'années et paraissait aussi sinistre qu'une corneille. Il avait le nez crochu et un menton en galoche, une barbe clairsemée et des mains aux ongles noirs de crasse. Il sortit d'un portefeuille quelques feuillets et posa des lunettes en verre de Venise sur son nez.

— J'ai lu votre procès-verbal sur les constatations matérielles des trois crimes, monsieur Louchart, fit-il d'un ton égal. Jean, faites prêter serment à ce jeune homme.

L'homme à l'écritoire présenta une bible et un crucifix à Olivier.

— Êtes-vous bon chrétien, monsieur ?

— Oui, monsieur.

— Jurez sur les Saints Évangiles et sur la croix de notre seigneur que vous direz la complète vérité.

— Je le jure.

Le greffier revint à sa chaise, s'assit et sortit une feuille ainsi qu'une mine de plomb tandis que le procureur commençait à interroger Olivier. Il parut étonné de savoir qu'il préparait une thèse à la Sorbonne. Apparemment, Louchart n'en avait dit mot dans son procès-verbal. Puis ce furent des questions sur ses relations avec son père et sa gouvernante, et enfin sur son emploi du temps de la veille.

Olivier n'avait aucun témoin dont il se rappelait pour assurer qu'il était bien allé voir le recteur de la Sorbonne. Il avait attendu à son rendez-vous sans croiser de connaissance, puis il s'était rendu chez le père Boucher et avait tiré le cordon de sa porte mais personne n'était venu, répéta-t-il.

Brusquement, l'incident du Petit pont lui revint et il le relata.

Le procureur venait justement d'apprendre l'affaire dont il ne connaissait que quelques bribes. Les gardes du roi arrivés sur les lieux n'avaient pu interroger que des témoins indirects, les participants aux crimes s'étant tous enfuis. Il fut donc très intéressé par le récit détaillé d'Olivier et lui posa plusieurs questions auxquelles le jeune homme répondit avec précision.

Louchart parut contrarié par ce témoignage.

— Il est certain, fit le procureur, que s'il se confirmait que vous étiez au Petit pont à ce moment-là, vous ne pouviez pas être chez vous à massacrer votre famille. C'est un fait qui demande à être vérifié.

Un soupçon d'inquiétude traversa le visage de Louchart.

— Cela ne veut rien dire, monsieur le procureur, intervint-il, il peut très bien avoir tué son père et sa gouvernante, puis s'être rendu au Petit pont.

— C'est possible, en effet, reconnut le magistrat après quelques secondes de réflexion.

— J'ai, ce matin même, interrogé le père Boucher qui m'a déclaré ignorer que ce jeune homme devait venir le voir, poursuivit le commissaire Louchart. Il n'était d'ailleurs pas à Paris et n'est rentré chez lui que fort tard. Mon secrétaire vous fera parvenir mon mémoire.

— Mais, c'est impossible, monsieur ! s'insurgea Olivier. C'est Gilles qui m'avait donné l'heure et le lieu ! C'est le père Boucher, lui-même, qui les lui avait communiqués !

— Mais Gilles est mort, ricana Louchart, puisque vous l'avez tué !

— Je ne l'ai pas tué ! sanglota le jeune homme, en secouant la tête.

— Brisons là, fit sèchement le procureur. Comme le père Boucher ne peut mentir, soit ce jeune homme nous mystifie, soit ce Gilles n'avait pas compris la réponse du père. Avez-vous interrogé les voisins pour savoir si Olivier a été aperçu ? demanda-t-il à Louchart.

— Non, cela me paraissait inutile.

— Vous auriez dû ! J'instruis à charge et à décharge et je dois avant tout faire apparaître la vérité. Je vais donc envoyer un substitut le faire, et me renseigner un peu plus sur ce crime du Petit pont.

— Je me souviens avoir parlé à un huissier du Palais en robe noire, monsieur le procureur, intervint Olivier. On doit pouvoir le retrouver. Il y avait aussi le voisin du libraire assassiné. Ces gens pourront témoigner pour moi.

— Vous avez l'imagination trop fertile, mon garçon, fit Louchart en haussant les épaules. Je propose qu'il soit jugé à l'audience de vendredi. Dans l'immédiat, il suffit de lui appliquer la question préalable pour connaître la vérité !

— Nous le ferons certainement, monsieur Louchart, mais je veux d'abord disposer de toute l'information nécessaire. Jusqu'à plus ample informé, ce jeune homme restera en cellule, sans visite possible.

Louchart s'inclina. Les procureurs, magistrats en robe longue, avaient le pas sur lui.

Contrairement à ce qu'il craignait, Olivier ne fut pas transféré dans son précédent cachot. Bien après le départ des magistrats, le geôlier revint avec un sac de toile.

— Quelqu'un est venu vous voir, fit-il d'une voix rugueuse. Comme M. le procureur a interdit les visites, il a dû repartir. Mais il a laissé ça pour vous et m'a promis un franc [1] par jour pour votre chauffage et pour que vous restiez seul dans cette cellule.

C'était sans doute Jacques Le Bègue, se dit Olivier qui reprenait espoir. Lui au moins ne croyait pas à sa culpabilité. Le sac contenait un pain, un demi-jambon, son manteau et une couverture, ainsi qu'un petit flacon de vin.

Un peu plus tard, le geôlier revint mettre une bûche dans la cheminée.

Les jours s'écoulèrent, ponctués seulement par la remise de deux bûches et d'un pain, et par le transport de son seau de déjections jusqu'aux latrines de la cour.

---

1. Une livre, ou trois écus.

7.

Mercredi 9 janvier 1585

Cassandre et les trois hommes durent s'arrêter à Fons tant la neige était épaisse. On les reçut au château et ils repartirent à l'aurore blême sur les routes gelées. Dans l'après-midi, ils arrivèrent à Gramat où ils furent hébergés comme des rois. C'est dans la journée du lendemain, le mercredi, qu'ils tombèrent dans l'embuscade.

Ils avaient prévu de passer la nuit à Meyronne, dans le château de M. de Genouillac qui les aiderait à passer la Dordogne en barque. Un peu avant Meyronne, au début de l'après midi, ils aperçurent sur leur droite une dizaine de cavaliers dévaler une colline dans leur direction. À leurs cris, aux armes qu'ils brandissaient, il n'y avait aucun doute sur leurs intentions. C'était certainement la horde d'un petit hobereau qui rançonnait les voyageurs passant sur ses terres. Cassandre et son escorte lancèrent aussitôt leur monture au galop mais le chemin défoncé et enneigé fatigua rapidement les chevaux. Caudebec comprit qu'ils devraient livrer bataille. Par chance, ils aperçurent un pigeonnier carré, posé sur quatre colonnes de pierre. Son toit était en partie carbonisé, peut-être par la foudre, peut-être brûlé par des pillards, mais le reste de la construction était solide. Caudebec fit signe aux deux Suisses pour qu'ils s'y dirigent à travers un champ en friche.

La poursuite dura quelques minutes, ils n'allaient pas vite et ceux qui les suivaient connaissaient le terrain. En se retournant, Caudebec vit que les brigands s'étaient scindés en deux groupes pour les prendre en tenaille. Ils n'arriveraient jamais à temps au pigeonnier. Et même s'ils y parvenaient, comment se défendraient-ils là-bas ?

Cassandre, la plus légère, arriva la première au bâtiment, avec son cheval supplémentaire en longe. Elle sauta au sol pour attacher les bêtes et vit qu'elle était seule.

À cent toises derrière elle, ses trois compagnons avaient mis pied à terre et saisi leurs mousquets tandis que la plus grosse troupe de détrousseurs arrivait. Ceux-là étaient sept. Les chevaux abandonnés par les trois hommes, ainsi que celui de bât, marchaient lentement vers le pigeonnier pour rejoindre leurs congénères.

Son mousquet solidement posé sur la fourquine [1], Hans, serein et appliqué, battit son briquet. Cassandre vit grésiller la mèche lente qu'il tenait en main. Caudebec et Rudolf, accroupis dans la neige, attendaient calmement qu'il la leur passe.

Mais où étaient les autres brigands ? Elle les chercha des yeux et s'aperçut qu'ils étaient montés sur une élévation de terrain pour fondre plus vite sur elle. À son tour, elle détacha son mousquet, s'installa sous le pigeonnier et planta la fourquine dans le sol, puis elle sortit son épée, la mèche lente, et battit sa pierre à feu. L'étoupe s'enflamma et elle plongea la

1. Fourche de bois ou de fer servant à soutenir le mousquet.

mèche dans le briquet, attendant avec calme que les cavaliers s'approchent.

Dans son dos, trois coups de feu retentirent presque en même temps. Elle tourna rapidement la tête et vit trois brigands désarçonnés. Elle sourit tandis que retentissait une pistolade d'arquebuses à main, mais elle ne pouvait plus regarder, déjà les trois écorcheurs fondaient sur elle. Elle visa le premier : un jeune homme de son âge sans casque ni cuirasse, plutôt beau garçon. Elle songea avec tristesse que, dans d'autres circonstances, elle aurait peut-être dansé la pavane avec lui.

Elle tira. Touché en pleine poitrine, il s'écroula devant elle. Cassandre saisit aussitôt son pistolet à rouet. La mort d'un des brigands n'avait pas freiné l'ardeur belliqueuse des deux derniers. La jeune femme tira de nouveau et rata sa cible, mais le cheval eut peur et fit chuter le brigand. Le troisième maraud fondait déjà sur elle pour la sabrer d'un coup d'épée mais gêné par les colonnes du pigeonnier, il ne l'atteignit pas et sauta au sol. Déjà, celui qui avait été désarçonné se précipitait, épée haute.

Bien plantée, elle les attendait, miséricorde dans une main et épée dans l'autre. Les deux hommes tournèrent autour d'elle, cherchant à la prendre à revers. Elle se jeta sur le premier avec une violence inouïe et le fit reculer d'une série de battements de lame. Alors qu'il glissait dans la neige, Cassandre fit volte-face pour parer un coup de son compagnon. Lui aussi était très jeune, il n'avait certainement pas plus de seize ans. Elle fit quelques passes, l'amenant vers celui qui était tombé et qui se relevait déjà. En s'approchant de celui-ci, elle lui lança sa miséricorde dans la poitrine. L'autre gargouilla et sa bouche s'emplit de sang.

— Vous l'avez tué ! Vous avez tué mon frère ! hurla le jeune garçon.

Le pauvre ne connaissait rien à l'escrime. Après quelques passes, elle lui perça le bras et il lâcha sa lame.

— Demandez-vous merci ? lui lança-t-elle.

— Oui.

— Mettez-vous à genoux !

Il s'exécuta en serrant son bras ensanglanté. Tout en le surveillant, Cassandre se tourna vers Caudebec et les Suisses. Il n'y avait plus que deux brigands vivants qui venaient de jeter leurs armes et de crier : « Merci ! »

Caudebec les fit avancer vers le pigeonnier, pendant que les Suisses rassemblaient les chevaux. Deux des détrousseurs, blessés par une balle de mousquet, gémissaient par terre et ils les égorgèrent sans état d'âme.

Ils se retrouvèrent au pigeonnier pour attacher les trois prisonniers. Hans et Rudolf ne ramenaient aucune picorée, sinon les chevaux et les armes des brigands, de vieilles rapières rouillées. Les maraudeurs ne possédaient rien, pas même quelques pièces de cuivre.

— Que faisons-nous d'eux ? demanda Caudebec à Cassandre.

— On les pend ici ! décida Rudolf en allant prendre une corde sur un cheval.

Hans approuva du chef en rechargeant les mousquets.

— Nous payerons rançon, supplia le jeune garçon, au bord des larmes.

— Qui êtes-vous ? lui demanda Cassandre.

— Émeric de Rouffignac, et eux sont nos valets d'armes. Vous avez occis mon père, mon oncle et mes deux frères, nous avons demandé merci.

— Moi, je pends toujours les brigands, même les Rouffignac, assura rudement Rudolf.

— Vous connaissez les Rouffignac, Caudebec ?

— Vaguement, leur château a brûlé il y a vingt ans, je crois. Ils n'ont plus rien et il ne paiera jamais de rançon.

— Je n'ai rien, monsieur, c'est vrai, mais je vous promets que je vous paierai. Les Rouffignac tiennent toujours parole. Ce sont les troupes de M. de Guise qui ont pris notre château. Seuls mon père et mon oncle ont pu fuir. Mon père est revenu plus tard et a épousé ma mère, une paysanne. On vit dans la ruine et ma mère est morte de faim, l'année dernière. Je suis le dernier Rouffignac.

— Comme ça bientôt il n'y en aura plus ! plaisanta Rudolf en lui passant la corde au cou.

Les deux valets d'armes murmuraient une patenôtre, attendant leur sort avec fatalité.

— Non ! décida Cassandre. On ne les pendra pas, laissons-les partir.

— C'est folie, ma… monsieur, déclara Caudebec. Il cherchera à se venger.

Caudebec savait que la première cause des malheurs de ce temps était la vengeance. Coligny n'avait-il pas été tué par Guise qui voulait venger son père ?

— Je vous jure que je ne me vengerai pas… et que je paierai rançon, sanglota le garçon en tombant à genoux. Je serai votre serviteur…

— Je ne veux pas de votre rançon, et je ne veux pas de vous comme serviteur, décida Cassandre.

Le garçon ignorait qui ils étaient, il ne les retrouverait jamais.

— Hans, mets toutes leurs armes sur un cheval que nous garderons par devers nous. Qu'ils partent sans rien. Si tu penses que leurs montures sont sans valeur, laisse-les.

Rudolf soupira et détacha la corde qu'il rangea sur sa selle. Après avoir attaché toutes les ferrailles sur une selle, Hans examina les bêtes.

— On peut garder celle-là, décida-t-il.

Puis Rudolf fouilla les prisonniers et les cadavres des deux frères occis par Cassandre. Dans l'habit du plus âgé, il trouva une chaîne d'argent qu'il empocha.

Ils repartirent, laissant les prisonniers attachés. À eux de se libérer, avait décidé Caudebec.

Arrivés à Meyronne, ils jetèrent les armes dans la Dordogne.

En passant le pont Notre-Dame sur lequel se serraient les échoppes de bijoutiers et d'orfèvres, Jehan Salvancy, receveur général des tailles de l'élection de Paris, songeait à sa fortune. Dans la sacoche de sa selle, étroitement surveillée par ses deux gardes du corps, se trouvaient six mille écus d'or de trois livres qu'il ramenait de chez le banquier Scipion Sardini.

Il devait les remettre à Isoard Cappel, trésorier de la sainte union. Cela écornerait un peu son pécule, mais cette somme ne représentait qu'une goutte d'eau dans sa fortune de neuf cent mille livres.

Il est vrai qu'elle n'était pas toute à lui. Hélas ! Trois cent mille livres appartenaient à la sainte union (moins les six mille écus qu'il transportait) et cent mille à son protecteur. Il s'y était engagé. Le reste, soit cinq cent mille livres, reviendrait au duc de Guise, qui assurait sa protection, et auquel il avait déjà donné la même somme. Mais il lui en resterait cent mille.

Avec cette somme, quand le cardinal de Bourbon serait sur le trône, il achèterait la charge de trésorier de l'Épargne. Le duc de Mayenne lui avait promis d'appuyer sa demande auprès du cardinal quand celui-ci serait roi sous le nom de Charles X. Ainsi, riche et respectable, il n'aurait plus besoin d'utiliser de faux seings.

Il sourit en songeant à la fraude qu'il avait découverte cinq ans plus tôt et qui avait assuré sa fortune.

À cette époque, le royaume de France était constitué de territoires soumis à des règles fiscales différentes. Les provinces, rattachées tardivement à la couronne – les pays d'États –, possédaient des assemblées des trois ordres qui votaient le montant de l'impôt à verser à l'Épargne. C'était le cas de la Provence, du Dauphiné, ou encore de la Bourgogne. En revanche, dans les provinces les plus anciennes, comme l'Île-de-France, le calcul des tailles et sa répartition étaient faits par des *élus* et le territoire de leur action s'appelait l'élection.

L'élection de Paris englobait l'Île-de-France, sauf la ville de Paris et ses faubourgs qui étaient exemptés de la taille depuis 1449. Elle était découpée en subdélégations et regroupait quatre cent cinquante paroisses. Jehan Salvancy était receveur général des tailles pour environ cent cinquante d'entre elles, de Enghien jusqu'à Versailles en passant par Saint-Germain.

Tout avait commencé en 1581, l'année de la disgrâce du marquis d'O. Cette année-là, un collecteur lui avait signalé un accroissement singulier des nobles par charge de secrétaire du roi, ou par lettre de provision sur charge anoblissante. Il s'agissait d'audienciers, de référendaires, de chauffe-cire de la grande chancellerie, de notaires secrétaires ou encore d'huissiers ordinaires de la grande chancellerie.

Or la taille était un impôt solidaire. Si certains ne payaient pas leur part, c'était aux autres habitants du village de payer pour eux. Mais les asséeurs n'avaient pu modifier la répartition, comme c'était l'usage. Le faire aurait provoqué une émeute, car ces fraîches noblesses étaient exercées par les familles les plus riches de sa paroisse. La conséquence en avait été une baisse sensible du montant de la collecte.

Jehan Salvancy en avait été fort ennuyé, car s'il ne pouvait justifier la baisse de rendement de l'impôt, il en serait responsable sur ses propres deniers. Il voulut donc vérifier s'il n'y avait pas fraude.

Dans le système de taille personnelle qui était appliqué dans l'élection de Paris, le moyen le plus commun pour échapper à l'impôt était l'anoblissement frauduleux, puisque les nobles étaient exemptés de ce prélèvement. Mais les contrôles permettaient vite de déjouer la fraude. Ceux qui se disaient nobles devaient en effet présenter leur lettre de noblesse ou leur lettre de provision à la chambre des Comptes ; les plus récentes étant scellées par le sceau de la chancellerie.

Jehan Salvancy avait montré les noms de ces nouveaux nobles à l'élu chargé de la répartition des tailles, lequel lui avait confirmé qu'il s'agissait d'une véritable noblesse. Il l'avait assuré avoir personnellement vérifié les lettres de provision. Elles paraissaient irréfutables puisqu'elles portaient toutes le sceau de la grande chancellerie de France.

Pourtant Salvancy avait remarqué que les nouveaux nobles se trouvaient tous dans huit paroisses contiguës, et qu'ils étaient plus ou moins voisins. Dans toutes les autres paroisses dont il était le receveur général, ce phénomène d'augmentation des charges anoblissantes n'était pas observé. Comment un tel prodige était-il possible ? La noblesse ne s'attrapait pourtant pas comme la peste !

Il avait parlé de cette curiosité avec celui qui lui

avait prêté l'argent pour acheter sa charge. Cet ami, haut placé dans le milieu financier, était aussi son protecteur. À partir des noms et des charges des nouveaux anoblis, il avait fait quelques discrètes vérifications auprès de la chancellerie pour constater qu'aucun de ces anoblissements n'était enregistré. Pourtant, les lettres de provision portaient toutes le grand sceau de France.

Comment cela se pouvait-il ? Ce sceau, inimitable, était conservé par le garde des sceaux dans une cassette en argent doré qui ne le quittait jamais. Il était donc impossible de l'utiliser sans qu'il le sache.

Salvancy était allé interroger les falsificateurs et il n'avait pas été difficile de les faire avouer. Menacés des pires tortures, ils avaient mis en cause l'un d'entre eux, lequel avait donné le nom de Larondelle, un graveur de sa famille capable d'imiter et de graver n'importe quel sceau. C'est lui qui avait eu l'idée des fausses lettres de provisions présentées à l'élu chargé de vérifier les facultés des taillables à partir de rôles établis par le bureau des finances. Contre espèces sonnantes et trébuchantes, il en avait ensuite fait bénéficier ses amis et ses proches.

Salvancy aurait dû dénoncer ces gens au tribunal de l'élection et les faire sévèrement châtier, pourtant son protecteur lui avait demandé de n'en rien faire. En revanche, sous la menace d'être traînés en justice, et probablement pendus, les fraudeurs avaient été contraints de verser chaque année au receveur général la moitié des tailles qu'ils auraient dû payer. Salvancy avait prélevé le denier dix de cette somme, le reste allant à son protecteur.

Ce serait pour financer une confrérie catholique, lui avait-il assuré.

Quelques mois plus tard, le protecteur de Jehan

Salvancy lui avait présenté l'entreprise qu'il avait imaginée. Déchiré entre les princes lorrains et la république protestante d'Henri de Navarre, le royaume sombrait. L'intrigue, la violence et la confusion régnaient partout. Les éléments naturels, eux-mêmes, participaient aux dérèglements avec des hivers rigoureux et des débordements de rivières qu'on n'avait jamais connus. Le peuple était ruiné et incapable de payer plus d'impôts. La situation était propice à un massif détournement des tailles pour autant qu'il soit bien dissimulé. Il avait approché un de ses amis, M. Robert Letellier, un ancien drapier devenu le trésorier de la maison du duc de Guise à Paris. Letellier lui avait assuré que, si une partie des tailles volées était reversée au duc, qui avait besoin d'argent, celui-ci leur accorderait sa protection s'ils étaient découverts. Ils pourraient ainsi s'enrichir personnellement sans aucun risque.

Car le procédé de la fraude était fragile, et l'importance des détournements attirerait indubitablement l'attention du surintendant des Finances. La protection des Lorrains était donc une solide assurance. Par sécurité, son protecteur avait aussi introduit de fausses écritures dans les comptes permettant d'accuser quelques trésoriers, voire un intendant des finances, afin de détourner les soupçons.

Salvancy avait donc accepté. La première année, en 1581, il avait réussi à dérober cent mille livres à l'Épargne. Fort de ce succès, son protecteur avait parlé de son entreprise à Michel de La Chapelle, qui lui était proche. C'était l'époque où M. de La Chapelle, M. Hotman et le père Boucher songeaient à constituer la sainte union. Eux aussi avaient demandé à recevoir une partie des tailles rapinées. En échange, ils fourniraient des complicités dans le monde financier, ainsi que leur appui quand ils auraient chassé le roi. C'est ainsi que Salvancy s'était vu promettre, par le duc de Mayenne, l'office de trésorier de l'Épargne, et son protecteur celui de la surintendance des Finances.

L'année précédente, le fruit de leurs rapines avait atteint six cent mille livres et M. Salvancy pensait détourner cette année huit cent mille livres.

Le duc de Guise avait déjà reçu plus de cent cinquante mille écus grâce à ces fraudes et le conseil des Six disposait de cent mille écus sur son compte, chez le banquier Sardini, afin d'acheter des armes et des complicités.

Progressivement, le dispositif s'était amélioré avec d'autres officiers et magistrats qui les avaient rejoints. Si certains le faisaient par intérêt, pour la plupart seul le zèle religieux les motivait, car, avant de les recruter, Salvancy leur expliquait que les tailles détournées iraient à une sainte union catholique et au duc de Guise.

Mais la fraude était devenue tellement importante que le surintendant des Finances, M. de Bellièvre, avait finalement ouvert une enquête. Le protecteur de Salvancy avait provisoirement réussi à détourner les soupçons vers quelques trésoriers connus pour leur malhonnêteté dont il avait porté de fausses écritures dans les comptes de l'élection. Ceux-là avaient été jugés et pendus au printemps, sans comprendre qu'on leur reprochait la chute vertigineuse du rendement des tailles.

Un peu plus tard, c'est M. Benoît Milon, le premier intendant de M. de Bellièvre, qui avait été prévenu par M. de La Chapelle d'une prochaine accusation. Bien qu'innocent, il s'était enfui, ce qui avait un temps laissé croire à sa culpabilité, car il avait quelques infractions à se reprocher.

Cependant, ces manœuvres ne pourraient pas

être renouvelées et éloigner les soupçons allait être de plus en plus difficile, ce qui ne manquait pas d'inquiéter M. Salvancy. Après la fuite de Benoît Milon, M. de Bellièvre avait demandé au maître des comptes Antoine Séguier de diligenter un examen complet des registres de l'élection de Paris. C'est un contrôleur des tailles nommé Hauteville qui en avait été chargé. Celui-ci avait une grande expérience dans la vérification et il avait rapidement découvert plusieurs anomalies qu'il avait détaillées dans un mémoire.

Il n'y avait eu alors qu'une seule solution, qui attristait encore Salvancy, car M. Hauteville était un ami et un bon catholique. Avec le commissaire Louchart, le père Boucher, et son protecteur, ils avaient minutieusement préparé son assassinat. Accompagné de deux hommes de main – ses gardes du corps, nommés Valier et Faizelier –, son protecteur s'était présenté chez M. Hauteville. Celui-ci, qui le connaissait, lui avait ouvert sa porte sans méfiance et Valier l'avait aussitôt poignardé. Mais, par malchance, Hauteville avait eu le temps de crier et il avait fallu tuer tous les occupants de la maison.

Salvancy avait encore la nausée en se remémorant le récit du massacre que lui avaient fait – en plaisantant ! – ses gardes du corps. Heureusement que le reste du plan s'était bien déroulé et que Louchart avait accusé et arrêté le fils. Avec un coupable, l'affaire s'arrêterait, avait assuré le commissaire. Cela rassurait le receveur des tailles, car sinon il y aurait eu enquête et les voisins avaient peut-être reconnu son protecteur. Évidemment, il était peiné pour ce pauvre Olivier qui allait subir le châtiment des parricides. Mais la foi impliquait des sacrifices. Olivier, comme son père, était un soldat de Dieu qui était tombé pour éviter l'esclavage calviniste.

Il fallait maintenant tenir encore quelques mois, songeait Salvancy, avec un peu d'appréhension. Ces rapines étaient devenues tellement importantes qu'il était désormais impossible au duc de Guise de s'en passer puisque cet argent finançait son armée. Heureusement, le cardinal de Bourbon serait bientôt roi, songeait le receveur pour se donner du courage.

En arrivant rue des Arcis où habitait Isoard Cappel, son regard fut attiré par la potence qu'on y avait dressée. Le corps, qu'il avait déjà aperçu le matin quand il arrivait de la rue Sainte-Croix-de-la-Bretonnerie où il habitait, était toujours suspendu. Un corbeau affamé, posé sur la tête du supplicié, lui becquetait les yeux avec appétit. C'était un commis d'un receveur des aides et deniers communs qui avait volé une partie des aides. La potence avait été dressée devant la maison du receveur. Pour l'exemple.

Salvancy frissonna, songeant à nouveau avec inquiétude aux risques prodigieux qu'il prenait.

À partir de là, Valier et Faizelier, ses deux gardes du corps qui étaient à pied, se rapprochèrent de sa mule pour le protéger, car la foule était nombreuse à regarder le cadavre et à se moquer du mort. Or, dans une telle multitude, il y avait forcément quelques truands prêts à rapiner les badauds distraits.

Jehan Salvancy serra entre ses cuisses la double sacoche emplie de pièces d'or qui pesait près de quarante livres. Ce contact le rassura et il se morigéna de sa sotte inquiétude. Après tout, découvrir comment il détournait les tailles ne serait pas si facile. Seul quelqu'un sachant qu'il devait vérifier les comptes du receveur Salvancy pouvait repérer les baisses dans certaines paroisses. Mais il aurait encore à découvrir pourquoi la collecte avait diminué, puis à faire de longues vérifications à la grande chancellerie. Entre-temps, on l'aurait prévenu et on aurait jeté en pâture le nom de quelques élus corrompus. Lui-même pourrait toujours dire qu'il ignorait tout, le temps de s'enfuir avec sa fortune.

Il avait pris toutes les précautions.

8.

Vendredi 11 janvier 1585

Le commis Jacques Le Bègue avait passé une angoissante semaine dans une maison où chaque objet lui rappelait son maître. Malgré plusieurs tentatives, il n'avait pas eu le droit de voir Olivier dans sa prison du Grand-Châtelet. Ordres du commissaire Louchart, lui avait-on dit. Le commis avait seulement obtenu l'autorisation de lui porter du linge et de la nourriture et, moyennant la somme vertigineuse d'une livre par jour, que la cellule de son maître soit chauffée.

Le Bègue avait quarante-sept ans et avait été engagé vingt-cinq ans auparavant à la mort du grand-père d'Olivier, notaire secrétaire du roi dans la maison d'un intendant des finances. François Hauteville – le père d'Olivier – avait repris la charge familiale mais n'avait pour l'aider qu'un vieux secrétaire qui n'y voyait plus guère. D'abord Jacques Le Bègue avait été chargé de vérifier les bordereaux de recettes et de dépenses de l'Épargne, puis François Hauteville avait acheté une charge de contrôleur des tailles et tout naturellement, Le Bègue était resté son commis.

Il avait toujours eu la confiance de son maître. Ses gages étaient consistants et il disposait d'une grande chambre dans cette belle maison de pierre où il était chauffé et bien nourri. Il avait connu la mère d'Olivier, emportée trop tôt par la peste, et Olivier était comme un fils pour lui.

À près de cinquante ans, il venait de tout perdre et allait se retrouver à la rue, comme des milliers de gueux. Pourtant, ce n'était pas pour ce sombre avenir qu'il s'inquiétait, mais pour Olivier qu'il aimait comme s'il était de son sang.

Le fils de son maître allait être jugé pour un crime abominable qu'il n'avait pas commis. Le Bègue savait que le procès serait rapide, les preuves inutiles, et l'exécution immédiate. Olivier aurait les poings coupés, sans doute brûlés auparavant par l'exécuteur dans un petit fourneau, puis il serait pendu et son corps jeté sur un bûcher.

Comment arrêter cette effroyable injustice ?

Il ne savait que faire et n'espérait plus que dans l'intervention de son voisin, le lieutenant du prévôt d'Île-de-France, Nicolas Poulain.

Malgré son désarroi, Jacques Le Bègue passa le reste de la semaine à s'occuper des obsèques de son maître, de la gouvernante de la maison et du valet qui était son ami. Il fallut leur trouver des places dans une fosse du cimetière des Innocents, puis préparer la messe funèbre à Saint-Merry, célébrée en présence des amis de M. Hauteville.

Le curé Jean Boucher, le recteur de la Sorbonne que Olivier devait rencontrer, vint pour lui proposer de faire le sermon. Désireux d'honorer la mémoire de son maître, l'intendant accepta.

Jean Boucher fit une homélie incroyable, laissant entendre que M. François Hauteville, un homme d'une haute rigueur morale, bon chrétien aimant Dieu, avait été occis par son fils, un basochien débauché qui briguait son héritage.

Atterré, Jacques Le Bègue vit Mme Poulain, qui avait assisté à l'office avec ses parents, sortir de l'église avec une expression ulcérée. En l'apercevant, elle lui jeta un regard de colère et le commis comprit qu'elle regrettait de lui avoir proposé de rencontrer son mari.

La maison avait été nettoyée de toute trace de sang par la servante et la cuisinière. Les chambres étaient propres, et le logis était aussi silencieux qu'une tombe. Les domestiques se demandaient avec angoisse quel allait être leur sort. Le Bègue ignorait s'il y avait des héritiers. Il décida de se renseigner. S'il y en avait, peut-être les garderaient-ils ?

Le vendredi, sans beaucoup d'espoir, il se rendit chez Nicolas Poulain.

Le lieutenant du prévôt l'attendait, visiblement mécontent à l'idée de recevoir le commis de son voisin. Il écouta poliment son visiteur lui expliquer qu'Olivier était un gentil garçon, qu'il aimait son père et qu'il n'avait pu commettre un tel acte. Nicolas Poulain soupira. Il avait bien d'autres choses à faire qu'à écouter cet homme vouloir défendre un assassin. Au fil des années, il avait fait pendre une dizaine de jeunes gens et de jeunes femmes, qui eux aussi apparemment aimaient leurs parents, mais qui les avaient malgré tout trucidés pour s'approprier leur héritage.

— Il faut laisser faire la justice, lâcha-t-il en accompagnant son conseil d'un vague geste de la main.

— Mais le père Boucher ment, monsieur ! J'étais là quand Gilles, notre valet, a dit à Olivier que le père Boucher l'attendrait à la Sorbonne, lundi. Pourtant, M. le commissaire Louchart n'a même pas voulu m'entendre !

— Jean Boucher, le recteur de la Sorbonne ?

s'enquit Poulain, en considérant Le Bègue avec un intérêt nouveau.

— Oui, monsieur. C'était un ami de mon maître, il connaît Olivier depuis sa naissance, et durant son sermon à la messe, il l'a accusé d'être un criminel ! Je ne comprends pas son attitude.

— Louchart, c'est le commissaire au Châtelet ?

— Oui, monsieur. Il est arrivé à peine le crime commis alors que ni moi ni la cuisinière ne l'avions prévenu ! Comment savait-il ce qui s'était passé ? Sur place, il n'a questionné personne, persuadé qu'Olivier était coupable.

Le recteur de la Sorbonne et Louchart étaient tous deux présents à la dernière réunion de la sainte union, songea Poulain.

— Vous pensez réellement que M. Louchart et le père Boucher se sont comportés étrangement ?

— Oui, monsieur, déclara Le Bègue en déglutissant, sachant qu'il proférait une accusation pouvant le conduire au pilori.

— Que faisait exactement M. Hauteville ? demanda Poulain dont l'intérêt avait été éveillé à la mention des noms de Boucher et Louchart.

— Il était contrôleur des tailles, monsieur. Je l'aidais en ce moment à un important travail de vérification dont l'avait chargé un maître des comptes pour M. de Bellièvre, le surintendant, qui pense qu'il y a des détournements frauduleux des impôts dans l'élection de Paris.

Poulain était policier depuis dix ans et n'ignorait rien de la complexité de la comptabilité de l'Épargne. Les fraudes y étaient nombreuses, la corruption endémique. Pouvait-il y avoir un rapport entre ce crime étrange et la sainte union ?

— Je veux bien parler au commissaire Louchart afin de mieux connaître les charges contre le fils de votre maître, décida-t-il. Mais je ne peux rien vous promettre.

Le Bègue se retira et Poulain resta à méditer, songeant qu'il ne savait pas grand-chose sur le financement de la ligue parisienne. La Chapelle avait de l'argent pour acheter des armes. D'où le tenait-il ? Du duc de Guise ? C'était peu vraisemblable, car on disait le duc ruiné...

Le soir même, il se rendit directement à la Sorbonne. Un homme enroulé dans un grand manteau noir attendait les membres de la sainte union. Après avoir vérifié qui ils étaient, il les faisait conduire par un moine dans une salle capitulaire. Nicolas Poulain s'était présenté parmi les premiers pour examiner les arrivants. Il salua ceux avec qui il avait été en relation, mais de nombreux visages lui étaient inconnus. En outre, plusieurs étaient recouverts d'un masque de soie.

Il échangea aussi quelques mots avec Mayneville et Bussy Le Clerc, puis la séance commença. Ce fut à lui qu'on laissa la parole pour qu'il s'exprime sur les achats d'armes.

Il expliqua que les armuriers de la rue de la Heaumerie lui réclamaient une lettre du prévôt. Il envisageait d'en fabriquer une, ce qui était malgré tout dangereux. Quelques ligueurs assurèrent connaître des armuriers susceptibles de vendre leur marchandise secrètement et lui proposèrent de les rencontrer. L'un d'eux suggéra aussi qu'il s'en procure auprès de voyageurs de passage.

— Dans ces conditions, il sera difficile d'acheter de quoi équiper cinq cents hommes, remarqua La Chapelle avec inquiétude. Laissons donc pour l'instant M. Poulain agir à son gré. Monsieur Cappel, remettez à notre ami les six mille écus d'or que vous avez apportés.

— Les prix dans la rue de la Heaumerie sont élevés, objecta Poulain, vous auriez des conditions plus favorables à Besançon... et je n'aurais pas besoin de lettre.

— Nous n'avons pas le temps. Il faut que nous soyons équipés avant le mois de mai. Si les armuriers prennent votre lettre, acceptez les prix qu'on vous demande sans trop les discuter.

Ainsi, tout se jouerait en mai, si tôt ? s'inquiéta le lieutenant du prévôt.

— Une fois que j'aurai les armes, que devrai-je en faire ? demanda-t-il.

— Vous les porterez à l'hôtel de Guise comme on l'a décidé, ordonna Mayneville. Si je n'y suis pas, quelqu'un vous recevra et vous délivrera quittance.

Cappel donna à Poulain une lourde sacoche [1] qu'il avait gardée jusqu'alors à ses pieds. C'étaient les six mille écus que lui avait remis Salvancy deux jours plus tôt.

— Nous vous raccompagnerons, proposa Le Clerc qui était avec le sergent Michelet. Il ne faudrait pas qu'on vous vole en chemin.

— Je ne crains rien avec ça, répliqua Poulain en lui montrant son épée, mais le bras d'un maître d'armes tel que vous sera le bienvenu !

À cette flagornerie, Le Clerc se rengorgea.

— Vous devez avoir de bons amis, maître Le Clerc, pour qu'ils vous baillent autant de pécunes, remarqua alors Poulain en soulevant le sac, comme pour le soupeser.

— Ce sont tous gens de bien qui ne veulent pas se faire connaître ici, mais qui souhaitent nous aider

1. D'une vingtaine de kilos.

à vaincre l'hérésie, répliqua évasivement le procureur.

Mayneville donna ensuite quelques brèves nouvelles du duc de Guise qui se trouvait à Joinville, puis de son frère, le duc de Mayenne, qui serait bientôt à Paris. Les chefs de quartier à leur tour annoncèrent que plus d'une centaine de nouveaux partisans les avaient rejoints en une semaine, et en les entendant, Poulain ressentit une sourde inquiétude.

La réunion terminée, alors que les participants se préparaient à partir en allumant leur lanterne, le lieutenant du prévôt se rapprocha du commissaire Louchart qui discutait à mi-voix avec le père Boucher.

— J'ai appris l'assassinat de mon voisin, M. Hauteville, leur dit-il. Son commis est venu me voir et j'avoue ne pas comprendre quelle charge vous avez contre le fils.

Avant que Louchart ait pu répondre, Poulain poursuivit en s'adressant au recteur de la Sorbonne :

— Le commis se souvient parfaitement que leur valet avait déclaré vous avoir porté la lettre du jeune Olivier avant Noël, et que vous lui aviez répondu que vous l'attendriez lundi devant la Sorbonne, à l'heure même où son père était assassiné. Avez-vous eu cette lettre ? Et si oui, qu'avez-vous répondu au valet ?

Surpris par cette attaque, Jean Boucher parut perdre ses moyens. Confus, il se mit à bredouiller, en fuyant le regard du lieutenant du prévôt.

— Euh... Oui... peut-être ai-je eu cette lettre... je ne m'en souviens pas... il faudrait que je la recherche.

— Mais aviez-vous donné le 7 janvier comme date du rendez-vous ?

— Je... je ne sais plus... j'ai dû oublier...

— Je ne comprends pas ! s'exclama Poulain, en secouant la tête de droite à gauche. Vous donnez un rendez-vous et vous l'oubliez ? Comment est-ce possible ? Ce jeune homme venait vous voir pour sa thèse. Vous connaissez sa famille. Peut-être même que les assassins s'en sont pris à son père parce qu'ils savaient que le fils n'était pas chez lui, puisqu'il devait être avec vous…

Le regard affolé de Boucher confirma Poulain dans l'intuition qu'il avait eue. Boucher en savait plus sur ce crime qu'il ne voulait le reconnaître.

— Quelles charges avez-vous exactement contre Olivier, monsieur ? s'enquit-il ensuite à l'attention de Louchart.

— J'étais… persuadé qu'il mentait, répliqua le commissaire, fort embarrassé.

Louchart n'avait aucune envie que cet homme s'intéresse à cette affaire qui n'évoluait pas comme il l'avait envisagé. Déjà la veille le procureur lui avait annoncé avoir envoyé un substitut interroger les voisins de Hauteville. Le tailleur dans la cour s'était souvenu avoir vu trois personnes se présenter en fin de matinée. Il affirmait aussi que le fils de la victime n'était pas revenu dans la journée. Un sergent du Châtelet avait aussi questionné les voisins du libraire jeté dans la Seine, et l'un d'eux, présent au Petit Pont, avait confirmé avoir échangé quelques mots avec un clerc de la Sorbonne dont la description correspondait avec celle d'Olivier. Le magistrat recherchait maintenant l'huissier du Palais que le jeune Hauteville assurait avoir rencontré.

— Trois personnes ont été tuées dans cette maison. Je doute qu'il y ait eu un seul meurtrier. Je me suis demandé si les assassins ne seraient tout simplement pas des gens opposés aux vérifications que conduisait M. Hauteville. N'oubliez pas qu'il était contrôleur des tailles ! Avez-vous fait des recherches en ce sens ? s'enquit le lieutenant du prévôt à l'attention du commissaire.

— C'est en effet une possibilité à laquelle je n'ai pas songé... J'ai peut-être agi avec trop de précipitation, reconnut Louchart. C'est que tout me paraissait si évident... mais si le père Boucher n'est plus si affirmatif...

— En tout cas le commis de M. Hauteville l'est. Il témoignera en justice qu'il a bien entendu l'heure et le lieu du rendez-vous avec vous, père Boucher. Il vous faudra répondre aux magistrats, mon père.

— Je n'étais pas à Paris, et ma domestique n'était pas chez moi. Olivier a effectivement pu venir sans que personne ne le sache, reconnut le curé.

— Il n'y aurait donc aucune charge contre cet homme ? demanda Poulain d'un air étonné.

Louchart déglutit.

— Il faut que je parle de tout cela avec le procureur, monsieur Poulain, mais je me range à vos arguments. Si le procureur est d'accord, je le ferai élargir.

— Quand ? Le fils Hauteville n'a rien à faire en prison !

— Pourquoi pas demain soir ? proposa Louchart en baissant les yeux.

Le samedi 12 janvier

Le lendemain, aux premières lueurs de l'aube, Nicolas Poulain sortit de chez lui et se rendit à l'écurie de l'hôtellerie où il laissait son cheval. Épée au côté, et pistolet sous le manteau, il avait sur l'épaule une sacoche lourde de cinq cents écus et dans son pourpoint une lettre du prévôt Hardy que Richelieu avait fait porter à sa femme. En échange de quelques sols, il obtint du patron de l'écurie le prêt d'une mule pour quelques heures. Avec son équipage, il se rendit rue de la Heaumerie.

Il s'arrêta d'abord chez le cuirassier Étienne Haubergue. La semaine précédente, il avait observé que ses cuirasses étaient d'une belle qualité. Mais même en lui disant qu'il était recommandé par le commissaire Louchart, le marchand ne voulut pas baisser ses prix et Poulain n'insista pas.

Son voisin, Drouart, maître heaumier du roi, avait une enseigne de trois pieds sur trois représentant saint Georges armé de pied en cap qui occupait presque toute la largeur de l'étroite rue aux maisons à colombages. Nicolas examina avec envie les splendides corselets, gantelets, harnais de jambes, bourguignotes et morions suspendus par des chaînes dans l'échoppe, tous ciselés dans un acier brillant serti de cuivre ou d'émaux. Voyant son intérêt, le maître heaumier lui expliqua qu'il les faisait venir d'Italie. Poulain l'interrogea ensuite sur ses prix, mais les cuirasses les moins chères étaient à quinze écus pièce. Comprenant qu'il ne pouvait payer de telles sommes, Drouart lui désigna le Lion d'Or de l'enseigne de son voisin, Gilles de Villiers, marchand armurier et bourgeois de Paris, dont les prix étaient plus abordables.

Effectivement, les cuirasses de Gilles de Villiers, forgées sur place, étaient à trois écus, mais le métal était si fin que la moindre balle de mousquet le percerait. Les acheter serait certainement un bon moyen de faire échec aux rebelles, mais Poulain jugea que s'il le faisait, Mayneville comprendrait aussitôt qu'il volait la sainte union. En revanche les morions, bien que médiocres et peu pratiques, lui parurent solides et ne coûtaient que quatre écus chacun. Il en acheta vingt-cinq.

Ayant chargé la mule, Poulain se rendit chez le maître brigandinier François Chevreau qui lui proposa ses cuirasses à dix écus. Le lieutenant fit état de son amitié avec M. de La Chapelle et l'armurier accepta, du bout des lèvres, de descendre à vingt-cinq livres. Après un long marchandage, la vente se fit finalement à huit écus pièce. Poulain lui montra la lettre du prévôt l'autorisant un tel achat. Chevreau en prit copie, et vingt-cinq cuirasses furent attachées sur les flancs de la mule.

La visite suivante fut chez Thomas des Champs, un fourbisseur qui étalait épée, dague et miséricorde sur la tablette de sa boutique. Poulain ne discuta pas le prix demandé de huit écus par rapière et en acheta vingt-cinq.

Ayant dépensé ses cinq cents écus, il se rendit avec la mule lourdement chargée rue du Chaume, jusqu'à l'hôtel de Guise, l'ancienne forteresse du connétable Olivier de Clisson que François de Guise, le père du *Balafré,* avait achetée. Le duc l'avait agrandie en conservant la partie fortifiée, en particulier le porche à tourelles qui était resté l'entrée principale.

Poulain frappa longuement avant qu'un concierge accompagné de trois gardes armés de mousquets et de pertuisanes ne vienne lui ouvrir. Le lieutenant du prévôt demanda à voir Mayneville en faisant entrer sa mule et son cheval jusqu'à la cour intérieure qui jouxtait la porte fortifiée. Mayneville n'était pas là, mais un officier des Guise savait qu'on devait apporter un chargement d'armes. Poulain lui remit l'équipement et lui demanda une décharge.

L'opération terminée, il ramena la mule et son cheval à l'écurie, et affamé, rentra chez lui.

Dans sa cellule, Olivier souffrait moins du froid. Ses vêtements avaient séché, il disposait désormais de son manteau et d'une couverture. Après les affres de la salle aux carcans, son séjour aurait été supportable s'il n'avait éprouvé la terreur de sa prochaine condamnation à mort. Ayant assisté à des exécutions, il savait très bien ce que l'on faisait aux parricides. Le vendredi s'écoula donc dans l'angoisse tant il craignait d'être conduit à l'audience. Le moindre bruit de pas ou de serrure l'emplissait d'effroi et il vit la nuit arriver avec soulagement.

Le samedi se passait plus calmement jusqu'au milieu de l'après-midi où brusquement la porte de sa cellule s'ouvrit. Son cœur se mit à battre le tambour et l'effroi le saisit à nouveau quand le geôlier lui ordonna avec dureté :

— Suis-moi !

Il se leva mais, comme il passait la porte, son gardien ajouta :

— Prends tes affaires.

Olivier revint dans la cellule et mit sa couverture dans le sac de toile, ainsi que les restes de nourriture. Il avait gardé son manteau sur le dos.

— Où m'emmenez-vous ? demanda-t-il.

Sans répondre, le porte-clef poussa le jeune homme devant lui. Ils remontèrent jusqu'à la porte des prisons. Là, son geôlier ayant frappé, un autre garde ouvrit de l'extérieur et conduisit Olivier au greffe.

Le greffier sourit en le voyant entrer.

— Olivier Hauteville ?

— Oui.

— Signez ou faites une croix sur le registre d'écrou, ordonna-t-il.

Olivier obéit avant de demander :

— Où me conduit-on ?

— Nulle part, vous êtes libre. Ordre du commissaire Louchart. Sortez d'ici, traversez le grand vestibule et prenez les escaliers. Une fois dans la cour, vous trouverez bien votre chemin !

Libre ! Il était libre ! Son innocence avait donc été reconnue ?

Soudain terrorisé à l'idée que quelqu'un puisse changer d'avis, il ouvrit la porte du greffe et s'éloigna à grandes enjambées sans même réclamer l'argent qu'il avait en arrivant, et qu'on ne lui aurait sans doute pas rendu.

Dans la rue, il marcha le plus vite qu'il put. Malgré les déjections mélangées à la neige qui rendaient la marche difficile et glissante, jamais la ville ne lui avait paru si douce. Un quart d'heure, plus tard, il frappait à la porte de sa maison, rue Saint-Martin.

Ce fut Jacques Le Bègue qui lui ouvrit.

Pendant qu'Olivier retirait ses vêtements sales et puants, le commis lui raconta comment s'étaient déroulées les obsèques de son père ainsi que son intervention auprès de Nicolas Poulain. Perrine, la servante, fit chauffer de l'eau et rasa son maître, ne laissant qu'un filet de barbe autour de son menton. Puis, ayant revêtu des habits bien brossés, Olivier se rendit chez Nicolas Poulain accompagné de Le Bègue.

La nuit tombait.

Nicolas Poulain et son épouse les reçurent fort aimablement. Le lieutenant du prévôt raconta à Olivier qu'il avait parlé de lui au père Boucher en présence du commissaire Louchart (sans dire où il les avait rencontrés) et que le prêtre avait reconnu avoir oublié le rendez-vous. N'ayant plus de charge contre lui, Louchart avait accepté de le libérer.

— C'est incompréhensible ! s'exclama Olivier, en secouant la tête. Le père Boucher ne pouvait avoir oublié. Il avait ma lettre, et la soutenance de ma thèse à la Sorbonne était pour la fin du mois... mais quoi qu'il en soit, maintenant que je suis libre et innocenté, je vais trouver ceux qui ont tué mon père et Margotte, menaça-t-il les poings serrés.

— Je comprends que vous vouliez retrouver ces assassins, mais pour y parvenir il vous faudra savoir pourquoi on a tué votre père.

— Ce devaient être des rôdeurs, des gens sans aveux à la recherche de picorée, répliqua Olivier en haussant les épaules.

— Comment seraient-ils entrés, monsieur ? intervint Le Bègue. Votre père n'ouvrait jamais à des inconnus !

— C'est vrai. Sur ce point, Louchart avait raison, reconnut Olivier après un instant de réflexion.

— J'ai interrogé le tailleur, poursuivit le commis. Il a vu trois hommes qu'il ne connaissait pas frapper à la porte de votre père le jour des meurtres. L'un était un bourgeois et les autres des traîneurs d'épée.

— Ce seraient eux les assassins ?

— Pas forcément, monsieur, dit Le Bègue, car le tailleur m'a dit aussi que quand il était dans l'ouvroir, dans l'arrière-boutique, il n'avait pas de vue sur la cour. D'autres personnes ont pu se présenter sans qu'il les voie.

— Il n'empêche... Qui pouvaient être ces trois visiteurs ? s'interrogea Olivier. Que venaient-ils faire ? Si mon père leur a ouvert, c'est qu'il les connaissait ! Peut-être les attendait-il ?

— Si je peux vous donner un avis, monsieur Hauteville, examinez les papiers de votre père, et particulièrement ceux concernant les contrôles qu'il effectuait. Je crois que c'est là que vous trouverez la solution, proposa Poulain.

Olivier resta silencieux. Il n'y avait pas songé. Au bout d'un instant, il se tourna vers Le Bègue.

— Mon père m'avait dit qu'on l'avait chargé d'un important travail de vérification des registres des tailles...

— Oui, monsieur, c'était à la demande de M. Antoine Séguier qui s'occupe du contrôle général des tailles à la surintendance. Il venait de terminer un mémoire à ce sujet.

— Il faut que je lise ce mémoire, où est-il ?

— Je l'ignore, monsieur. Je l'ai aidé dans les vérifications et les copies des registres de l'élection mais il a rédigé ce mémoire tout seul. Il devrait encore être dans sa chambre.

— Je vais rechercher dans ses papiers, et j'irai voir M. Séguier lundi, décida Olivier.

Le lendemain dimanche, la messe fut consacrée à M. Hauteville et aux autres victimes du crime. Mais cette fois, Olivier était fièrement placé devant l'autel, lavé de tout soupçon, comme le déclara le curé de la paroisse. Après l'office, nombreux furent les voisins et les amis de son père qui vinrent témoigner de leur tristesse. Parmi eux, un homme d'une cinquantaine d'années attendit d'être le dernier pour se présenter.

— Monsieur Hauteville, vous ne devez pas vous souvenir de moi, car la dernière fois que je vous ai vu, vous deviez avoir quinze ans et vous rentriez du collège. Je travaillais avec votre père lorsqu'il avait repris la charge de son père à la Grande chancellerie. Nous sommes tous deux clercs-notaires et secrétaires du roi. Je suis à présent premier clerc de M. Sardini. Il y a trois jours, il a appris la mort de votre père et m'a suggéré de venir vous présenter nos condoléances.

Olivier le remercia. Il rentra chez lui, avec Le Bègue et leur servante, le cœur plein de reconnaissance envers tous ces gens qui prenaient part à sa douleur. Après le dîner, il travailla avec Le Bègue à classer les papiers de son père, en mettant de côté sa correspondance privée, les documents liés à sa charge, et enfin les rentes existantes. Ils trouvèrent très peu de pièces comptables en cours de contrôle, ce qui était surprenant. Quant au mémoire, ils n'en découvrirent aucune trace.

— Il manque des documents, monsieur, affirma Le Bègue quand ils eurent terminé. Il y a deux copies de registres de receveurs que j'avais faites au tribunal de l'élection qui ont disparu, ainsi qu'une centaine de copies de bordereaux et de quittances de collecteurs remises par M. Séguier à votre père.

— Et le mémoire...

— Et le mémoire, en effet. Peut-être votre père l'avait-il déjà donné à M. Séguier ?

— Il manque aussi sa clef de la maison, remarqua Olivier. Vous aviez bien rassemblé dans la chambre ce qu'il avait sur lui après sa mort ?

— Oui, monsieur, j'ai tout placé sur la table, près de son lit.

— Je l'ai cherchée ce matin, et je ne l'ai pas trouvée. Une cassette contenant une vingtaine d'écus a aussi disparu, les assassins ont dû la voler. La grille d'entrée est bien abaissée ?

— Oui, monsieur, j'ai vérifié.

— Il faudra changer la serrure si on ne retrouve pas cette clef. Je comprends le vol de la cassette mais je me demande pourquoi les assassins ont pris ces registres et ces bordereaux...

Il n'attendait pas de réponse, elle était inutile. Au fond de lui-même, il devinait la vérité : les visiteurs assassins étaient venus pour chercher ces papiers.

Un peu plus tard, il réunit la servante et la cuisinière avec Le Bègue. Il les garderait tous à son service, les rassura-t-il, mais il ne remplacerait pas

Gilles, le valet assassiné. Sans savoir comment il allait vivre, il ne pouvait prendre d'engagement pour l'avenir. Le Bègue, qui n'aurait plus de travail comme commis, assurerait l'intendance de la maisonnée. Pour l'instant, il ne pourrait plus leur donner de gages mais ils seraient nourris et chauffés. Son père lui laissait une petite rente suffisante.

Nicolas Poulain passa en fin d'après-midi. À nouveau, Le Bègue le remercia avant de se retirer dans sa chambre.

— Je suis venu pour essayer d'y voir plus clair dans ce triple crime, expliqua le lieutenant du prévôt, bien que je n'aie guère de temps pour m'en occuper, car je suis absent de Paris quatre jours par semaine.

Poulain commença à interroger Olivier sur la façon dont les assassins avaient pu entrer, et celui-ci lui montra la herse. Le lieutenant du prévôt l'examina, ainsi que le contrepoids et le système de verrouillage. C'était un très beau mécanisme qu'il n'avait vu que dans quelques rares châteaux. Il était bien huilé, en parfait état, et confirmait que M. Hauteville était un homme méfiant et n'ouvrait certainement qu'à des gens qu'il connaissait.

Nicolas Poulain interrogea donc Olivier sur ses proches et apprit que son père connaissait M. de La Chapelle. Celui-ci lui avait même proposé, au début du mois de décembre, de participer à une confrérie de défense contre l'hérésie.

— Mon père avait accepté, malgré l'opposition de Margotte, et moi-même j'avais assuré M. de La Chapelle qu'il pouvait compter sur moi.

— Pourquoi ?

— Les huguenots préparent une Saint-Barthélemy des catholiques, monsieur Poulain ! Le père Boucher me l'a plusieurs fois assuré. Le roi est un nouvel Hérodes qui veut notre mort. L'État est plein d'ulcères, ses membres sont tous gâtés, poursuivit Olivier avec fougue. Il faut chasser les mignons, surtout Épernon et Joyeuse, comme cela a déjà été fait pour ce débauché d'O. Ce sont tous des voleurs !

— Que faut-il faire encore ? demanda Poulain, qui se maîtrisait pour cacher son irritation.

— Extirper l'hérésie et réunir des États qui éliront un conseil de vrais catholiques afin qu'il impose son autorité au roi ! C'est d'ailleurs le sujet de ma thèse : *Les écritures saintes exigent que le roi s'incline devant la loi*, s'enflamma Olivier.

— Comme celui qui dirige votre thèse a souhaité vous faire pendre, il ne doit pas apprécier vos idées tant que ça ! ironisa le policier.

Le jeune Hauteville ne répliqua pas, écartelé entre ses idées et la dure réalité.

— Croyez-vous à cette Saint-Barthélemy des catholiques ? demanda encore Poulain.

Olivier resta silencieux, ne sachant que dire.

— Je me souviens encore de cette boucherie, fit négligemment le lieutenant du prévôt, et je ferai tout pour qu'il n'y en ait jamais plus.

— Moi aussi, j'avais dix ans... balbutia Olivier.

— Qu'a fait votre père durant le massacre ?

— Il nous a cachés, et nous a empêchés de sortir. Plus tard, on est venu le chercher pour aider à rétablir l'ordre... Je crois qu'il était resté marqué par les horreurs qu'il avait vues.

— C'est pour ça qu'il avait rejoint cette ligue de M. de La Chapelle ?

— Sans doute. Lui aussi ne voulait pas que tout recommence, avec cette fois les hérétiques comme massacreurs.

Poulain hésita à lui dire que ses propres amis avaient peut-être occis son père, mais jugeant que cela l'entraînerait trop loin, il préféra se taire.

Lundi 14 janvier, le matin

Les Séguier étaient une famille considérable.

Pierre Séguier, président à mortier au parlement de Paris jusqu'en 1576, avait eu deux fils. Le premier, Jean, seigneur d'Autry, était maintenant lieutenant civil, et Antoine, le second, occupait la fonction de maître des comptes. Les deux frères habitaient dans la même rue [1].

Antoine Séguier occupait plusieurs charges. Il était à la fois intendant à la surintendance des finances, chargé du contrôle des pièces comptables des receveurs, conseiller au conseil d'État, et enfin conseiller au parlement. C'est que l'administration de cette époque n'avait rien à voir avec la nôtre. Ainsi les secrétaires d'État, le chancelier, ou encore le surintendant des finances tenaient leur office dans leur hôtel et rémunéraient eux-mêmes leurs commis, secrétaires et employés aux écritures qui travaillaient chez eux.

Ils confiaient aussi une partie de leurs tâches à d'autres officiers, auxquels parfois ils avaient vendu la charge. Ceux-là étaient aussi entourés de commis et de secrétaires lesquels pouvaient, à leur tour, sous-traiter une partie de leurs attributions.

M. Hauteville possédait un bardot pour se rendre au palais. L'animal, robuste comme une mule et aussi placide qu'un âne, était en pension dans la même écurie que le cheval de Nicolas Poulain. C'est sur son dos qu'Olivier et son commis se rendirent chez M. Séguier, rue des Petits-Champs. Il avait à nouveau neigé et les rues étaient encore plus sales que d'habi-

---

1. Pierre Séguier, le célèbre chancelier de Louis XIII et d'Anne d'Autriche, sera le fils d'Antoine.

tude, mais sur le bardot, les deux hommes ne se salirent pas trop et ne crottèrent pas leurs chaussures.

Antoine Séguier travaillait avec un de ses secrétaires quand ils se présentèrent. C'est de leur bouche que le maître des comptes apprit la mort de M. Hauteville. Il demanda quelques explications, qu'Olivier lui fournit, et avoua qu'il n'avait aucune idée des raisons de cet assassinat. Il se souvenait bien avoir confié à M. Hauteville père un travail de vérification des tailles de l'élection, à la demande du surintendant M. de Bellièvre. Compte tenu de ses charges écrasantes, c'était M. Claude Marteau, un maître des comptes à qui il avait cédé une charge de contrôleur général, qui suivait ce contrôle. Il ignorait si M. Hauteville avait été sur le point de terminer ses vérifications et n'avait jamais eu aucun mémoire entre les mains.

Sur ses conseils, et pour en savoir plus, Olivier et Le Bègue se rendirent rue des Deux-Portes où logeait Claude Marteau.

Le contrôleur général habitait une maison à deux étages, chacun en encorbellement sur le précédent. La bâtisse, à l'enseigne de la *Reine Blanche*, était fort coquette avec des colombages peints en bleu et en ocre et les extrémités de la charpente sculptées en tête de gargouille.

M. Séguier les avait prévenus. Marteau était d'une grande loyauté à la Couronne. Son frère avait épousé la fille de M. de Nully, président de la cour des Aides et prévôt des marchands. C'était un officier important et ils devraient faire preuve d'une grande considération en l'interrogeant.

Dans la grande chambre qui lui servait de cabinet de travail, Claude Marteau parut à la fois surpris et contrarié quand, introduit par un secrétaire, Olivier eut expliqué le but de sa visite.

Les trois fenêtres de la pièce lambrissée s'ouvraient sur la rue. Sur une haute estrade, un lit à rideaux occupait une grande partie de l'espace. Non loin se dressait une cheminée qui enfumait la pièce. À partir de la porte par où ils étaient entrés, se succédaient un dressoir garni de belles pièces d'orfèvrerie, un buffet, une crédence et une grande armoire. En face, près des fenêtres, étaient alignées plusieurs chaises raides à hauts dossiers.

M. Marteau affichait son opulence. Il était fortuné, et il voulait que ses visiteurs et son personnel le sachent. Il faisait sûrement partie de ces bourgeois qui, les jours de fêtes, exposaient leur dressoir chargé des richesses de la famille devant la porte de leur maison.

Le contrôleur général des tailles était assis devant une belle table de travail sur laquelle s'entassaient des dossiers et des sacs de pièces. À son extrémité, un clerc à bésicles recopiait un document. Marteau fit asseoir ses visiteurs sur des escabelles à trois pieds, en s'excusant du désordre. Il parlait lentement, comme ensommeillé, articulant le début de ses phrases tout en avalant ses derniers mots, ce qui en rendait le sens difficilement intelligible.

La fuite de Benoît Milon, le premier intendant des finances, avait désorganisé le service, leur expliqua-t-il. La mort de M. Hauteville, qu'il avait apprise la veille, n'allait rien arranger et il se proposait justement d'envoyer un de ses secrétaires chez lui pour reprendre les dossiers et les registres qu'il lui avait confiés…

— Les gens qui ont occis mon père ont aussi emporté une grande partie des pièces comptables sur lesquelles il travaillait, ce qui me laisse penser que sa mort est liée au contrôle des tailles de l'élection. Il venait justement de terminer un mémoire pour

M. Séguier. Vous l'avait-il remis ? Si c'est le cas, puis-je le consulter ? Il est possible qu'il contienne des noms me permettant d'identifier les coupables, suggéra Olivier.

— Non, je n'ai rien reçu, et c'est bien fâcheux, répondit M. Marteau, car ce travail de vérification est attendu avec impatience par M. de Bellièvre qui m'en a encore parlé, il y a quelques jours...

Il se tut un instant, abaissant ses lourdes paupières avant de poursuivre à mi-voix :

— Mais croyez-vous réellement qu'on ait tué votre père parce qu'il aurait découvert qui rapinait les tailles ? Cela me paraît invraisemblable, comment ces fraudeurs auraient-ils eu connaissance de son travail... et surtout de son avancement ?

Tout en parlant, il grattait son épaisse barbe qui retombait sur sa petite fraise. Claude Marteau avait la quarantaine dépassée, un physique de gros mangeur et un air perpétuellement ensommeillé, avec ses paupières à demi closes. Son père était marchand changeur et il avait toujours vécu dans le milieu de la finance. Bien sûr, on pouvait tuer pour des quittances ou des bordereaux, mais il était très difficile d'entrer chez les financiers qui se protégeaient par de solides portes, des grilles, des valets et des gardes armés.

— Votre père ouvrait-il facilement sa porte ? demanda-t-il après un nouveau silence.

— Non, monsieur. Nous avons peu de domestiques et notre seule entrée est protégée par une herse. Si mon père a ouvert, c'est qu'il connaissait son visiteur...

— Sans doute... Et si les assassins avaient tout simplement des complices dans la maison ?

Olivier n'y avait pas pensé. Se pouvait-il que Gilles ait été soudoyé ? Dans ce cas, il aurait payé cher sa trahison.

— J'enquêterai dans cette direction, monsieur, proposa-t-il.

— Essayez surtout de savoir à qui il a parlé des vérifications qu'il faisait. Sans doute s'est-il confié à quelqu'un du Palais, au tribunal de l'élection…

Il se leva pour faire comprendre que l'entretien était terminé.

— Vous rassemblerez tous les papiers de votre père et vous me les ferez porter, dit-il encore, d'une voix brusquement plus énergique. Je vais demander à un de mes commis de reprendre ce contrôle. Peut-être aurons-nous la chance de confondre ainsi les assassins de votre père.

9.

Jeudi 17 janvier 1585

Même blanchie par la neige, la ville paraissait toujours aussi sale. Par une rue transversale, le marquis d'O aperçut les tours rondes et les sinistres murailles du Louvre. La sombre forteresse aux mâchicoulis enneigés paraissait glaciale et inhospitalière. En suivant un lacis de ruelles grouillantes enfumées par les cheminées qui tiraient mal et les braseros dans les échoppes, ils gagnèrent la rue Vieille-du-Temple jusqu'à l'auberge de l'*Homme Armé*.

O ne souhaitait pas que l'on sache qu'il était de retour à Paris. À l'auberge, il s'installa avec Cubsac et son homme d'armes dans un petit cabinet donnant sur la grande salle et se fit servir à dîner pendant que Dimitri et son valet de chambre se rendaient chez Ludovic da Diaceto.

Da Diaceto, banquier florentin installé en France depuis François Ier, avait abandonné la finance pour mener la vie d'un gentilhomme. Il se disait noble homme et comte de Châteauvillain, mais chacun à la cour savait qu'il avait seulement acheté une terre fieffée et une charge de conseiller notaire et secrétaire du roi. Si sa fausse noblesse était tolérée, c'était à la fois pour sa richesse et son mariage. Sa femme, Anne d'Aquaviva, était une ancienne maîtresse de Charles IX qui avait fait partie de la maison de sa sœur Marguerite, devenue reine de Navarre.

Diaceto collectionnait les œuvres d'art et recevait souvent le roi dans son bel hôtel particulier, espérant, à force de cadeaux et de prêts, être doté un jour d'authentiques lettres de noblesse. O l'avait connu en salle d'armes où il s'entraînait régulièrement car, sous une urbanité de façade, le financier était un bretteur d'une rare adresse. Sans être vraiment devenus amis, ils en étaient venus à s'apprécier.

Le marquis d'O n'avait pas encore terminé son dîner quand Dimitri et Charles revinrent. Ils avaient trouvé M. da Diaceto chez lui et le financier attendait M. le marquis avec impatience. François d'O se leva aussitôt et Cubsac abandonna avec regret sa fricassée de pigeons. Ayant repris les chevaux, la troupe partit pour la rue des Francs-Bourgeois.

L'hôtel du financier, qui n'existe plus de nos jours, était édifié entre cette rue et la rue du Marché-des-Blancs-Manteaux. Il possédait deux entrées dont la principale, située rue des Francs-Bourgeois, ouvrait sur une belle cour carrée avec un grand escalier à balustres.

Ludovic da Diaceto reçut le marquis d'O dans sa chambre d'apparat, en présence de son épouse, Anne d'Aquaviva, ce qui était un signe d'immense courtoisie. L'ancien banquier portait un pourpoint de satin à collet brodé sur une chemise à col rabattu, de hautes bottes en peau, des hauts-de-chausses en velours violet et un toquet à plume violette agrafée à une émeraude. Il marqua à François d'O infiniment de respect, bien qu'il connût sa disgrâce, le faisant asseoir dans un très confortable fauteuil qu'il réservait habituellement au roi.

Le marquis d'O apprécia cette délicatesse et, après un bref échange de politesses, demanda au comte de Châteauvillain s'il pouvait le loger pour quelques jours.

— Ce sera un honneur, monsieur le marquis, répondit Diaceto en s'inclinant. Je vous laisse dès à présent cette chambre. J'irai m'installer chez mon épouse.

D'un geste de la main, il balaya les lieux pour faire comprendre à son hôte que tout était à sa disposition.

O secoua négativement la tête.

— Monsieur le comte, personne ne doit connaître ma présence à Paris. Je souhaiterais plutôt une chambre discrète, car je recevrai, peut-être dès ce soir, une importante visite.

Diaceto haussa un sourcil interrogateur teinté d'une légère inquiétude.

— Celui qui viendra est un habitué de votre maison, le rassura le marquis, qui avait remarqué le soupçon de crainte de son interlocuteur. Personne ne s'étonnera de sa venue, même si elle est tardive.

— Un habitué ? intervint Anne d'Aquaviva avec un sourire enjôleur.

— Oui, madame, s'inclina le marquis, qui avait remarqué à quel point l'épouse de Diaceto était belle et attirante.

Il se souvenait que Marguerite, la sœur du roi, la surnommait *Bouffonne* pour son charme, et que Ronsard avait célébré sa beauté en vers [1]. Par courtoisie, il se devait de lui répondre, aussi donna-t-il le nom du visiteur attendu. Le couple resta un instant silencieux, mais ils avaient suffisamment l'habitude des

1. Dans les amours d'Eurymedon (Charles IX) et de Callirée (Anne).

intrigues de la cour pour savoir qu'il aurait été malséant de faire preuve de plus de curiosité, d'autant que le marquis d'O n'était pas réputé pour sa patience.

Le financier proposa donc à son hôte la chambre de son maître d'hôtel, au deuxième étage. Ses gens seraient logés dans une petite pièce attenante réservée à des domestiques qui, eux, iraient sous les combles.

Un petit cabinet marqueté disposant de tout le nécessaire d'écriture se trouvait dans une alcôve de la chambre. O s'y installa et écrivit une courte missive qu'il cacheta avec son sceau. Il appela ensuite Cubsac pour qu'il porte la lettre au gouverneur de Paris, son beau-père, M. de Villequier.

Un peu plus tard, Cubsac étant parti, le marquis s'installa dans la chambre de l'intendant et donna ses ordres à ses domestiques. Charles rangerait ses vêtements dans un coffre pendant que Bertier surveillerait que les valets d'écurie s'occupent bien de leurs montures. Quant à Dimitri, il l'envoya rue de la Plâtrière.

Quelques années plus tôt, François d'O avait acheté au maréchal de Retz [1] – pour 42 000 livres – un hôtel et une petite maison dans cette rue toute proche qui allait de la rue Saint-Martin à la rue Beaubourg. En 1583, il avait revendu l'hôtel au duc d'Épernon et il ne lui restait que la maison. Celle-ci était vide et Dimitri était chargé de vérifier son état. Si leur séjour à Paris se prolongeait, O avait décidé d'acheter ou de louer un lit et quelques meubles.

1. Albert de Gondi, comte puis duc et maréchal de Retz, favori de Catherine de Médicis. Son frère Pierre était évêque de Paris. Son fils Philippe Emmanuel sera le père de Paul de Gondi, cardinal de Retz.

Vers six heures, Ludovic da Diaceto invita son hôte à souper dans sa chambre avec la belle Anne d'Aquaviva. Le repas fut agréable et savoureux, avec un premier service de pâtés de veau suivi d'un cochon de lait, d'un chevreuil, de jeunes pigeons bouillis et d'un lapin admirablement cuisiné. *Bouffonne*, en vertugadin turquoise aux manches en gigot et grand collet ouvert en éventail, qui dévoilait généreusement ses appas, donna surtout de coquines nouvelles des dames de la cour. Le marquis d'O étant réputé pour sa galanterie, il apprécia fort ses historiettes. Ce n'est donc que vers la fin du souper que le banquier informa son hôte sur ce qu'il savait des activités du roi, et sur les récents évènements politiques.

O avait eu connaissance de l'assemblée des églises réformées à Montauban, mais il ignorait que, deux mois plus tôt, M. de Mornay avait porté au roi les remontrances qui y avaient été votées, ainsi qu'un message d'Henri de Navarre écartant l'idée de changer de religion.

Sitôt connu, ce refus avait provoqué une agitation hostile dans la capitale. L'Europe restait gouvernée par la règle de la paix d'Augsbourg, le principe *cujus regio, ejus religio* : la religion du prince est la religion des sujets. Si Navarre devenait roi et restait protestant, martelaient les curés de Paris, tout le monde deviendrait protestant. C'était faux, bien sûr, Henri de Bourbon ayant toujours défendu la liberté religieuse, mais l'argument portait. Dans les sermons, les prêtres rappelaient à leurs ouailles combien leur vie était dure. Ils étaient accablés par la guerre civile, la cherté des grains et le fardeau des impôts. Ces souffrances ne seraient pourtant rien comparées à celles qu'ils subiraient dans l'au-delà, car ils seraient damnés s'ils laissaient le Béarnais imposer l'hérésie. Le soutien du duc de Guise au cardinal de Bourbon pour qu'il accède au trône à la place de Navarre, si le roi restait sans descendance, avait donc été accueilli avec soulagement par la bourgeoisie et la populace, expliqua Diaceto. On murmurait que les forces vives de la cité, appuyées par le duc de Mayenne, s'étaient rassemblées en une secrète confrérie. Le bruit courait que les bourgeois s'armaient pour se défendre d'une nouvelle Saint-Barthélemy cette fois conduite par Henri de Navarre. Des pamphlets infamants circulaient, des placards étaient collés sur les portes, et des prêches virulents dans les églises faisaient le procès d'un roi que l'on accusait de soutenir secrètement l'hérésie.

— Sa Majesté ne s'inquiète pas ? s'enquit O, qui se demandait si cette agitation n'avait pas un rapport avec sa venue à Paris.

— Pour l'instant, non. Il s'amuse, se plaît à découper des images et s'intéresse surtout au nouveau règlement qu'il a édicté pour ses gentilshommes, répliqua Diaceto d'un ton désabusé.

— De quoi s'agit-il ?

— Les gens qui l'entourent devront désormais, durant leur service, être vêtus d'un habit de velours noir avec une chaîne en or et un bonnet en guise de chapeau.

— Je reconnais bien Henri, dit O avec indulgence.

— Heureusement, d'autres veillent, monsieur le marquis. Il y a M. de Richelieu – le Grand prévôt de France –, et surtout M. d'Épernon, poursuivit Diaceto avec chaleur. Épernon a engagé sur sa cassette quarante-cinq gentilshommes gascons dont le capitaine est François de Montpezat, seigneur de Laugnac, et qui, par roulement de quinze, entourent le roi à tout moment.

— J'en ai entendu parler, fit O avec froideur.

— Chaque jour, le royaume ressemble un peu plus à une barque dématée dans la tempête. Le peuple a beau haïr Épernon, on se demande ce que deviendrait la France sans lui. Il doit sous quelques jours prêter serment de colonel général, et j'espère qu'il gardera le bon cap.

— Et les Guise ? s'enquit O qui détestait qu'on loue M. de Nogaret.

— Aucun n'est à Paris, dit-on, mais nul ne sait qui loge dans l'hôtel de Clisson. Mayenne est toujours dans le Poitou pour tenter de réduire les troupes huguenotes et le *Balafré* serait à Joinville. Seule leur sœur, Mme de Montpensier, habite au petit Bourbon [1].

— Savez-vous qui a été élevé dans l'ordre du Saint-Esprit, cet hiver ?

Cet ordre de chevalerie – le plus prestigieux d'Europe – avait été créé par Henri III pour s'attacher étroitement les seigneurs de la cour. O n'en faisait pas partie, pourtant Anne de Joyeuse et Jean-Louis de Nogaret – le duc d'Épernon – y avaient été reçus en 1582, comme Henri de Guise en 1579.

— Trois personnes seulement, monsieur, dont le gouverneur de Metz.

Finalement, dans tout ce que racontait Diaceto, O ne voyait rien de bien neuf. Guise poussait ses pions, et le cardinal de Bourbon en était un. Il tentait sans doute d'obtenir une alliance avec les bourgeois parisiens pour compléter celle qu'il avait désormais avec l'Espagne. Mais alors pourquoi l'avait-on fait venir ?

Il espérait qu'il aurait vite la réponse.

Le souper terminé, le marquis resta seul un moment dans la cage d'escalier ajouré, l'esprit vaga-

1. L'hôtel de Montpensier, dans le quartier Saint-Germain.

bondant, regardant sans les voir les flammes des torches de résine que da Diaceto avait fait allumer dans la cour. La neige tombait à nouveau et fondait en touchant le sol couvert de crottin, ce qui provoquait une épaisse vapeur. Cubsac tirait l'épée avec un garde de l'hôtel. Dimitri regardait en riant. O songea un instant à un assaut amical avec le Gascon, pour connaître sa force de bretteur, mais il en repoussa l'idée. Il était trop impatient pour pouvoir se concentrer dans un combat. Finalement, il regagna sa chambre, non sans avoir rappelé ses instructions à ses gens.

Avec l'accord de M. da Diaceto, les portes de l'hôtel resteraient ouvertes toute la nuit. Sitôt qu'un visiteur, sans doute avec une escorte, se présenterait pour lui, Dimitri le conduirait chez lui, en évitant qu'on ne le voie.

Il n'avait plus qu'à attendre.

Dans la chambre, le temps passa lentement. O connaissait suffisamment bien le protocole de la cour pour savoir que la visite qu'il attendait serait tardive. Le roi, qui menait une vie publique sauf le matin durant le conseil, ne pouvait s'éloigner de ses courtisans. Le soir, c'était la cérémonie du souper, puis le monarque devait être présent au concert ou au bal.

Le marquis d'O s'était installé devant la cheminée et rêvait devant le feu. Charles, qui dormirait dans une alcôve, sur un lit de sangles, venait régulièrement remettre du bois dans le foyer et moucher les bougies des chandeliers. Par instant, il entendait des éclats de voix dans la rue. Cubsac, Dimitri, et les hommes d'armes de Diaceto discutaient bruyamment. Viendrait-il ? se demandait O. Et s'il ne venait pas, que pouvait-il faire ? Il ne savait même pas pourquoi *Il* avait besoin de lui !

O en vint à méditer sur cette cour qu'il avait

quittée alors qu'il en était un des plus puissants favoris. Il en connaissait toutes les subtilités, et tous les dangers. Il avait été le confident du roi, son conseiller, surtout en matière de finance. Il en avait d'ailleurs gagné le titre infamant d'archilarron, par allusion aux archimignons Joyeuse et Épernon. Avant sa disgrâce, c'est lui qui gérait les comptants, ces sommes que le roi n'avait pas à justifier devant la cour des Aides. S'il était resté, il serait maintenant chevalier du Saint-Esprit. Il aurait même pu devenir le premier des ministres, décider de la politique du royaume, transformer et apaiser le pays. Il aurait pu réussir. Il avait le talent nécessaire, contrairement à Anne de Joyeuse et à Jean-Louis de Nogaret qui disposaient maintenant de tout le pouvoir.

Il songea qu'il n'avait jamais ressemblé à ces deux-là. L'un était futile et impulsif, et l'autre cruel et orgueilleux. Lui n'avait jamais agi sur un coup de tête, même pour décider de son infortune, et il ne se laissait jamais conduire par ses passions.

Évidemment, sa jalousie envers Joyeuse et Épernon avait été un bon prétexte pour justifier sa disgrâce. Mais aujourd'hui, alors qu'il rêvait devant la cheminée, il se demandait s'il avait eu raison. Il soupira, essayant de chasser ces idées noires. Les regrets ne servaient à rien.

Soudain, il entendit des martèlements au loin et son cœur se mit à battre plus fort. Il se leva. Le martèlement s'intensifia, puis ce fut le fracas d'un équipage et le roulement d'une voiture. Une nombreuse troupe entrait dans la cour.

Il regarda par la fenêtre à meneaux, aux petits verres en losange sertis dans le plomb. À la lueur des flambeaux de cire, il aperçut dans la cour un grand nombre de cavaliers, plus d'une trentaine certainement. Il ouvrit la fenêtre et la neige pénétra dans la chambre en tourbillonnant. Plusieurs hommes de la troupe lui étaient familiers, comme Villequier ou Montpezat, qui donnait des ordres à l'escorte.

Il referma la fenêtre et attendit. Quelques instants plus tard, la porte s'ouvrit sur Dimitri, qui s'effaça pour laisser entrer son beau-père.

M. de Villequier n'avait pas changé. Certes, il avait grossi, épaissi, mais la sauvagerie transparaissait toujours autant sous ses mouvements. Une large lame à manche de cuivre pendait à sa taille. Il le salua d'un rude hochement de tête. Derrière le gouverneur de Paris suivait un petit bonhomme maigrelet, à la démarche chancelante. Un puissant halo de parfum l'entourait. Pâle, presque chauve quoiqu'il n'eût que trente-cinq ans, le front haut et dégarni sous son toquet noir à trois plumes serties de diamant, ses yeux cernés étaient profondément enfoncés dans leur orbite. Il considéra O d'un regard fixe. Avec ses joues maquillées de poudre rose, sa courte barbiche, sa bouche frémissante de contractions nerveuses, il faisait penser à quelque bateleur italien en plein spectacle. À ses oreilles pendaient deux grosses perles serties dans de lourdes boucles d'or et il était vêtu d'un épais manteau à fausses manches, entrouvert, sous lequel on apercevait son pourpoint noir passementé de noir, sans aucune perle ou pierrerie. Ses trousses rebondies, incarnates, apportaient la seule note de couleur dans son habillement. Il n'avait pas d'arme, sinon une dague ciselée au manche de vermeil attachée à la taille.

C'était le roi. Henri III. Le dernier des Valois.

O réprima une grimace de déception. Il trouvait le roi bien changé. Son teint blanc et précieux s'était terni et la grâce de son maintien s'était transformée en langueur. Le marquis ressentait une pointe de déception quand, brusquement, Henri III lui lança ce regard vif qu'il connaissait si bien. Il fut rassuré, le roi n'avait rien perdu de cette intelligence perçante qu'il avait toujours admirée.

Derrière lui, suivait M. du Plessis, seigneur de Richelieu, le Grand prévôt de France. Lui au moins était toujours le même avec son visage émacié et sa fine barbe noire. Il était en justaucorps noir et mantelet, coiffé d'un toquet avec une sinistre plume de corbeau, et une lourde épée à arceaux de bronze était serrée à sa taille. Derrière encore venait M. Pomponne de Bellièvre, le surintendant des finances. C'était le plus âgé de la troupe. Cheveux courts et blanchis sous un toquet blanc, petite fraise à l'ancienne avec un pourpoint noir. Il gardait cette épaisse barbe que O avait toujours connue, celle qu'il portait déjà en Pologne.

— Bonsoir, O, fit le roi, en s'approchant du fauteuil près du feu. Je suis gelé, ajouta-t-il en ôtant ses gants.

Fins et blancs, ses doigts semblaient moulés dans de l'albâtre.

O s'inclina très bas.

— Bonsoir, Votre Majesté.

— Quatre ans ? Cela fait bien quatre ans que je t'ai chassé ? demanda Henri III avec ironie.

— Oui, Sire, je m'en souviens encore, c'était en octobre 1581. Le jeu, les disputes avec Joyeuse et Épernon ont eu raison de moi.

Le roi eut un rictus tandis que Dimitri entrait avec des verres et des liqueurs que Diaceto avait fait porter. Il servit chacun avant de se retirer dans un coin de la pièce.

— Tu as abattu du bon travail, François. Ton plan n'était pas si mauvais.

— Merci, Sire.

— Comment va mon beau cousin, Guise ? s'enquit le roi avec ironie.

— Il y a quelques jours, j'ai eu des nouvelles de lui par Mayneville. Il s'est réuni avec ses cousins et son frère Mayenne, il y a deux semaines, dans la maison de Bassompierre, près de Nancy, puis le 31 décembre à Joinville, où ils ont signé un traité secret, avec l'assentiment de Philippe II et de Grégoire XIII.

— Vous saviez ça, Richelieu ? demanda Henri au Grand prévôt, sans cacher sa surprise.

— Non, Majesté. Je savais qu'il y avait un projet mais j'ignorais qu'un traité eût été signé.

— Qu'y a-t-il dans ce traité ?

— Parmi les signataires, il y avait deux représentants de Philippe II, Votre Majesté. Les participants ont décidé que le prochain roi serait le cardinal de Bourbon, et non son neveu Navarre. Puis ils se sont engagés à détruire toutes les hérésies, à extirper le protestantisme tant en France qu'aux Pays-Bas, et à instaurer l'inquisition pour y parvenir. Il y a encore d'autres clauses ; la fin de l'alliance avec les Turcs par exemple, ou la reconnaissance des articles du concile de Trente.

Henri se força à rester impassible. Il connaissait les ambitions de Guise qui aimait dire que sa famille descendait de Charlemagne et de son dernier fils, Lothaire, à qui Hugues Capet avait volé le trône. Guise laissait ainsi entendre qu'il pourrait faire valoir son droit à la couronne, lorsque s'ouvrirait la succession. Seulement, comme le Balafré n'avait pas tant de fidèles, il proposait benoîtement de laisser le trône au cardinal de Bourbon, qui n'avait pas de descendance.

Chacun savait que Bourbon ne serait qu'une marionnette !

Mais le roi n'était pas encore mort ! Il n'avait

même pas trente-cinq ans ! Le cœur empli de rage, Henri III serrait les poings si fort que ses ongles lui blessèrent les paumes.

Indifférent à son courroux, le marquis d'O ajouta :

— Ce n'est pas tout, Sire. D'autres Grands seront encore approchés pour signer ce traité : le duc de Nevers, qui hésite, le duc de Mercœur qui l'acceptera, et surtout le duc de Lorraine.

Malgré son visage de marbre, Henri accusa le choc. Il avait toujours choyé le duc de Nevers, bien qu'il soit Italien et étranger, et les deux autres étaient ses beaux-frères ! Jamais il n'aurait songé à une trahison de leur part.

— Quant à Mayneville, il venait me voir pour me rappeler mon allégeance aux Lorrains...

À ces derniers mots, le roi eut un sourire amer.

— ... Je dois leur donner le château de Caen quand ils me le demanderont.

— Quand ça ?

— Au printemps, ou à l'été, Sire. Guise prépare quelque chose, mais j'ignore encore quoi.

— Il sera furieux contre toi quand il saura que tout ça n'était que comédie, ironisa le roi.

— Va-t-il le savoir, Sire ?

— Oui, car j'ai besoin de toi. D'ici cet été, ta disgrâce aura pris fin. Tu m'as suffisamment bien renseigné des projets de ce félon, durant ces quatre années. Maintenant, la lutte va se poursuivre ouvertement. Il ne reste plus qu'à résoudre un dernier problème.

Il se tourna vers Richelieu et lui expliqua :

— C'est O qui a dénoncé Salcède, en 82. Sans lui, je n'aurais rien su des intentions de ce criminel contre mon frère. Et je ne compte pas tous les projets de mon cousin qu'il m'a fait connaître. Si je suis encore roi aujourd'hui, c'est à lui que je le dois.

Apparemment, le Grand prévôt, comme Bellièvre, avait été mis récemment dans la confidence de la fausse disgrâce de O, contrairement à Villequier qui savait tout depuis le début.

— Quand O m'a proposé son plan, il y a quatre ans, j'avais refusé, continua le roi. Il me suggérait tout simplement de rallier mes ennemis pour mieux les dénoncer ! Disgracié, il les rejoignait et m'informerait de leurs desseins. C'était non seulement dangereux mais contraire à l'honneur. Savez-vous ce qu'il m'a dit quand je le lui ai reproché ? « Je ne change pas de fidélité, Sire, je reste votre sujet, mon roi. Ce sont eux les félons. »

Richelieu approuva de la tête tandis que le roi poursuivait :

— O a donc juré au nom de la Sainte-Trinité et du précieux sang de Jésus-Christ, il a juré sur les Saints Évangiles, sur sa vie et son honneur, de garder inviolable ce qu'il apprenait des projets des Lorrains, sous peine d'être à jamais parjure et infâme, indigne de noblesse et honneur, marmonna le roi d'un ton monocorde qui fit sourire l'assistance.

» Seulement Guise semblait ignorer qu'en tant que représentant de Notre Seigneur, je peux relever mes sujets de n'importe quel serment infâme, et c'est ce que j'ai fait, précisa-t-il plus sèchement.

— Mais pourquoi arrêter maintenant, Sire ? demanda O. Je peux encore apprendre beaucoup de choses quand justement Guise se prépare à l'offensive…

— Parce que la situation devient intenable pour moi, François, et je ne vois que toi pour trouver une issue, répondit Henri III en écartant les mains.

Il se tut un instant avant de déclarer :

— J'ai de moins en moins de pécunes, François.

— Vous n'en avez jamais eu beaucoup, Sire, répliqua O en souriant.

— C'est vrai, mon grand économique, mais jamais à ce point. Je viens de proposer tout ce qui me reste, deux cent mille écus, à mon beau-frère Navarre pour le remercier de ne pas avoir cédé aux sirènes du roi d'Espagne et pour qu'il se retourne contre Guise. Après, je n'aurai plus rien, et il m'est impossible d'augmenter encore les impôts. Le peuple ne l'accepterait pas. Ma mère et moi empruntons tellement depuis dix ans que plus personne ne veut nous prêter et tous les bijoux de la couronne ont déjà été gagés. Or Guise, qu'on dit pourtant ruiné – il aurait plus de sept cent mille écus de dette –, a de plus en plus de pécunes, alors qu'il ne reçoit en revenu que cent mille écus [1] ! Ainsi, il vient de lever de nouvelles troupes à qui il a donné trois cent mille écus. Où trouve-t-il tant d'argent pour acheter des armes et des hommes ?

» J'ai demandé à Richelieu de se renseigner, mais il n'a pu pénétrer les desseins des Lorrains. Bellièvre est tout aussi impuissant, alors j'ai songé à toi, mon grand économique. Tu es introduit auprès de Guise, et qui mieux que toi comprend les circuits financiers du royaume ? Je peux te faire confiance, et tu es le seul à avoir suffisamment de cervelle. Trouve pourquoi je suis si pauvre et Guise si riche. Ce sera ta dernière mission. Au demeurant, tu viens de le dire, Guise veut le château de Caen, et il est hors de question qu'il l'obtienne.

Le marquis d'O hocha du chef avant de déclarer :

— J'ai rencontré Guise deux fois l'année dernière, mais il ne m'a jamais parlé d'argent. En

1. Ces chiffres avaient été communiqués au grand duc de Toscane.

revanche, je sais, toujours par Mayneville qui est mon parent, que dans ce traité signé à Joinville, le roi d'Espagne se serait engagé à lui verser six cent mille écus s'il lui donnait Cambrai.

— Mais Cambrai est toujours à nous, protesta Villequier. Et puis, Philippe II promet beaucoup, mais ne respecte jamais ses promesses.

O soupira. Son beau-père avait raison. Mais que pouvait-il faire ? Henri comprit son désarroi.

— Je ne me fais pas d'illusion, mon ami. Et je te préférerais à Caen qu'ici, n'ayant guère confiance dans les échevins de cette ville. Mais avant le printemps, il ne se passera rien. Reste à Paris jusqu'en mars et renseigne-toi. Si on pouvait couper les sources de financement de Guise, il ne pourrait reprendre les hostilités. Et si je savais pourquoi je suis si pauvre, je saurais y porter remède.

— Je vais essayer, Sire, promit François d'O... Il me revient que j'ai joué à la balle avec le duc contre M. Nasi, l'année dernière. C'est un financier que connaît Diaceto. Il y avait là M. Isoard Cappel et, après notre rencontre, ils se sont tous trois réunis pour un conclave discret. M. Cappel passe pour être un financier très proche de l'Espagne.

— Il est italien, n'est-ce pas ? questionna le roi.

— Niçois, Sire, intervint Bellièvre. À la fois proche de Rome et de Madrid. C'est l'homme de confiance de l'ambassade d'Espagne. Comme banquier, il gère de grosses sommes pour eux.

— Ce pourrait être lui le financier de Guise ? demanda Richelieu. Je peux le faire arrêter...

— Non ! Il faudrait que j'interroge Cappel moi-même, et avec mes méthodes. Mais ce ne sera pas facile... Il me faudrait entrer chez lui. Je doute qu'il me reçoive et qu'il réponde à mes questions.

— Pour ça, je peux vous aider, proposa le Grand

prévôt après une seconde de réflexion. M. Cappel participe à des réunions secrètes avec des bourgeois renégats qui veulent reconstituer une ligue, comme celle qui existait, il y a quelques années. Il en serait même le trésorier. J'ai appris cela récemment. Je peux connaître le jour et l'heure de leur prochaine assemblée et vous n'auriez qu'à l'attendre devant chez lui, quand il rentrera.

— Il habite rue des Arcis, à l'enseigne de *Saint-Sébastien*, intervint Pomponne de Bellièvre, qui connaissait tous les financiers de la capitale. Un bel hôtel avec cour et écurie, fort pratique pour ses affaires… Mais, monsieur de Richelieu, fit Bellièvre en se tournant vers le Grand prévôt, qui sont ces gens qui complotent ainsi ? Vous ne nous en aviez jamais parlé ?

— Ce sont des gens de peu, répondit Richelieu avec férocité. Mais rassurez-vous, je les tiens tous dans ma main et, quand je le voudrai, je les ferai pendre.

Le roi hocha du chef d'un air las, comme si le sujet était de peu d'importance.

— Et pour mon indigence, O, que peux-tu faire ? demanda-t-il d'un ton haut perché, faussement geignard qui fit à nouveau sourire tout le monde.

Il joignit ensuite l'extrémité de ses doigts et souffla dans ses paumes avant de jeter un regard vif au marquis.

— Vois-tu, O, je n'ai pas ta science, ni celle de Bellièvre, mais j'ai un peu de cervelle. Il m'est venu l'idée que les pécunes qui me manquent passent de mes poches dans celles de Guise. Villequier a raison, le roi d'Espagne ne lâche pas si facilement ses pistoles. En vérité, je crois que Guise me rapine…

— Qu'en est-il exactement, monsieur de Bellièvre ? demanda le marquis en s'adressant au surintendant.

Il savait pertinemment que le roi était incapable de compter, et que cette indigence, dont il parlait, n'était sans doute que le fruit de sa prodigalité envers Épernon et Joyeuse. Si Guise avait de l'or, celui-ci venait forcément d'Espagne, comment le Lorrain aurait-il pu voler le roi dont l'argent était enfermé chez des banquiers ou au trésorier de l'Épargne ?

Pomponne de Bellièvre était un vieux camarade du marquis d'O, qui l'estimait. Le surintendant des finances l'avait accompagné en Pologne, avec Villequier et Richelieu. Ce voyage avait forgé un solide compagnonnage entre ces hommes, pourtant si différents. À son retour en France, Henri avait nommé Bellièvre surintendant des finances pour son honnêteté, sa bonne connaissance des milieux financiers et surtout sa loyauté.

— Sa Majesté a raison, répliqua Bellièvre, au grand étonnement du marquis. Depuis quatre ans, tous les impôts, que ce soient les tailles, les aides ou la gabelle, rapportent de moins en moins. L'année dernière, nous avons même dû entériner une baisse de la taille de deux cent cinquante mille livres [1].

O savait que les rentrées fiscales baissaient même en Normandie, une province qui donnait le quart des impôts du royaume, et que des soulèvements contre les receveurs étaient de plus en plus fréquents dans les villages.

— Les tailles sont les plus touchées, notamment dans l'élection de Paris. Il est fort difficile de comparer les années les unes aux autres, puisque les comptes ne sont jamais arrêtés à la même date et que bien des opérations se chevauchent, mais j'ai pu estimer les pertes : cent mille livres en 1581, deux cent cinquante mille l'année suivante, quatre cent

1. Arrêt du conseil du 29 juillet.

mille sans doute en 1583 et peut-être six cent mille en 1584. Face à cette disette d'argent, nous avons réduit toutes les dépenses, et donc celles de l'armée, des Suisses, de l'artillerie et de la marine.

— Un total de près d'un million et demi de livres ? s'étonna O qui calculait vite. Comment serait-ce possible ? Un détournement ? C'est impossible ! Les vérifications des contrôleurs de l'élection et du bureau des finances sont minutieuses et tatillonnes...

— C'est sans doute ma faute, grimaça Bellièvre. J'ai dû passer trop de temps à m'occuper de la diplomatie du royaume, je suis allé en Flandre... j'ai dû aussi négocier avec les huguenots. Pendant ce temps, j'ai laissé faire mes intendants et sans doute n'ont-ils pas été assez vigilants. Vous savez qu'ils sont quatre, dont deux contrôleurs des finances chargés de vérifier les pièces comptables de recettes des receveurs des tailles et des dépenses du trésorier de l'Épargne. Apparemment, ils n'ont rien vu ! Les malversations semblent particulièrement adroites. En juin dernier, sur ma demande, M. le chancelier a fait le procès de quelques trésoriers douteux, mais il n'en est rien sorti. Fort contrarié, j'ai ordonné à M. Benoît Milon, mon premier intendant, de se retirer dans ses terres et de rendre son office. Il a tellement eu peur d'être pendu qu'il s'est enfui en Allemagne, mais les vérifications ont montré qu'il n'était pour rien dans cette évaporation des tailles.

» Ne sachant plus que faire, j'ai demandé à M. Antoine Séguier, qui est maître des comptes et conseiller au parlement, d'entamer une vérification détaillée de ces quatre dernières années. Il en a chargé un contrôleur fort talentueux et j'attends le résultat de ses investigations.

Quand Bellièvre eut terminé, le marquis d'O

resta silencieux un moment. Il comprenait mieux pourquoi le roi avait fait appel à son grand économique. Mais la tâche paraissait immense ! Il connaissait suffisamment les circuits financiers et la quantité des pièces comptables pour se rendre compte des difficultés qui l'attendaient. Si des malversations adroites avaient été faites, il serait difficile, sinon impossible, de les mettre au jour si on ne savait pas dans quelle direction chercher.

— M. Antoine Séguier est le frère de Jean Séguier, le lieutenant civil de Paris ? demanda-t-il.

— En effet, je lui fais entièrement confiance.

— Je commencerai demain, promit O. Tout de même, fit-il à Richelieu, faites-moi savoir quand je pourrai interroger Cappel. C'est une direction que je souhaite malgré tout suivre.

— Dois-je vous joindre ici ? s'enquit le Grand prévôt.

— Non, j'ai une maison rue de la Plâtrière, à l'enseigne du *Cheval bardé*. Vous pourrez m'y faire parvenir des billets quand je ne serai plus ici. De mon côté, je crois que le mieux est que je reste seulement en relation avec mon beau-père. Tant que Guise et ses amis ignorent que je suis à Paris, c'est aussi bien.

— Je te ferai porter mille écus, François, dit le roi en se levant Je ne peux pas faire mieux en ce moment. Je n'ai plus rien.

— J'ai ce qu'il faut, Sire, et je préférerais garder M. de Cubsac à la place de cet argent, proposa François d'O. Je n'ai pas beaucoup de gens en qui je peux avoir confiance ici, et surtout qui sachent se battre. Cubsac a fait ses preuves durant le voyage.

— Qui est Cubsac ?

— Un Gascon, Sire, intervint Villequier. Il devait faire partie des quarante-cinq mais il est arrivé trop tard. C'est lui qui a porté ma lettre à M. d'O, à Courseulles.

— Le quarante sixième ? ironisa le roi. Je te le donne, François. Dis-lui qu'il aura les mêmes gages que les autres.

Dans son coin, Dimitri réprima un sourire.

— Encore un mot, monsieur le marquis, fit le Grand prévôt, le mot du guet pour la semaine est *Orléans et Gascogne* ! Avec ça, on ne vous demandera rien si vous circulez la nuit. En revanche, je ne connais pas le mot du guet bourgeois. Il vous faudra faire attention.

La nuit, le guet bourgeois et celui du chevalier du guet veillaient à la sécurité des Parisiens. Le premier tirait son origine du privilège des bourgeois de Paris à se défendre eux-mêmes ; ils organisaient donc des rondes et surveillaient les portes de la ville. Le second, le guet royal, dépendait du gouverneur de Paris.

Tout étant dit, O raccompagna le roi et ses compagnons à leur carrosse.

Nicolas Poulain rentra de chevauchée ce soir-là. Ayant embrassé femme et enfant, il s'installa devant la cheminée pour reposer ses muscles endoloris et se réchauffer un instant. Son épouse resta avec lui et, quand ils furent seuls – les enfants étant retournés à la cuisine où les servantes préparaient la soupe –, elle lui dit qu'elle avait eu la visite d'un homme du Grand prévôt qui lui avait laissé une lettre. Elle la sortit de dessous le matelas du lit où elle l'avait cachée.

Cacheté avec de la cire verte, le pli ne portait ni arme ni blason. Il l'ouvrit. Il n'y avait qu'une ligne écrite : *heure et lieu de la prochaine réunion* ?

Pas de signature ni de monogramme.

— Il a dit venir du Grand prévôt ? demanda Nicolas, inquiet.

— Oui, il m'a montré une plaque de cuivre aux armes de M. de Richelieu. Tu m'as si bien expliqué quel était son blason que j'ai fini par le retenir, sourit-elle. Il y avait bien trois chevrons de gueules avec deux épées nues croisées.

Poulain jeta la lettre dans le feu et la regarda se consumer, sans dire un mot.

— C'était important ? demanda-t-elle.

Il lui prit affectueusement la main dont les ongles étaient aussi sales que les siens.

— Il vaut mieux que tu ne saches rien, ma mie.

Le lendemain matin, il donna un papier cacheté au jeune commis de son beau-père. Il lui expliqua où était l'hôtel du Grand prévôt et lui dit qu'il devait remettre ce pli à M. Pasquier. Le cachet de cire était marqué d'une double croix et le pli contenait ces mots :

Les jésuites de Saint-Paul, après complies.

Nicolas se rendit le soir même chez les jésuites, s'interrogeant sur les événements à venir. Richelieu avait-il changé d'avis ? Avait-il finalement décidé d'un coup de force et d'arrêter tous les conjurés ? Il faudrait être vigilant. En cas d'intervention des gardes françaises, ceux-ci ne chercheraient guère à savoir s'il était de leur côté !

Il y eut encore plus de monde que lors de la réunion précédente. Bien que beaucoup soient masqués, Poulain reconnut plusieurs procureurs au Châtelet, des huissiers au parlement, et des membres de la chambre des comptes. Au début de la séance, M. de La Chapelle fit prêter serment à de nouveaux affidés, puis, dans l'intervention qui suivit, un commissaire au Châtelet assura que presque tous les conseillers, procureurs, commissaires et sergents à verge les avaient rejoints. Le curé Boucher prit ensuite la parole pour déclarer que l'université de Paris était désormais avec eux, ainsi que l'armée des clercs de la basoche. Son discours fut ponctué d'exclamations de joie et de congratulations. À son tour, le sergent Michelet assura que plus de cinq cents mariniers avaient hâte d'en découdre avec les forces du roi. Un autre vint promettre la fidélité de plus de quinze cents bouchers et charcutiers de la ville et des faubourgs. À la fin, Louchart intervint pour annoncer le ralliement de six cents courtiers en chevaux qui avaient promis se tenir prêts pour empêcher que les huguenots ne coupent la gorge aux catholiques.

Jamais Nicolas Poulain n'aurait pensé que les idées de la Ligue se propageraient si vite. Malgré son inquiétude, il se força à manifester, comme les autres, un bruyant enthousiasme.

Avant qu'ils ne se séparent, La Chapelle annonça que le conseil des Six qui dirigeait leur union avait décidé d'intégrer en son sein des représentants des seize quartiers de Paris. La sainte union serait désormais dirigée par un conseil des Seize.

Pendant ce temps, M. de Cubsac, François d'O et Dimitri s'étaient installés dans un recoin sombre de la rue Saint-Antoine d'où ils pouvaient voir ceux qui entraient et sortaient de l'établissement des jésuites. O s'interrogeait sur cette réunion nocturne. Richelieu lui avait écrit pour lui dire que Cappel y participerait ce soir, mais il ne savait rien de plus que ce que le Grand prévôt avait déclaré en présence du roi ; il s'agissait de réunions secrètes de bourgeois malcontents qui voulaient reconstituer une ligue. Seulement, ces comploteurs paraissaient bien nombreux et le marquis se promit d'interroger plus longuement Richelieu à ce sujet.

Le froid était fort vif mais il ne neigeait pas. Ils étaient pourtant complètement gelés quand ils virent sortir les premiers conspirateurs. O reconnut Isoard Cappel entouré de deux laquais armés de bâtons et porteurs de lanternes.

On était entre la nouvelle lune et le premier quartier, autrement dit l'obscurité était totale. Certes, ils étaient invisibles du banquier, mais ils n'y voyaient rien eux-mêmes. Aussi, quand les trois hommes eurent pris un peu d'avance, ils les suivirent, guidés seulement par leurs lanternes. Pour éviter les obstacles, ils étaient contraints de marcher au milieu de la rue, parfois dans la rigole d'excréments.

Rue de l'Aigle, à l'extrémité de la rue Saint-Antoine, Cubsac se sépara d'eux. Dès que le Gascon fut certain que Cappel ne pouvait plus le voir, il battit le briquet pour allumer une lanterne qu'il avait emportée avec lui. Puis il remonta le plus vite possible par la rue de la Verrerie jusqu'à Saint-Merry avant de redescendre la rue des Arcis jusqu'à l'enseigne de Saint-Sébastien. Sa crainte était de rencontrer le guet bourgeois mais il n'en fut rien. Dans l'après-midi, il était déjà venu pour repérer la maison de Cappel. Juste avant celle-ci se trouvait une ruelle qui conduisait à une cour. Il s'y glissa, éteignit sa lanterne, puis sortit l'arbalète à cranequin que lui avait confiée O ainsi qu'une longue dague.

Cappel et ses deux valets ne tardèrent pas. Ils arrivaient par la rue de la Tissanderie. Cubsac entendit leurs pas et sortit de son cul-de-sac. Avec leur lanterne, il les aperçut à quelques toises tandis que lui restait invisible. Il se glissa à nouveau dans l'ombre. O et Dimitri ne devaient pas être loin derrière eux.

Au moment où le groupe passait devant la ruelle où il était caché, il sortit et les menaça :

— J'ai une arbalète et une épée. Qui bouge ou crie est mort !

Les valets restèrent pétrifiés, mais Cappel avait une grande habitude des truands et des guets-apens. Il poussa le domestique qui tenait la lanterne. Celui-ci s'écroula, sa lumière tomba sur le pavé et s'éteignit. Dans l'obscurité et la confusion, Cappel détala à toutes jambes pour se cacher dans un recoin ou un creux de porte.

Visant la cuisse, Cubsac tira avec l'arbalète au moment où le financier lui tournait le dos. À cette distance, il ne pouvait le rater et le trésorier de la Ligue chuta, un carreau d'acier planté dans la jambe.

— Pitié ! pleurnicha un des valets, terrorisé et persuadé qu'il allait mourir.

Dimitri et O ne tardèrent pas à rejoindre le groupe. O avait attaché sur son visage le masque de soie dont il avait pris la précaution de se munir.

Cubsac poussa les valets dans le cul-de-sac, leur faisant sentir sa dague, et Dimitri le rejoignit pour les surveiller. O s'était déjà accroupi près de Cappel, espérant que Cubsac ne l'avait pas tué. Il approcha sa lanterne du blessé.

— Pourquoi avez-vous fui ?

— J'ai mal… qui êtes-vous ? gémit Cappel, devinant qu'il n'avait pas affaire à de vulgaires truands.

— Disons que je peux vous remettre au lieutenant civil qui n'aime pas les comploteurs.

— Je ne complote pas…

— Vous serez plus loquace sous les brodequins, mon ami.

Cappel ne répondit pas.

— Je vous laisse le choix : vous répondez maintenant à mes questions sans barguigner, et je vous laisse vous faire soigner. Vous refusez ou vous mentez, et serez remis à l'exécuteur de la haute justice et roué dans deux jours. Que préférez-vous ?

Qui était cet homme ? se demandait Cappel. Mentait-il ? N'allait-il pas le tuer s'il parlait ? Et que savait-il exactement ?

Il décida de répondre... partiellement.

— Que... voulez-vous... savoir ?

— Vous vous dites banquier mais vous n'êtes qu'un agent de l'Espagne, ne niez pas ! C'est vous qui remettez l'argent de Philippe II au duc de Guise !

Ainsi ce n'était que cela ? se dit Cappel avec soulagement. Cet homme ignorait sans doute tout de la sainte union. Si seules ses activités de banquier au service de Guise et de l'Espagne l'intéressaient, il pourrait l'égarer...

— C'est vrai, il m'est arrivé de transmettre des propositions de l'Espagne au duc. Il y a deux ans je lui ai fait porter trente mille écus [1]... Mais depuis, les Espagnols ne m'ont plus rien donné pour lui.

— Vous mentez ! assura O en appuyant sur la fléchette d'une main et en étouffant Cappel avec un pan de son manteau.

Il le libéra un bref instant pour qu'il puisse parler.

— Non... je le jure sur les Évangiles... haleta le banquier.

— D'où viennent les trois cent mille livres que Guise a eues pour acheter des troupes ? Je sais que c'est vous qui les lui avez données ! gronda O. Ma patience a des limites !

— C'est vrai, haleta le banquier, qui souffrait atrocement. Je lui ai même remis cinq cent mille livres. Mais c'était de l'argent du roi...

1. Deux versements en mai et juin 1583.

Du roi ? O songea alors à l'intuition d'Henri III. Se pouvait-il qu'il soit tombé juste ?

— De l'argent rapiné sur les tailles ! affirma le marquis au hasard.

— Vous... le savez ? suffoqua Cappel tant la douleur était violente.

— Je sais beaucoup de choses, n'essayez pas de me mentir. Qui vous remet cet argent ?

— Des receveurs des tailles, ou des collecteurs... Je ne les connais pas... Ils sont... nombreux et, à chaque fois... différents. Ils... me portent parfois de petites sommes. Seul Guise connaît toute l'entreprise... c'est lui qui a tout organisé, mentit-il.

Comme O ne réagissait pas, il précisa :

— Je... ne suis que le trésorier chargé de transmettre... ces fonds à Mgr de Guise... Et je ne suis pas seul, je sais qu'il y a... d'autres trésoriers comme moi. C'est avec eux que j'étais ce soir.

C'était bien possible, jugea O. Guise avait un vrai talent pour organiser ce genre d'entreprise.

— Comment font-ils pour rapiner les tailles ?

— Je... je l'ignore.

O pressa sur la blessure du banquier. Cappel hurla mais son cri fut étouffé par le manteau.

— Comment font-ils ? Répondez ou je vous égorge comme un goret !

— Des sceaux... ils utilisent de faux sceaux...

— Qu'est-ce que c'est que cette histoire ?

— Larondelle... Il a fabriqué des sceaux pour falsifier les quittances, les bordereaux et les registres transmis au conseil des finances... Je ne sais pas comment Guise les utilise. Je sais seulement que Larondelle a été pris... et qu'il a été pendu l'année dernière, avec ses complices... pour falsification de seings et de sceaux.

O se souvenait de cette histoire de fraude qui

n'avait pas été bien élucidée. Effectivement la copie du registre journal transmis au bureau des finances devait porter le sceau du bureau. La fraude remontait-elle jusque-là ? Dans ce cas, elle serait facile à mettre en évidence.

O se redressa. Il n'avait pas d'autres questions à poser. Restait encore à décider ce qu'il devait faire de Cappel. Devait-il l'achever tout de suite ? Il hésita, n'aimant pas tuer froidement, et se dit que le banquier pourrait lui livrer d'autres informations s'il le gardait vivant.

— Si je découvre que vous m'avez menti, vous êtes mort, assura-t-il. Et si vous tentez de fuir, je vous retrouverai !

Il agita la lanterne pour faire signe à Dimitri et à Cubsac. Ceux-ci le rejoignirent et ils se fondirent dans le noir.

Cappel poussa un soupir et se détendit malgré la douleur insupportable qu'il ressentait à la cuisse. Il avait cru que cet homme était au roi et il avait été un moment persuadé qu'il allait le livrer au lieutenant criminel. Mais il l'avait laissé, donc il venait d'ailleurs.

Qui l'envoyait ? Une seule réponse s'imposait : c'était un agent huguenot qui avait eu vent de ce qui se tramait, mais qui ne savait pas grand-chose puisqu'il avait réussi à lui mentir si facilement. Il ne risquait rien à disparaître ; le roi ignorait tout de la sainte union et ne s'en prendrait certainement pas à ses biens.

— Portez-moi dans l'hôtel. Et dites à l'intendant d'aller chercher un chirurgien, ordonna-t-il à ses valets.

Avant l'aube, soigné et pansé, Cappel gagna l'hôtel de Guise dans une litière. Il fut accueilli par Mayneville qui accepta de l'héberger pour quelques temps. Pendant quelques semaines, sinon quelques mois, Isoard Cappel aurait disparu. Son premier commis gérerait sa banque et il lui ferait parvenir ses instructions.

En rentrant chez lui, le marquis d'O se dit qu'il fallait qu'il en sache plus sur ces trésoriers qui se réunissaient aux jésuites de Saint-Paul. Il irait demain voir Richelieu qui lui dirait ce qu'il savait. Il fallait aussi qu'il trouve quelqu'un pour examiner les registres des tailles. Antoine Séguier pourrait lui indiquer un maître des comptes capable de faire ce travail.

10.

Samedi 19 janvier 1585

À nouveau, Nicolas Poulain se rendit rue de la Heaumerie, cette fois pour se renseigner sur les forges et les armuriers de Bourgogne chez qui il pourrait acheter cuirasses, casques et épées à un prix raisonnable. Un de ses sergents, dont un oncle avait été armurier, lui avait déjà indiqué quelques maîtres de forge autour de Besançon.

En revenant chez lui, vers midi, une lettre de Richelieu l'attendait. Le Grand prévôt voulait le voir sur l'heure. Il repartit sans goûter à la soupe aux pois et au lard que sa femme lui avait préparée et comme il avait peut-être été suivi par un agent de la Ligue, rue de la Heaumerie, il jugea prudent de s'assurer que personne ne le voie se rendre chez le Grand prévôt.

Il descendit la rue Saint-Martin jusqu'à la rue des Lombards et s'engagea dans le lacis de petites ruelles qui descendaient vers la Grande boucherie. Entre les maisons aux colombages multicolores serpentaient des couloirs et des escaliers à claire-voie permettant d'aller d'une rue à une autre. Il emprunta un passage et se pressa jusqu'à une échelle conduisant à une sombre galerie d'étage. Il la grimpa quatre à quatre et attendit quelques minutes, puis redescendit par un autre couloir qui débouchait rue de la Monnaie. De là, il emprunta un nouveau corridor en planches qui, à travers un pâté de maisons, le conduisit presque devant le Grand-Châtelet. Certain d'avoir égaré n'importe quel suiveur, il traversa la cohue devant les étals de la Grande boucherie puis s'engagea dans la rue de Saint-Germain-l'Auxerrois. En passant, il jeta un œil à la maison de La Chapelle et, arrivé en vue de l'église et du cloître, il remonta vers la rue Saint-Honoré.

Au coin de la rue des Petits-Champs, il attendit encore un moment en se dissimulant dans le renfoncement d'une porte cochère. Enfin, assuré d'avoir déjoué toute filature, il se dirigea jusqu'au porche de l'hôtel de François de Richelieu.

On attendait sa visite et un valet le conduisit immédiatement chez le Grand prévôt qui était à table avec un inconnu richement vêtu d'un pourpoint en satin doublé de serge rouge, avec des crevés aux manches laissant voir une chemise brodée. Sous son pourpoint apparaissait un collet [1] en buffletin noir. Ses bottes à éperons d'or lui montaient jusqu'au haut des cuisses et ses hauts-de-chausses de velours cramoisi étaient assortis à la doublure de son habit. Il avait gardé sur ses épaules un manteau court doublé au col et bordé de passements de soie. Son chapeau était rond à petits bords et sa taille était ceinte d'une épée de côté à la garde en arceaux et au fourreau en argent.

— Monsieur Poulain ! Je craignais que vous n'ayez eu mon billet que trop tard. Puis-je vous proposer de vous joindre à nous ? s'exclama Richelieu presque jovialement.

Affamé et flatté d'être invité à la table du prévôt

---

1. Sorte de gilet.

avec cet inconnu dont on ne pouvait douter qu'il fût quelque grand seigneur, Nicolas accepta. Le valet de service, qui attendait, lui servit sur-le-champ une fricassée de bécasses et lui porta un grand verre de vin de Beaune avant de se retirer. M. du Plessis et l'inconnu, qui avaient déjà terminé leur repas, le regardèrent se jeter sur ses volailles avec avidité.

— Vous aviez faim, remarqua Richelieu avec amusement.

— Je suis rentré chez moi pour dîner tout à l'heure, monsieur, et, ayant trouvé votre billet, je suis venu sans perdre de temps.

Il n'osa pas en dire plus, se demandant qui était l'inconnu. En découpant une des bécasses avec ses doigts, il l'examinait discrètement. Trente à quarante ans, jugea-t-il. Les cheveux drus et noirs. Un air d'autorité, avec un regard perçant qui traduisait un homme cassant mais sans doute à l'esprit fin et calculateur.

— Je ne vous ai pas présentés, poursuivit Richelieu sur un ton absent. Monsieur est le marquis d'O.

Poulain resta interdit, arrêtant même de mastiquer. François d'O ! L'ancien favori du roi, en disgrâce depuis des années ? Que faisait-il là ? L'idée d'un nouveau complot l'effleura.

— M. d'O est ici au service du roi, comme vous, et il sait tout sur vous. Comment vous avez infiltré cette ligue rebelle qui se nomme la sainte union, et comment vous êtes devenu mon espion. Nous ne sommes que trois à savoir cela : Moi, M. d'O, et Sa Majesté. Vous pouvez donc lui faire confiance.

À ces mots, Poulain s'était raidi. M. d'O savait qu'il espionnait la sainte union, alors même qu'il avait été chassé de la cour pour ses débauches ! Le Grand prévôt était-il devenu fou ?

O s'amusait de voir l'ahurissement, puis l'incompréhension, et enfin la peur se succéder sur le visage du lieutenant du prévôt.

— Vous avez vos secrets, monsieur Poulain, et j'ai les miens, dit-il enfin d'une voix grave. Mais puisque je connais les vôtres, je vais vous faire une confidence. Elle se résume ainsi : Comédie !

Poulain resta interloqué.

— Vous avez bien compris : Comédie ! Je n'ai été disgracié que par ma propre volonté et en accord avec Sa Majesté. Ainsi chassé, j'ai pu me rapprocher de M. de Guise et de ses amis... comprenez-vous ?

Il resta silencieux un instant avant de dire, très lentement :

— Il fallait bien que le roi sache ce que les Lorrains préparaient contre lui.

Nicolas Poulain comprit aussitôt, O était un espion, comme lui !

D'abord déconcerté par cette nouvelle révélation, la méfiance qui prévalait chez lui reprit le dessus. Il hésita sur l'attitude à adopter.

— Monsieur le lieutenant, reprit le marquis d'O, avec toujours le même sourire moqueur, j'ai toujours été doué pour les chiffres et la finance. Le roi m'appelait son grand économique quand je m'occupais de ses comptants. Il m'a chargé d'une enquête sur les fonds dont dispose M. de Guise et qui lui permettent d'acheter si facilement des troupes de Suisses et de lansquenets.

Poulain opina lentement.

— Le roi veut savoir d'où vient cet argent. Connaissez-vous un M. Cappel ?

— C'est le trésorier de la sainte union, monsieur.

— J'ai eu affaire avec lui hier soir, expliqua O. M. Cappel est aussi un des banquiers de Guise, je lui ai posé quelques questions.

Il sourit avec malveillance tout en jouant distraitement avec sa dague qu'il avait posée sur la table pour découper sa volaille.

— Comme je ne pouvais forcer sa porte, M. de Richelieu vous a demandé quand se réunissait la sainte union et je l'attendais hier soir pour l'interroger.

À son regard, Poulain comprit qu'il y avait eu guet-apens.

— Est-il…

— Mort ? Non, mais navré à la cuisse, car il s'est sottement rebellé. Je pense tout de même qu'il s'en remettra. J'aurais pu le faire arrêter, mais je préfère qu'il ignore que j'agis pour le roi. Peut-être se persuadera-t-il qu'il s'agissait d'un agent de Navarre. Il m'a dit avoir remis cinq cent mille livres à Guise et surtout avoué que cet argent provient d'une filouterie organisée sur les tailles royales. Que savez-vous de cette entreprise ?

— J'en ignore tout, monsieur. J'ai tenté d'apprendre d'où provenaient les pécunes que les ligueurs me remettaient pour acheter des armes, mais on m'a fait comprendre que cela ne me regardait pas.

— C'est fâcheux. Selon M. de Bellièvre, la collecte des tailles a effectivement beaucoup baissé dans l'élection de Paris et le roi s'en inquiète. Cappel m'a avoué que ces rapines seraient organisées avec de faux sceaux portés sur les registres transmis au conseil des finances. Je vais vérifier, mais j'ai peur qu'il ne m'ait avoué qu'une partie de la vérité et celé le plus important.

— Je suis désolé de ne pouvoir vous aider plus, dit Poulain, mais je ne connais rien aux fraudes sur l'Épargne ou sur les impôts. Je préfère affronter des brigands de grand chemin l'épée à la main…

O ébaucha un sourire, lui faisant comprendre qu'il partageait son point de vue.

— Pensez-vous que vous pourriez vous renseigner à la prochaine réunion ? demanda Richelieu au lieutenant du prévôt.

— Ils ne me diront rien, répondit Poulain en secouant la tête. Je ne suis pas vraiment de leur parti et ils n'ont fait appel à moi que pour acheter des armes. En posant des questions, je me ferai suspecter. Pourquoi ne pas interroger Cappel plus officiellement ? Il parlerait sous la question.

— Ce serait me dévoiler, dit O, et je n'y tiens pas.

Le silence s'installa entre eux. Poulain vida son verre de vin, hésitant à parler. Pouvait-il mêler son voisin Hauteville à tout ça ? Il savait pourtant qu'il y avait un vrai mystère dans l'assassinat du contrôleur des tailles et dans les comportements du commissaire Louchart et du père Boucher. N'était-ce pas l'occasion d'obtenir de l'aide pour suivre cette piste ?

— Ce que vous venez de m'apprendre peut être rapproché d'un crime qui a eu lieu dans ma rue, lâcha-t-il.

Devant les regards interrogateurs de ses interlocuteurs, il raconta le triple crime chez son voisin.

— J'ai entendu parler de cet assassinat, confirma Richelieu. Mais, mis à part le fait que ce Hauteville était contrôleur des tailles, quel rapport avec notre affaire ?

— C'est le commissaire Louchart qui a conduit l'enquête. Il était sur les lieux quelques minutes après le crime, ce qui est déjà inexplicable. Et lorsque le fils de M. Hauteville est arrivé et a découvert son père, sa mère et leur valet assassinés, Louchart l'a accusé et l'a fait enfermer au Châtelet sans raison valable.

— Peut-être était-il coupable, suggéra Richelieu.

— Olivier est basochien à la Sorbonne, monsieur. Il avait justement rendez-vous avec le recteur, le curé Boucher, et celui-ci a déclaré qu'il ignorait tout de ce rendez-vous. Le père Boucher et le commissaire Louchart étant membres de la Ligue, je les ai interrogés et j'ai eu l'impression qu'ils ne voulaient pas que je m'intéresse à ce triple crime. Sur mon insistance, Louchart a fait libérer le jeune homme qui m'a dit que son père était chargé de contrôler des registres des tailles de l'élection de Paris à la demande de M. Antoine Séguier, le contrôleur général des tailles à la surintendance.

Au nom de Séguier, le prévôt et O se regardèrent, interloqués.

— Vous avez deviné juste, monsieur Poulain ! Il s'agit bien de la même affaire, déclara lentement François d'O. M. Antoine Séguier a effectivement été choisi par M. de Bellièvre pour conduire la vérification des registres de l'élection de Paris.

Le silence se fit à nouveau. Poulain n'avait pas d'autre suggestion à proposer et Richelieu, qui était plutôt un homme d'action, attendait les décisions du marquis d'O. Celui-ci méditait. Il tenait maintenant un solide fil dans cet écheveau inextricable. Il fallait seulement le tirer avec prudence, pour ne pas le casser.

Au bout d'un moment, il demanda à Poulain :

— Ce Hauteville, pourrait-on lui faire confiance ?

— C'est un bon catholique, tout comme moi, et qui aurait peut-être rejoint la Ligue si son père n'avait pas été assassiné. Désormais, il brûle de le venger.

— Serait-il à même de reprendre les travaux de son père, si je lui en faisais la demande ?

— Je le pense, il préparait une thèse en Sorbonne, et le commis qui travaillait avec son père l'aiderait. C'est lui qui m'a demandé d'intervenir pour aider le fils de son maître. Il m'a tout l'air d'un honnête homme.

— Ce serait une solution séduisante, déclara François d'O. Car je ne pourrai rester longtemps à Paris, d'autres obligations m'attendent à Caen.

— La seule difficulté, monsieur, est que M. Hauteville, comme beaucoup de bourgeois parisiens n'aime guère le roi... ni vous... Il pencherait plutôt pour la sainte union !

— Ce peut être un embarras, reconnut le marquis d'O. Mais dites-lui qu'il faudra bien qu'il choisisse : venger son père, ou s'allier avec ses assassins. En revanche, s'il accepte de travailler pour moi et de reprendre les vérifications de son père, ceux qui ont occis M. Hauteville l'apprendront vite et chercheront à se débarrasser du fils. Vous aurez donc un rôlet à jouer dans la pièce, monsieur Poulain.

— Lequel, monsieur ?

— Empêcher qu'on ne le tue, comme son père.

Quelques heures plus tard, Nicolas Poulain se présentait chez Olivier Hauteville. L'après-midi touchait à sa fin et le jeune homme avait terminé de trier les affaires de sa gouvernante. Une partie des vêtements iraient à la cuisinière et à la servante, les robes iraient à Le Bègue qui avait une sœur. Olivier conserverait les rares bijoux ; une bague et des boucles d'oreilles qu'il avait rangées avec un collier appartenant à sa mère. Une chaîne en fait, à laquelle était suspendue une médaille de la Vierge.

Poulain trouva le jeune homme tout mélancolique, ne sachant plus de quel côté tourner sa vie.

— C'en est fini avec ma thèse et mes projets d'avenir, lui dit-il. Je ne reverrai plus le père Boucher tant que je n'aurai pas éclairci son rôle, et personne ne voudra suivre ma thèse sans son accord. Je suis trop jeune pour reprendre la charge de mon père, trop jeune aussi pour un office de magistrat bien que mon père m'ait laissé quelques pécunes. Peut-être vais-je devenir avocat. Je ne sais pas…

— Un grand seigneur de ma connaissance souhaite vous rencontrer pour vous proposer d'entrer à son service, lui annonça alors Poulain. C'est la raison de ma visite.

— Moi ? Mais je ne sais rien faire, monsieur Poulain ! s'excusa-t-il. D'ailleurs, comment me connaît-il ?

— Soyons amis, Olivier. Jugez-vous que vous pouvez me faire confiance ?

— À qui d'autre pourrais-je l'accorder si je vous la refusais ?

— Laissez-moi vous dire ceci, Olivier, ou plutôt, te dire, car je veux te tutoyer comme le ferait un grand frère. Ton père a été assassiné par des gens qui ne voulaient pas qu'il découvre une importante fraude dans la collecte des tailles.

— Savez-vous qui ?

— Tu m'as dit que ton père avait reçu la visite de M. de La Chapelle qui lui avait proposé de participer à une confrérie de défense contre l'hérésie…

— C'est vrai.

— M. de La Chapelle, et d'autres, ont effectivement constitué une ligue… C'est cette ligue qui a organisé ce rapinage des tailles.

— Je… je ne peux y croire ! M. de La Chapelle est homme de bien !

— Je ne suis sûr de rien, mais cette tromperie est d'une telle ampleur qu'elle a réduit les ressources de la France. Le roi veut démasquer les coupables et récupérer son argent. Or, ces coupables sont aussi les assassins de ta famille. Tu pourrais les découvrir en reprenant le travail de ton père.

Olivier resta interdit un instant avant de remarquer en secouant la tête :

— Ce n'est pas possible... Je dois rendre au contrôle des tailles tous les documents qui lui avaient été confiés, et on ne me laissera jamais consulter les quittances et les registres archivés au tribunal de l'élection.

— Ce grand seigneur est proche du roi. Si tu entres à son service, tu auras toute l'aide nécessaire, ainsi que de bons gages.

— Dans ces conditions j'accepte ! fit Olivier qui ne s'attendait pas à une telle aubaine. Qui est ce grand seigneur ?

Poulain craignait maintenant qu'Olivier ne refuse en donnant le nom de l'archilarron, si détesté par les Parisiens, mais avait-il le choix ?

— C'est le seigneur d'O.

— Quoi ? Ce voleur ? Ce débauché ? Jamais ! J'y perdrais mon honneur ! répliqua Olivier dans un mélange de surprise et de colère.

— Tout à l'heure, j'ai rencontré cet intriguant, Olivier, cet infâme duelliste, et j'ai découvert que je ne connaissais que la réputation, pas l'homme.

— Que voulez-vous dire ? s'enquit Olivier, tellement contrarié qu'il se remit à vouvoyer Nicolas Poulain.

— O n'est pas celui qu'on décrit ainsi. Il est sérieux, réfléchi, et d'une totale fidélité à notre roi.

— Lui ? Alors que le roi l'a chassé ! Et quand bien même il serait fidèle au roi, quel genre de roi avons-nous ? Un roi qui s'habille en femme ! Un roi qui préfère ses petits chiens à ses sujets ! Un roi qui soutient Navarre, l'hérétique ! Un roi qui ruine la France pour ses mignons !

— Un roi choisi par Dieu, déclara solennellement Nicolas Poulain.

— Je préférerais devenir Espagnol catholique pour vivre en ma religion et faire mon salut, plutôt qu'être Français hérétique au risque de perdre mon âme, rétorqua Hauteville.

— Je ne cherche pas à te convaincre, Olivier, dit Poulain en secouant la tête. Je te pose juste à nouveau ces deux questions : me fais-tu confiance, et veux-tu connaître les assassins de ton père ? Si ta réponse est oui, va voir M. d'O.

Vêpres sonnaient et la nuit n'allait pas tarder à tomber quand Olivier se présenta devant une solide maison en pierre à deux étages de la rue de la Plâtrière, à l'enseigne de l'image du *Cheval Bardé*. Un porche fermé, d'un portail ferré, conduisait sans doute à une cour. Les fenêtres du rez-de-chaussée étaient protégées d'épaisses grilles, celles des deux étages de lourds volets intérieurs. Des sortes de meurtrières ouvraient de minces fentes sur la façade, lui donnant un sinistre aspect de forteresse. Il frappa à la porte couverte de gros clous située à gauche du portail. Une voix l'interrogea depuis la grille avant qu'on ne le fasse entrer.

Il pénétra dans une sombre antichambre d'où grimpait un escalier. Une sorte de brigand en hautes bottes à éperons de fer, chevelure et barbe noires en broussaille, caparaçonné d'une casaque de buffle avec une lourde épée de côté à poignée de bronze se tenait devant lui. Le valet ou le concierge qui avait ouvert était aussi armé d'un long coutelas ainsi que d'un mousquet à rouet glissé dans sa ceinture.

— Venez avec moi ! gronda le brigand avec un accent gascon.

Il emprunta l'escalier, Olivier sur ses talons, le cœur un peu serré. En haut, le *bravo* s'effaça pour le laisser entrer en déclarant seulement :

— M. Hauteville.

La pièce, qui donnait sur un jardin, était encore bien éclairée au soleil couchant. Un homme au visage dur, en haut-de-chausses en velours violet et pourpoint de satin, se tenait près d'une fenêtre en compagnie d'un géant blond en robe de laine bordée de fourrure de renard. Celui-là avait un sabre pendu à sa taille.

Olivier balaya la chambre des yeux. Il y avait très peu de meubles ; un lit à colonnes très simple avec des rideaux de velours ; un grand coffre sur lequel étaient posés des mousquets ; un autre supportait un manteau et un chapeau ; pas de tableau, pas de miroir ou de tenture. Comme si l'installation du maître de maison était provisoire.

— Je n'étais pas certain que vous viendriez, monsieur Hauteville, persifla l'homme au pourpoint de satin. M. Poulain a réussi à vous convaincre de rencontrer l'archilarron du roi !

Olivier s'inclina, rouge de honte et ne sachant que dire.

— Si vous êtes là, c'est que vous n'êtes pas aussi sot que les autres Parisiens. Soyons clairs, je n'ai guère de temps pour la triche. Je suis au roi. Ce roi que vous n'aimez pas est le meilleur roi que la France ait jamais eu. C'est un homme d'esprit, tolérant et talentueux, qui ne songe qu'à la paix et à la grandeur du royaume. En face, il a deux adversaires. M. de Guise, un ambitieux, un parjure et un fripon, comme son père, et Henri de Navarre qui sera un bon roi s'il accepte la messe, et que nous devons respecter puisque la loi des Francs nous l'impose. Je ne sais qui l'emportera, monsieur Hauteville, mais je serai au roi jusqu'à mon dernier souffle. Si vous entrez à mon service, je veux la même fidélité absolue.

Olivier resta silencieux en gardant un air maussade, sans donner le moindre signe d'acquiescement.

— Voici ce que je sais, poursuivit O, sans prêter attention à l'attitude de son visiteur. Un quarteron de bourgeois parisiens a choisi de se dresser contre Sa Majesté, de se rebeller contre la couronne, ceci avec l'appui de M. de Guise. Ils ont constitué une confrérie, qu'ils nomment la sainte union, ou la Ligue en souvenir de celle que plusieurs villes avaient rejointe en 1576. Je connais une partie de ces gens-là : il y a le curé Boucher, le commissaire Louchart, le procureur Jean Bussy, M. Hotman, et le gendre du prévôt des marchands, M. de La Chapelle ainsi que son frère. Ces gens protègent ceux qui larronnent les tailles du royaume pour les offrir aux princes lorrains ; je devrais d'ailleurs dire les princes larrons [1] ! Votre père vérifiait les registres à la demande de M. Séguier. Ils l'ont occis pour qu'il ne puisse les dénoncer. Maintenant, à vous de choisir votre camp. Celui des larrons, celui de ceux qui veulent prendre au roi la couronne que Dieu lui a donnée, celui de ceux qui ont tué votre père, ou celui du parti dans lequel je me trouve, au côté du roi qui les combat.

— Il se dit, monsieur, que les huguenots sont cachés dans les faubourgs, qu'ils vont assassiner les bons catholiques, que le roi approuve ces hérétiques, que nous serons tous damnés si nous laissons faire, que MM. d'Épernon et Joyeuse ruinent le royaume et que seule la Ligue, dont j'ai entendu parler, pourra nous sauver, déclara Olivier d'un seul trait, après une courte hésitation.

O tenta de refréner sa colère devant ce jeune coq

1. L'expression est rapportée par Pierre de L'Estoile : « De ces traîtres princes Lorrains, Je voulais dire princes larrons, Qui volent toutes les maisons. »

insolent. Il s'emporta pourtant en tendant un doigt accusateur vers lui.

— Je vous l'ai dit, mon garçon, je suis au roi, pas à Épernon ou à Joyeuse ! Quant à ce que vous espérez de la Ligue, je puis vous dire ce qu'ils ont prévu : assassiner le chevalier du guet, égorger le président du parlement, trucider le roi, occire tous ceux qui ne veulent plus de cette guerre, et donner le royaume à M. de Guise, c'est-à-dire à l'Espagne et à l'inquisition. Et pour commencer, ils ont assassiné votre père ! asséna-t-il.

Olivier était dans la confusion la plus totale. O le comprit et lui dit plus calmement :

— Je vais vous faire une proposition, monsieur Hauteville. Je devine que vous ne me faites pas confiance... Je serai plus charitable que vous en vous accordant la mienne. Reprenez la tâche de votre père, cherchez qui rapine les tailles. Lorsque vous aurez trouvé, peut-être me rendrez-vous raison.

— Serai-je libre de conduire ces investigations, monsieur ? D'avoir accès à tous les documents ?

— Parfaitement. Le seul serment que je vous demande, c'est de garder secrète cette discussion, ainsi que ma présence à Paris.

— J'accepte, monseigneur, décida Olivier, malgré tout touché par la générosité de cet homme qu'il considérait jusqu'à présent comme l'antéchrist.

— Merci, monsieur, ironisa O en s'inclinant avec une fausse déférence. Pour ce travail, vous recevrez des gages de cinquante écus par mois. Si, plus tard, vous souhaitez rester à mon service, nous en reparlerons. Je vais écrire à M. Séguier pour qu'il mette ses secrétaires à votre disposition. Vous vous ferez aider par votre commis, M. Le Bègue. Comme vous le voyez, je sais beaucoup de choses... L'homme qui vous a accompagné dans cette chambre se nomme

M. Eustache de Cubsac. Il viendra chez vous demain et ne vous quittera plus.

— Pourquoi, monsieur ?

— Parce que ceux qui ont occis votre père vont tôt ou tard apprendre ce que vous faites, et alors votre vie ne vaudra pas ça, répondit-il en claquant des doigts. J'avais songé à ce que M. Poulain vous protège, mais il a son office qui l'absente trop souvent de Paris. Donc ce sera M. de Cubsac. Vous pouvez lui faire confiance, mais vous devrez le loger et le nourrir.

» Puisque nous en sommes à mes gens, voici Dimitri. (Il désigna le géant blond en robe et fourrure porteur du sabre.) S'il vous porte un pli ou un ordre de ma part, vous pouvez être certain qu'il vient de moi. Un dernier point, vous trouverez vos gages pour les six prochains mois sur ce meuble.

Il désigna négligemment le coffre aux arquebuses sur lequel se trouvait effectivement un petit sac de cuir.

— J'espère que vous aurez trouvé nos voleurs bien avant car je dois retourner à Caen avant la fin de mars.

Olivier bredouilla un merci qui amena un sourire sur les lèvres de l'ancien mignon du roi.

— Dimitri va vous raccompagner, monsieur Hauteville.

Olivier quitta la maison du marquis d'O déconfit, l'esprit en désordre. L'archilarron, dont le monde entier connaissait pourtant les vices et la fausseté, lui était apparu comme un homme raisonnable, généreux et loyal au roi. Mais n'était-ce pas Satan qui l'avait ainsi travesti ?

Il se força à chasser la confiance qu'il ressentait envers lui. O l'avait certainement abusé avec ses belles paroles. Il ne se laisserait pas faire ! Certes, il rechercherait qui rapinait les tailles mais ce serait uniquement pour trouver l'assassin de son père, et rien d'autre. Ensuite, il oublierait l'archilarron et toutes les créatures d'Hérodes !

Pourtant, dans l'immédiat, il avait dans son manteau une bourse de trois cents écus lui permettant de vivre dignement. Il pourrait sans doute engager un nouveau valet, ou un concierge, et payer à Le Bègue ses gages de commis. En même temps, il songeait à ce qu'il avait appris sur M. de La Chapelle, et sur son frère. Il ne pouvait peut-être pas faire confiance à O, mais il était certain de la loyauté de Nicolas Poulain.

Pouvaient-ils être dans le vrai ? Cette ligue dans laquelle il avait failli s'engager, ainsi que son père, avait-elle ordonné la mort de sa famille ?

11.

Lundi 21 janvier 1585

Eustache de Cubsac se présenta chez Olivier Hauteville le lundi soir. Le Gascon lui annonça que M. Séguier avait donné ordre au tribunal de l'élection de lui laisser toute liberté pour consulter les pièces comptables. Il lui remit aussi une lettre du surintendant des finances, au cas où il rencontrerait des difficultés.

Le Gascon, qui portait une gibecière contenant toutes ses affaires, lui confirma qu'il s'installait chez lui et qu'il l'accompagnerait partout. Olivier lui avait fait préparer son ancienne chambre, au deuxième étage. Cubsac en fut plus que satisfait. Il avait l'habitude de partager sa paillasse avec des soldats ou des valets et c'était la première fois qu'il disposait d'une grande salle chauffée pour lui tout seul. Sans compter que Perrine, la jeune servante, était plutôt à son goût.

Le lendemain, les trois hommes se rendirent au Palais. Olivier et le commis sur le bardot, Cubsac sur son cheval, armé jusqu'aux dents. La première matinée fut consacrée à une visite des archives. Jacques Le Bègue expliqua à son maître où se trouvaient les pièces comptables de l'élection, mais il lui précisa aussi qu'il fallait toujours ouvrir les sacs de dossier pour en connaître le contenu, car les classements étaient très mal faits. Il lui détailla ensuite longuement, avec des exemples, le mécanisme de la collecte de la taille et de son contrôle dans l'élection de Paris.

C'est en 1355 que le roi de France avait décidé que, dans chaque diocèse, trois élus des États (un pour chaque ordre) établiraient le montant de l'impôt nécessaire pour conduire la guerre contre les Anglais. Avec le temps, la taille – c'était le nom de cet impôt – était devenue définitive et les élus étaient devenus des officiers de la Couronne. Par des chevauchées dans les circonscriptions dont ils s'occupaient, ils répartissaient entre les paroisses le montant total de la taille royale à collecter que leur avait transmis le bureau des finances.

Les élus tenaient compte de l'abondance ou de la disette, de la facilité avec laquelle l'impôt de l'année précédente avait été acquitté, et surtout des exemptions des nobles et des gens d'Église qui pouvaient varier d'une année sur l'autre. Ils vérifiaient aussi les rôles dressés par les collecteurs des paroisses.

Une fois que chaque paroisse avait reçu le montant de sa taille à payer, des asséeurs choisis par les habitants dressaient des rôles sur lesquels étaient notés tous les paroissiens avec leurs biens et la partie de la taille paroissiale à leur charge. C'était la répartition. Les nobles et les gens d'Églises étaient notés de la même façon, mais sans être assujettis à l'impôt. Ces rôles étaient transmis à un collecteur auprès de qui chacun devait venir volontairement porter son impôt.

C'était une lourde machine administrative, avec quantité de bordereaux, de registres, et de vérifications, qui reposait sur une subtile hiérarchie de receveurs généraux, de receveurs, et de collecteurs. De surcroît, avec quatre cent cinquante paroisses regroupées en subdélégations, l'élection de Paris était excessivement vaste, même si la capitale était exemptée de taille.

Il y avait un rôle par paroisse et beaucoup d'entre eux portaient sur des quartiers trimestriels. Il était donc difficile de les comparer. C'est à une première tâche d'uniformisation que s'était attelé feu M. Hauteville. Avec Le Bègue, ils avaient ainsi recopié un grand nombre de registres, sur les quatre dernières années, pour pouvoir ensuite les examiner.

Seulement, comme les premiers résultats auxquels ils étaient parvenus avaient été volés par les assassins, ils devraient recommencer ce travail qui prendrait au moins un mois ou deux, d'autant que les documents de la subdélégation de Saint-Germain n'étaient pas archivés à Paris mais au château de Saint-Germain.

Le vendredi soir, Jean Le Clerc, sieur de Bussy, vint chercher Nicolas Poulain pour le conduire rue Michel-le-Comte, devant les Étuves Saint-Martin, chez M. Charles Hotman, receveur de l'évêque de Paris et fondateur de la sainte union. Poulain n'avait pas encore rencontré le chef de la Ligue parisienne, car il avait été récemment frappé par la maladie.

Bussy Le Clerc lui confia que Hotman avait créé la sainte union en réaction contre son frère Antoine, et qu'il ne fallait jamais évoquer ce dernier. Antoine, maître des requêtes d'Henri de Navarre, vivait à Genève et était l'un des plus fins juristes et théologiens protestants !

Désormais, Charles Hotman remplacerait Isoard Cappel qui était brusquement tombé malade et se soignait en province, ajouta Bussy Le Clerc. Cette dernière confidence amena un léger sourire sur les lèvres de Nicolas Poulain.

En arrivant, le lieutenant du prévôt fut conduit dans une salle voûtée et présenté immédiatement au chef de la sainte union, un homme austère à l'expression aussi triste que celle d'un pasteur huguenot. Comme à chaque réunion des ligueurs, beaucoup de participants étaient masqués, ce qui était d'ailleurs presque inutile, car avec seulement quatre ou cinq chandelles de suif allumées, on n'y voyait presque rien.

Quand le conseil fut au complet, Hotman lut une lettre du duc de Guise qui annonçait l'offensive prochaine des catholiques afin d'imposer au roi les clauses du traité de Joinville. À cette déclaration, des exclamations de joie ou de soulagement se firent entendre dans toute l'assistance.

Pour que leur cause l'emporte, poursuivait Guise dans sa missive, les Parisiens devaient l'aider, ainsi que les vrais catholiques des autres cités du royaume. Guise assurait disposer de quatre-vingt mille hommes, mais comme cette armée devrait être répartie dans toutes les provinces, les ligues urbaines joueraient un rôle important pour qu'il prenne facilement possession des villes et des forteresses.

Dans ce discours, Poulain remarqua qu'on ne parlait plus d'une entreprise de défense contre une Saint-Barthélemy organisée par les huguenots. Désormais, on ne faisait allusion qu'à une prise du pouvoir par les Lorrains.

Après la lecture de la lettre de Guise, Nicolas Poulain dut s'expliquer sur les achats d'armes qu'il avait faits. Quand il annonça avoir acheté vingt-cinq corselets, casques et épées pour cinq cents écus, des murmures de déception, et même de colère, se firent entendre. Comment pourraient-ils se défendre contre les centaines de Suisses et de gardes françaises du roi avec vingt-cinq épées ! ricanèrent certains.

Hotman lui-même grimaça son mécontentement avant de présenter à l'assistance un nouveau venu nommé Nicolas Ameline. C'était un homme d'une quarantaine d'années, au visage énergique, avocat des bourgeois de Saint-Germain-l'Auxerrois.

M. Ameline, expliqua Charles Hotman, allait prendre langue avec les bourgeois et les échevins des plus importantes villes de Beauce, Touraine, Anjou et Maine pour qu'ils constituent secrètement des unions comme celle de Paris, puisque c'est ce que demandait Mgr de Guise. M. Ameline leur ferait connaître les souhaits du duc et leur distribuerait de l'argent. Il disposerait pour son voyage de trois mille écus et la sainte union parisienne lui offrirait son équipement pour voyager, ainsi que deux bons chevaux.

M. Ameline informerait l'union chaque semaine. Par sécurité, et pour éviter que ses lettres ne soient lues par des espions, il les enverrait au logis de Nicolas Poulain, qui les porterait ensuite à M. de La Chapelle.

La réunion terminée, Poulain rentra chez lui tandis qu'une poignée de ligueurs restaient autour d'Hotman. Ils avaient à débattre en privé d'une difficulté inattendue que venait de leur signaler l'un des leurs.

Il y avait là Jehan Salvancy et son protecteur, M. de La Chapelle, le commissaire Louchart, Jean Bussy Le Clerc, le sergent Michelet, M. de Mayneville et enfin le curé Boucher.

C'est le protecteur de Jehan Salvancy qui avait demandé ce conciliabule.

— La situation est grave, mes amis, commença-t-il d'une voix traînante. Vous savez que notre principale ressource, et celle de Mgr de Guise, provient du prélèvement que nous effectuons sur les tailles de l'Île-de-France... M. Hauteville, chargé de contrôler les registres, était à deux doigts de découvrir les opérations de notre ami Salvancy quand nous l'avons fait disparaître... Nous pensions être tranquilles encore un an, le temps que Mgr de Guise impose sa volonté au roi et assure notre protection...

Les autres approuvèrent gravement de la tête.

— ... Malheureusement, je viens d'apprendre que le fils Hauteville, dont nous n'avons pas pu obtenir la condamnation pour parricide, a été chargé de poursuivre le travail de son père. Il nous faut tout recommencer.

— Est-ce vraiment grave ? s'étonna M. de La Chapelle. Ce jeune homme n'a aucune expérience de contrôleur des tailles. Il aura des centaines, sinon des milliers de documents à consulter et il mettra des années pour seulement comprendre ce qu'il y a dans ces montagnes de papiers !

— C'est certain, approuva Louchart, mais le fils Hauteville a pour voisin M. Poulain. C'est Poulain qui a pris sa défense quand il a été arrêté. J'ai même été obligé de le faire libérer, car ce lieutenant du prévôt s'était mis en tête d'enquêter sur les assassinats !

— Disons la vérité à M. Poulain, il est des nôtres et cessera toute relation avec son voisin, proposa Mayneville avec impatience, car il avait hâte de rentrer chez lui.

— J'ai peur que ce ne soit pas si simple, répondit Le Clerc avec une moue. Poulain est un policier fort scrupuleux quant à l'application de la loi et il ne nous a rejoints que pour défendre la religion catholique. S'il apprenait que nous avons assassiné M. Hauteville, qui peut savoir comment il réagirait ?

— Je suis de ton avis, intervint le commissaire Louchart.

— Je me range à vos arguments, approuva Mayneville avec un signe de tête. Mais où y a-t-il danger ? Poulain ne peut aider Hauteville à contrôler les tailles…

— Non, ironisa sombrement le protecteur de Salvancy. Mais imaginez que Olivier Hauteville lui cite le nom des gens qu'il a rencontrés ces jours-ci, alors qu'il se renseignait sur ce que faisait son père… M. Poulain se souviendrait immanquablement qu'il les a aussi vus à nos réunions…

Il poursuivit, un ton plus bas :

— … Il pourrait faire le lien avec l'assassinat du père Hauteville. Ne risquerait-il pas alors de nous demander des comptes, et même de nous dénoncer ?

Mayneville grimaça sans mot dire, reconnaissant que Poulain pouvait présenter un danger. À dire vrai, Poulain ou Hauteville.

— Vous avez le choix, messieurs, il faut se débarrasser de l'un ou de l'autre, déclara-t-il après un instant de silence.

— Comme nous avons besoin de M. Poulain, dit La Chapelle avec cynisme, le choix est fait…

— Trouvons quelque gueux qui lui donnera un coup de dague dans la rue, proposa Salvancy.

— Ce ne sera pas facile, intervint le commissaire Louchart. Cette semaine, j'ai aperçu Hauteville au Palais en compagnie d'un ferrailleur armé d'une lourde épée. Le genre d'individu qui loue son bras au plus offrant. J'ai demandé à Michelet de les surveiller et il a appris que ce spadassin loge chez lui. Sans doute l'a-t-il engagé pour se protéger.

— Et si nous achetions ce garde du corps ? Il pourrait faire le travail à notre place.

— Et s'il refuse ? grinça Louchart. Ces bretteurs ont parfois un curieux sens de l'honneur !

— Michelet, pourriez-vous rassembler quelques

truands capables de se charger d'eux ? demanda La Chapelle.

— En ville ? Vous rêvez, monsieur ! La nuit, ce serait sans doute possible, mais de jour, en pleine rue ! Il faudrait que Hauteville quitte Paris..., suggéra-t-il après un instant.

Ils restèrent encore silencieux un moment, certains échafaudant quelques idées qu'ils ne proposaient finalement pas tant elles leur paraissaient risquées ou irréalisables.

— Il va se rendre à Saint-Germain ! intervint brusquement Salvancy. Je me souviens qu'en examinant les documents trouvés chez M. Hauteville et que l'on m'a portés, j'y ai vu la copie des registres de la subdélégation de Saint-Germain qui ne sont pas au tribunal de l'élection de Paris. Il aura besoin de se procurer ces pièces, donc de se rendre là-bas comme l'avait fait son père.

— Mais quand ? demanda La Chapelle.

— Je peux me charger de cette affaire, proposa Michelet. Pendant quelques jours, je n'irai pas au Châtelet prendre mon service à la première heure. Je suivrai Hauteville et son commis chaque matin. Ils sortent de chez eux toujours à la même heure. Si je les vois prendre le chemin de Saint-Germain, j'aurai le temps de préparer quelque chose.

— Comment ferez-vous ?

— À Montmartre, je peux rapidement réunir quelques gueux. Même à cheval, il faut une demi-journée pour aller à Saint-Germain. Hauteville restera là-bas au moins deux jours, sinon trois. Sur place, je trouverai où ils logent et mes hommes surveilleront leur départ. On les attendra dans les bois de Vésinet, avant Chatou. À cette époque de l'année, il n'y aura pas grand monde sur la route et ils ne pourront m'échapper.

— Ce plan me paraît habile, approuva M. de La Chapelle en balayant du regard l'assistance, pour guetter une approbation.

— À moi aussi, dit Louchart, après un temps de réflexion. Mais évitez tout combat rapproché, Michelet. Le bretteur garde du corps est sans doute dangereux. Prenez des mousquets et tirez-les comme des lapins.

Lundi 28 janvier 1585, dans le Périgord

Ils avaient logé à Ruffec chez M. Leperrois, un ami de M. de Mornay, veuf et âgé. Après le souper, il les avait laissés dans la grande salle de sa maison fortifiée située dans une lice des remparts. Devant la cheminée, éclairés seulement par les flammes, Cassandre, les Suisses, et Caudebec veillaient un peu avant de rejoindre leurs chambres. Dehors, il neigeait. L'étape du lendemain serait certainement aussi courte que celle du jour écoulé. À peine trois ou quatre lieues.

Durant le voyage, ils parlaient peu, tant ils devaient rester vigilants aux périls du chemin, et ce n'est que le soir qu'ils pouvaient discuter. Mais ils le faisaient rarement, sinon pour préparer l'itinéraire du lendemain, car souvent leur hôte était avec eux et ils devaient rester discrets.

Ce soir-là, étant seuls, Cassandre interrogea ses compagnons sur Isabeau de Limeuil. Pour des raisons qu'elle ne comprenait pas, elle se sentait attirée par cette femme dont elle n'avait pourtant jamais entendu parler auparavant.

Les Suisses lui dirent combien ils appréciaient leur maîtresse. Malgré sa sévérité, elle était pleine d'esprit et ils lui racontèrent une anecdote. Après son mariage, la nouvelle épouse du prince, Françoise de Longueville, avait exigé d'Isabeau de Limeuil qu'elle rende les cadeaux reçus de son amant. Isabeau n'en avait retourné qu'un : une superbe peinture de François Clouet représentant Louis de Bourbon qu'elle avait gâchée en ajoutant à l'encre deux grandes cornes au milieu du front.

Ils rirent tous de bon cœur.

— Monsieur Caudebec, demanda alors Cassandre, avez-vous connu le prince de Condé ?

— Oui, mademoiselle. J'étais à ses côtés à Jarnac.

Ils restèrent silencieux un moment, étreints par l'émotion à ce triste souvenir. Jarnac était une grande défaite de leur cause. En ce mois de mars 1569, Condé et Coligny dirigeaient une armée de gentilshommes gascons, périgourdins et poitevins. Près de Cognac, ils avaient trouvé le duc d'Anjou, c'est-à-dire l'actuel roi Henri III, à la tête de l'armée catholique. Les huguenots s'étaient établis dans Jarnac alors que l'armée royale était restée sur l'autre rive de la Charente. Mais dans la nuit, le duc d'Anjou était passé sur la rive droite. Surpris, Coligny n'avait pu rassembler ses forces. Par malheur, avant même le début de la bataille, Condé s'était brisé une jambe. Avec trois cents cavaliers, il s'était heurté à huit cents lances du duc d'Anjou et avait été pris à revers par des reîtres allemands. Cheval tué, tombé au sol, il avait levé ses gantelets vers des gentilshommes catholiques qu'il connaissait pour montrer qu'il se rendait. Mais un des capitaines des *Manteaux rouges* du duc d'Anjou nommé Montesquiou, sachant la haine que son maître avait envers le prince, s'était approché au galop en criant « Tue ! Tue ! Mordious ! » et lui avait tiré un coup de pistolet dans la tête.

Par dérision, le corps du prince avait été chargé

sur un âne et exposé durant deux jours aux quolibets des catholiques. C'est là qu'Isabeau l'avait revu pour la dernière fois et qu'elle avait prononcé ce terrible : « Enfin ! »

— Quel genre d'homme était-il ? demanda Cassandre, en rompant le silence.

Caudebec ne répondit pas tout de suite. Condé était un homme complexe, parfois brutal et sanguinaire, d'autrefois d'une bonté extrême.

— Le prince était un soldat, mademoiselle. Beaucoup le disaient cruel, et il pouvait l'être en effet, ayant rarement pitié de ses ennemis. Mais vous savez de quel courage il fit preuve à Jarnac. Ayant eu une jambe brisée par un coup de pied du cheval de son beau-frère, M. de La Rochefoucauld, non seulement il ne quitta pas le champ de bataille mais il déclara à ses gens avant de charger : *Noblesse française, voici le moment désiré ; souvenez-vous en quel état Louis de Bourbon entre au combat !*

Chassant ces pénibles souvenirs, il poursuivit :

— Saviez-vous qu'on avait écrit une chanson sur lui, où l'on évoquait sa courte taille, mais aussi son esprit ?

Caudebec se mit à fredonner :

Ce petit homme tant joli,
Toujours cause et toujours rit,
Et toujours baise sa mignonne,
Dieu garde du mal le petit homme !

Cassandre se sentit étrangement émue.

— Cette chanson montre combien il était aimé... dit-elle.

— En effet, mademoiselle. Pourtant il était dur, je vous l'ai dit, encore qu'il l'était moins que l'amiral de Coligny. Moi-même j'y étais attaché, bien que je ne l'aie rencontré que deux fois, ajouta Caudebec. Il avait vos yeux vifs et un esprit brillant, il aimait plaisanter, et comme il est dit dans la chanson, il était toujours gai, il aimait plaire, tout en étant résolu et ardent au combat. C'est un grand malheur pour notre cause qu'on l'ait assassiné, si lâchement.

— Aimait-il vraiment Mlle de Limeuil ?

— Je l'ignore, mademoiselle. Je sais seulement qu'ils ont eu un fils, mort peu après sa naissance, et que cela l'a fort affecté. Il en parlait parfois, m'a-t-on dit, dans ses moments de mélancolie. Il avait aussi perdu deux enfants de son premier mariage et ces disparitions assombrissaient son caractère. Après la mort de son épouse, et avoir délivré Limeuil du couvent où Catherine de Médicis l'avait enfermée, celle-ci est venue habiter avec lui. Il l'aurait sans doute épousée si la pression de ses amis n'avait pas été si forte. Son devoir de prince de sang devait finalement l'emporter sur ses désirs. Il a été contraint de l'abandonner, et elle ne lui a jamais pardonné. On dit que lorsqu'ils s'écrivaient, il ne signait pas de son nom mais de ces mots : *Mourons ensemble !*

— C'est lui qui est mort le premier, dit Cassandre avec un air mélancolique.

Elle ne posa pas d'autres questions. Elle s'interrogeait à nouveau sur les raisons qui la faisaient s'intéresser au prince de Condé et à Mme Sardini. Il est vrai qu'elle allait la rencontrer. Sa mère adoptive, Mme du Mornay, lui avait dit qu'elle devrait s'en méfier, donc tout ce qu'elle saurait sur elle pourrait lui être utile pour se défendre. Tout de même, elle ne pouvait s'empêcher de songer à sa triste destinée.

12.

Vendredi 1er février 1585

Le vendredi suivant, lors de la réunion du conseil de la sainte union, Nicolas Poulain informa les participants qu'il avait encore acheté une vingtaine d'épées et autant de cuirasses. M. Mayneville n'en parut guère satisfait. Il était venu accompagné d'un homme râblé, au cou de taureau et au mufle couturé de cicatrices qu'il présenta comme étant François de La Rochette, écuyer du cardinal de Guise. M. de La Rochette partirait la semaine prochaine pour l'Artois, expliqua-t-il, afin d'acheter des arquebuses pour le duc de Guise qui seraient ensuite transportées par la Marne jusqu'en Lorraine. Mayneville proposa que M. de La Rochette achète aussi des armes pour la ligue parisienne puisque M. Poulain ne parvenait pas à s'en procurer en nombre suffisant.

Arras, la capitale de l'Artois, se situait à proximité des provinces wallonnes, où se trouvaient un grand nombre de forges. Cette industrie avait entraîné l'installation de trumelliers qui martelaient les grèves d'armure ainsi que de fourbisseurs, d'haubergiers et de brigandiniers. Comme la ville n'était pas dans le royaume, expliqua Mayneville, il était facile d'y acheter toutes sortes d'équipements militaires. Les armuriers d'Arras fabriquaient aussi d'excellentes arquebuses et leur corporation vendait sans état d'âme aussi bien à l'armée espagnole qu'aux orangistes protestants. Ils ne posaient aucune condition pour autant qu'on leur baille des pécunes sonnantes et trébuchantes.

Nicolas Poulain comprit qu'on cherchait à l'évincer. Il avait bien proposé de se rendre à Besançon acheter casques et cuirasses, mais comme c'était un voyage de plusieurs semaines, l'idée n'avait pas été retenue. Et s'il n'avait pas proposé Arras, pourtant plus près de Paris, c'est que les troubles avaient longtemps fait rage dans la capitale de l'Artois et qu'il avait jugé un tel voyage trop risqué dans une ville sous influence espagnole. En effet, quelques années plus tôt, les partisans du calviniste Guillaume d'Orange avaient pris la ville avec l'aide d'orangistes protestants et demandé la protection de la France. Le roi de France ayant refusé de s'impliquer, les catholiques avaient repris le pouvoir et les orangistes avaient fini pendus, sauf leur chef qui avait eu la tête tranchée avant d'être coupé en quatre quartiers devant la halle de l'échevinage.

Mais cette guerre civile était terminée et la ville était revenue sous la domination espagnole, expliqua M. de La Rochette qui paraissait bien informé. Et avec la fin des troubles, les armuriers disposaient d'importants surplus qu'ils étaient prêts à céder à bas prix et sans aucun contrôle.

Pour éviter d'être mis en congé des ligueurs, Poulain approuva sans réserve la proposition de M. de Mayneville et proposa d'accompagner l'écuyer de Mgr de Guise. Il reviendrait avec les armes achetées pour la sainte union et les porterait directement à l'hôtel de Guise.

Les Seize approuvèrent l'idée. M. de La Rochette

lui-même la trouva judicieuse. Bien qu'écuyer du cardinal de Guise, il n'avait pas une grande expérience dans l'achat d'équipement militaire et les conseils de Nicolas Poulain lui seraient utiles, dit-il. En outre, il savait parfaitement qu'il risquait la corde en rentrant en France avec un convoi d'armes, et voyager avec un lieutenant du prévôt de l'Île-de-France lui assurerait une certaine sécurité.

Il fut convenu que les deux hommes, accompagnés d'une petite escorte, partiraient seulement le samedi suivant, car Poulain ne pouvait éviter la chevauchée de la semaine à venir. Il leur faudrait moins d'une semaine pour gagner Arras, et tout au plus deux autres pour acheter des armes et revenir.

Il restait à Nicolas Poulain à peu près cinq mille écus sur les six mille qu'il avait reçus et il s'engagea à acheter avec cette somme au moins trois cents épées, corselets et casques. Si tout se passait bien, les ligueurs pourraient ensuite envoyer quelqu'un d'autre pour en acheter plus. La Rochette, lui, ramènerait un convoi d'arquebuses qui embarquerait sur la Marne, à Saint-Maur.

Deux jours plus tard, Nicolas Poulain et Olivier Hauteville se rencontrèrent à la sortie de la messe, à Saint-Merry. Dans leur discussion, Olivier annonça au lieutenant du prévôt qu'il se rendait le lendemain à Saint-Germain, car les registres des tailles de cette subdélégation n'étaient pas disponibles au Palais. Et comme il savait que cette ville était le quartier général de Poulain, il lui demanda s'il accepterait de souper avec lui un soir.

— Faisons plutôt la route en compagnie lundi matin, proposa le lieutenant du prévôt. Si tu as fini mercredi, rentrons ensemble. Je pars à Arras samedi mais j'ai tant de mémoires à écrire pour le procureur que j'abrégerai ma chevauchée d'un jour.

Olivier accepta avec allégresse.

Georges Michelet était né à Montmartre d'un père huissier au Châtelet. La Saint-Barthélemy avait été pour lui un grand moment de bonheur. Il avait pillé, tué, violé, rapiné, dans la plus parfaite légalité. Seulement, moins religieux que son ami Le Clerc et aucunement fanatique, il avait arrêté de massacrer quand il en avait reçu l'ordre du capitaine de sa milice. Bussy Le Clerc, lui, n'en avait pas tenu compte et il avait dû s'exiler à Bruxelles pour éviter la corde.

Michelet avait acheté un office de sergent à verge au Châtelet avec la picorée de ses pillages. Abusant de l'autorité de sa charge, il volait les maisons dont il avait la garde ou arrêtait des innocents fortunés sous de faux prétextes, les libérant contre une forte rançon, après un éprouvant séjour en prison, enchaîné et carcan aux pieds et aux mains.

Avec les bénéfices qu'il récoltait de ses malversations, Michelet avait acquis près de la porte Montmartre, entre les rues Tire-Boudin et Gratte-Cul, un cabaret qu'il exploitait avec son demi-frère. La gargote, nommée *À l'image de l'Égyptienne*, était le rendez-vous de toute une faune de malandrins, de gueux et de soldats en rupture de leur régiment. Le sergent à verge et son demi-frère y vendaient les charmes de cinq ou six ribaudes vérolées. L'enseigne du cabaret reprenait d'ailleurs, en plus vulgaire, le vitrail d'une chapelle proche où l'on voyait Marie l'Égyptienne, robe retroussée jusqu'aux genoux, offrir son corps à des bateliers pour payer son passage.

Si, pour Le Clerc, la sainte union signifiait l'alliance de la foi et de la rapine, pour Georges

Michelet, seules comptaient les séduisantes perspectives de picorée. Quand les ligueurs prendraient le pouvoir, il était convenu qu'ils pilleraient les hôtels des fidèles du roi. Par sa position au conseil, Michelet serait un des premiers informés du début des violences et il escomptait bien en être un des gros bénéficiaires.

Le lundi matin, alors qu'il surveillait la maison d'Olivier Hauteville depuis une semaine, il vit Nicolas Poulain venir frapper à sa porte. Michelet était habillé d'un sayon de gros drap à chaperon, le vêtement des crocheteurs qui déchargeaient les fagots des barques de la Seine, aussi Poulain ne le remarqua pas tant il y avait déjà du monde dans la rue Saint-Martin malgré le froid vif.

Le lieutenant du prévôt parla un instant dans l'entrebâillement de la porte, puis se rendit à l'écurie où il laissait son cheval. Il fut rejoint peu de temps après par Olivier, le commis Le Bègue, et le spadassin qui ne les quittait jamais. Les quatre hommes sortirent ensuite de l'écurie, tous à cheval.

Dès lors Michelet fut convaincu qu'ils n'allaient pas au Palais en cet équipage puisque c'était la première fois qu'il voyait Hauteville autrement que monté sur un mulet. Comme Poulain se rendait chaque semaine à Saint-Germain, le sergent en conclut qu'ils avaient décidé de faire le voyage ensemble. Ce serait ennuyeux s'ils revenaient ainsi, songea-t-il, puis il se dit que des mousquets seraient aussi efficaces contre quatre hommes que contre trois.

Seulement, il ne possédait qu'un seul mousquet.

Il fallait donc qu'il trouve quelques marauds, peut-être d'anciens soldats, qui en aient. Ce ne devrait pas être trop difficile. Le sergent suivit à pied les quatre hommes jusqu'à la porte Saint-Honoré et, quand il fut certain qu'ils resteraient sur la route de Saint-Germain, il fila vers la porte Montmartre. Là, il se précipita dans son cabaret pour faire rapidement le tour de la salle. Il repéra deux reîtres lorrains à l'épaisse barbe blanche qui éclusaient une chopine. Les reîtres possédant généralement un mousquet, il les aborda.

Oui, ils avaient des mousquets mais, pour un guet-apens près de Paris, donc fort risqué, ils demandaient dix écus chacun. Michelet accepta, certain de se faire rembourser par le conseil des Seize.

Il alla ensuite voir son demi-frère qui lui désigna dans la salle deux ou trois drôles de ses connaissances fort capables au couteau. Michelet les engagea, alla chercher sa propre arquebuse dans sa chambre à l'étage, et toute la troupe sortit de Paris par la porte Montmartre. Les gens du guet connaissaient Michelet, ses affaires louches et sa brutalité. Ils le laissèrent passer sans barguigner. À pied, les six pendards rejoignirent la route de Neuilly pour arriver à Saint-Germain en fin d'après-midi fort fatigués car, sur leurs épaules, les mousquets pesaient lourd. Ils s'installèrent dans une gargote pour se désaltérer avant de trouver bien vite l'hôtellerie où logeaient Olivier Hauteville et ses compagnons.

Le lendemain, les truands se relayèrent pour surveiller leurs prochaines victimes. Olivier et Le Bègue se rendirent au château et y restèrent toute la journée. Le soir, ils furent rejoints par Nicolas Poulain qui avait abrégé sa chevauchée.

À l'aube du mercredi, Michelet les vit préparer leurs chevaux. Aussitôt la bande de scélérats prit la route de Paris pour attendre leurs proies.

Passé la Seine et ayant traversé les champs de vigne en contrebas du château, le grand chemin traversait les bois du Vésinet. Le Vésinet était une sombre forêt où les loups étaient si nombreux et si affamés en hiver qu'ils s'approchaient parfois jusqu'au château royal pour croquer quelque enfant égaré. À cause d'eux, plus que par crainte de brigands, Poulain vérifia soigneusement ses deux pistolets et conseilla à Cubsac d'en faire autant. Olivier et Jacques Le Bègue n'étaient pas armés aussi le lieutenant du prévôt leur confia-t-il une épée et une dague qu'il transportait toujours en surplus sur sa selle. Cubsac portait son corselet, et Poulain une brigandine et un bassinet.

Pendant ce temps, le long du chemin sableux, Michelet avait conduit ses hommes au cœur de la forêt. Ils se dissimulèrent dans un bosquet à quelques pas de la route et il fut convenu que les reîtres et lui-même abattraient Cubsac et Poulain. Le lieutenant du prévôt paraissant le plus dangereux, ils seraient donc deux à tirer sur lui. Quant aux autres truands qui n'étaient armés que de couteaux, ils se jetteraient sur les deux derniers, couperaient les jarrets des chevaux et mettraient leurs victimes à bas avant de les égorger. Michelet leur promit qu'ils pourraient garder tout ce qu'ils trouveraient sur leur victime.

Quand les truands entendirent les cavaliers – il y avait très peu de circulation en ce matin de janvier – les mèches lentes des mousquets furent allumées. Malheureusement, une faible brise soufflait des reîtres vers les cavaliers qui arrivaient. Nicolas Poulain était particulièrement attentif, surtout en chevauchée. Il sentit l'odeur des mèches et fit arrêter la troupe.

Furieux d'avoir été repéré, Michelet tira trop tôt, imité par les deux autres. Atteint par la balle du sergent qui visait pourtant Poulain, M. de Cubsac s'écroula tandis que le cheval du lieutenant du prévôt d'Île-de-France se cabrait. Les deux coups de feu des mercenaires ratèrent leur cible.

Habitué aux embuscades, Nicolas savait que la mousquetade terminée, tout se réglait à l'arme blanche avec un formidable avantage pour les cavaliers. Il dégaina, saisit un pistolet de ses fontes, et se précipita vers le fourré d'où sortait encore la fumée des mousquets. Les deux Lorrains ne tardèrent pas à réagir mais Poulain abattit le premier d'un coup de pistolet dans la face et sabra l'autre d'un revers de lame.

Il en manquait un, car il était certain d'avoir entendu trois coups de feu. En se retournant pour chercher le troisième tireur, il entrevit Cubsac qui s'était miraculeusement relevé et qui, l'épée à la main, faisait de grands moulinets afin de protéger Olivier et Le Bègue de trois drôles brandissant des lardoires et des tranchoirs. Ne cherchant pas plus à élucider le mystère du troisième coup de feu, le lieutenant du prévôt fit aussitôt tourner sa monture pour secourir le Gascon et ses amis.

Mais comme il allait contourner un fourré, il vit avec horreur M. de Cubsac glisser sur une plaque de glace ou de l'herbe gelée et tomber en arrière. L'un des gueux se jeta sur lui pour lui trancher la gorge.

Il n'eut pas le temps de le faire, Olivier avait dégainé l'épée que Nicolas Poulain lui avait prêtée, et sans connaître grand-chose à la science des armes, avait écarté d'un revers le tranchoir du truand. Puis, d'un coup d'estoc, il transperça le brigand de part en part. Mais déjà les deux autres gueux étaient sur lui. Il parvint tout juste à les tenir à l'écart en balayant l'air en tous sens avec sa lame. Poulain arriva à temps pour percer un des larrons dans le dos tandis que Cubsac, qui s'était à demi relevé, lançait sa miséricorde sur le dernier.

Tous les assaillants étant hors d'état de nuire, le silence se fit. Les combattants, haletants, regardaient autour d'eux s'il restait un survivant, mais aucun ne bougeait.

— Par la mort bleue, monsieur de Cubsac, vous êtes invincible ! lança alors Poulain d'un ton joyeux. Je vous ai vu tomber au premier coup de feu, vous relever, puis tomber à nouveau, et vous relever encore !

— Le mousquet m'a quand même touché, souffla le Gascon dans une grimace. Et sans l'aide de M. Hauteville, je serais maintenant de l'autre côté à demander à Satan où se trouve ma place en Enfer ! Si vous pouviez m'aider à défaire ma cuirasse… La balle m'a frappé là et j'ai du mal à respirer ; j'ai certainement quelques côtes brisées.

» Ces pendards ont bien mérité leur sort, ajouta-t-il en regardant les cadavres sanglants.

— Jacques, vous n'avez pas été meurtri ? demanda Poulain en s'adressant à Le Bègue qui était resté prudemment en arrière et qui était encore pétrifié d'horreur par la rapidité et la sauvagerie de l'affrontement.

— Non, soyez rassuré, monsieur. Ce sont des brigands ? demanda-t-il.

— Sans doute ! sourit Poulain qui était de cheval. Mais dis-moi, Olivier, tu m'avais caché que tu savais te battre comme un vrai lansquenet !

Tandis qu'Olivier esquissait un sourire embarrassé, Nicolas Poulain s'approcha de Cubsac et, souleva son manteau avec délicatesse pour déboucler son corselet. Ensuite, il ôta la plaque de cuivre toute déformée. La balle avait presque percé le métal, le déformant profondément. Au-dessous, le pourpoint et la chemise du Gascon étaient légèrement ensanglantés par un éclat de métal. Cubsac, soudain tenaillé par la douleur, chancela et Poulain l'aida à s'asseoir dans l'herbe.

— Reposez-vous un instant, lui dit-il.

Comme tous les militaires, Nicolas Poulain avait une certaine expérience des blessures et il transportait dans ses bagages de selle de quoi faire quelques pansements d'urgence. Malgré le froid vif, il demanda à Le Bègue d'aider Cubsac à ôter ses vêtements pendant qu'Olivier montait la garde.

Ayant sorti de la charpie et de la toile, le lieutenant du prévôt nettoya sommairement la blessure avec de l'eau. La plaie était impressionnante mais superficielle, et comme le torse du Gascon portait déjà quelques cicatrices, il lui dit en plaisantant qu'une de plus le rendrait encore plus séduisant auprès des femmes de la cour. Enfin, avec une pierre il martela la bosse sur la cuirasse de cuivre pour lui redonner sa forme.

Quand Cubsac fut rhabillé, Nicolas Poulain demanda aux deux autres de l'aider.

— Tirons ces marauds au bord du chemin, puis je regagnerai Saint-Germain au triple galop pour prévenir mon greffier. Je vous reverrai ce soir chez vous, si j'ai le temps. Je ne pense pas qu'il y ait d'autres brigands dans le bois… et même s'il y en avait, que M. de Cubsac aille au-devant d'eux, il est invincible !

— Je ne sais plus si je suis là pour protéger M. Hauteville, ou l'inverse, grommela le Gascon qui, ayant rattaché sa cuirasse, attrapait avec une grimace de douleur l'un des cadavres par les pieds pendant qu'Olivier le soulevait par les mains. Quoi qu'il en soit, monsieur, entre nous, c'est à la vie à la mort !

C'est en allant chercher les deux reîtres avec Le Bègue que Nicolas découvrit sur le sol les trois mousquets. Il y avait bien eu un troisième homme qui s'était enfui, en conclut-il, mais il était maintenant trop tard pour tenter de le rattraper. Laissant Le Bègue tirer les corps, Poulain ramena les trois grosses arquebuses et les attacha à sa selle. Il les revendrait à la Ligue, se dit-il, et l'argent ferait bien plaisir à son épouse pour qu'elle s'achète une pièce de tissu, ou même qu'elle se fasse une robe.

Pendant ce temps, Cubsac détroussait les cadavres. C'est ainsi qu'il découvrit dix écus d'or dans les bourses des deux reîtres et un écu sol sur les trois truands.

— La même somme sur ces deux hommes ! dit-il à mi-voix à Poulain. Et les autres avaient tous une pièce identique. Si ce n'est pas un guet-apens préparé contre nous, je ne suis pas gascon !

Poulain s'assombrit en regardant les pièces.

Cubsac pouvait-il avoir raison ? Ces bois étaient infestés de détrousseurs et ces pièces pouvaient être les rapines d'autres brigandages.

— Gardez ça pour vous, demanda-t-il à Cubsac. Il est inutile d'inquiéter M. Hauteville. Vous partagerez cette picorée entre vous et je garderai les mousquets.

— Il y avait un autre tireur, remarqua Cubsac en désignant les armes.

— Oui, il s'est enfui, c'était peut-être le chef.

Il remonta en selle, toujours soucieux. Si ces gens-là n'étaient pas des brigands ordinaires, ils étaient là pour lui ou pour Olivier. Il doutait que ce soit pour lui. Cela aurait été un guet-apens bien mal préparé pour s'attaquer à un prévôt des maréchaux. Donc ces truands voulaient peut-être seulement occire Olivier. Et s'ils étaient aux ordres de ceux qui avaient déjà tué son père ? Après tout le marquis d'O l'avait prévenu.

— Monsieur de Cubsac, je compte sur vous,

dit-il finalement. Même si le chef de la bande n'a plus d'arme à feu, redoublez de prudence.

Il ajouta en se forçant à sourire :

— Et toi Olivier, apprends à te servir d'une épée, tu vas peut-être en avoir besoin.

Jeudi 7 février 1585

En 1584, pour le transport des sacs de procès entre les villes et Paris, le roi Henri III avait créé des offices de messagers royaux qui pouvaient aussi transporter des missives et des paquets de particuliers. C'est avec ce service qu'une lettre d'Ameline parvint à Nicolas Poulain alors que, rentré la veille de Saint-Germain, il s'apprêtait à se rendre chez le Grand prévôt pour se faire remettre un laissez-passer.

Le samedi précédent, il avait déjà informé M. de Richelieu de son voyage à Arras. Que les bourgeois de Paris s'équipent ainsi ne plaisait guère au Grand prévôt, mais il tenait à ce que Poulain garde la confiance des ligueurs. Il lui avait donc promis un laissez-passer pour laisser entrer trois cents épées et autant de cuirasses et de casques dans Paris.

Comme à chacune de ses visites, Richelieu reçut Nicolas Poulain sans le faire attendre. Le précieux laissez-passer était prêt et le Grand prévôt le remit à son espion. Pour éviter qu'on ne le soupçonne, il lui promit de faire saisir les arquebuses achetées par M. de La Rochette quand elles seraient transportées sur la Marne, de manière à ce que cette opération ait lieu loin de Paris.

Nicolas Poulain, rassuré par cette mesure de prudence, montra à Richelieu la lettre qu'il avait reçue. Dans celle-ci, Ameline écrivait avoir rencontré à

Chartres un receveur du domaine qui lui avait promis de rallier la municipalité à la Ligue et au duc de Guise. Il annonçait ensuite qu'il partait pour Orléans et se rendrait après à Blois et à Tours. Ceux qu'il rencontrait manquaient d'armes et espéraient que le duc de Guise les équiperait. Richelieu grommela fort en découvrant cette nouvelle forfaiture, et promit à Poulain d'agir au plus vite contre ces félons.

En rentrant chez lui, le lieutenant du prévôt s'arrêta rue Saint-Germain-l'Auxerrois pour remettre la lettre d'Ameline à M. de La Chapelle qui le remercia fort de sa diligence.

Le lendemain, la réunion de la sainte union ayant lieu aux jésuites, Charles Hotman raconta ce qu'avait déjà accompli Ameline et chacun s'en complimenta. Ensuite, Nicolas Poulain annonça qu'il avait porté à l'hôtel de Guise trois mousquets qu'il s'était procurés à un prix intéressant. Malgré la pénombre, il remarqua que le sergent Michelet grimaçait. Et si ce pendard avait un rapport avec l'agression qu'ils avaient subie ? se demanda-t-il... Après tout peut-être que les mousquets étaient à lui. Auquel cas, ce serait bien la sainte union qui aurait voulu se débarrasser d'Olivier... à moins qu'ils aient décidé de s'en prendre à lui... Pouvaient-ils le suspecter ? Il ne savait plus que penser.

À la fin de la réunion, M. de La Chapelle le prit à part.

— Je suppose que vous emporterez tout l'argent qu'il vous reste...

— En effet, dit Nicolas, mal à l'aise.

— J'espère que tout se passera bien. Ce serait une misère que vous soyez attaqué et volé en route. Sitôt que vous rentrerez, venez nous rassurer sur cette expédition. Pour savoir où nous nous réunirons, passez voir le graveur dont la boutique est installée au pied des degrés du Palais, dans la cour de mai. Désormais, c'est lui qui vous donnera le jour et le lieu de nos réunions. Je l'ai prévenu que vous étiez des nôtres.

Poulain fut dès lors rassuré par cette marque de confiance. Apparemment les ligueurs ne se doutaient pas qu'il les espionnait et ne cherchaient pas à l'évincer ou à l'assassiner comme il l'avait craint. Finalement, peut-être même que ceux qui s'étaient attaqués à lui et à Olivier n'étaient que des brigands...

Mais après son départ, le conseil restreint de la Ligue se réunit en présence de Michelet. Celui-ci, penaud, raconta l'échec de son guet-apens et la perte de son mousquet que la Ligue venait sans doute de racheter, ce qui fit malgré tout sourire certains participants.

— C'est un mauvais coup du sort, reconnut M. de La Chapelle, mais puisque M. Poulain ne sera plus là durant trois ou quatre semaines, il vous sera facile de recommencer. Seulement, cette fois, pas d'erreur, votre affaire a vraiment été trop mal préparée.

— Le plus simple reste le coup de poignard d'un gueux sur le chemin du Palais, proposa Louchart.

— Et si ça rate ? s'écria M. de Mayneville. Et si votre gueux est pris et dénonce celui qui a commandité le crime ? Combien de temps M. Michelet résistera-t-il à la question aux brodequins ?

— Je suis commissaire et je m'occuperai de lui, assura Louchart. Il n'y a rien à craindre.

— Tous les policiers n'ont pas encore rejoint notre ligue, remarqua Charles Hotman, beaucoup plus contrarié que les autres par l'échec du sergent Michelet.

Louchart fronça les sourcils et ouvrit la bouche

pour répondre avant de se raviser en constatant que Mayneville voulait intervenir.

— Les bourgeois comme vous sont incapables de régler ce genre d'affaire, déclara l'homme des Guise avec dédain. Pour l'instant, MM. Poulain et Hauteville pensent qu'ils ont été agressés par des brigands de grand chemin. Un deuxième échec, et ils comprendront tout. Il ne faut plus prendre de risque.

— Que voulez-vous qu'on fasse, monsieur ? s'enquit Le Clerc en haussant le ton, les yeux fulminant de colère après la remarque méprisante de l'homme des Guise.

— Vous, rien ! répliqua fort sèchement Mayneville. C'est moi qui m'en occupe.

M. de Mayneville ne l'avait pas dit à ses alliés, mais le duc de Mayenne, son cousin le duc d'Aumale, le cardinal de Bourbon, et quelques autres gentilshommes lorrains devaient se retrouver dans une maison de Charenton afin de préparer l'offensive que conduirait le duc au printemps. Le cardinal, qui avait voyagé en litière depuis Reims, était même arrivé depuis quelques jours et logeait à l'abbaye de Saint-Germain-des-Prés dont il était l'abbé.

La réunion eut lieu le lendemain. Nul à la cour n'en fut informé, car Mayenne et sa troupe ne rentrèrent pas dans Paris. Le duc ne voulant pas se rendre au Louvre pour rendre hommage au roi, comme l'usage l'exigeait.

Charles de Mayenne était le cadet du duc de Guise. D'un caractère emporté et impulsif, sa seule qualité était son courage. Henri III croyait toujours à sa fidélité, d'autant que Mayenne n'aimait guère son frère Henri de Guise qu'il enviait pour ses talents. Pourtant, par allégeance envers sa famille, Charles avait rejoint la Ligue.

Gros, le front bombé, des cheveux très courts, une face puissante et des yeux pétillants, Mayenne avait un physique d'ogre, malgré son élégante barbe en éventail. Quand la réunion commença dans la maison de Charonton, il prit la parole le premier. D'une voix brutale, il demanda où en étaient les achats d'arquebuses de M. de La Rochette et s'inquiéta des fonds qui lui manquaient cruellement.

— L'Espagne a promis deux cent mille livres par an mais n'a toujours pas versé une pistole, annonça-t-il avec colère. Toute notre fortune passe dans l'achat de reîtres allemands et albanais. Mon frère a vendu plusieurs de ses domaines et ses dettes s'élèvent malgré tout à plus de deux millions de livres. Il faut obtenir plus des bourgeois parisiens et de leur sainte union ! Une guerre contre le roi nous coûtera au moins cinq cent mille livres par mois !

— Je leur en parlerai, promit Mayneville, mais vous le savez, l'essentiel de ce qu'ils nous donnent provient de cette habile opération de prélèvement qu'ils font sur les tailles royales.

— Prélèvement ? ironisa Mayenne. Rapines plutôt !

Il préférait le pillage par ses soudards plutôt que cette friponnerie subtile par des jeux d'écriture auxquels il ne comprenait rien.

— C'est vrai, je voulais vous en parler. Vous savez que le roi a demandé des vérifications qui auraient pu entraîner la fin de nos ressources. Pour éviter ce désastre, La Chapelle a fait disparaître le contrôleur des tailles qui s'en occupait. Malheureusement, nous venons d'apprendre que son fils a repris son ouvrage à la demande de M. Séguier.

— Faites-le disparaître aussi, répliqua Mayenne en haussant les épaules.

C'était bien là le genre de réponse du duc, seigneur féodal brutal pour qui tout obstacle pouvait être levé par la force.

— C'est fort compliqué, monseigneur, tenta d'expliquer Mayneville, hésitant à contrarier son chef tant il le savait violent. Ce jeune homme s'est lié à Nicolas Poulain qui achète secrètement des armes pour nous. Sans le savoir, Poulain a rencontré plusieurs fois l'assassin du père de Hauteville. Sans doute, n'a-t-il jamais parlé à Olivier des réunions de la Ligue, puisqu'il a fait serment de garder le secret, mais, s'il le faisait, s'ils échangeaient des informations sur ce qu'ils savent, ils découvriraient la vérité.

— Raison de plus pour s'en débarrasser ! ironisa Mayenne.

— Nous avons essayé, monseigneur. Un sergent de la Ligue a préparé un guet-apens contre eux dans les bois de Saint-Germain mais a lamentablement échoué.

— Que dites-vous ? gronda brusquement le cardinal de Bourbon, qui avait tendu l'oreille.

Charles de Bourbon était le cadet d'Antoine de Bourbon, le père décédé d'Henri de Navarre. Âgé de soixante-deux ans au moment de notre récit, c'était un homme sans talent, mais sans méchanceté. Il avait pourtant été chef du conseil sous Charles IX, lieutenant général, et surtout gouverneur de Paris. Évêque à treize ans, il possédait tant d'abbayes et de bénéfices qu'il était l'un des hommes les plus riches de France. Il avait un visage lisse, à l'épaisse barbe grise, au nez bourbonien et au regard triste. Doux et influençable, mais plus fin que ne le pensaient ses adversaires, son aspect patelin trompait facilement ceux qui le sous-estimaient. Il avait rejoint les princes lorrains autant par amitié pour le duc de Guise que pour sa réelle foi catholique. Il assurait pourtant à son entourage que s'il devenait roi, il quitterait son sacerdoce, se marierait et aurait des héritiers, car il assurait en être capable. Une promesse qui ne plaisait pas aux Lorrains.

Compte tenu du caractère placide habituel du vieil homme, son intervention rageuse surprit l'assistance.

— Vos gens de la Ligue perdent la tête ! menaça-t-il un ton plus haut. Vouloir tuer un lieutenant du prévôt ! Mais c'est pure folie !

Mayenne dissimula un sourire devant l'irritation naïve du vieillard, qui n'avait pas encore pris conscience du nombre de crimes qu'il devrait accepter avant d'arriver au trône ! Encore plus que son frère Guise, le duc de Mayenne était prêt à se couvrir de sang pour se couvrir de gloire.

— Vous avez raison, monseigneur, fit-il, benoîtement. Je vais donc m'occuper personnellement de cette affaire, je vous le promets.

— Il ne faudrait pas attendre, monseigneur, déclara respectueusement Mayneville. Il serait fin d'agir avant le retour de Nicolas Poulain qui vient de partir pour Arras et qui sera certainement à Paris dans un mois.

— Je ne peux m'occuper de Hauteville tout de suite, François ! répliqua Mayenne en dissimulant à peine son agacement. Je pars demain pour Joinville retrouver mes frères. Je ne serai pas de retour à Paris avant deux ou trois semaines, et c'est seulement à ce moment que je pourrai rencontrer l'homme auquel je pense pour nous débarrasser de notre gêneur. Si Poulain était de retour trop tôt, ce serait tant pis pour lui ! Au demeurant, il aurait acheté nos armes et nous n'aurions plus besoin de ses services !

— Je viens de vous dire que je m'oppose à l'assassinat de cet homme ! intervint Bourbon, cette fois avec courroux. Il est officier du roi, prévôt ! En tant que futur roi de France, je ne peux cautionner cette ignominie ! Si vous agissiez contre ma volonté, je n'hésiterais pas à quitter votre parti !

Le silence tomba brusquement entre les participants.

Mayenne mâchonna un instant une remarque cinglante, mais il comprit qu'il ne pouvait passer outre. Son frère le tuerait s'il le fâchait avec ce sottart !

— Je vous promets qu'on ne touchera pas à lui, déclara-t-il avec un sourire de circonstance. Êtes-vous satisfait, monseigneur ? Je préviendrai l'homme à qui je pense de faire attention à M. Poulain.

— Vous ferez bien ! gronda le cardinal, pourtant si complaisant d'habitude.

— Vous êtes certain que je ne peux pas m'en occuper moi-même, monseigneur ? demanda Mayneville, fâché par la tournure des évènements.

— Certain ! Le sujet est clos. Avons-nous d'autres informations à connaître ?

— Il y en a une, fit le cardinal de Bourbon. J'ai appris que François d'O était à Paris où il a rencontré son beau-père M. de Villequier.

— François d'O ? répéta Mayenne. Peut-être devrais-je aller le voir avant de partir pour Joinville ? Je le préviendrai ainsi de ce qu'on prépare et de l'arrivée d'Elbeuf… mais comment le rencontrer sans que cela se sache… Il loge chez Villequier ?

— Non, il occupe sa maison de la rue de la Plâtrière.

— Je la connais… J'irai demain à la première heure, vêtu en marchand et avec un seul garde. Personne n'en saura rien.

13.

Vendredi 15 février 1585

Sous un ciel gris et bas, la petite troupe remontait le chemin du faubourg Saint-Marcel. Les cavaliers venaient de laisser à leur gauche une dizaine de moulins dont les ailes tournaient doucement dans la brise, quand, derrière une haie d'arbres dénudés, ils découvrirent les murailles de Paris ponctuées de massives tours rondes. Depuis quelque temps déjà, ils apercevaient la flèche de Sainte-Geneviève.

Les paysans et les maraîchers qu'ils croisaient s'écartaient prudemment devant ces farouches hommes d'armes. L'un d'eux, à l'épaisse barbe, avait ôté son bassinet et, les cheveux au vent, il désigna à son compagnon, un grand gaillard imberbe à la longue chevelure attachée en arrière, les bâtiments épars autour d'eux.

— Voici l'église Saint-Marcel, mademoiselle. Un peu plus loin, c'est l'église Saint-Médard dont vous voyez le clocher. Si nous suivions ce chemin jusqu'à Paris, il nous conduirait à la porte Bordelles, qu'on appelle aussi la porte Saint-Marcel. Elle débouche directement devant l'église Sainte-Geneviève. Quant à cette sorte de château carré avec une tour, c'est la maison de M. Sardini. C'est là où nous nous rendons.

Ils passèrent l'église Saint-Marcel et tournèrent à droite, empruntant un autre chemin bordé de moulins.

— Nous sommes sur le chemin du Fer-à-Moulins, expliqua l'autre homme barbu qui venait de passer en tête de la troupe.

Nos cavaliers étaient Caudebec, Cassandre et les deux Suisses, Hans et Rudolf. À mesure qu'ils se rapprochaient du château de Sardini, Cassandre le découvrait. C'était une grande bâtisse rectangulaire, presque carrée, entourée d'un fossé, avec un haut mur d'enceinte percé de fenêtres protégées par de lourdes grilles. Dans un angle se dressait une tour carrée recouverte d'un toit pointu. À part les moulins, il n'y avait aux alentours que quelques rares maisons à pans de bois serrées autour des églises qu'ils avaient dépassées. En revanche, de l'autre côté du chemin de Saint-Marcel, par où ils étaient arrivés, Cassandre n'avait vu que des couvents entourés de jardins et d'enclos.

— M. Sardini n'habite jamais en ville ? demanda-t-elle.

— Non, mademoiselle. Il y a bien un hôtel, fort beau d'ailleurs, mais Paris est si remuant qu'il préfère sa maison des champs. Ici, il a quarante hommes d'armes pour la défendre, et il est suffisamment près de la ville pour recevoir de l'aide s'il était attaqué par une bande de pillards ou de malcontents, car il collecte aussi des taxes. Il sait par expérience qu'en cas d'émeute populaire, Paris devient un piège mortel lorsque les portes sont fermées.

— Et surtout, ajouta Caudebec, il a ici de solides caves pour protéger ses coffres. On dit même qu'il dispose d'un souterrain pour disparaître…

Ils contournèrent le bâtiment jusqu'à un pont dormant débouchant sur un porche avec une porte à deux battants renforcée de solides barres de fer. Le guetteur avait dû les voir, car à peine arrivés au pont, les battants s'écartèrent.

Ils pénétrèrent dans une cour et Cassandre resta émerveillée.

Elle s'attendait à entrer dans une sombre forteresse comme elle en connaissait tant, avec une basse cour boueuse où traînaient cochons et volailles sur des tas de fumier. Or ils arrivèrent sur une place pavée, propre, entourée d'élégantes arcades de pierre et de brique, avec une claire fontaine gargouillante en son milieu. Le premier étage du bâtiment, érigé sur les arches, était surmonté d'un second étage bordé de colonnettes. Des médaillons en terre cuite, représentant des portraits d'hommes et de femmes illustres, se succédaient entre chaque arcade. Cassandre avait l'impression de pénétrer dans l'une des plus belles maisons de Montauban [1].

Elle dissimula un sourire en se souvenant de ce que son père lui avait dit avant son départ : *M. Sardini est très riche, ma fille, et fait beaucoup d'envieux. En plaisantant sur lui, on dit à la cour que la petite sardine est devenue une grosse baleine !*

Dans la cour vaquait toute une domesticité de valets, de servantes et d'hommes d'armes casqués de morion à crête et portant mousquet ou pertuisane. Un officier en long manteau noir, coiffé d'un chapeau rond, s'approcha d'eux. Le guetteur, en haut de la tour, avait reconnu Hans et Rudolf, mais il avait aussi annoncé qu'ils n'étaient pas seuls.

— Ce gentilhomme est Mlle Cassandra Sardini, la nièce de M. Sardini, déclara Caudebec en sautant

1. Ce qui reste de l'hôtel de Scipion Sardini est situé rue Scipion dans un bâtiment de l'assistance publique.

au sol pour aider la jeune femme à descendre. Je suis son écuyer.

En dissimulant sa surprise, l'officier s'inclina devant le « gentilhomme » dont on venait de lui dire qu'il s'agissait d'une femme et proposa avec déférence :

— Madame, je vais vous conduire à M. Sardini.

Caudebec sur leurs talons, ils traversèrent la cour pour pénétrer dans le bâtiment principal. Un escalier à l'italienne, à deux rampes droites séparées par un mur, occupait presque tout le vestibule. Ils l'empruntèrent jusqu'à une porte au premier palier. L'officier les fit pénétrer dans une longue salle déserte au plafond à caissons peints et aux murs couverts de tableaux. Une cheminée centrale chauffait agréablement cette galerie très lumineuse aux ouvertures encadrées par des colonnettes torsadées. Tout au long s'alignaient des crédences aux pieds décorés de créatures fabuleuses et sur lesquelles étaient disposés des vases de faïence multicolores.

À l'extrémité droite de la salle attendaient un valet et deux gardes porteurs d'épées et de pertuisanes. L'officier dit quelques mots à l'un des gardes avant de gratter à une porte sculptée. Il ouvrit quand il entendit l'ordre et fit entrer les visiteurs dans une pièce faisant l'angle avec la galerie. C'était une chambre encore plus richement meublée que la longue salle avec un grand lit drapé de satin, plusieurs tables protégées par des nappes damassées et des dressoirs en noyer ornés de mufles de lion ou de caryatides. Ces meubles supportaient des pièces d'orfèvrerie ainsi que des plats et des aiguières émaillées. Les murs étaient recouverts de plusieurs rangs de tableaux ainsi que de grandes tapisseries des Flandres dont l'une représentait le triomphe de Scipion. Le plafond était peint avec des écussons à devises. Trois fenêtres à colonnes de marbre, malheureusement gâchées par de lourdes grilles, ouvraient sur la campagne.

Un homme à la longue barbe grise taillée en pointe était assis à une grande table protégée d'un drap de damas à franges. Il paraissait consulter un dossier devant lui. Un secrétaire se tenait à une seconde table, plus petite, avec derrière lui une armoire à deux corps en noyer aux vantaux sculptés de figures nues.

Une femme blonde, en robe de velours noir à manches ballonnées, leur tournait le dos, parlant à un troisième individu à la fine moustache, qui faisait donc face aux visiteurs. Ce dernier personnage était tout en noir et d'un aspect plutôt terne. Sans doute était-ce un commis ou un clerc.

L'homme à la longue barbe avait la soixantaine et de profondes ridules marquaient son visage autour de ses yeux. Plissant le front, il jeta aux arrivants un regard inquisiteur. Coiffé d'une calotte de feutre ornée d'un diamant, il portait sur son pourpoint noir à boutons dorés une sorte de gilet en fourrure de renard ainsi que deux lourdes chaînes d'or. Ses doigts portaient tous des bagues dont l'une avec un gros rubis.

— Monsieur le baron, votre nièce vient d'arriver, accompagnée par Hans et Rudolf, annonça l'officier d'un ton neutre.

Celui dont on ne pouvait douter qu'il fût Scipion Sardini resta impassible alors qu'on lui parlait ainsi d'une nièce dont il ignorait l'existence. Il continua à dévisager les nouveaux venus en plissant simplement un peu plus le front, comme pour essayer de comprendre ce qui se passait. En revanche, la femme s'était retournée aux premiers mots de l'officier.

Bouclée en frisons, avec des yeux bleus très

clairs, elle avait un front élevé et fort large, un nez long et arrogant. Son visage, d'un bel ovale mais marqué par les fines ridules de l'âge, affichait sa stupéfaction.

— J'ignorais que vous eussiez une nièce, mon ami, fit-elle d'un ton incrédule, légèrement aigu. Votre frère n'a que des garçons, que je sache...

— C'est la fille de mon demi-frère, expliqua alors Sardini en contournant la table pour s'avancer vers Cassandre en lui tendant affectueusement les bras.

— *Mio zio !* fit Cassandre, en faisant quelques pas sur un tapis de soie avant de s'agenouiller devant lui avec respect.

— Comment se nomme-t-elle ? demanda la femme avec un je-ne-sais-quoi de dédain.

— *Cassandra, signora*, répondit la fille de Mornay sans laisser le temps à Sardini d'inventer.

— Cassandre ?

— Jacques, Martial, laissez-nous ! ordonna sèchement Sardini.

Les deux disparurent promptement par une porte du fond. L'officier qui avait fait entrer les visiteurs était aussi sorti et avait refermé la porte derrière lui.

— J'ai envoyé Hans et Rudolf à M. de Mornay, pas en Italie, déclara Sardini à Cassandre et à François Caudebec, comme s'il attendait des explications.

Cassandre n'avait pas prévu que les choses se passent ainsi, elle hésita une seconde en se mordillant les lèvres avant d'expliquer en français :

— Je suis sa fille, monsieur le baron.

La femme fit quelques pas vers elle alors que flottait sur ses lèvres un sourire à la fois énigmatique et moqueur. Elle avait une démarche souple, féline, sûre d'elle.

— Mon épouse, Isabeau, expliqua Sardini, en la désignant avec nonchalance. Je n'ai aucun secret pour elle. Et vous, monsieur, qui êtes-vous ?

— François Caudebec, capitaine d'armes de M. de Mornay, monsieur le baron.

Le silence dura quelques secondes. Isabeau dévisageait toujours Cassandre avec une expression singulière, comme pour la jauger.

— Mon père a reçu votre lettre, monsieur Sardini, déclara enfin Cassandre d'un ton égal. Il vous remercie et m'a envoyée pour en savoir plus. Il m'a aussi remis ce message pour vous.

Elle sortit le pli d'une poche de son manteau et le lui tendit.

Sardini le prit, fit sauter le cachet après l'avoir examiné un instant, puis il s'approcha de la plus proche fenêtre pour lire la missive. Quand il eut terminé, il revint vers son épouse, lui tendit la lettre pour qu'elle la lise et demanda à Cassandre d'un ton sarcastique :

— Que comptez-vous faire exactement, mademoiselle ?

Il était visiblement déçu qu'on lui ait envoyé une femme.

— Vérifier si M. Salvancy rapine les tailles royales au profit des Lorrains et, si c'est vrai, faire le nécessaire pour que cela cesse, monsieur le baron.

— Envisagez-vous de... l'assassiner ? demanda l'Italien en plissant les yeux.

— En effet, répondit Caudebec. Mais encore faudra-t-il être certain qu'il soit coupable.

— Il l'est ! assura un peu trop rapidement le banquier en levant une main.

— Vous paraissez sûr de votre fait, monsieur, mais je ne suis pas un assassin, et j'agirai ainsi uniquement s'il est coupable. Pour l'instant, madame et moi sommes surtout là pour conduire une enquête.

— Je comprends, fit doucereusement l'Italien en dodelinant de la tête.

— Vous paraissez déçu, monsieur Sardini ? demanda Cassandre avec un sourire factice.

— Non... Simplement, c'est une perte de temps.

— Il est venu à l'idée de M. de Mornay que M. Salvancy, s'il est vraiment le voleur, pourrait restituer volontairement le fruit de ses rapines.

— Comment cela ? s'étonna Sardini en ouvrant de grands yeux.

— L'argent est bien dans vos coffres ?

— En partie, répondit évasivement le banquier.

— Donc, il pourrait le rendre pour obtenir son pardon.

— Au roi ?

— Non, à Henri de Navarre.

— Cornebouc ! plaisanta Sardini. Et pourquoi ferait-il ça ?

Son épouse avait terminé la lecture et suivait maintenant les répliques avec attention. Son regard vif allait de l'un à l'autre.

— Par peur d'être dénoncé, par crainte d'être assassiné, je ne sais... répondit Cassandre avec un vague geste de la main.

— Vous ne le connaissez pas, mademoiselle ! intervint Isabeau assez sèchement. Ce n'est pas un quelconque maroufle comme vous semblez le penser ! Cet homme possède un sang-froid à toute épreuve, son logis est une forteresse et il dispose de plusieurs gardes du corps. De surcroît, il a derrière lui la maison de Guise pour le soutenir. Je n'imagine pas qu'une femme puisse l'effrayer ou même l'inquiéter.

— Tout homme est mortel, madame, intervint Caudebec en croisant les bras.

— Je vous l'accorde, mais je vous répondrai aussi que tout homme est remplaçable.

— Cependant si M. Salvancy disparaissait, vous pourriez donner son argent à Mgr de Navarre. Il vous en saurait gré, insista Caudebec.

— *Per bacco !* Vous vous gaussez de moi ! s'insurgea Sardini. Je suis seulement le dépositaire de cet argent, je ne peux m'en défaire comme ça !

L'Italien parut effaré qu'on lui suggère de donner l'argent qu'il avait dans ses coffres. Visiblement, une telle idée ne lui était jamais venue. Aussi, devant l'incompréhension de la fille de M. de Mornay, il s'expliqua, comme pour les assurer de sa bonne foi.

— Je vais vous montrer...

Il farfouilla sur sa table et sortit un papier qu'il tendit à la jeune femme.

— ... Pour chaque versement qu'il m'a fait, j'ai remis à M. Salvancy une quittance comme celle-ci.

Le papier du banquier était rédigé ainsi :

Quittance de Mme la duchesse de Montpensier de la somme de 2 500 écus versée auprès de Scipion Sardini.

— Retournez-le, proposa-t-il.

Au dos, était écrit :

Quittance de remboursement de Mme la duchesse de Montpensier.

Le recto était signé de Sardini avec son sceau, le verso était signé et cacheté par la duchesse de Montpensier.

— Chaque fois que l'on fait un dépôt chez moi, je signe une ou plusieurs quittances comme celle-ci. Ces quittances peuvent être encaissées ici si elles portent, au dos, la signature du déposant, et parfois son sceau s'il l'a exigé dans nos accords. Elles peuvent aussi être payées dans ma banque de Lyon, dans celle de mon frère à Lucques, ou encore dans l'un de nos comptoirs, si le déposant l'a demandé. Cette possibilité est écrite sur la quittance. À Paris, la plupart des banquiers les acceptent. Ce papier circulant est plus facile à manipuler que des écus. La quittance est similaire à une lettre de crédit et peut être payée par n'importe qui du moment qu'elle porte ma signature et que les conditions de paiement sont remplies, c'est pourquoi, lors d'un versement, par exemple de vingt mille écus, mes commis font parfois dix quittances de deux mille écus. Ainsi, plusieurs des quittances données à M. Salvancy ont été présentées par le trésorier de M. le duc de Guise qui me les a remises, signées au dos et cachetées par M. Salvancy, ce qui valait autorisation de remboursement.

— On pourrait vous présenter de fausses quittances, objecta Cassandre.

— On pourrait, je vous l'accorde, mais le faussaire devrait se procurer le papier que j'utilise. C'est un papier vergé fabriqué avec un mélange de lin et de coton uniquement pour moi et qui est pressé sur un cadre à mes armes, ce qui brode un filigrane en pleine pâte, sourit Sardini comme s'il s'adressait à un enfant. De surcroît, ma signature n'est pas facile à imiter et les quittances sont enregistrées et numérotées dans mes comptes. Mais revenons-en à M. Salvancy. Il dispose de neuf cent mille livres dans mes coffres et il possède des quittances pour une somme équivalente. S'il venait à disparaître, cet argent irait à sa succession. À celui qui aurait ses quittances, plus exactement.

— Si je comprends bien, fit Caudebec après un instant de silence, cela signifie que si nous possédions ces quittances, vous pourriez nous les payer avec de beaux écus d'or ?

— Sans doute, à condition qu'il y ait dessus la signature et le cachet de M. Salvancy, car ce sont les conditions d'encaissement qu'il a voulues. Pour prévenir tout risque de fraude, M. Salvancy a aussi précisé que ses quittances ne pouvaient être encaissées qu'ici.

— Je sais donc ce que l'on doit faire, décida Cassandre. Lui prendre ses quittances et lui demander qu'il nous les signe. Ensuite, nous le ferons disparaître pour qu'il ne recommence pas.

— Ne croyez pas que ce sera facile, la prévint le banquier. Vous ignorez où Salvancy les cache et je ne vois pas comment vous obtiendriez de lui qu'il les signe. Mais nous reprendrons cette discussion plus tard, je suppose que vous souhaitez vous reposer et vous restaurer maintenant.

Isabeau conduisit Cassandre dans une chambre du premier étage, de l'autre côté de la cour. C'était une petite pièce au plafond peint en azur, avec un lit à piliers et rideaux de velours cramoisi. Le ciel de lit était supporté par quatre montants de bois doré ornés de figures sculptées et d'acanthes multicolores. La chambre disposait d'une chaise, de deux escabelles et d'un bahut au coffre de cuir clouté. Sur une table étaient posées une cuvette d'étain et une cruche d'eau. Dans une ruelle du lit se trouvait une chaise percée pour les commodités.

— Je vais vous envoyer une femme de chambre et faire monter vos bagages, lui proposa Isabeau en s'asseyant sur le lit. Mes appartements sont à côté, n'hésitez pas à me déranger pour me demander ce dont vous avez besoin. Si vous souhaitez du linge, je vous prêterai le nécessaire. Reposez-vous, vous devez être fatiguée. Nous souperons dans une heure et vous pourrez nous raconter votre voyage. Cela nous divertira.

Elle resta un instant à observer Cassandre, qui restait silencieuse, avant de demander :

— Pourquoi M. de Mornay vous a-t-il envoyée, mademoiselle ?

— Mais, vous le savez, madame...

— Ce n'est pas cela que je veux dire, mademoiselle, pourquoi vous ? Une femme...

— Il ne pouvait venir lui-même, et il ne voulait en parler à personne.

— Mais vous êtes sa fille !

— C'est pour cela qu'il a confiance en moi, madame.

La douce Limeuil secoua négativement la tête avant de demander :

— Avez-vous l'expérience de ce genre d'entreprise, mademoiselle ?

— Pas vraiment, madame, répondit Cassandre avec prudence.

— Savez-vous mentir, mademoiselle ?

— Je n'en ai guère eu l'occasion jusqu'à présent, déclara Cassandre en souriant. Je ne mens pas à mon père.

Isabeau soupira avec une expression désabusée. Brusquement, elle cessa de se contraindre à faire bonne figure. Son visage s'affaissa, révélant son âge et la vie qu'elle avait connue.

— Savez-vous utiliser vos charmes ? Êtes-vous prête à paillarder pour votre cause ? demanda-t-elle d'une voix fatiguée.

Cassandre eut un mouvement de recul et son expression se figea.

— Alors, vous échouerez, mademoiselle, poursuivit Isabeau de Limeuil en secouant la tête. Comment croyez-vous pouvoir reprendre ces quittances auprès de Salvancy ? Pensez-vous qu'il va vous les donner sans contrepartie ?

Cassandre se sentit mal à l'aise. La difficulté de sa tâche commençait à lui apparaître.

— Savez-vous quel genre de femme j'étais avant d'épouser celui qui m'a rendu mon honneur ?

Cassandre rougit.

— J'étais une bordelière pour ma tante Catherine. Je faisais partie de ce qu'elle appelait son escadron volant, que d'autres désignent sans fard comme le haras de putains. Je baudouinais pour elle, je haussais la croupière, les hommes s'amourachaient de mes blandisses et n'étaient plus que des objets dans mes mains. Je l'ai payé cher, mais j'ai réussi à amener Condé dans le camp du roi. Êtes-vous prête à faire la putain comme moi ? À vous désaccoutrer dès qu'on vous le demande ? À mugueter et à vous entrefriquer sans désir pour obtenir ce que vous souhaitez ? À perdre toute pudeur et à abandonner votre vertu ?

Cassandre baissa les yeux sans répondre.

— J'en étais certaine ! Je ne crois pas que vous soyez taillée pour cette besogne. Ce n'est pas dans votre nature. Vous êtes protestante, bien sûr ?

— Oui, madame.

— Rentrez chez vous, mademoiselle, c'est tout le conseil que je vous donne.

Cassandre releva la tête et planta ses yeux dans ceux d'Isabeau.

— Je suis venue pour faire cesser le trafic de M. Salvancy. J'y parviendrai sans sacrifier mon honneur ou ma vertu.

— Soit ! fit Isabeau en soupirant. Voulez-vous pourtant quelques conseils d'une femme qui n'a pas oublié ce qu'elle était capable de faire ?

— Pourquoi pas, madame, s'ils sont compatibles avec ma conscience.

— Faites-vous inviter par M. Salvancy.

Cassandre rougit à nouveau.

— Non pour ce que vous croyez, reprit Isabeau, mais plus simplement pour fouiller dans ses papiers. Mon époux vous l'a dit, il ne peut vous donner l'argent de Salvancy qu'avec ses quittances contresignées au dos. Donc, pour commencer, il vous faut savoir où elles sont. Pour la signature, ce sera plus facile, on peut toujours les imiter.

— Comment me faire inviter ? Vous l'avez dit, M. Salvancy est un grippeminaud. Il se méfiera de moi car il ne me connaît pas.

— Il vient de se marier et d'aménager dans une belle maison qu'il loue rue Sainte-Croix-de-la-Bretonnerie. Devenez l'amie de sa femme, puisque vous ne voulez pas devenir la maîtresse du mari.

— Mais comment les rencontrer ? demanda encore Cassandre, se laissant guider par l'ancienne fille de l'escadron volant.

— Je peux les inviter à un dîner. Par exemple, vendredi prochain, pour ma fête, proposa Limeuil.

— Je vous en serais reconnaissante, mais en supposant qu'ensuite Mme Salvancy me propose de venir la voir, comment trouver ces quittances chez elle ?

Limeuil soupira, mais cette fois avec un sourire amical.

— Décidément, vous ne savez rien faire ! Nous n'aurons pas trop de la semaine pour que je vous apprenne un certain nombre de choses utiles : mentir, tricher, voler...

Cassandre frémit à ce programme, avant de demander, après un bref silence.

— Pourquoi faites-vous ça, madame ? Pourquoi voulez-vous m'aider ?

Limeuil abandonna son sourire et son regard devint vague.

— J'ai eu des enfants, mademoiselle, j'en ai perdu plusieurs... Il m'en reste quatre...

Cassandre hocha la tête.

— Quand j'ai séduit le prince de Condé, j'obéissais à la reine, mais j'étais assez sotte pour croire aussi que j'étais utile au royaume. Je pensais alors qu'il était possible de vaincre les protestants. Vingt ans plus tard, le pays n'a jamais été aussi déchiré. J'ai assisté à la Saint-Barthélemy. Je sais ce que les hommes peuvent faire aux hommes... et aux femmes. Le roi n'aura pas d'enfants et, à sa mort, peut-être avant, nous connaîtrons à nouveau les pires atrocités...

Elle se tut un instant.

— ... Il n'y a pas assez de dépravation dans mon cœur pour en avoir éteint toute sensibilité. Je ne veux pas perdre mes fils. Je suis catholique, et vous pourriez penser que je choisirai le camp des papistes. Mais il n'en est rien. À la cour, il y a quelques hommes près du roi qui prêchent la tolérance, on les nomme les politiques. Il y en a autant, dit-on, autour d'Henri de Navarre. J'ai cherché s'il y en avait auprès du duc de Guise et je n'en ai pas trouvé. Y a-t-il même un seul protestant proche de lui ? Je ne le crois pas. En revanche, j'ai lu *De la vérité de la religion chrétienne*, que votre père a publié, il y a deux ans. S'il défend avec vigueur une cause calviniste que je me refuse de suivre, il s'oppose à toute contrainte en matière de religion et ne fait que l'apologie du christianisme. J'ai observé que des princes catholiques comme M. de Soissons ou M. de Montmorency soutiennent Henri de Navarre. J'ai parlé avec Mme la reine mère, je lui ai demandé quel genre d'homme était le Béarnais. Il a longtemps vécu près d'elle et elle le connaît mieux que personne. Même si elle préfère le duc de Guise, elle est persuadée que, converti, il parviendra à faire régner la paix, car c'est un homme aussi habile que tolérant. Aussi, après avoir longuement réfléchi, j'ai pris ma décision.

» Mon mari n'a pas besoin de l'argent volé par M. Salvancy. J'en ai assez de cette guerre. J'aimerais que mes enfants et mes petits-enfants connaissent enfin la paix. C'est moi qui ai dit à mon mari d'écrire à votre père, ajouta-t-elle après un silence. Que cet argent revienne à ceux qui porteront la paix dans ce royaume.

Après ce long discours, la douce Limeuil parut vidée de toute énergie. Cassandre resta un instant indécise, puis elle s'approcha d'elle et lui prit les mains.

— Soyons amies, madame, lui dit-elle.

Cassandre et Caudebec passèrent une semaine à ne rien faire sinon à se reposer des fatigues du voyage. Chaque jour, en général dans la soirée, Mme Sardini restait une heure ou deux avec Cassandre. La fille adoptive de Philippe de Mornay sortait souvent de ces entretiens sombre et taciturne, ce qui inquiétait Caudebec.

Mais en réalité, si Isabeau de Limeuil apprenait à Cassandre ce qu'elle savait pour dissimuler une émotion, faire avaler un philtre, fouiller une pièce ou ouvrir une serrure, toutes choses qu'elle avait apprises quand elle appartenait à l'escadron volant, elle ne lui parlait jamais de ses débauches ou de ses crimes dont elle avait trop honte. En revanche, la conversation s'orientait presque toujours vers le prince de Condé. Chaque fois, Isabeau en parlait avec courroux, mais Cassandre distinguait toujours l'émotion et les regrets dans ses paroles. Elle comprit vite que Mme Sardini n'avait rien oublié et qu'elle aimait toujours le *petit homme tant joli*.

Dans la journée, Caudebec la conduisait à Paris et lui montrait la ville. Ils passèrent aussi devant la maison de Jehan Salvancy, rue Sainte-Croix-de-la-Bretonnerie, que Caudebec examina comme s'il devait emporter la place. C'était un beau bâtiment au soubassement de pierre et à l'étage en encorbellement avec des pans de bois colorés en rouge. Il était surmonté d'une haute toiture en pointe percée de nombreuses petites fenêtres triangulaires aux cadres de bois peints aussi en rouge. Il y avait deux ouvertures ogivales, au rez-de-chaussée. La première, située seulement à mi-hauteur, était une grande fenêtre protégée par une grille. Derrière les petits carreaux translucides, on distinguait vaguement de gros volets de chêne, pour l'heure fermés. La seconde ouverture était une massive porte cloutée à deux battants. Les quatre fenêtres du premier et unique étage étaient à meneaux et elles aussi protégées par des volets intérieurs.

La porte d'entrée était suffisamment large pour laisser passer un attelage et une charrette, jugea Caudebec. Il y avait sans doute une cour intérieure, ou un jardin avec écurie, de l'autre côté.

Durant ces promenades dans Paris, ce qui frappa le plus Cassandre fut le grand nombre de mendiants tendant leur sébille dans les rues, assis devant les églises ou affalés aux portes des couvents. Certes, dans les villes du Midi tenues par les protestants, ou dans le Languedoc, sous la férule de M. de Montmorency, la misère existait aussi. La guerre faisait des ravages dans les campagnes. Les lansquenets y brûlaient les villages et détruisaient les récoltes, et les croquants avaient si faim qu'ils dévoraient les blés sur pied. Mais le désespoir, la famine, la misère, ne lui avaient jamais paru si intenses, si pesants qu'à Paris. Des enfants sachant à peine marcher se pressaient contre leur monture pour obtenir quelque aumône ou un morceau de pain, des femmes et des vieillards, trop faibles pour bouger, restaient assis ou couchés devant les porches, parfois dans la neige, attendant un miracle ou plus certainement la mort.

Mlle de Mornay interrogea les époux Sardini sur cette misère.

— Le setier de froment a atteint cinq écus, expliqua Limeuil, et seuls les plus fortunés, ou ceux qui travaillent dur peuvent encore en acheter. Les autres n'ont que de la bouillie d'avoine, quand ils en ont.

— Paris est une marmite bouillante qui va exploser si le roi n'y prend garde, renchérit Sardini, sans dissimuler son inquiétude.

Ce même soir, Isabeau rejoignit Cassandre dans sa chambre et s'assit sur le lit, la dévisageant un instant avant de parler.

— Quel âge avez-vous, mademoiselle ? demanda-t-elle enfin.

— Je ne sais pas, madame, sans doute vingt ans.

— Votre père ignore quand vous êtes née ? s'étonna Limeuil.

Cassandre resta un instant sans voix, surprise par la question.

— M. de Mornay n'est pas mon père, lui confia-elle. Il m'a adoptée.

— Je m'en doutais… sourit Limeuil.

— Pourquoi, madame ?

— Je me suis renseignée, et je viens d'apprendre qu'il a seulement trente-six ans. Pourquoi vous a-t-il adoptée ?

Cassandre ne savait que dire. Pouvait-elle confier des choses si précises à cette femme dont sa mère adoptive lui avait dit de se méfier ? Sans comprendre pourquoi, elle se sentait prête à lui accorder sa confiance.

— C'était après la Saint-Barthélemy, madame. Il embarquait à Dieppe et m'a trouvée dans la rue. Mes parents et mes serviteurs avaient été assassinés.

— Mais il n'était pas obligé de vous adopter, il aurait dû rechercher votre famille !

— Il a essayé, madame, en vain. J'ignorais le nom de mes parents et celui du village où je vivais.

— Comment cela ? dit elle, surprise. Vous deviez avoir sept ans, non ?

— On ne me l'avait jamais dit.

— Vos parents ne vous ont jamais dit leur nom ?

— Non, madame.

Isabeau ne posa pas d'autres questions. Elle se leva et laissa Cassandre seule. Mais une fois dans sa chambre, elle fit sortir sa dame de compagnie et s'allongea sur son lit. Elle voulait rester seule avec ses souvenirs et le désespoir qui la rongeaient depuis vingt ans.

Qui était cette jeune fille ? Et quel était le secret de sa naissance ? Elle songea à cet homme qu'elle avant tant aimé et qui l'avait trahie.

Le vendredi était la Sainte-Isabelle, fête de Mme de Limeuil. Chaque année, à cette date, Scipion Sardini donnait chaque année un magnifique souper dans la grande galerie du château. À cette occasion, il invitait des financiers de ses amis comme Sébastien Zamet et Ludovic da Diaceto, mais aussi quelques maîtres des requêtes ou maîtres des comptes influents, ainsi que des trésoriers de grandes maisons. Parfois des secrétaires d'État, ou des proches de la reine mère, étaient aussi présents. Ce soir-là, il devait y avoir Pierre de Gondi, l'évêque de

Paris, accompagné de son frère Albert, le duc de Retz ; un de ceux, disait-on, qui avaient suggéré l'assassinat de l'amiral de Coligny. Il y aurait aussi le surintendant des Finances, M. Pomponne de Bellièvre.

Pour ce souper si recherché, M. Sardini avait fait porter une invitation à Jehan Salvancy. Quand celui-ci l'avait reçue, il en avait été tellement flatté qu'il n'avait pas envisagé qu'il puisse s'agir d'une manœuvre visant à le ruiner.

À mesure que les invités arrivaient, laissant voitures et chevaux dans la cour, Mme Sardini les accueillait en haut du grand escalier. Elle veillait en particulier à ce que les Gondi, Zamet et Diaceto, ainsi que les autres Italiens n'approchent pas Cassandre de peur qu'ils ne la démasquent. Mais dès qu'elle aperçut M. et Mme Salvancy, elle s'avança vers eux et demanda à son époux de la remplacer.

Le plan qu'avait préparé l'ancienne amazone de Mme de Médicis était fort simple. Elle savait que l'épouse du receveur général des tailles se piquait de poésie, à l'image de la duchesse de Retz, amoureuse des belles lettres. Cette prétention serait le cheval de Troie des Salvancy, avait-elle jugé. À sa demande, Scipion avait retrouvé dans sa bibliothèque un petit recueil de poèmes de l'académie de Lucques que la fille adoptive de M. de Mornay avait appris par cœur.

Mme Sardini présenta Cassandre à Mme Salvancy comme la nièce de son mari et comme une poétesse réputée de Lucques. En se faisant prier, Mlle de Mornay lui déclama quelques strophes dont elle assura être l'auteur.

Ayant fait connaissance, les invités passèrent à table. Supportée par des tréteaux, elle s'étendait tout au long de la galerie sur près de cinquante pieds. Seul le *haut bout*, c'est-à-dire les places d'honneur, à droite de la cheminée, était réservé. Il y avait là le maître et la maîtresse de maison, Pierre de Gondi – l'évêque de Paris – ainsi que son frère Albert, avec son épouse la duchesse de Retz, et enfin M. Pomponne de Bellièvre. Au delà, chacun pouvait se placer à son gré. Cassandre proposa à Mme Salvancy de se mettre à côté d'elle pour qu'elles puissent parler de poésie, tout en veillant à rester loin du groupe des financiers italiens. Les couples n'étaient nullement réunis et M. Salvancy s'installa d'autorité à côté de Cassandre à laquelle il envisageait de faire un brin de cour, lui-même ayant pour voisin un maître des comptes.

L'évêque de Paris bénit le repas, puis les valets apportèrent les soupes dans de grandes soupières qu'ils déposèrent sur les tables.

Avant le souper, chacun s'était lavé les mains en utilisant des aiguières emplies d'eau parfumée au romarin présentées par des servantes ou placées sur des crédences. C'était indispensable puisque chacun se servirait avec ses doigts, bien que quelques Italiens aient amené leur fourchette à trois pointes. Les plus délicats ne plongeraient que trois doigts dans les soupières pour chercher les morceaux de viande, les plus grossiers mettraient le poignet entier qu'ils laveraient ensuite avec du vin aromatisé, ou qu'ils essuieraient simplement avec leur langue ou sur leur pourpoint. Aucun pourtant ne laisserait trop longtemps la main dans les soupières, car tous connaissaient les règles de la civilité édictées par Jean Sulpice : *Tu ne dois point tenir longtemps les mains dedans le plat.*

Les potages et les pains à tremper, ce qu'on appelait les soupes, furent servis dans des écuelles en faïence. Certains convives utilisaient une cuillère, mais Mme Sardini n'en ayant pas assez, la plupart des invités portaient directement l'écuelle à leurs lèvres après avoir retiré les plus gros morceaux avec les doigts.

Il y eut plusieurs services auxquels Cassandre ne s'intéressa guère, occupée surtout à s'attirer les bonnes grâces de M. et de Mme Salvancy. C'était assez facile compte tenu de leurs visées. Mme Salvancy, apprenant qu'elle était à Paris pour quelques semaines, la supplia de venir illuminer son salon littéraire le mercredi suivant. Cassandre accepta en se faisant tout de même un peu prier. Elle commençait à maîtriser les leçons de la douce Limeuil.

Pendant ce temps, M. Salvancy discutait surtout avec son voisin, conseiller à la chambre des Comptes. Ce dernier était lui-même à côté de l'homme qui se trouvait dans le cabinet de M. Sardini le jour où Cassandre et Caudebec étaient arrivés. Depuis, Cassandre l'avait plusieurs fois rencontré dans l'hôtel, car il était le premier commis de la banque. C'était un ancien notaire à la chancellerie qui connaissait tout le monde dans le milieu de la finance ; il se nommait Martial Vivepreux.

Ayant épuisé les sujets de conversation avec sa voisine, Cassandre écouta vaguement les échanges entre M. Salvancy, M. Vivepreux et le conseiller à la chambre des Comptes. Ils parlèrent des ambassadeurs de Flandre qui étaient venus demander l'aide du roi contre l'Espagne, et qui avaient été éconduits de leurs demandes, puis des ambassadeurs d'Angleterre qui avaient offert au roi l'ordre de la Jarretière.

— ... Et pour l'assassinat de ce contrôleur des tailles, demanda Salvancy à son voisin, n'avez-vous rien appris ?

— Rien ! On ne retrouvera sans doute jamais les assassins. Ce devaient être quelques truands comme il y en a trop dans Paris.

— J'ai vu son fils lors d'une messe à sa mémoire, expliqua Vivepreux. Il m'a paru désespéré.

Ils n'en dirent pas plus. Sur le moment, Cassandre se demanda de quoi ils parlaient et se promit de se renseigner, mais elle oublia presque immédiatement car survint alors un incident qui la fit beaucoup rire. M. Salvancy, qui mangeait sa viande avec les doigts et qui parlait sans cesse, se mordit brusquement la main en voulant manger avec trop de hâte. Il dut quitter la table, la main ensanglantée, sous les quolibets de ses voisins [1].

1. Cette mésaventure arrivait souvent à Montaigne : *Je mors parfois mes doigts de hâtiveté* (*Essais*, Livre III, chapitre XIII).

14.

Après l'entrevue de Charenton, le cardinal de Bourbon rentra à Reims, Aumale et ses gentilshommes rejoignirent leur compagnie pour marcher sur la Picardie, et le duc de Mayenne entra dans Paris vêtu en bourgeois, escorté par un seul écuyer. Il se rendit discrètement rue de la Plâtrière, chez François d'O, avant de retrouver plus tard ses hommes d'armes à Charenton d'où il partit pour Joinville.

Avec le mauvais temps et la froidure, il fallut près de huit jours à sa troupe pour gagner la principauté des Guise.

Cette principauté, créée par Henri II pour Claude de Lorraine – le grand-père d'Henri de Guise –, n'était que la petite ville de Joinville. Mais, dans le château qui dominait la cité, le *Balafré* se sentait chez lui. C'est de là qu'il préparait la revanche de sa famille, rejetée de la cour par Henri III alors que son grand-père, Claude, puis son père, le premier *Balafré*, avaient été les favoris des rois précédents.

À Joinville, Mayenne trouva non seulement son frère le duc mais aussi son cadet, le cardinal de Guise. Il leur fit un récit détaillé de ce qu'il avait appris, puis ils préparèrent ensemble les derniers détails de la prochaine offensive militaire qui permettrait d'imposer au roi, par la force, les décisions du traité de Joinville.

Ils œuvrèrent ainsi quatre ou cinq jours. Leur entreprise devait aussi bien effrayer la cour que rassurer les ligueurs inquiets de leur faiblesse. Pour ne pas être écrasé par l'armée royale, pas si faible qu'on le disait, Guise avait besoin de troupes mercenaires allemandes et albanaises. Il fallait organiser leur arrivée et les répartir dans les différents régiments du duc, mais aussi renforcer les postes de garde sur toutes les routes conduisant au-delà du Rhin pour arrêter les émissaires que Navarre pourrait envoyer au comte Jean Casimir de Bavière, afin d'acheter des reîtres et des Suisses. Enfin et surtout, il fallait préparer soigneusement le soulèvement des villes qui s'étaient données à la Ligue.

Quand tout fut au point, Mayenne repartit avec ses cinquante hommes pour rejoindre son armée dans le Poitou où les escarmouches de ses troupes avec les huguenots de Navarre étaient incessantes, mais rarement à l'avantage du Lorrain. Malgré sa hâte, le duc fit en chemin une halte au village d'Arcueil. Là, très à l'écart des habitations, les Guise possédaient un château fortifié, abandonné depuis des années et vidé de tout mobilier et équipement. Seuls un concierge, sa femme et trois valets d'armes gardaient les lieux.

Le château n'était qu'une grosse maison crénelée entourée d'un fossé nauséabond avec un pont-levis et deux tours d'angle, l'une ronde et l'autre carrée. L'endroit paraissait désert mais ce n'était pas le cas, car deux cheminées fumaient.

À quelques dizaines de toises se dressait un second logis entouré d'un mur où vivait le fermier qui s'occupait des terres environnantes. C'est là que le duc abandonna son escorte. Ayant ôté sa bourguignote et accompagné seulement de son écuyer, il se rendit au pont-levis devant lequel l'écuyer sonna dans sa trompe pour faire baisser le pont et ouvrir la grille.

Le concierge reconnut son maître par une des archères et fit descendre le pont, puis lever la herse de bois. Le duc entra seul dans la cour du château. Le concierge le rejoignit aussitôt, baissant la tête avec servilité, terrorisé par cette visite inattendue.

— Il est là ? demanda Mayenne d'un ton rogue.

— Oui, monseigneur.

Le duc sauta à terre avec une souplesse étonnante pour sa corpulence et entra dans le logis principal en poussant la porte bardée de clous. Il traversa au pas de charge la grande salle jusqu'à l'escalier à vis qui se trouvait à une extrémité. Il le grimpa quatre à quatre jusqu'au premier étage pour traverser une seconde salle, aussi vide et glaciale que celle du dessous, mais plus petite. À une de ses extrémités se dressait une épaisse porte de chêne.

— Mayenne ! cria-t-il, en frappant sur celle-ci avec la poignée de son épée.

— Seul ? répondit une voix.

— Oui, ouvrez !

On tira les verrous et un individu d'une trentaine d'années, épée au côté et pistolet à la main, entrebâilla la porte. Le duc le repoussa sans ménagement et entra dans la pièce.

Près de la cheminée, un autre homme d'une quarantaine d'années était assis sur une large chaise avec un coussin. De la manche gauche de son pourpoint de soie sortait une main de bois. Son visage était fin, calculateur, avec une épaisse barbe en pointe et une chevelure mi-longue, plus du tout à la mode, et entièrement blanche. Il avait le front haut, le nez aquilin, les lèvres presque inexistantes. Voyant Mayenne en fureur, il eut un léger sourire, mélange d'ironie, de curiosité et peut-être de soulagement.

— Vous avez besoin de moi, monseigneur ! affirma-t-il.

— Oui, Maurevert.

Charles de Louviers, seigneur de Maurevert, était issu d'une famille de riches parlementaires qui possédait l'île de Louviers sur la Seine. Sa famille étant féale des Guise, il avait été placé tout jeune comme page chez le duc où on avait remarqué son audace et son opportunisme. Un jour, dans de troubles circonstances, il avait tué un autre page avec une rare sauvagerie. Risquant la mort, il s'était enfui de Joinville pour entrer au service de la famille royale où son habileté et son absence de sens moral l'avaient fait remarquer de la reine Catherine de Médicis.

À la cour, il se construisit rapidement une réputation de séducteur et de *bravo*. L'œil couleur acier, la figure régulière, la barbe bien taillée, la tournure élégante, la démarche souple, il passait pour dangereux à l'épée et avait une réputation de tireur infaillible à l'arquebuse ou au pistolet. Il se battait pourtant peu en duel, car il détestait les risques inutiles, et jugeait plus adroit de gagner la confiance de ceux qu'il voulait abattre avant de leur enfoncer une dague dans le dos.

Son habileté en fit rapidement l'un des assassins patentés de Catherine. Pourtant, il n'était pas un de ces spadassins vénaux comme elle en utilisait parfois. Riche et de première noblesse, il ne recherchait ni argent ni honneurs. N'avait-il pas épousé Marguerite d'Aquin, une des filles du prince de Castiglione ? Ce qui l'attirait dans l'assassinat était surtout la difficulté, le défi à la raison, la gageure irréalisable. Il avait un vrai talent pour tuer quand chacun assurait que c'était impossible. Là où d'autres se provoquaient pour des rencontres héroïques à l'épée devant un parterre d'admiratrices, il choisissait l'usage discret du poignard ou du pistolet.

En 1569, il était entré au service de l'amiral de Coligny dont il était devenu l'un des favoris, changeant ainsi encore de fidélité en rejoignant le parti protestant. Mais en vérité, il avait été envoyé là par la reine mère et le duc d'Anjou afin d'assassiner le chef huguenot. Il avait pourtant échoué, parvenant seulement à loger une balle dans la tête d'un capitaine de l'amiral qui le croyait son ami. En récompense de ce crime, Maurevert avait tout de même reçu de Charles IX le cordon de chevalier de Saint-Michel ! À la fin du mois d'août 1572, c'est donc tout naturellement à lui que la reine avait fait appel quand, avec le duc de Guise et le duc d'Anjou, ils avaient décidé la mise à mort de l'amiral qui cherchait à entraîner la France dans une guerre contre l'Espagne. Certes, la reine mère et Anjou auraient préféré que ce soit Guise lui-même qui tue Coligny – après tout, ces deux-là se haïssaient depuis toujours ! –, mais devant les impondérables d'une telle opération, ils s'en étaient remis à celui dont le talent dans la traîtrise et la hardiesse dans le crime étaient reconnus, même s'ils l'exécraient pour sa lâche façon d'agir.

Depuis sa vaine tentative contre l'amiral, trois ans auparavant, Maurevert avait justement renoué avec Henri de Guise qui le protégeait de la vengeance des huguenots en le cachant dans un de ses châteaux. Craignant pour sa vie, l'assassin avait d'ailleurs donné tous ses biens à son frère Pierre de Foissy.

Le meurtre de l'amiral étant décidé, le duc d'Aumale, oncle de Guise, avait ramené Maurevert à Paris. Avec une arquebuse prêtée par le duc d'Anjou, il s'était installé dans une maison à double issue de la rue des Fossés-Saint-Germain appartenant à un familier du duc de Guise, à deux pas de la rue de Béthisy où logeait l'amiral. Il était resté là plusieurs jours, surveillant par une fenêtre les allées et venues du capitaine huguenot tout en disposant d'un cheval dans le cloître Saint-Germain tout proche.

Le vendredi 22 août à 11 heures, après avoir joué à la paume avec le roi, l'amiral de Coligny était sorti du Louvre avec sa suite de gentilshommes et rentrait à son logis de la rue de Béthisy en passant par la rue des Fossés-Saint-Germain.

Maurevert, dissimulé par un linge accroché devant une fenêtre, avait tiré, visant la poitrine, puis s'était enfui en abandonnant l'arquebuse sans chercher à savoir s'il avait tué l'amiral.

Seulement, au moment du coup de feu, Coligny s'était retourné pour cracher, et la balle lui avait seulement arraché l'index de la main droite pour se ficher dans son bras gauche. Blessé, l'amiral avait, d'un geste, indiqué la maison d'où était parti le coup. Aussitôt sa suite s'était précipitée et avait retrouvé l'arquebuse, mais l'assassin était déjà loin.

Le samedi, tous les gentilshommes huguenots présents à Paris s'étaient retrouvés chez Coligny, brûlant de le venger. La reine, Guise et Anjou, pris de peur devant un tel rassemblement, avaient alors décidé de frapper les premiers et, dans la nuit de la Saint-Barthélemy, le furieux massacre avait commencé.

Maurevert avait été vite identifié comme le responsable du tir aussi était-il resté caché chez un proche des Guise, au château de Chailly-en-Bière, avant de gagner Rome. Il était revenu en France en 1573, durant le siège de La Rochelle, aux ordres du duc d'Anjou, avant de reprendre du service comme assassin royal en tentant de tuer le prince de Condé.

Peut-être avait-il perdu la main, car cela avait été un nouvel échec. Maurevert y avait pourtant gagné le surnom de *tueur des rois*.

Revenu à la cour à l'avènement de Henri III, il en avait été chassé par le nouveau roi qui désirait oublier les ignominies qu'il avait tolérées quand il n'était que duc d'Anjou. L'assassin royal s'était donc retiré sur ses terres, récompensé toutefois par les bénéfices de deux grasses abbayes.

Mais il n'avait pu connaître une vie tranquille. En 1579, à la suite d'une querelle familiale, il avait perdu le bras gauche. Plus tard, retrouvé par les huguenots qui le pourchassaient depuis la Saint-Barthélemy, il avait fait l'objet de plusieurs tirs de mousquet et avait été blessé à la jambe.

En avril 1583, alors qu'il se trouvait près de la Croix-des-Petits-Champs, protégé par une troupe de spadassins, le fils du capitaine huguenot qu'il avait occis en 1569 l'avait retrouvé. Le protestant était avec une troupe d'amis et une bataille d'une rare violence avait opposé les deux bandes. Le fils vengeur y avait trouvé la mort, après toutefois avoir percé le ventre de Maurevert de plusieurs coups d'épée. On avait transporté le *tueur des rois* dans une maison où il était passé de vie à trépas dans la nuit, nommant auparavant le duc de Guise comme légataire universel.

C'est ce que tout le monde savait.

Seulement les choses ne s'étaient pas vraiment terminées ainsi.

Paul Amer, son fidèle écuyer et serviteur, qui s'était battu à ses côtés, l'avait ramené à la maison de son frère, Pierre de Foissy. Maurevert était encore conscient. On avait appelé un chirurgien et fait venir un notaire, car le tueur voulait faire son testament.

La blessure la plus grave venait d'un coup d'épée entré dans le ventre et ressorti dans le dos. C'était mortel avait assuré le chirurgien, bien qu'aucune artère ou veine n'ait été sectionnée, la plaie ayant peu saigné.

Maurevert souffrait le martyre, mais n'avait pas perdu conscience. Il avait tant de fois échappé à la mort qu'il espérait à nouveau tromper la camarde. Il avait donc demandé à son frère et à son écuyer de rester avec lui, sans témoin.

— Je vais mourir, leur avait-il dit, mais si Dieu a de la compassion pour moi, il me laissera vivre encore un peu sur cette terre où j'ai tant à faire. Pourtant, je ne veux plus connaître cette vie d'errance, éternellement pourchassé. Je vous en prie, si je ne suis pas mort demain matin, vous annoncerez quand même à tous ma fin. Vous me ferez mettre dans un cercueil et me conduirez à la chapelle de notre châtellenie de Corbeil.

» C'est là-bas que vous me mettrez en terre, ou que vous ensevelirez un cercueil plein de pierres si je respire encore. Pierre, je t'ai déjà laissé tous mes biens, tu prendras soin de moi. Paul, je vais te faire un don de deux mille livres. Si tu restes avec moi, ta fortune sera assurée, tu sais que je suis riche. Si je survis, vous préviendrez le duc de Guise. Il est le seul à ne m'avoir jamais abandonné et il sera mon légataire.

Tout s'était déroulé comme il l'avait décidé. Pour Paris, pour la cour et pour les protestants, le *tueur des rois* était mort. Paul Amer l'avait transporté dans leur maison familiale de Corbeil, puis le convalescent avait été transféré dans ce château d'Arcueil appartenant à Guise. Le château était isolé. Personne, ou presque, ne l'habitait, Maurevert y avait été soigné dans le calme.

Il avait mis près d'un an à pouvoir marcher à nouveau, même s'il claudiquait toujours. Depuis trois mois, il avait repris l'entraînement à l'épée et au pistolet. Ses cheveux d'un blond ardent avaient blanchi et, avec son épaisse barbe et un faux bras en bois terminé par une main gantée, il paraissait bien plus que la quarantaine qu'il avait à peine. Seuls son regard calculateur et les plis cruels de sa bouche n'avaient pas changé.

Henri de Guise était venu le voir une fois, et Charles de Mayenne deux. Eux seuls connaissaient le secret.

Lors de sa visite, le duc de Guise lui avait demandé s'il serait prêt à mettre son art de l'assassinat à son service pour une nouvelle cause. Un crime quasiment impossible.

— Rien ne m'est impossible, avait déclaré Maurevert, avec emphase. Ne suis-je pas revenu des morts ?

Après l'avoir considéré un instant, Guise avait opiné. À ce moment-là, Maurevert était alors allongé dans un lit, amaigri, peut-être incapable de remarcher un jour.

Le Lorrain n'avait rien dit de plus, il ne lui avait pas révélé que ce crime impossible qu'il envisageait, c'était l'assassinat du roi de Navarre.

— Comment vous sentez-vous ?

— Comme un jeune homme, monseigneur, sourit Maurevert en se levant.

— Je n'ai guère de temps, déclara Mayenne en prenant un siège. (Il parlait librement devant l'écuyer Paul Amer, le sachant d'une totale fidélité à son maître.) Avec mon frère, nous pensions vous demander un service. Il s'agit d'un jeune homme qui pourrait compromettre nos affaires et dont nous souhaiterions qu'il soit écarté de notre chemin.

— Considérez-le comme mort, monseigneur, répliqua Maurevert avec emphase.

— Ce ne sera pas une opération facile, il a pour ami un lieutenant du prévôt, et un garde du corps redoutable ne le quitte pas. Son logis est une vraie forteresse.

— J'aime ces difficultés, affirma le tueur des rois.

— Le lieutenant du prévôt qui l'accompagne est un des nôtres, il ne doit en aucun cas être meurtri, c'est ce qui rend l'opération difficile. Vous l'acceptez ?

— Je me rouille, ici, monseigneur !

— Laissez-moi donc vous raconter toute l'histoire...

Satisfait, Mayenne fit un résumé de la situation, sans toutefois s'étendre sur le détournement des tailles. Il promit à Maurevert trois cents écus pour la mort de Hauteville et lui en remit cinquante pour ses frais. Il conclut en lui expliquant qu'il aurait plus de détails en allant voir un bourgeois nommé Jehan Salvancy dont il donna l'adresse approximative.

Le duc s'était souvenu avoir une fois rencontré Salvancy à l'hôtel de Guise alors que le receveur des tailles apportait des quittances pour encaisser quelques centaines de livres chez le banquier Scipion Sardini. Salvancy lui avait alors avoué qu'il souhaitait acheter la charge de trésorier de l'Épargne quand le cardinal de Bourbon serait roi. Mayenne l'avait assuré de son soutien, sans en penser un mot.

Mais puisque ce Salvancy était justement celui qui craignait d'être découvert par Hauteville, le plus simple était donc que ce soit lui qui se mette à la disposition de Maurevert. Salvancy n'était pas membre du conseil des Seize, mais il disposait des cordons de la bourse ce qui était encore mieux. Il devrait pouvoir satisfaire toutes les demandes du tueur des rois sans que celui-ci entre en contact avec la sainte union.

15.

Mercredi 27 février 1585

Henri III aimait à réunir auprès de lui des poètes et des humanistes lettrés. Il appelait cette assemblée son *escolle pour servir de pépinière d'où se retireraient un jour poètes et musiciens*. C'était l'Académie du Palais. L'une des rares femmes à en faire partie était la duchesse de Retz, dame d'honneur de la reine et épouse d'Albert de Gondi. La duchesse, qui parlait le grec, le latin et l'italien, était la femme la plus savante de la cour. Dans sa maison du faubourg Saint-Honoré, elle rassemblait dans un salon réputé poètes et écrivains pour des lectures et des échanges d'idées.

Marthe Feydeau, l'épouse de Jehan Salvancy, n'était que la fille d'un procureur au parlement et ne connaissait pas le latin, mais elle s'était mis en tête d'être la duchesse de Retz de la bourgeoisie parisienne. Pour cela, chaque mercredi en début d'après-midi, elle réunissait quelques beaux esprits pour écouter leurs vers.

Cassandre, escortée de Caudebec et de Hans, traversa Paris enneigé le mercredi suivant le souper de la Sainte-Isabelle. Invitée chez Salvancy, elle était partie tôt de la maison Sardini, car elle voulait arriver la première afin de préparer au mieux l'entreprise que lui avait suggérée Isabeau de Limeuil.

Elle fit le voyage enveloppée dans une houppelande à fourrure et capuchon, à cheval sur une selle de haquenée que lui avait donnée Mme Sardini. C'était une sorte de bât où la femme en robe s'asseyait en amazone, avec une planchette en guise d'étrier et une fourche afin de mieux tenir la jambe droite. Cette selle avait été offerte à Isabeau par Catherine de Médicis, qui n'en avait plus l'utilité depuis que son embonpoint et ses rhumatismes l'empêchaient de chasser à cheval.

Chez Salvancy, le concierge qui leur ouvrit était avec un homme à l'allure de *bravo*. Lourde épée à la taille et jaques de mailles de fer visibles sous son pourpoint, il dévisagea Caudebec et Hans pour les jauger pendant que le concierge, prévenu de leur visite, faisait entrer les chevaux par le corridor jusqu'au jardin intérieur.

Pendant ce temps, Cassandre aperçut à sa gauche trois commis qui écrivaient dans la pièce dont la fenêtre ogivale donnait dans la rue. Un second garde armé assis sur un banc, avec un jeu de cartes à la main, attendait visiblement le retour de son compagnon.

Conduit par le *bravo*, Hans rejoignit les montures dans le jardin tandis que Cassandre et Caudebec grimpaient un escalier raide, derrière le concierge. Au palier, celui-ci les annonça par une des portes de l'étage avant de les laisser pénétrer dans une vaste chambre dont les deux fenêtres à colonnades donnaient sur le jardin. Le meuble principal en était un immense lit à piliers sur lequel était assise Mme Salvancy. Son époux, en pourpoint noir et haut et bas-de-chausses écarlates, était debout près d'une des fenêtres et parlait avec un jeune homme à la triste figure.

Cassandre balaya la chambre des yeux. Quand la bourgeoisie protestante affectait des intérieurs austères, M. Salvancy, comme beaucoup de catholiques, tenait à afficher sa fortune. Son épouse portait une robe de velours noir garnie d'un corps de drap à grosses manches brodées et matelassées, doublée de serge violet. Un collier de perles entourait sa gorge sous une petite fraise finement brodée. Outre le lit, la pièce comprenait un bahut marqueté et une grande armoire à deux médaillons sculptés, l'un représentant une tête de femme de profil, et l'autre une tête d'homme. Il y avait aussi une dizaine de chaises à dossier bas et pieds carrés. Sur le bahut se trouvaient plusieurs vases émaillés ainsi qu'un coffret ciselé. Au mur étaient pendus deux grandes tapisseries et un miroir doré.

Les présentations furent faites, le jeune homme était un cousin qui écrivait des poèmes. Cassandre s'installa sur une escabelle tapissée, près de la maîtresse de maison qui l'interrogea sur sa vie à Lucques pendant que Caudebec échangeait quelques paroles avec M. Salvancy. Celui-ci se flatta d'avoir acheté plusieurs offices de receveur. Il collectait ainsi les tailles dans près de cent cinquante paroisses, le quart de l'élection de Paris ! Caudebec s'en émerveilla tout en observant le jardin. Il y avait une petite écurie où il voyait Hans brosser les chevaux. Posant des questions, il apprit qu'un escalier de service distribuait les chambres et la cuisine et qu'il y avait un passage entre la cuisine et la salle du rez-de-chaussée qu'ils avaient vue. Chaque étage n'avait que deux grandes pièces complétées par de petits bouges, l'autre chambre du niveau où ils se trouvaient, celle qui donnait sur la rue, était celle de M. Salvancy. Sous les combles, sur plusieurs niveaux, logeaient les domestiques qui pouvaient aller et venir par l'escalier de service.

D'autres visiteurs arrivèrent peu à peu qui vinrent saluer Cassandre et les époux Salvancy, alors que deux valets servaient une collation avec des confitures, des prunes sèches, et du vin de groseille. Lorsqu'elle fut certaine que personne ne l'observait, Mlle de Mornay s'approcha d'une des fenêtres, souleva la pierre précieuse de la bague que lui avait donnée Isabeau de Limeuil et en versa le contenu dans sa coupe.

Cassandre avait choisi de faire confiance à l'ancienne courtisane. Elle referma le bouchon de la bague et avala le contenu. Quelques secondes plus tard, la tête lui tourna et elle s'affaissa sur le sol.

Isabeau était allée chercher la poudre et la bague auprès de Cosimo Ruggieri, dans l'hôtel de la Reine que Catherine avait fait construire en face de Saint-Eustache depuis qu'un astrologue lui avait annoncé qu'elle mourrait près de Saint-Germain : le Louvre et les Tuileries étaient selon elle trop proches de Saint-Germain-l'Auxerrois. Ruggieri était le fils d'un médecin et astrologue florentin qui avait accompagné Catherine de Médicis en France. Il avait le même âge que la reine mère. Particulièrement craint à la cour pour les sorts qu'il jetait aux ennemis de sa maîtresse, il était aussi fort habile en philtres d'amour et en poudres capables de guérir, ou de provoquer toutes sortes de maladies. Trop habile, sans doute, car dix ans plus tôt, il avait été condamné aux galères pour avoir jeté un maléfice mortel sur Charles IX. Vraie ou fausse condamnation ? D'aucuns disaient que Ruggieri était en fait l'espion de la reine mère chez les conspirateurs qui voulaient empoisonner le roi. Finalement, le mage avait été gracié et il venait d'être nommé abbé comandataire de l'abbaye de Saint-Mahé en Bretagne.

Ruggieri avait souvent fourni des philtres et des élixirs à Isabeau du temps où elle était la *puterelle* de la reine mère, quand elle avait besoin de se faire aimer ou d'assoupir ses amants. L'astrologue et la courtisane se connaissaient bien et elle avait facilement pu obtenir ce qu'elle voulait.

La chute de Cassandre provoqua une intense émotion. Blanche comme de l'albâtre, le pouls absent et le cœur ne battant quasiment plus, elle fut transportée sur le lit de Mme Salvancy qui proposa de lui administrer des sels. Caudebec s'y opposa.

— Ne craignez rien, madame ! Cette perte des sens lui arrive souvent et ne dure que quelques minutes, il faut seulement la transporter dans une pièce calme et la laisser seule, la conscience lui revient alors peu à peu naturellement. Avez-vous une autre chambre ici ?

— Il y a la mienne, proposa Salvancy, juste à côté, mais...

— Ce sera parfait, décida Caudebec sans l'écouter davantage, aidez-moi à la transporter.

Les invités lui firent une sorte de brancard avec des draps et on la porta donc sur le grand lit à colonnes de la chambre du maître de maison.

— Je vais rester avec elle, décida Mme Salvancy.

— Surtout pas ! fit Caudebec. Je ne sais ce qu'est cette étrange maladie mais ma maîtresse ne reprend conscience que si elle est vraiment seule. Dans sa léthargie, elle perd l'usage de tous les sens mais ressent parfaitement la présence d'autres personnes. Dans ce cas, elle reste murée dans l'inconscience où elle peut passer des heures et des jours. Elle m'a souvent raconté cette étrange expérience.

— Mais elle aura besoin d'une femme de chambre à son réveil, objecta M. Salvancy qui n'avait guère envie de laisser une étrangère seule dans sa chambre.

— N'ayez crainte, sitôt la conscience revenue, elle aura oublié son malaise et se lèvera pour aller droit à la première porte. Nous la verrons arriver à ce moment-là.

Peu convaincus, les Salvancy la laissèrent pourtant et sortirent.

Cassandre n'avait perdu conscience que quelques minutes. À peine avait-elle changé de lit qu'elle était revenue à elle, tout en restant livide et avec de très faibles pulsations du cœur. Une fois seule, elle se leva pour découvrir les lieux.

À part le grand lit à rideaux, le meuble principal était une armoire à décor d'angelots sculptés. Il y avait aussi un petit bahut recouvert de cuir, deux gros coffres de bois, un de fer, une grande table couverte d'un épais tapis à franges vertes et plusieurs chaises, tabourets et fauteuils. Sur une crédence, se trouvaient des encriers, des plumes et un nécessaire à cacheter.

Elle fit le tour des objets décoratifs. Ce fut rapide, car il n'y avait presque rien sinon quelques pots émaillés et un grand plat rempli de pruneaux. M. Salvancy était très méticuleux, ou très prudent. Elle ouvrit un coffre, puis l'autre. Elle y vit des vêtements, un pistolet, une dague, mais aucun papier.

Un coffre de fer se trouvait dans l'embrasure d'une des fenêtres. Elle tenta de l'ouvrir mais la serrure était solidement fermée. Isabeau lui avait expliqué comment forcer les serrures en utilisant un petit crochet de fer qu'elle lui avait donné, mais elle s'en sentit incapable.

Tout ça pour rien ! songea-t-elle avec dépit.

Elle revint à la crédence sur laquelle se trouvaient le nécessaire à cacheter et le sceau de Salvancy. Une idée lui vint : elle prit un morceau de cire et approcha le sceau des braises du feu qui se consumaient dans la cheminée. Lorsqu'elle jugea que le cachet de métal était assez chaud, elle l'enfonça dans le bloc de cire avant de le reposer à sa place. À cet instant, elle entendit la poignée de la porte bouger et revint s'asseoir précipitamment sur le lit, cachant la cire chaude dans sa main.

— Mademoiselle, vous êtes remise ! fit Salvancy, soulagé, tant il avait été contrarié de l'avoir laissée dans la pièce où se trouvaient ses affaires personnelles.

— Je crois que j'ai eu un étourdissement, murmura-t-elle, cela m'arrive. Pouvez-vous me laisser une seconde ? Je dois être affreuse et il y a là un miroir...

Elle désigna la glace au cadre de noyer formant un luxurieux feuillage. Le receveur des tailles hocha du chef et ressortit tout en laissant la porte entrouverte.

Elle resta quelques secondes assise, indécise, essayant de se souvenir de tout ce que lui avait appris Mme Sardini. Beaucoup de gens cachaient des choses sous leur matelas, lui avait-elle dit. Elle glissa la main. Par la porte, elle entendait les paroles des invités mais personne ne la voyait. Sa main tâtonna rapidement sous le matelas et elle sentit un objet dur. Une clef. Elle la tira et la glissa dans un pli de sa robe, puis se leva et se dirigea vers le miroir.

En marchant, elle dénoua son aumônière de soie et y fit tomber la clef et le morceau de cire. Comme l'aumônière était déformée par le poids de la clef, elle la dissimula sous son manteau, qu'on lui avait laissé sur les épaules.

Lorsqu'elle revint dans la chambre de Mme Salvancy, elle n'eut aucune peine à la convaincre qu'elle souhaitait rentrer chez son oncle pour se reposer. Ce n'est que dans la rue, suffisamment éloignée de la maison, qu'elle ouvrit l'aumônière et examina la clef.

Ce n'était pas une clef ordinaire. Au bout de la tige, les dents formaient une sorte de peigne très compliqué. À l'autre extrémité, la partie qui forme généralement un anneau était constituée de deux lettres ciselées entrelacées formant une sorte de monogramme. Un H et un V.

C'était sans doute la clef d'entrée d'une maison. Mais pourquoi Salvancy la cachait-il sous son lit ? Elle songea immédiatement à une maîtresse. Le monogramme permettrait peut-être de l'identifier.

Cette clef pourrait bien être utile, se dit-elle sans savoir exactement comment elle pourrait en faire usage.

En arrivant à la maison des Sardini, elle monta immédiatement dans la chambre d'Isabeau et, après lui avoir raconté l'échec de son entreprise, lui montra la clef, suggérant qu'il s'agissait peut-être d'une courtisane.

— H et un V ? Les initiales d'un nom et d'un prénom ? Henriette, peut-être ? Mais V ? Non, cela ne me dit rien, fit Isabeau de Limeuil en plissant le front de perplexité. Il y aurait un J comme Jehan, cela aurait pu être les initiales des prénoms de deux amants, mais ce n'est pas le cas. Ces lettres entrelacées me font plutôt penser à un monogramme, ou à la réunion d'initiales d'une famille. Ce ne sont pas des armes nobles, je les connaîtrais, ce serait plutôt la marque d'une famille bourgeoise. Allons interroger les clercs de la banque, ils voient passer beaucoup de documents signés avec de tels monogrammes...

Les clercs travaillaient par tables de quatre dans

une longue salle du deuxième étage, sous la direction de Martial Vivepreux, l'homme qu'ils avaient vu avec Mme Sardini, le jour de leur arrivée et qui était voisin de Cassandre le jour du souper de la Sainte-Isabelle.

Mme Sardini se dirigea directement vers lui et lui montra la clef en l'interrogeant. Plusieurs commis, profitant de l'intervention, avaient levé la tête de leur travail pour écouter.

Curieusement, M. Vivepreux parut embarrassé. Il retourna plusieurs fois la clef entre ses doigts avant de dire :

— Je crois que c'est le monogramme de la famille des Hauteville. H et V : Hauteville. Cette clef a été perdue ici, madame ?

— Qui sont ces gens ? demanda Isabeau de Limeuil sans répondre à la question du premier commis.

— C'est un contrôleur des tailles, madame.

— Savez-vous où il habite ? demanda Cassandre.

— Oui, mademoiselle, rue Saint-Martin.

— A-t-il une fille, une épouse ? demanda-t-elle, jugeant qu'un contrôleur des tailles pouvait bien connaître un receveur général comme Salvancy.

— Il n'avait qu'un fils, madame.

— Avait ?

— Oui, madame. M. Hauteville est mort récemment. Il ne reste que son fils unique.

— Un contrôleur des tailles, avez-vous dit ?

Un souvenir lui revint. Elle se tourna vers Isabeau de Limeuil :

— Je me rappelle que lors de votre fête, madame, j'étais à côté de M. Salvancy et il a questionné son voisin au sujet de l'assassinat d'un contrôleur des tailles. Pourrait-ce être le même ?

Vivepreux déglutit et parut encore plus mal à l'aise.

— En effet, madame, M. Hauteville a été assassiné en ce début d'année.

Cassandre le considéra avec une évidente suspicion. Que signifiait cette étrange attitude ? Pourquoi n'avait-il pas raconté cela dès leurs premières questions ?

Mme Sardini avait aussi compris que quelque chose n'allait pas.

— Monsieur Vivepreux, poursuivons cette discussion avec mon mari, loin d'oreilles indiscrètes, décida-t-elle.

Vivepreux s'inclina et ils quittèrent la salle des clercs sans échanger un seul mot jusqu'au cabinet de M. Sardini. Celui-ci était avec un visiteur sur le point de partir et seule Isabeau entra, laissant Vivepreux et Cassandre dans la galerie. Dès que le visiteur fut sorti, Isabeau relata l'affaire à son époux et lui donna la clef en lui précisant qu'elle ne voulait pas que le premier commis sache comment Cassandre se l'était procurée.

Scipion Sardini l'approuva. Comment une clef appartenant à ce M. Hauteville, assassiné par des inconnus, pouvait-elle se trouver sous le matelas de Jehan Salvancy ? s'interrogea le banquier. Il n'y avait guère qu'une explication : Salvancy connaissait les assassins et c'étaient eux qui lui avaient donné la clef. Peut-être même était-ce lui l'assassin ! Finalement, tout cela n'était pas si étonnant : si Salvancy rapinait les tailles royales pour le duc de Guise, il était bien normal que les amis du duc aient fait passer de vie à trépas celui qui aurait pu découvrir la fraude. Sans doute ce contrôleur des tailles avait-il été trop curieux.

Entre-temps, Isabeau avait fait entrer Cassandre

et le premier commis. Après un assez long silence de réflexion, M. Sardini s'adressa à Vivepreux.

— Je me souviens de l'assassinat de ce contrôleur des tailles, on en a beaucoup parlé en janvier. Plusieurs personnes ont été occcises, c'est cela ?

— Oui, monsieur. C'est un sujet que je ne souhaite guère aborder, car je connaissais personnellement M. Hauteville.

— Expliquez-nous ça, proposa Isabeau, dans un mélange de raillerie et de méfiance.

— Je suis clerc-notaire et secrétaire du roi, madame, même si je n'ai plus d'office depuis que je suis entré au service de votre mari. Lorsque j'étais plus jeune, je travaillais comme notaire à la grande chancellerie avec M. Hauteville. C'était il y a une vingtaine d'années. Ensuite, il a acheté une charge de contrôleur des tailles et nous ne nous sommes plus beaucoup vus, mais nous étions restés amis.

» Les clercs-notaires et secrétaires de la grande chancellerie peuvent être anoblis au bout de vingt ans et transmettre leur noblesse à leur postérité, aussi nous nous sommes constitués en association et je suis resté dans la confrérie qui nous réunissait de temps en temps. C'est à ces occasions que nous nous rencontrions. Bien que nous n'exercions plus, M. Hauteville espérait un jour être anobli, surtout pour son fils. Nous en parlions quand nous nous voyions. En janvier, j'ai appris sa mort ainsi que celle de la femme avec laquelle il vivait. Des rôdeurs s'étaient introduits chez lui. On a un temps suspecté son fils mais il a été mis hors de cause ; je l'ai d'ailleurs rencontré lors d'une messe pour le repos de l'âme de son père.

» Il était désemparé, ne comprenant pas comment les assassins étaient entrés, car leur maison était bien protégée et son père n'aurait jamais ouvert à quelqu'un qu'il ne connaissait pas. Les voisins auraient vu trois hommes entrer, ce jour-là. M. Hauteville les connaissait donc. Mais s'ils étaient des proches, pourquoi l'auraient-ils tué ?

— Et depuis, savez-vous où en est l'enquête ? demanda Cassandre.

Une fois de plus, Vivepreux parut embarrassé. Il se passa la langue sur les lèvres pour marquer son hésitation avant de déclarer :

— J'ai revu le jeune Hauteville, il y a une quinzaine de jours, au Palais. Il se rendait au tribunal de l'élection de Paris et je devais moi-même assister au procès pour les dettes de M. Milet.

Il regarda Sardini comme pour avoir son approbation. Ce Milet avait une dette avec la banque Sardini.

Le financier opina, mais comme son commis ne poursuivait pas, il lui demanda :

— Qu'allait-il faire au tribunal de l'élection ?

— Je l'ignore, monsieur. Nous avons juste échangé quelques mots. Le tribunal conserve toutes les pièces comptables de l'élection. J'ai pensé qu'il terminait un travail de vérification commencé par son père…

Sardini et Cassandre échangèrent un long regard entendu. Cassandre avait abouti aux mêmes conclusions que le banquier. Le père du jeune Hauteville avait dû découvrir le détournement des tailles et celui qui organisait cette entreprise, M. Salvancy, l'avait appris et fait tuer, ou tué lui-même. Lors de l'assassinat, lui, ou un complice, avait emporté la clef de la maison, songeant qu'ils pourraient avoir à y revenir.

Mais Vivepreux venait de leur apprendre que le fils Hauteville poursuivait peut-être les investigations de son père, c'était habituel dans une société où les charges et les offices se transmettaient souvent de père en fils. Donc le jeune Hauteville pouvait savoir beaucoup de choses qui pourraient l'aider. Il fallait qu'elle le rencontre, décida Cassandre.

— M. Vivepreux, demanda-t-elle, si je me rendais au Palais, demain matin, accepteriez vous de me montrer M. Hauteville ?

— Heu... sans doute...

Le commis se passa une main sur le visage, comme pour dissimuler son trouble. Il y avait tant de choses qu'il ne comprenait pas. Déjà, il doutait que cette fille soit la nièce de son maître et maintenant il y avait cette clef. Comment se l'était-elle procurée ? Et pourquoi s'intéressait-elle aux Hauteville ?

— Vous souhaiteriez que je vous présente ? demanda-t-il d'une voix hésitante.

— Non, juste que vous me le montriez, je ne l'aborderai que si je le juge utile.

— S'il vient travailler dans le cabinet de consultation de l'élection, il y reste certainement jusqu'à none...

— Monsieur Vivepreux, vous conduirez ma nièce au Palais, demain, décida Sardini. Arrangez-vous pour y être vers midi. Vous trouverez un prétexte pour rencontrer M. Hauteville, et lorsqu'il quittera le Palais, vous préviendrez Mlle Cassandre qui vous attendra dans une hostellerie proche.

— Bien, monsieur, fit Vivepreux d'un ton égal, en s'inclinant.

Il sortit.

— M. Vivepreux n'a guère fait d'effort pour nous renseigner... déclara Cassandre quand il se fut retiré.

— C'est sa nature, sourit Sardini en haussant les épaules avec indifférence. Mon commis est d'une discrétion maladive. Il désapprouve certainement toute notre petite conspiration mais vous pouvez être assurée de sa loyauté.

Le soir, Isabeau de Limeuil rejoignit Cassandre dans sa chambre.

— Qu'allez-vous faire ? lui demanda-t-elle.

— Je vais approcher ce jeune homme, le jeune Hauteville, ensuite j'improviserai. Peut-être m'apprendra-t-il quelque chose.

Isabeau secoua la tête avec une sorte d'impatience.

— Il faut que vous sachiez où aller ! Comment votre père jugerait-il un capitaine qui ferait déplacer ses troupes sans savoir ce qu'il va faire ? J'ai bien réfléchi : vous devrez entrer dans l'intimité du jeune Hauteville, puis le guider pour qu'il découvre le rôle de M. Salvancy dans la mort de son père. Évidemment sans qu'il s'aperçoive que tout ceci vient de vous.

— Il voudra se venger…

— C'est là qu'il vous faudra être adroite. Il ne faut pas qu'il se venge, mais seulement qu'il obtienne de M. Salvancy les quittances, et qu'il vous les remette.

— Mais comment ? sourit Cassandre, incrédule.

— Ce sera à vous d'inventer, répliqua Limeuil avec un geste d'indifférence. Vous avez ce qu'il faut pour émouvoir un jolet et qu'il s'amourache de vous, ajouta-t-elle en l'examinant de haut en bas.

Cassandre se mordilla les lèvres, ne se sentant guère capable de jouer un tel jeu.

— C'est un plan malaisé que vous me proposez, madame. Je ne suis ni assez comédienne ni assez perfide pour tromper ce jeune homme longtemps. Je me trahirai et ce sera moi qu'il suspectera, et non Salvancy.

— Mais j'y compte bien ! sourit Limeuil en lui prenant affectueusement les mains. Vous allez lui mentir, et comme vous n'êtes guère adroite, vous allez être soupçonnée, et confrontée à vos mensonges, certainement démasquée.

Cassandre la considéra dans un mélange de crainte et de stupéfaction.

— Je le sais, j'ai connu ça, poursuivit Mme Sardini dans une sorte d'insouciance jubilatoire. Aussi, une fois confondue, vous avouerez votre faute, comme le ferait une honnête femme. Vous direz toute la vérité...

— Toute la vérité ? balbutia Cassandre.

L'autre haussa les épaules, finalement agacée devant tant de candeur.

— Non, bien sûr ! Simplement vous raconterez une autre fable, mais celle-là sera présentée comme étant la vérité. À ce moment-là, on vous croira.

Elle lui expliqua alors en quoi consisteraient ses menteries et le rôle qu'elle devrait tenir. Un rôle qui ne mettrait pas en danger sa vertu.

— C'est bien retors, madame, fit Cassandre après un long moment de silence.

— Oui, mademoiselle, mais c'est le monde dans lequel on vit qui est méchant.

16.

Le duc de Mayenne s'était donc rendu chez le marquis d'O avant de partir pour Joinville. Il était tôt et Dimitri avait dû réveiller son maître qui avait passé la soirée à jouer chez M. de Villequier. Mayenne avait tracé à François d'O les grandes lignes de l'offensive que le duc de Guise allait lancer au printemps. La plupart des villes basculeraient du côté de la Ligue, lui avait-il assuré. Quant à lui, il devrait remettre le château de Caen au duc d'Elbeuf.

O avait acquiescé, mais avait aussitôt prévenu M. de Villequier qu'il avait besoin de voir le roi. La rencontre avait eu lieu quelques jours plus tard, chez le gouverneur de Paris ; Henri III, qui recevait les députés de Flandre venus lui demander sa protection contre l'Espagne, n'avait pu se libérer plus tôt.

En racontant la discrète visite de Mayenne, François d'O avait déridé Henri III. Le roi avait déclaré avec un brin de mépris que les Guise agissaient comme des renards dans les poulaillers et qu'il n'avait pas peur d'eux. Il avait ses troupes de Suisses, ses gentilshommes et ses sujets fidèles.

— Je connais bien mon cousin Guise, avait-il conclu. Jamais il n'osera utiliser la force contre moi. Il ne brigue que la place de M. d'Épernon, même si sa sœur, Mme de Montpensier, agite trop les curés à mon gré. Quant à cette union de bourgeois qui devient insolente, j'y mettrai bon ordre. Pour l'instant, je suis plus soucieux de mes problèmes d'argent, où en es-tu ?

O avait alors complimenté le roi pour son intuition. Il y avait bien un rapinage des impôts et l'argent volé à la couronne était versé à Guise. Un contrôleur des tailles à son service vérifiait les registres et parviendrait à identifier les coupables, mais c'était un travail colossal qui allait prendre du temps.

Le roi avait paru contrarié que les choses ne puissent aller plus vite. Quant à O, il avait eu la pénible impression qu'Henri refusait de voir les périls qui s'annonçaient. Il avait donc demandé son congé pour rentrer à Caen, car il voulait préparer la défense du château si Elbeuf tentait de s'en emparer par la force. De mauvaise grâce, le roi avait accepté et ils s'étaient quittés tous deux malcontents.

Après le départ d'Henri III, Villequier avait donné à son gendre des explications sur l'attitude de leur monarque.

— Trop des proches de Sa Majesté se sont donnés à la Ligue et cherchent à l'égarer, mon ami. Ainsi M. de Villeroy lui a conseillé de traiter avec le Lorrain. Quant à Anne de Joyeuse, je sais qu'il penche un peu trop vers la Ligue. Il a vite oublié que le roi l'a fait duc et pair et lui a donné sa belle-sœur comme épouse [1].

— Ni Mayenne ni Mayneville ne m'en ont parlé, avait dit O, fort inquiet, car Joyeuse était gouverneur de Normandie.

— Le plus grave est la reine mère, avait ajouté

1. Marguerite de Lorraine, fille de Nicolas de Lorraine, duc de Mercœur.

Villequier. Elle aime Henri de Guise comme un fils et elle insiste pour son retour en grâce à la cour.

— Si je comprends bien, avait persiflé O avec dépit, parmi les proches de Sa Majesté, il n'y aurait que le duc d'Épernon qui resterait un adversaire des Lorrains ?

— Oui, lui avait sombrement confirmé son beau-père, qui ne voulait pas dire à son gendre que lui aussi commençait à pencher pour la Ligue.

O avait revu Richelieu le lendemain, juste avant son départ pour Caen. Le Grand prévôt était encore plus amer que M. de Villequier.

— Le roi ne veut pas croire ce qu'il ne veut pas voir, lui avait-il dit. Et ce n'est pas faute de le prévenir de tout ce remuement dans son royaume. Hier encore, pendant qu'il s'amusait à baller et masquer, M. le duc de Bouillon l'a avisé de la grande levée de gens de guerre faite par M. de Guise en sous-main. Sa Majesté lui a répondu avec insouciance qu'il ne le croyait ni ne le craignait !

Suivant un rite immuable, Olivier Hauteville se rendait tous les jours au tribunal de l'élection accompagné de Jacques Le Bègue et escorté de M. de Cubsac. Le Gascon sur son cheval, et eux en croupe sur le bardot. Cela faisait des semaines qu'il travaillait sur les registres des tailles de l'élection et Olivier avait l'impression de vider la mer avec une bassine.

Chaque jour, il découvrait avec effroi de nouveaux documents, trop souvent incohérents avec ceux qu'il avait déjà consultés. Plusieurs fois, Olivier s'était rendu chez le marquis d'O pour lui faire part de l'avancement de son travail. O lui posait des questions et lui donnait des conseils, souvent utiles, tant il connaissait bien les rouages financiers. Mais ces conciliabules avaient pris fin car, à la mi-février,

François d'O était rentré à Caen. Désormais, Olivier était seul puisque Poulain était aussi parti pour Arras. Il poursuivait donc son travail à l'aveuglette, n'ayant personne pour le conseiller, à part son commis.

Le jeudi 28 février, Vivepreux et son valet se rendirent au Palais. Cassandre et Caudebec les accompagnèrent et s'installèrent au *Petit Diable*, un cabaret proche où se retrouvaient les avocats et les magistrats. Les femmes ne fréquentaient pas ce genre d'établissement, mais Vivepreux leur avait dit que la taverne disposait de chambres pour recevoir les dames. Caudebec en prit une et y conduisit la fille de M. de Mornay en demandant qu'un feu soit préparé et qu'on lui porte du bouillon. Il revint ensuite dans la salle commune, attendant qu'on vienne les chercher.

Au Palais, Vivepreux se rendit dans le cabinet où les officiers de la Cour des aides consultaient les actes et les registres de l'élection et vit qu'Olivier était là. Il le salua, ressortit et attendit dans la cour de mai. Comme il faisait froid, il allait par moments se réchauffer dans la grande galerie où il aperçut plusieurs fois le garde du corps d'Olivier, le nommé Cubsac. Il le connaissait de vue, car quand il avait rencontré Hauteville au Palais, une quinzaine de jours auparavant, le jeune homme le lui avait présenté.

Midi passé, ayant sans doute terminé son travail de la journée, Olivier sortit, suivi par Le Bègue. Le temps qu'ils retrouvent Cubsac, M. Vivepreux envoya son valet au *Petit Diable*, mais même en se dépêchant, quand Cassandre et Caudebec arrivèrent, Hauteville et ses gens étaient déjà partis.

Vivepreux leur fit une description du jeune homme et de la façon dont il était habillé. Il ajouta qu'il avait une fine barbe, qu'il montait un bardot, que son commis – qui marchait à pied – avait une cinquantaine d'années, et enfin qu'il était accompagné d'un garde du corps à cheval, barbu et ressemblant à un brigand. Tous trois formaient un groupe facilement identifiable.

Vivepreux leur ayant bien expliqué où se situait la maison des Hauteville, Cassandre et Caudebec ne cherchèrent pas à rattraper les trois hommes. Ils avaient jugé vraisemblable que le jeune Hauteville emprunte la rive droite de la Seine jusqu'à la rue des Arcis, pour rentrer à son logis et ils voulaient arriver avant lui.

Ils empruntèrent le pont au Change puis, malgré l'inconfort du siège de Cassandre, ils mirent leurs chevaux au trot dans la rue Saint-Denis. Caudebec en tête faisant dégager sans ménagement les marchands ambulants et les passants qui gênaient leur passage. En même temps, il restait vigilant, car il craignait de découvrir brusquement devant eux les trois hommes.

Passé les Innocents, Cassandre et Caudebec tournèrent à droite dans la rue Aubry-le-Boucher, puis remontèrent la rue Saint-Martin vers le logis des Hauteville. Arrivés à proximité, Caudebec aperçut en bas de la rue une silhouette à cheval qui pouvait bien être le garde du corps gascon. Ils remontèrent un peu la rue Saint-Martin pour mieux le voir venir et quand ils distinguèrent, au milieu de la voie encombrée par toutes sortes de montures, de charrettes et d'animaux, que le cavalier était accompagné d'un homme sur une mule, avec une troisième personne en manteau noir qui tenait la bride de l'animal, ils jugèrent que c'étaient certainement Hauteville et ses compagnons.

Ils redescendirent alors lentement la rue de manière à les croiser juste devant la maison que Vivepreux leur avait décrite, facilement reconnaissable avec sa tourelle et la courette couverte.

Comme le garde du corps mettait pied à terre, Cassandre, passant près de lui, glissa de son siège en amazone et tomba de son cheval en poussant un cri. Olivier sauta aussitôt de sa mule pour la secourir.

— Madame, êtes-vous blessée ? s'inquiéta-t-il.

— Je... je ne crois pas, fit-elle, en se relevant... Aïe... Je me suis tordu une cheville en tombant. Je ne sais pas ce qui est arrivé, j'ai glissé de la selle.

Sa robe était maculée de neige et de ce mélange de crotte et de boue puant qui couvrait les pavés des rues.

— Cela arrive souvent avec les sambues [1], fit Cubsac qui s'était approché pour examiner la selle. Regardez, c'est la fourche qui ne tient plus !

Caudebec avait pris la précaution de la desserrer de son socle.

— Puis-je vous proposer d'entrer un instant chez moi, pour vous reposer, madame, demanda Olivier, apparemment fasciné par le charme de la jeune fille. (Il faut dire qu'il n'en connaissait aucune dans son entourage.) Ma domestique pourra nettoyer votre manteau.

— Ma foi, je ne sais, monsieur... Monsieur Caudebec, croyez-vous que je puisse ? minauda-t-elle. Ma robe est salie.

— Je serai avec vous, madame, répondit Caudebec, qui avait aussi mis pied à terre.

— Dans ces conditions, j'accepte, Je me nomme Cassandre Baulieu, j'arrive d'Angers avec mon cousin. Nous venons voir ma tante malade, qui est religieuse au couvent des Filles-de-Sainte-Élisabeth.

— Mon nom est Olivier Hauteville, madame.

1. Selle d'amazone.

C'est ma maison et je suis bourgeois de Paris. Ce monsieur est mon garde du corps, il se nomme M. de Cubsac, et voici mon commis M. Le Bègue.

— Mon père est procureur au présidial d'Angers, précisa-t-elle, comme pour lui faire comprendre qu'ils étaient de la même roture.

Olivier ouvrit la porte avec sa clef, leva la herse et la fit entrer. Pendant ce temps, Cubsac proposa à Caudebec de conduire leurs montures à l'écurie du *Fer à Cheval*.

Depuis qu'il était le chef de la maison, Olivier utilisait l'ancienne chambre de son père et avait conservé la chambre de la gouvernante comme cabinet de travail. Crédence, bahut et même le lit y étaient encombrés de piles de documents mais, comme c'était la seule pièce où un feu était allumé, c'est là qu'il fit entrer Cassandre. Jacques Le Bègue alla prévenir Perrine, leur servante, de venir avec des linges et une brosse pour nettoyer la robe et le manteau de leur visiteuse.

En l'attendant, ils s'assirent sur deux chaises à haut dossier, très inconfortables, et échangèrent platement quelques informations sur leur vie. Olivier expliqua qu'il vivait seul, son père étant mort récemment, et qu'il contrôlait les tailles avec son commis. Elle lui dit que son grand-père était drapier et juge-consul à Angers.

La servante vint et Olivier laissa les deux femmes pendant que Cassandre ôtait sa robe pour qu'on enlève les taches qui la souillaient. Quand elle se fut nettoyée et rhabillée, Olivier revint près d'elle et lui proposa de dîner. Il était déjà tard mais, travaillant toute la matinée au Palais, il ne pouvait prendre son repas plus tôt.

Elle accepta. Habituellement, le jeune Hauteville dînait dans la cuisine avec tout le personnel de la maison mais, pour l'occasion, il fit monter une table à tréteaux dans la pièce. Cubsac, Caudebec et Le Bègue se joignirent à eux. Durant le repas, la fille de M. de Mornay l'interrogea plusieurs fois sur ses études et sur ce qu'il faisait. S'il s'étendit sur sa thèse à la Sorbonne, il ne dit que peu de choses de son travail, sinon qu'il se rendait chaque jour au tribunal de l'élection recopier et consulter des registres. C'était une simple vérification des tailles, expliqua-t-il, et, malgré les demandes détournées de la jeune femme, il ne lui dit pas qui lui avait confié cette tâche. Le Bègue fut tout aussi muet sur ce sujet. En revanche, Olivier raconta la mort de son père et Cassandre parut affligée. Ce furent les seules paroles sincères de la jeune femme.

Elle expliqua qu'elle logerait pour quelques semaines à l'hôtellerie du *Fer à Cheval* située à une cinquantaine de toises de la maison des Hauteville, entre le cul-de-sac Clairvaux et l'impasse du More. C'était l'une des plus vastes et des plus confortables auberges du quartier, avec de nombreuses dépendances, des remises et des écuries. Olivier les connaissait puisque c'est là qu'il laissait sa mule et Cubsac son cheval. Le plus grand corps de logis avait trois étages et disposait même d'un grand jardin. Isabeau de Limeuil avait eu la précaution d'y envoyer un valet la veille, en fin d'après-midi, pour y prendre deux chambres.

Les jeunes gens se quittèrent assez tard après s'être promis de se revoir, ce qui serait facile, tant l'hôtellerie était proche. Une fois au *Fer à Cheval*, Cassandre écrivit une lettre que Caudebec fit porter par un gamin à la maison de Scipion Sardini.

Ils étaient tous deux satisfaits que la première partie du plan de la douce Limeuil se soit si bien déroulée. Olivier était tombé sous le charme de Cassandre qui n'avait rien fait pour le dissuader de lui faire la cour. Restait maintenant à consolider cette confiance par quelques visites amicales comme Mme Sardini l'avait suggéré. Leur dessein était de faire découvrir au jeune homme que Jehan Salvancy était le responsable du détournement des tailles qu'il contrôlait. Il faudrait ensuite le convaincre de ne pas dénoncer le receveur des tailles au tribunal de l'élection et de récupérer lui-même les quittances. Pour l'heure, Mlle de Mornay n'avait aucune idée de la façon dont elle s'y prendrait.

En revanche, pour Caudebec, cette entreprise semblait impossible. Le bouillant capitaine de Philippe de Mornay ne voyait pas comment un jolet comme Olivier pourrait s'introduire chez Salvancy, maîtriser les deux gardes du corps et le concierge, ouvrir le coffre de fer fermé à clef, prendre les quittances, repartir… et les leur donner !

— De surcroît, ajouta-t-il, Olivier me semble un impétueux jeune homme. S'il apprend que Salvancy a occis, ou fait tuer, son père, il fera sans doute justice lui-même, il forcera l'entrée de la maison de Salvancy et il sera tué par les *bravi* que l'on a vus !

— Il convient donc d'agir avec prudence. Pour ma part, j'aimerais savoir pourquoi Olivier poursuit le travail de son père, suggéra Cassandre. D'après M. Vivepreux, Olivier n'a pas demandé à reprendre sa charge de contrôleur des tailles. Il n'aurait pu le faire, d'ailleurs, puisqu'il n'a pas vingt-cinq ans. Or pour pouvoir consulter les registres de l'élection, il a bien dû obtenir une autorisation du conseil des finances. Qui la lui a donnée ? Il y a là un petit mystère à résoudre.

Le lendemain, vendredi 1er mars, Maurevert se présenta chez Jehan Salvancy avec une lettre du duc de Mayenne.

Arrivé à cheval la veille, avec Paul Amer, son fidèle écuyer et une autre monture en longe transportant ses bagages et des armes – un mousquet, deux pistolets et trois épées ainsi que quelques dagues et mains gauches –, il avait pris une chambre à l'auberge de la *Tête Noire* dans la rue de la Bûcherie, un quartier pauvre, habité par les marchands de bois et les mariniers où il était certain que personne ne le connaissait.

À la *Tête Noire*, les chambres étaient desservies par une galerie de bois à claire-voie et un escalier extérieur, ainsi on pouvait entrer et sortir sans passer par la salle principale et il n'y avait guère que les valets d'écurie qui pouvaient remarquer les passages. À l'attention du quartenier qui contrôlait les étrangers – l'hôtellerie ne pouvait loger que les gens de passage – Maurevert avait présenté à l'aubergiste un passeport signé par le chancelier – M. de Cheverny – que lui avait remis Mayenne. Il était ensuite parti repérer la maison d'Olivier Hauteville avant de se rendre chez Salvancy.

Durant des années, Maurevert n'avait pu sortir sans une troupe armée pour le protéger. Il appréciait donc cette nouvelle vie où personne ne le connaissait, même s'il aurait aimé avoir un ou deux domestiques ou valet d'armes à son service. Mais c'était aussi une situation embarrassante puisqu'il ne pouvait faire appel à ses anciennes connaissances, pas plus qu'aux amis du duc de Guise puisque celui-ci voulait garder secrète son existence.

Dans la rue Sainte-Croix-de-la-Bretonnerie, il dut interroger quelques marchands avant qu'on lui indique la maison du receveur des tailles. Finalement, il frappa à sa porte et fit passer par le concierge la lettre du duc de Mayenne. Salvancy le reçut aussitôt dans sa chambre. Son expression affichait une grande inquiétude.

Maurevert ne se présenta pas mais la lettre de Mayenne était sans équivoque. Le duc demandait au receveur des tailles d'obéir sans discuter à son envoyé.

Le *tueur des rois* expliqua qu'il avait besoin de six morions, comme ceux portés par le guet bourgeois, ainsi qu'une ou deux cuirasses, une ou deux pertuisanes, et six épées. Il voulait aussi connaître le nom du capitaine commandant le guet et le mot de passe de la semaine.

— Comment voulez-vous que j'obtienne tout cela, monsieur ? protesta Salvancy. Il est impossible d'acheter des armes et les gens du guet, qui ont morion, cuirasse et épée, ne voudront pas me les céder ! Avec quelques amis, nous cherchons justement à nous en procurer pour nous mettre au service de Mgr de Mayenne, mais c'est quasiment impossible.

— Débrouillez-vous comme vous pouvez ! cracha Maurevert. Il me faut tout ça dans une semaine. Après quoi, vous serez débarrassé de votre Hauteville. Si vous ne me procurez pas ce dont j'ai besoin, le duc sera suffisamment fâché contre vous pour vous faire pendre.

— Vous voulez ces armes pour forcer la porte de M. Hauteville ? s'enquit le receveur, visiblement abasourdi.

— Oui. Vos amis souhaitent bien sa disparition ?

— En effet, que ne me l'avez-vous dit plus tôt ! J'ai bien mieux ! J'ai la clef de sa maison !

— Vous avez sa clef ? Où ?

— Ici, dit Salvancy en désignant son lit

— Pourquoi Mgr de Mayenne l'ignorait-il ?

— Je ne sais pas... On ne m'a rien demandé... On m'a juste dit que bientôt Hauteville ne serait plus un problème car M. de Mayneville s'en occupait.

Maurevert soupira. Ces bourgeois étaient incorrigibles dans leur bêtise !

— Donnez-moi cette clef !

Salvancy alla à son lit et glissa la main sous le matelas, puis la fit courir sous toute la longueur.

Rien !

Il recommença.

— Alors ?

— C'est incompréhensible, elle était là ! Ceux qui m'ont débarrassé du père de Hauteville ont trouvé cette clef chez lui et me l'ont laissée avec des registres.

Maurevert s'approcha. Avec son seul bras, il ne pouvait être utile.

— Jetez le matelas par terre ! fit-il, exaspéré.

À grand-peine, Salvancy s'exécuta. Son matelas en laine était très lourd, mais il n'y avait rien au dessous.

— Où est-elle ? Où est cette clef ? ragea Maurevert en le bousculant.

— Je ne sais pas, je l'avais mise là... Elle a dû tomber... balbutia Salvancy.

Il se jeta à quatre pattes pour regarder sous le lit.

— Vous me faites perdre mon temps ! gronda Maurevert. Je repasserai vendredi prochain après vêpres. J'espère pour vous que vous aurez tout ce que je vous ai demandé.

Il sortit de la chambre sans le saluer et claqua la porte.

La semaine qui suivit fut celle de carême prenant. Le mardi [1], comme chaque année, le roi parcourut la ville avec une centaine de cavaliers en s'amusant à bousculer les passants et à les faire tomber dans la boue. Maurevert lui-même croisa une fois la bande rue de la Pute-y-Musse et resta prudemment sur le haut de la chaussée pendant que la troupe au galop bousculait hommes et femmes sur son chemin, le tout assorti de force rires et chansons paillardes. S'il reconnut plusieurs courtisans, aucun ne fit attention à lui.

Chaque jour de la semaine, le *tueur des rois* hanta les tavernes et les cabarets de la porte Montmartre ou du quartier de l'Arsenal, des endroits où il savait pouvoir recruter des truands prêts à tout pour quelques écus, et qui ne poseraient pas de questions. Mayenne avait abondamment garni sa bourse. Il eut pourtant quelques difficultés, car il voulait des hommes qui n'auraient pas l'air de brigands. Il leur demandait aussi de savoir à peu près manier une épée. Il en trouva finalement six, dont trois redoutables spadassins italiens en quête d'un maître à qui il demanda de se rendre à son auberge à la fin de la semaine.

De son côté, Jehan Salvancy rencontra son protecteur et ami pour lui raconter, avec une grande frayeur, la visite de l'homme de Mayenne et ses exigences. Son protecteur le rassura. Il demanderait à M. de Mayneville de fournir les armes demandées qui seraient prises sur celles que la Ligue avait achetées. Il obtiendrait aussi sans difficulté du prévôt des marchands le mot de passe du guet bourgeois. Quant au nom du capitaine commandant le guet, ils le connaissaient tous deux.

1. Mardi gras.

Dans la même semaine, Olivier Hauteville se rendit à trois reprises au *Fer à Cheval*. La première fois, ce fut pour proposer à Cassandre et à Caudebec de l'accompagner à la messe à Saint-Merry, ce que la jeune femme refusa en expliquant qu'elle irait à la chapelle du couvent des Filles-de-Sainte-Élisabeth où sa tante était religieuse. Il revint le mardi de carême prenant pour lui conseiller de ne pas sortir. L'année précédente, lui dit-il, le roi et ses favoris s'en étaient allés courir les rues, masqués et travestis, pour arracher les chapeaux aux hommes et les chaperons aux femmes afin de les jeter par terre. Ils s'étaient aussi amusés à frapper à coups de bâton tous ceux qui étaient masqués ! Cette fête des fous était une des passions d'Henri III qui le faisait encore plus haïr du peuple. Aucune femme ne serait en sécurité en dehors de chez elle, insista Olivier.

Lui-même ne travaillerait pas ce jour-là, car dans la cour de mai du Palais, comme chaque année pour carême prenant, la basoche présenterait les *causes grasses*. En souriant à ce terme, elle lui demanda de quoi il s'agissait. Il lui expliqua en cherchant des mots qui ne choqueraient pas ses chastes oreilles.

Les causes grasses étaient un des régals de la magistrature. C'étaient de petits procès bouffons où débattaient les avocats devant les parlementaires réunis. Ces plaidoyers étaient construits à partir de causes réelles présentées devant un parlement, mais toujours sur des faits drôles et surtout salaces. Comme M. de Cubsac et François Caudebec lui demandaient d'en raconter une, il choisit la moins grivoise parmi celles présentées l'année précédente...

C'est un procès qui avait eu lieu au parlement de Bordeaux. Un marchand de la ville était amoureux de la servante de sa femme, et afin de pouvoir profiter d'elle une nuit sans que sa femme s'en aperçût, il avait obligé un des garçons de sa boutique à tenir sa place dans son lit où il se couchait toute lumière éteinte, ceci après lui avoir bien fait jurer qu'il ne toucherait point à son épouse. Mais ce garçon, qui était jeune, ne se put contenir. Le lendemain, comme il était revenu dans le lit un peu avant le jour, sa femme lui porta un bouillon en le remerciant. Le marchand s'étonnant de cette gentillesse, elle lui dit en rougissant : vous l'avez bien gagné, monsieur mon mari ! S'étant expliquée, il découvrit le pot aux roses et accusa le garçon qu'il mit en procès, mais le parlement de Bordeaux lui donna tort et sa femme fut déclarée femme de bien [1].

L'histoire fit rire de bon cœur. C'est à l'occasion de cette visite qu'Olivier parla à nouveau de son père et de sa gouvernante, du malheur qui l'avait frappé, et aussi de ses espérances. Comme il s'adressait surtout à Cassandre, elle lui fit à son tour quelques confidences qui n'étaient cependant que des mensonges. Elle lui parla d'un père qui n'existait pas et d'une vie à Angers qui n'était pas la sienne.

Mis en confiance, Olivier lui expliqua que c'était Antoine Séguier, chargé du contrôle des tailles à la surintendance, qui lui avait demandé de reprendre le travail de son père, et qu'il espérait ainsi découvrir ceux qui l'avaient assassiné. Il ne lui parla cependant pas du marquis d'O, comme il s'y était engagé sur l'honneur, ni des doutes qu'il avait envers certaines personnes de la ligue parisienne que son père connaissait.

Deux jours plus tard, comme elle attendait une nouvelle visite du jeune homme, Cassandre prit conscience de son impatience à le revoir et de sa

---

1. Cette affaire – véridique – est racontée en ces termes par Tallemant des Réaux.

honte à ne lui confier que des mensonges. Jamais elle n'aurait pensé que le jeune homme la troublerait à ce point.

Le pire était à venir. Lors de la troisième visite, Olivier, croyant l'amuser, lui apporta un des nombreux pamphlets en vers que l'on distribuait sur les ponts. Ce feuillet-là, on le lui avait donné au Palais, le lendemain de carême prenant.

Tant que Guise vivra,
Par divine puissance,
En tout bien, dans la France,
La messe on chantera !

Il lui expliqua maladroitement que si Guise était populaire, c'est parce que les Parisiens pensaient que seul le *Balafré* pourrait empêcher l'hérétique Navarre de devenir roi et obtenir le départ d'Épernon et de Joyeuse, les deux favoris qui ruinaient le pays. Il n'y avait aucune passion dans ses explications. Depuis sa rencontre avec le marquis d'O, le jeune homme avait trop de doutes sur la sainte union pour croire tout ce qu'on affirmait sur la Ligue et sur le duc de Guise. Pourtant, les deux protestants se méprirent sur ses explications.

Si Cubsac rit de bon cœur devant les vers de mirliton, les visages de Caudebec et de Cassandre restèrent de marbre quand Olivier parla de la popularité de Guise et du refus des Parisiens d'accepter un hérétique comme roi. Ce soir-là, après leur départ, Cassandre avoua au capitaine de son père qu'elle n'était pas sûre d'avoir la force de continuer.

Il n'avait rien dit, devinant avec inquiétude que ce qui arrivait n'avait pas été prévu par la douce Limeuil.

Cette dernière entrevue avait eu lieu le jeudi. Le lendemain, Nicolas Poulain descendait la rue du Temple en escortant un chariot conduit par un valet qu'il avait engagé à Arras. Il se dirigeait vers l'hôtel de Guise. Le chariot contenait trois cents épées, corselets et casques qu'il avait achetés pour un peu plus de cinq mille écus, chariot, mulets et conducteur compris. Le voyage depuis Arras s'était fait en compagnie de M. de La Rochette qui avait rapporté deux charrettes contenant des mousquets et des arquebuses. L'écuyer du cardinal de Guise avait contourné Paris jusqu'à Saint-Maur pour faire embarquer son chargement sur une barque qui remonterait la Marne jusqu'à Châlons.

Pressé d'en finir, Nicolas Poulain laissa son chargement à un officier de Mayneville. Le conducteur se paierait en vendant la charrette et la mule. Pour sa part, il avait quitté Paris depuis quatre semaines et il avait hâte de revoir sa femme et ses enfants dont il était sans nouvelle.

En retrouvant son mari, Marguerite ne se tenait plus de joie. Certes, ce n'était pas la première fois qu'il partait plus d'une semaine, mais jusqu'à présent ses voyages et ses chevauchées ne l'avaient jamais si longtemps laissé loin d'elle. Elle avait toujours peur qu'il ne soit blessé, ou même qu'il perdît la vie dans quelque affrontement ou embuscade, et elle aurait bien aimé qu'il achète une charge de procureur ou de conseiller qui serait autrement moins dangereuse.

C'est ce qu'elle lui dit à nouveau après leurs retrouvailles, et il lui promit d'y songer en lui offrant une belle pièce de velours qu'il avait achetée chez le meilleur drapier d'Arras pour qu'elle s'en fasse une robe. Il embrassa aussi ses deux enfants et leur offrit les cadeaux qu'il leur avait rapportés : une médaille sainte en argent pour sa fille et une dague pour son fils.

Il dîna ensuite de bon appétit, puis se rendit au Palais où Merigot, le graveur qui tenait boutique au pied des degrés de la cour de mai, lui annonça que le prochain conseil des Seize aurait lieu le soir même aux jésuites de Saint-Paul.

Nicolas Poulain avait hâte de savoir ce que la Ligue préparait. En son absence, Marguerite avait reçu trois lettres d'Ameline que son fils avait portées chez Le Clerc.

Comme la soirée approchait, il décida de ne pas se rendre chez Richelieu avant le lendemain. Il pourrait ainsi non seulement lui raconter son voyage à Arras, mais aussi lui donner des nouvelles fraîches des Seize. En attendant, il revint rue Saint-Martin et passa saluer Olivier Hauteville.

Olivier était dans sa chambre avec Jacques Le Bègue, devant une montagne de papiers, avec des piles de jetons de cuivre, des plumes et des encriers en corne de différentes couleurs. Il reçut avec joie la visite de son voisin qui lui demanda s'il avait découvert quelque chose.

— Absolument rien ! C'est décourageant ! Il faudrait pouvoir comparer chaque livre, chaque bordereau, chaque rôle. Je passe mon temps à faire des additions avec un abaque et des jetons, puis à contrôler mes erreurs de calculs. J'ai l'impression de compter les grains de sable dans la mer. Si seulement je savais où chercher !

— M. d'O ne peut t'aider ?

— Il est parti ! Il a dû rentrer à Caen pour des affaires urgentes. Je n'ai plus personne pour me conseiller, sinon mon bon Le Bègue. Mais, je dois cesser de me lamenter, car j'ai fait la connaissance d'une exquise demoiselle que je voudrais que tu rencontres. Elle se prénomme Cassandre et son père est procureur au présidial d'Angers. Elle est à Paris pour quelque temps afin de soigner sa tante, religieuse au couvent des Filles-de-Sainte-Élisabeth. Puisque tu es de retour, pourquoi ne viendrais-tu pas souper demain avec ton épouse ? Je l'inviterais aussi et vous feriez connaissance.

Poulain souriait en entendant son ami parler avec tant d'enthousiasme de la jeune femme. Il en était visiblement amoureux et le lieutenant du prévôt en était heureux pour lui, car cela lui permettrait d'oublier les malheurs qu'il avait connus. Quand il était à Arras, il s'était rendu compte qu'il considérait désormais Olivier comme le frère cadet qu'il n'avait pas eu.

— Pourquoi pas ? Mais je suppose que cette dame n'est pas seule ? demanda-t-il.

— Évidemment, c'est une dame de qualité. Elle est à Paris avec son cousin qui lui sert de chaperon. Ils logent au *Fer à Cheval.*

Nicolas Poulain accepta et, le soir même, Olivier se rendit à l'auberge pour inviter Cassandre.

La jeune fille était encore sous le coup de l'émotion après avoir constaté la ferveur catholique d'Olivier et son attachement au duc de Guise. Ce ne fut pourtant pas pour cette raison qu'elle refusa son invitation, mais parce qu'elle jugeait que ce qu'elle éprouvait pour lui était périlleux pour sa foi. Au demeurant, elle s'était rangée à l'idée de Caudebec : leur mission était impossible et il valait mieux rentrer à Montauban.

Pourtant, quand le jeune Hauteville lui dit qu'il voulait la présenter au lieutenant du prévôt qui l'avait tiré de prison, elle changea d'avis et accepta de venir souper chez lui. La présence de ce prévôt lui apparaissait comme une chance à ne pas laisser passer.

Peut-être pourrait-elle le convaincre de perquisitionner chez Salvancy et de lui confisquer les quittances ?

Sa mission était revenue au premier plan de son esprit.

Le soir, Nicolas Poulain quitta sa maison avec une lanterne et une bonne épée pour se rendre aux jésuites de Saint-Paul où se tenait le conseil de la ligue parisienne. Là-bas, il fit aux membres de la sainte union un récit de son voyage et ceux-ci parurent satisfaits quand il expliqua avoir ramené d'Arras de quoi équiper trois cents hommes.

Ces armes allaient être bien utiles, même si elles étaient encore en nombre insuffisant pour une insurrection, selon Charles Hotman. Distribuées aux dizainiers et aux cinquanteniers, ainsi qu'aux membres du conseil, elles permettraient d'encadrer la populace qui s'agitait beaucoup trop. En effet, avec le nombre de plus en plus important d'habitants qui avaient rejoint leur confrérie, il n'était plus possible de garder le secret sur les projets du conseil des Seize. Aussi, bien des rumeurs circulaient, principalement celles du pillage des maisons des politiques, c'est-à-dire des proches du roi. Le bas peuple, les gens mécaniques [1], et surtout les gueux et les vagabonds chassés des campagnes par la misère, tous étaient las d'attendre. Ils ne supportaient plus la longueur de l'entreprise et voulaient tout de suite leur picorée si bien que les ligueurs avaient du mal à les convaincre de garder patience. Bien armés, dizainiers et cinquanteniers seraient obéis.

C'est qu'ils n'étaient pas encore prêts pour l'ultime combat, comme le rappelait Hotman aux

1. Les ouvriers.

conjurés. S'ils se découvraient trop vite, le roi les ferait pendre et s'entendrait finalement avec les huguenots.

Tous les membres du conseil n'étaient pas de son avis. Plusieurs proposaient de se défaire dès maintenant du roi, déclarant que c'était une entreprise facile. Parmi eux, certains suggéraient d'arrêter son carrosse et de le tuer ; d'autres proposaient seulement de le tonsurer et l'enfermer dans un monastère.

De nouveau on reparla du projet de le surprendre dans la rue Saint-Antoine, quand il revenait du bois de Vincennes. Les mieux informés assuraient qu'il n'avait avec lui que deux hommes à cheval et quatre laquais. Un avocat des Seize proposa qu'on arrête son carrosse avec une corde et qu'on crie : *Sire, ce sont des huguenots qui veulent vous prendre !* À ces mots, expliqua-t-il plein de certitude, le roi serait tellement effrayé qu'il sortirait de sa voiture et qu'il serait facile de s'en saisir.

L'histoire fit rire M. de Mayneville à gorge déployée. Il rappela que le monarque avait toujours avec lui ses quarante-cinq qui tailleraient en pièces ceux qui voudraient l'arrêter. Qu'une telle opération ne pouvait être menée à bien qu'avec un prince pour la conduire, et surtout avec de fortes troupes.

— Tout ce que vous y gagnerez, ajouta-t-il en s'adressant aux plus audacieux, serait d'être tirés par quatre chevaux, comme l'a été Poltrot de Méré en place de Grève !

Au souvenir de l'exécution de Méré, l'assistance resta muette. Tous y avaient assisté. Malgré les hurlements de l'assassin, le bourreau lui avait arraché la chair des cuisses et des bras avec ses tenailles. Ensuite, ses membres avaient été écartelés par quatre chevaux, mais les tendons de l'assassin du duc de Guise étaient trop solides et il avait fallu que le bourreau coupât les muscles avec un gros hachoir. Finalement, les chairs ayant craqué, le tronc démembré de Méré était tombé à terre alors qu'il hurlait comme un damné. Pour mettre fin aux effroyables cris, le bourreau avait dû lui couper la tête en s'y reprenant à plusieurs fois. L'horreur avait été telle que beaucoup dans le public avaient perdu connaissance ; une personne était même morte de terreur.

Mayneville, constatant que les boutefeux étaient refroidis, ajouta que le duc de Guise serait bientôt prêt et qu'il aurait d'importantes nouvelles à leur donner d'ici huit jours.

17.

Le lendemain samedi, Poulain se rendit chez Richelieu. Comme les fois précédentes, il prit la précaution d'égarer tout suiveur éventuel. Rue du Bouloi, il fut reçu aussitôt par M. du Plessis qui s'inquiétait justement de ne plus avoir de ses nouvelles. Le lieutenant du prévôt lui raconta qu'il avait rapporté à la Ligue de quoi équiper trois cents hommes ; avec ce qu'il avait déjà acheté à Paris, la sainte union pourrait armer moins de quatre cents bourgeois. On était loin des trente mille que souhaitait La Chapelle et il était donc peu probable que les Seize se lancent prochainement dans une aventure guerrière.

— Tant mieux ! s'exclama Richelieu, rasséréné. J'aurais eu du mal à convaincre Sa Majesté d'intervenir. Le roi ne m'écoute plus guère. Joyeuse et Mme la reine mère l'ont convaincu que si le duc de Guise dispose d'autant de troupes, c'est uniquement parce qu'il prépare une expédition afin de délivrer sa cousine Marie, emprisonnée en Angleterre. Quant à ces bourgeois qui veulent jouer aux soldats, le roi ne veut pas s'en inquiéter !

— Il y a cependant les sept cents arquebuses, les casques, les corselets et les épées que François de La Rochette amène à Joinville. Avec ça, Guise peut équiper deux ou trois compagnies. Dans un affrontement, ces troupes pourraient faire la différence. Le convoi doit maintenant être arrivé à Saint-Maur pour être embarqué sur la Marne.

— Ne vous inquiétez pas, je vais faire arrêter leur barque et mettre au cachot tout ce beau monde. J'envoie ce soir une compagnie de gardes françaises pour Châlons. Ils y seront mardi ou mercredi et fouilleront tous les bateaux arrivant de Paris. Ainsi, personne ne pourra vous soupçonner. On croira plutôt à une indiscrétion lors de l'embarquement à Saint-Maur.

L'après-midi, Poulain passa deux heures à faire des assauts avec Olivier dans une salle d'armes. Le jeune Hauteville avait suivi ses conseils et s'entraînait deux fois par semaine avec Cubsac et un maître d'armes. Comme il était agile et très vigoureux, il commençait à savoir correctement croiser le fer. Poulain jugea qu'il saurait bientôt se défendre fort honorablement.

Cassandre et Caudebec arrivèrent à vêpres chez Olivier. Nicolas Poulain et son épouse étaient déjà là. Le nouveau concierge était un vieil homme, ancien sergent des gardes françaises qui savait bien manier la pique et le mousquet. Comme il venait de perdre son maître, on l'avait recommandé à Olivier.

La table avait été dressée dans l'ancienne chambre de la gouvernante, la pièce mitoyenne à la chambre d'Olivier dont les fenêtres donnaient sur un jardin, et non sur la rue. Sauf le lit, trop lourd à déplacer, on avait poussé tous les meubles pour faire place au souper. Une crédence supportait verres et flacons de vin. La table était un grand plateau rectangulaire posé sur des tréteaux et recouvert d'un beau tapis damassé.

Les convives étaient tous placés du même côté, le dos aux fenêtres, tandis que Cassandre et Olivier présidaient, chacun à une extrémité. Cassandre occupait la place d'honneur, près de la cheminée. À côté d'elle se trouvaient François Caudebec, puis Eustache de Cubsac et Jacques Le Bègue, ensuite Nicolas Poulain et son épouse Marguerite.

Dans la cuisine, aidée par le concierge, Thérèse préparait les plats que Perrine montait au fur et à mesure. Elle servait aussi le vin. Les hommes avaient gardé leur toque ou leur bonnet et leur manteau court. Cubsac, Caudebec et Poulain portaient leur épée, comme c'était l'usage.

Pour l'occasion, Cassandre s'était rendue le matin chez Scipion Sardini chercher la robe qu'elle portait pour la Sainte-Isabelle, mais ne s'était coiffée que d'un petit bonnet de satin sans aucun affiquet, plus approprié à son personnage de bourgeoise. Elle n'arborait aucun bijou, tout simplement parce que M. de Mornay lui avait déconseillé d'en emporter pour se rendre à Paris. Elle avait même laissé son médaillon fleurdelisé à Montauban. Quant à Mme Poulain, elle avait choisi ce qu'elle avait de plus beau dans son linge : une robe noire en drap doublée en bougran dont les manches et les poignets étaient garnis de velours. Ses cheveux étaient serrés sous un chaperon plat doublé de damas, sans broche ni épingle d'or.

Les hommes aussi avaient mis leur plus riche pourpoint, sauf Cubsac et Le Bègue qui s'étaient contentés de brosser leur seul habit. Bien sûr, cette élégance ostentatoire n'était que façade. Sous ces vêtements, tous gardaient chemise et caleçon qu'ils portaient depuis plusieurs semaines. Si Cassandre avait sous sa robe un corset qui avantageait sa poitrine et était parvenue à faire laver son linge de corps chez M. Sardini, Mme Poulain ne portait qu'une brassière qu'elle changeait tous les mois. On ne donnait la lessive de la maison que deux ou trois fois par an aux lavandières des bateaux lavoirs de la Seine. En revanche, toutes deux sentaient fort bon, étant allées aux étuves dans l'après-midi. Seuls les hommes puaient beaucoup et avaient encore des poux. Mais comment s'en débarrasser ?

Avant de passer à table, les deux femmes s'étaient peu parlé. Marguerite, fille d'épicier qui sortait peu, était impressionnée par la présence de la fille d'un procureur au présidial, bien que l'état de son mari soit presque équivalent à celui d'un procureur et que son père soit d'un métier appartenant aux six corps. Elle souhaitait tant que son époux devienne un officier du parlement qu'elle était persuadée qu'un procureur au présidial était d'une autre classe sociale que la sienne. Quant à Cassandre, elle avait trop peur de se faire prendre en flagrant délit de mensonge pour parler beaucoup. Les hommes avaient donc fait les frais de la conversation, sauf Le Bègue bien entendu, qui n'était qu'un serviteur.

Ce même samedi, Maurevert était retourné chez Salvancy chercher ses casques, ses cuirasses, ses pertuisanes et ses épées. Il s'était fait accompagner par deux des truands qu'il avait engagés.

Ils chargèrent sur une mule leur équipement discrètement enroulé dans des linges avant de revenir à l'auberge où ils se vêtirent en archers de la ville. Tous, sauf Maurevert, portaient un morion. Deux étaient en cuirasse avec une épée, deux avaient aussi une pertuisane et un couteau, et les derniers seulement une épée. De nuit, ils pouvaient facilement passer pour une troupe du guet bourgeois. Cela d'autant plus facilement que Salvancy leur avait donné le mot pour la semaine : *Lorraine et Bourbon*, et qu'ils connaissaient le nom du capitaine si on les interrogeait.

Maurevert avait expliqué son plan aux truands : ils se rendraient dans une maison où vivaient un jeune homme, son commis, un garde et deux femmes. Ils devraient tous les occire. Lui s'occuperait du garde qui savait certainement manier l'épée, mais sans doute moins bien que lui, malgré son bras unique. Eux s'occuperaient du reste de la maisonnée. Ils pourraient forcer les femmes s'ils le désiraient et ensuite prendre leur picorée dans la maison. Personne n'utiliserait de pistolet dont le bruit risquait d'alerter les voisins.

La bande se présenta chez Olivier bien après complies, sans avoir rencontré le guet sinon en passant le Petit pont où Maurevert avait donné le mot au sergent de garde.

Lorsqu'ils frappèrent à la porte, le nouveau concierge demanda sans tarder qui se présentait. Maurevert avait une lanterne et comme l'autre regardait par une meurtrière, il éclaira sa troupe en expliquant qu'il était officier du guet et qu'il venait voir M. Hauteville ; des larrons ayant été aperçus dans la rue, le guet voulait être certain qu'ils n'étaient pas entrés. L'ancien soldat lui demanda avec méfiance qui était leur capitaine et Maurevert le lui dit.

Armé tout de même d'un coutelas, le concierge leva la herse et ouvrit la porte. À peine celle-ci entrebâillée, le seigneur de Louviers lui enfonça son épée dans le ventre et se rua à l'intérieur avec ses hommes.

La troupe se précipita dans la cuisine où se trouvaient la cuisinière et la servante. Sans avoir le temps de crier, elles furent maîtrisées par deux des assaillants. Laissant leurs complices s'occuper d'elles, Maurevert et les quatre autres s'élancèrent à grand fracas dans l'escalier de la tourelle.

L'ascension ne prit que quelques secondes mais, dès les premiers bruits de cavalcade, Nicolas Poulain avait compris que ce fracas n'avait rien à voir avec Perrine ! Il s'était dressé, imité par Caudebec et Cubsac, et tous trois avaient dégainé leur épée.

Devinant aussi qu'ils étaient assaillis, Jacques Le Bègue fit lever Mme Poulain pour la cacher dans la ruelle du lit à rideaux. Seuls Olivier et Cassandre étaient restés assis, n'ayant pas réagi aussi vite que les autres.

À l'étage, la première porte donnait dans la chambre d'Olivier, trois marches plus haut, c'était celle de la salle où mangeaient les convives. La troupe bottée s'arrêta à la première porte qu'un des faux archers du guet ouvrit. Épée en main, il se rua à l'intérieur suivi par celui qui avait la lanterne tandis que ses comparses et Maurevert s'arrêtaient à la porte suivante.

Dans la salle du souper, les deux truands venant de la chambre entrèrent en furie, épée haute, en hurlant : « Tue ! Pille ! »

Presque simultanément un pendard entra par la porte de l'escalier, pertuisane en avant, tandis que son compagnon brandissait sa rapière. Le *tueur des rois*, qui était prudemment resté derrière eux, fut alors stupéfait de découvrir tant de monde là où il pensait ne trouver qu'Hauteville et ses domestiques. Aussitôt, il cria, dans la cage d'escalier :

— Vous autres, en bas, à la rescousse !

Sur le coup, un soupçon d'inquiétude l'avait saisi, mais il s'était vite ressaisi : ils étaient sept et il n'y avait devant eux que trois hommes avec des épées. Ils n'en feraient qu'une bouchée.

Poulain écarta de sa lame les deux marauds qui avaient pénétré par la chambre tandis que Caudebec et Cubsac s'étaient portés devant ceux qui arrivaient de l'escalier. Celui qui avait une pertuisane se précipita sur Caudebec pour l'embrocher avec sa lance de six pieds. Le capitaine de M. de Mornay tenta de reculer, mais fut arrêté par la table. Il se vit transpercé.

Tout se passa alors à la vitesse de l'éclair. Cassandre avait encore à la main le couteau de Caudebec qui lui servait à découper sa viande. C'était une belle lame à manche de bronze. Elle le lança sur l'homme à la pertuisane qui portait pourtant une cuirasse. Le couteau atteignit le truand à la base du cou. Son complice, à un pas derrière lui, hésita une seconde en voyant son compagnon s'écrouler à ses pieds. Cubsac eut alors le temps de se précipiter vers lui pour engager le combat.

Sauvé, Caudebec put se porter au secours de Nicolas Poulain qui reculait vers la table, découvrant avec inquiétude que les deux marauds entrés par la chambre étaient en fait de redoutables bretteurs.

Malgré la semi-obscurité – seuls le feu dans la cheminée et deux chandeliers éclairaient les lieux – Maurevert avait embrassé cette scène et avait choisi d'attendre prudemment les deux derniers hommes en renfort. Or, comme Cubsac poussait son adversaire contre un mur, Cassandre se leva et, se glissant presque jusqu'à sa victime, elle saisit l'épée qui était tombée à trois pas du mort.

L'ayant en main, elle se précipita sur Maurevert qui ne s'attendait pas à être attaqué par une femme. Le tueur fut pourtant contraint d'engager le combat et, dès les premiers échanges, Cassandre se rendit compte que son adversaire avait un bras raide.

Les ferrailleurs n'avaient guère de place et personne ne voulait, ou ne pouvait, rompre. Les lames cliquetaient dans un silence de mort, chacun ne cherchait qu'à toucher mortellement l'autre. Le Bègue et

Marguerite s'étaient réfugiés derrière le lit, dans la ruelle contre le mur, pour laisser tout l'espace aux bretteurs. Olivier avait saisi une dague sur la table pour aider Nicolas Poulain, mais son allonge n'était pas telle qu'il puisse jouer un rôle décisif dans le combat. Cependant, il gênait suffisamment le spadassin qui ne pouvait guère se déplacer de crainte de laisser son dos à découvert.

C'est alors qu'arriva l'un des deux hommes venant des cuisines. Son compagnon était resté avec la servante et la cuisinière. Cassandre, la plus proche de l'escalier, se vit contrainte de se défendre aussi contre lui. Par chance pour elle, si l'homme au bras raide était un diabolique escrimeur, le nouveau truand maniait l'épée comme un bâton. Au même moment, Cubsac toucha au bras son adversaire qui lâcha son arme. Sans état d'âme, le Gascon lui traversa la poitrine et se retourna pour aider Cassandre.

En entendant la lame de son spadassin tomber sur le carrelage de terre cuite, puis en voyant son adversaire le transpercer, le *tueur des rois* comprit que l'affaire était perdue. Maurevert para une dernière fois la lame de la jeune femme, rompit, et laissa son compagnon poursuivre le combat en s'éclipsant dans l'escalier par la porte ouverte.

La bataille se poursuivit sans lui. Cassandre poussa son adversaire sans lui laisser la possibilité de riposter. Voyant qu'elle se débrouillait seule, Cubsac l'abandonna pour venir en aide à Caudebec qui, comme Poulain, était tombé sur un véritable *bravo*. Mais seul contre deux adversaires, le spadassin rompit plusieurs fois avant d'être touché au bras et à la cuisse. Il demanda merci en levant la main gauche mais Caudebec, sans mansuétude, lui enfonça sa lame dans la gorge.

Cassandre de son côté avait déjà fait plusieurs

estafilades à son adversaire dont le regard terrorisé ne cachait rien de ce qu'il éprouvait. Le combat ne fut qu'une suite de passes d'armes à son avantage, elle toucha le truand à la joue, au bras, au cou, enfin à la cuisse jusqu'à ce qu'il tombe à genoux en sanglotant : « Merci ! »

Entre-temps, Cubsac avait percé par derrière l'adversaire de Nicolas Poulain. Les agresseurs étant décimés, le cliquetis des lames cessa soudain. Chacun, épuisé et haletant, jeta un regard autour de lui. Il y avait du sang partout, le long des murs, en larges éclaboussures, sur le carrelage en épaisses flaques gluantes.

À cet instant, on entendit un long hurlement monter des cuisines. Au cri, Olivier et Poulain se précipitèrent dans l'escalier tandis que Caudebec passait dans la chambre d'à côté vérifier qu'elle était vide. M. de Cubsac, lui, s'approcha du survivant blessé que Cassandre tenait en respect.

— Laissez-moi m'occuper de lui, madame, ce n'est pas un travail pour vous, fit le Gascon d'un air féroce, son épée ensanglantée à la main et décidé à la passer au travers du corps de la canaille.

— Non, il est à moi, dit Cassandre en le repoussant de la main. Je lui ai accordé grâce et je ne reviens pas sur ma parole.

— Parole donnée à un gueux ne vaut rien ! grommela Cubsac.

— Cela vaut peut-être pour vous, monsieur de Cubsac, mais je n'ai qu'une parole, quelle que soit la personne à qui je la donne.

Le Gascon hésita à passer outre et à percer le maraud avec la pointe de son épée avant de déclarer, pour se donner une contenance, que c'était à M. Hauteville de décider. Il s'éloigna donc pour examiner les autres corps et trancher la gorge des blessés.

En bas, Olivier découvrit la porte ouverte, son concierge sur le ventre, étendu sur le seuil, ensanglanté. Poulain se pencha vers lui, le retourna et mit sa main devant sa bouche sans sentir de souffle. À la lueur du feu dans la cuisine, le lieutenant du prévôt vit la plaie en bas de l'abdomen et comprit que le pauvre homme avait dû mourir sur le coup. Avec Olivier, ils saisirent le corps et le portèrent dans la cuisine pour le déposer sur la grande table. Dépoitraillée, Perrine sanglotait en les regardant faire. L'air farouche, Thérèse se tenait debout, armée du tournebroche de la cheminée. Par terre un homme baignait dans son sang, une plaie béante au dos.

— Il a voulu forcer Perrine, monsieur, ma petite nièce ! cria Thérèse pour se justifier. J'ai dû l'embrocher !

Malgré le drame qui venait de se dérouler, Poulain éclata d'un rire de soulagement.

— Par ma foi, avec votre lardoire, vous êtes meilleure escrimeuse que nous, madame !

Pendant qu'Olivier allait fermer la porte et baisser la herse, le lieutenant du prévôt vérifia que l'homme embroché était bien mort. C'est lui qui avait hurlé, expliqua la cuisinière quand elle lui avait entré la lardoire dans le dos alors qu'il muguetait Perrine en la menaçant d'un couteau.

En le fouillant, le lieutenant du prévôt réalisa que sa cuirasse ne lui était pas inconnue. Il regarda alors attentivement le morion et l'épée du mort. Poulain savait reconnaître une arme sans coup férir. La cuirasse était identique à celles que vendait le maître brigandinier François Chevreau. L'épée ressemblait étrangement à celles de maître Thomas des Champs. Quant au morion, il n'avait aucun doute tant sa qualité était médiocre ; il venait de l'échoppe de Gilles de Villiers, à l'enseigne du *Lion d'or*.

Il termina de fouiller le truand et découvrit cinq pièces d'or qu'il empocha. Caudebec pénétra dans la cuisine au moment où il se relevait.

— Il n'y a personne d'autre dans la maison, messieurs, dit-il. J'ai fouillé les étages et les bouges du grenier.

Préoccupé, Poulain hocha la tête, sans rien dire. Laissant à Caudebec le soin de réconforter Perrine qui se réaccoutrait, il remonta dans la chambre.

Mme Poulain était en train de panser sommairement le blessé de Cassandre que Cubsac avait finalement garrotté. Le lieutenant du prévôt alla directement examiner chacun des morts. L'un d'eux avait la même cuirasse que celui que Thérèse avait tué. C'était une surprenante coïncidence. Plus étonnant encore, ils avaient tous le même morion et la même épée, et dans leur poche, Nicolas Poulain trouva cinq écus d'or.

Il n'eut dès lors plus de doute. Ces armes venaient du lot qu'il avait porté à l'hôtel de Guise et ce guet-apens était organisé par les Seize.

Mais était-ce à Olivier ou à lui qu'ils en voulaient ?

Il s'approcha du blessé en demandant à son épouse de s'éloigner.

— Je suis prévôt, tu sais ce qui t'attend ? fit-il au maraud en s'accroupissant près de lui.

L'homme, les yeux clos, souffrait tellement qu'il ne répondit pas.

— Je vais envoyer chercher le chevalier du guet. Il t'emmènera au Grand-Châtelet. Demain, tu seras interrogé par le procureur et après-demain pendu, si tu as de la chance. Je veillerai à ce que tu subisses la question extraordinaire et qu'on te coupe les mains avant la pendaison.

L'homme était livide, peut-être exsangue de ses blessures, plus sûrement à cause de ce qui l'attendait.

— Si tu parles maintenant, si tu me racontes tout, je veux bien te jeter à la rue avant l'arrivée du guet. Tu te débrouilleras pour te faire pendre ailleurs, poursuivit Poulain.

Le scélérat ouvrit soudainement les yeux et Cubsac, qui s'était approché pour écouter l'interrogatoire, éclata.

— Il n'est pas question de le libérer ! Je vais m'occuper de le faire parler, moi !

— Je suis prévôt, lui répliqua sèchement Poulain, laissez-moi faire. Si vous voulez vous rendre utile, monsieur de Cubsac, allez donc au Châtelet prévenir le chevalier du guet.

— L'Hôtel de Ville est plus proche, répliqua le Gascon avec un air insolent, j'y trouverai le guet bourgeois bien plus vite.

— Je ne veux pas du guet bourgeois ! gronda Poulain en haussant le ton.

Ces truands portaient l'équipement qu'il avait acheté pour les Seize. C'étaient donc eux qui les avaient envoyés. Or le guet bourgeois était acquis à la Ligue. Le faire venir était courir le risque qu'ils terminent le travail de ces marauds ! Certes, le Châtelet était aussi en grande partie inféodé à la sainte union, mais il restait encore des officiers et des sergents fidèles au roi. Il y avait donc plus de chance de trouver là-bas des gens qui prendraient cette affaire à cœur, car rien ne prouvait qu'elle était terminée. Le chef s'était enfui, peut-être pour chercher des renforts.

Cubsac avait pris une posture féroce, il était prêt à en découdre contre ce roturier qui voulait lui donner des ordres. Ce n'était pourtant pas le moment de se chercher querelle, se dit Poulain en se relevant.

— Monsieur de Cubsac, excusez-moi si j'ai été impoli envers vous. Je suis moi aussi un peu tendu. Ces gens ont été armés par le guet bourgeois, souffla-t-il à voix basse en le prenant par l'épaule. Nos agresseurs ont des complices à l'Hôtel de Ville, voilà pourquoi je ne souhaite pas les faire venir.

— Cap de Dioux ! Vous croyez ?

— J'en suis certain ! D'ailleurs n'allez pas seul au Grand-Châtelet, prenez Caudebec, et armez-vous bien. Olivier doit bien avoir un pistolet à vous prêter.

Olivier arrivait justement, ayant verrouillé la herse et écouté le récit de la cuisinière. Poulain abandonna Cubsac et l'interrogatoire du prisonnier pour lui demander quel type d'armes il possédait.

— J'ai un pistolet à mèche et une arquebuse dans la chambre de mon père... dans la mienne, je veux dire. Mon père les avait achetés après la Saint-Barthélemy. Je vais te les montrer.

Ils passèrent à côté.

— Tu vas prêter ton pistolet à M. de Cubsac que j'envoie au Châtelet avec M. Caudebec pour ramener le guet. Après leur départ, il faudra aussi qu'on parle.

Olivier opina sans comprendre ni poser de question. Il était encore sous le choc du massacre. Il ouvrit un coffre et en sortit le pistolet, qui était en vérité une petite arquebuse à main, ainsi qu'une boîte contenant des balles, de la poudre et des mèches lentes.

Ils revinrent dans l'autre chambre et Olivier donna le tout à Cubsac qui demandait à Caudebec de l'accompagner.

Tout cela étant fait, Nicolas Poulain put enfin s'occuper de son épouse qui était retournée près du lit après avoir pansé le truand blessé. Il lui expliqua qu'ils devaient rester encore un moment, mais qu'il lui conseillait de se reposer dans la chambre d'Olivier. Elle accepta.

Cubsac et Caudebec, après avoir chargé l'arquebuse, descendirent les cadavres dans la cuisine pour qu'il soit possible de nettoyer la salle des éclaboussures et des flaques de sang. Le Bègue vint les aider, puis manipula la herse pour que les deux hommes puissent sortir de la maison. Après quoi, il referma soigneusement la porte et la grille qu'il verrouilla.

Pendant ce temps, Olivier s'était rapproché de Cassandre pour la remercier de la part qu'elle avait prise dans cette bataille et s'ébaudir de ses talents d'escrimeuse. Nicolas Poulain, les entendant parler, s'approcha d'eux.

— Olivier, dit-il, j'ai demandé à mon épouse d'aller se reposer dans ta chambre. Le spectacle de cette pièce couverte de sang est insupportable pour des dames. Tu pourrais aussi le proposer à ta servante et à Mlle Baulieu.

— Je vous remercie mais j'ai vu pire, monsieur Poulain, répondit Cassandre. Toutefois, j'accompagnerai volontiers votre dame pour ne pas la laisser seule.

— Vous êtes fort habile dans la *scienza cavalleresca* [1], pour la fille d'un drapier, remarqua le lieutenant du prévôt, d'un ton mi-ironique mi-soupçonneux.

Il avait déjà vu des femmes tirer l'épée en salle d'armes, mais ce n'était qu'un exercice d'adresse pour elles. Aucune ne se battait avec la hargne de cette jeune fille… et aucune pour tuer.

Elle parut ignorer le sarcasme.

— J'ai toujours aimé l'escrime, monsieur, dit-elle avec un sourire innocent. C'est mon cousin qui m'a entraînée.

---

1. Nom que les Italiens donnaient à l'escrime.

Poulain la fixa longuement, hésitant entre une raillerie et une question. Finalement, il garda le silence. Elle le salua d'un hochement de tête et rejoignit Marguerite tandis qu'il s'approchait du blessé.

— Quel est ton nom ? demanda le lieutenant du prévôt au truand.

— François…

— Je reprends la proposition que je t'ai faite. Il y avait cinq écus sol dans les poches de tes amis, je suppose que tu en as autant dans la tienne. Tu me racontes tout, tout de suite, et je te flanque dehors avant que le guet n'arrive. Je te laisserai même tes écus.

— Pourquoi feriez-vous ça ?

Poulain ne voulait pas lui dire qu'il serait tué bien avant qu'il ne soit interrogé, car il y avait trop de complices de la Ligue au Châtelet pour qu'on le laisse parler. Aussi, lui donna-t-il une autre raison, tout aussi valable :

— Ce sera trop long d'attendre ton interrogatoire par le procureur, je veux retrouver rapidement celui qui vous a menés ici et qui s'est enfui.

— Je devine… que je n'ai pas le choix, fit le truand dans un gémissement de douleur. Je ne peux que vous faire confiance… Celui qui a fui était notre chef. Il loge à l'auberge de la *Tête Noire*, rue de la Bûcherie, à côté du jeu de Paume. Il m'a recruté avec les autres, il y a trois jours pour prendre une maison et meurtrir tous ses habitants. On l'a rejoint à son auberge cet après-midi. Il nous a donné cinq écus et on avait droit aux femmes et la picorée. C'est lui qui nous a donné les morions et les épées.

— Où les avez-vous eus ?

— Je ne sais pas. Ce sont les autres qui sont allés les chercher. Mais vous les avez tués…

— Qui est cet homme ? Votre chef…

— J'ignore son nom, monsieur, mais il boite et il est manchot. Il a une main en bois. Il a aussi beaucoup d'argent... Ah, j'oubliais, quand on a passé le Petit Pont, il connaissait le mot du guet de la ville : *Lorraine et Bourbon*.

— Il connaissait le mot du guet bourgeois ? s'enquit Olivier, stupéfait.

— Oui, monsieur.

Les soupçons de Poulain étaient bien confirmés, aussi n'ajouta-t-il rien. Il fit lever le prisonnier, lui coupa ses liens et, avec Olivier, le raccompagna difficilement à la porte où il le jeta dehors. Puis, ayant tout refermé il proposa au jeune Hauteville de rester un moment avec lui dans la cuisine pour parler tranquillement. La pièce était vide puisque Jacques Le Bègue et la cuisinière étaient à l'étage et nettoyaient la chambre ensanglantée.

— Crois-tu que ce soient ceux qui ont tué mon père qui ont envoyé ces truands ? commença aussitôt Olivier.

— Oui, répondit Poulain, qui ne voulait pas lui parler de l'autre hypothèse : que ce soit à lui que la Ligue s'en soit prise.

— Ces gens-là auraient donc des complicités dans le corps de ville ?

— Je te l'ai dit, Olivier. Ceux qui sont venus trouver ton père pour lui demander de participer à une ligue afin de sauver la religion, ce sont ceux qui l'ont tué, et ce sont encore eux qui ont voulu te meurtrir ce soir.

— C'étaient pourtant ses amis ! murmura Olivier. Tu as peut-être raison, mais j'ai du mal à admettre tant de noirceur. Comment peux-tu en être si sûr ?

— J'ai reconnu les armes qu'avaient les truands, elles viennent de la sainte union. Ils les achètent en secret pour renverser le roi et placer sur le trône le cardinal de Bourbon, dit Poulain en soupirant.

Olivier s'assit sur un banc, il avait les jambes flageolantes. Il ferma les yeux un instant, songeant à ce qu'impliquait l'affirmation de son ami, à M. de La Chapelle qui était venu demander à son père de rejoindre la sainte union, au curé Boucher qui avait voulu le faire condamner, à Antoine Séguier et à Claude Marteau. Nicolas avait certainement raison.

Les amis de son père n'étaient que d'infâmes criminels. Et il avait souhaité les rejoindre !

— Qu'avons-nous fait mon père et moi pour mériter cette haine ? murmura-t-il.

Pendant ce temps, Cassandre était avec Mme Poulain et Perrine qui restait prostrée sur un tabouret. Perrine était la fille d'une sœur cadette de Thérèse, la cuisinière. Quand M. Hauteville avait eu besoin de remplacer la servante de la maison qui était morte d'une fièvre quarte, il avait tout naturellement engagé la jeune fille qui venait d'avoir seize ans. Elle avait été heureuse dans cette maison jusqu'à ce qu'on assassine son maître et sa maîtresse. Maintenant, on venait de la violenter et elle se demandait avec terreur ce qui allait encore lui arriver.

Sa tante, en revanche, parut d'humeur gaillarde quand elle entra dans la pièce. Il faut dire que l'énorme femme avait connu la Saint-Barthélemy et que plus rien ne l'effrayait. Avoir embroché celui qui s'était attaqué à sa nièce paraissait même lui avoir donné un supplément de vigueur. Elle alluma le feu dans la chambre, consola à nouveau Perrine en lui répétant que ce qu'elle avait subi n'était pas si grave, puis partit rejoindre Le Bègue pour remettre de l'ordre.

Finalement, Mme Poulain s'endormit et Cassandre resta à méditer devant le feu.

Qui étaient ces gens qui les avaient attaqués ? Olivier lui avait raconté le meurtre de sa famille. C'était sans doute les mêmes qui étaient revenus s'occuper du fils parce qu'il s'intéressait aux tailles. Donc Salvancy était derrière tout ça. Il y avait urgence à le faire savoir à Olivier, mais comment agir sans se découvrir ?

Plongée dans ses pensées, Mlle de Mornay prenait aussi conscience que, malgré la haine des huguenots qu'affichait le jeune homme, elle ne voulait pas le perdre.

Qu'allait-il se passer maintenant ? Le guet viendrait, puis repartirait en emportant les cadavres. Le lieutenant du prévôt rentrerait chez lui, et elle à son auberge. Olivier resterait seul. Avec Cubsac, certes, mais si une autre troupe d'assassins revenait ? Le chef de ces truands était libre, vivant. Peut-être en ce moment même rassemblait-il une nouvelle bande... Elle devait le protéger, et ne pouvait donc plus partir. Elle devait rester ici avec Caudebec pour faire échec à une nouvelle agression.

Abandonnant Mme Poulain, elle sortit de la chambre.

Justement, Olivier et Nicolas avaient rejoint Le Bègue et la cuisinière qui rangeaient la salle. Nicolas Poulain rassemblait les armes qu'il comptait bien revendre à la Ligue. Il avait aussi mis en tas les écus trouvés sur les cadavres qui seraient partagés entre eux. Avec cette picorée, il pourrait offrir à sa femme un petit bijou, songea-t-il, réjoui.

— Où est mon blessé ? demanda Cassandre en balayant les lieux du regard.

Perrine sortit de la chambre derrière elle. La jeune fille, rassurée par sa tante, paraissait avoir retrouvé un peu de courage et se mit à débarrasser les reliefs du repas.

— Je l'ai libéré, expliqua Poulain. En échange, il m'a dit ce qu'il savait.

— Que savait-il ?

— Pas grand-chose, déclara le lieutenant du prévôt avec dépit, sinon que leur chef était boiteux, qu'il avait une main en bois, et qu'il logeait à la *Tête Noire*, rue de la Bûcherie. On y enverra le guet.

— Il n'y sera plus ! remarqua Cassandre, en haussant les épaules.

— Sans doute, répliqua Poulain, avec indifférence.

Sans trop savoir pourquoi, il n'avait pas envie de lui en dire plus. Cette femme qui maniait si habilement l'épée et qui était capable de tuer un homme en lui lançant un couteau le troublait et l'inquiétait à la fois.

— A-t-il dit pourquoi ils ont commis cette agression ?

— D'après M. Poulain, ce sont les mêmes qui ont occis mon père, intervint Olivier, toujours accablé. Après l'avoir tué, ils s'en sont pris à moi.

— Et si vous vous trompiez ? Si c'était après moi qu'ils en avaient ? suggéra-t-elle, après un silence.

— Vous ? Mais pourquoi ? s'étonna Poulain.

Le Bègue et la servante avaient arrêté leur nettoyage et écoutaient.

— Mon père est riche, ce ne serait pas la première fois qu'on tenterait d'obtenir de notre famille une rançon.

— Est-ce déjà arrivé ? demanda Nicolas Poulain avec une ombre de scepticisme.

— À mon oncle, oui. On a enlevé ma cousine, il y a quelques années, inventa-t-elle. C'est à cause de cela que j'ai appris l'escrime et à manier le couteau.

— Mais, avez-vous remarqué quelque chose depuis que vous êtes à Paris ? demanda Olivier tandis que Poulain considérait Cassandre dans un mélange d'incrédulité et de surprise.

Cette fille n'est pas celle qu'elle prétend ! jugeait le lieutenant du prévôt.

— Avec François, nous avons remarqué près de notre hôtellerie des hommes qui nous regardaient étrangement.

— Ceux qui nous ont agressés ce soir ? demanda Poulain, brusquement intéressé.

— Je ne sais pas… Je ne crois pas, répondit-elle en se mordant les lèvres.

Décidément, elle n'était pas faite pour le mensonge, se dit-elle.

— Vous ne rentrerez pas à votre hôtellerie ce soir ! décida Olivier. Il y a quatre chambres dans cette maison. Le Bègue s'installera dans celle-ci, M. de Cubsac partagera son lit avec M. Caudebec à l'étage et vous aurez la dernière chambre.

Elle parut hésiter une seconde.

— Ce ne serait pas correct…

— Pourquoi ? Vous serez à côté de votre cousin, et ma servante s'occupera de vous. Vous serez aussi bien qu'au *Fer à Cheval*.

Elle ne répondit pas tout de suite avant de dire :

— Si M. Caudebec est d'accord… Je ne le vois pas… est-il parti avec M. de Cubsac ?

— Oui, ils ne devraient pas tarder à revenir avec le guet.

Justement, on tambourina à la porte. Les deux hommes descendirent, non sans s'être saisis chacun d'une épée. Dans la cuisine, Olivier alla chercher la lanterne qu'on utilisait pour sortir le soir et alluma la chandelle de suif de mouton à une flammèche de la cheminée.

On tambourinait toujours et ils entendirent :

— C'est M. de Cubsac, monsieur Hauteville ! Ouvrez-nous, on est avec le guet !

Poulain écarta le volet d'une des meurtrières et regarda dehors. Il distingua vaguement plusieurs hommes dans l'ombre, et Cubsac qui tenait une lanterne.

— Ce sont bien eux, dit-il, en tirant le verrou de la herse et en la levant comme il avait vu faire Olivier.

Ils entrèrent. Le guet était constitué de huit archers et d'un huissier à verge qu'ils firent passer dans la cuisine.

Les cinq cadavres des truands étaient allongés à même le sol. En revanche, le concierge était sur la table et on l'avait couvert d'un drap. Cubsac et Caudebec avaient déjà tout raconté et les gens du guet étaient venus avec une charrette à bras. Ils chargèrent les corps des brigands, et l'huissier expliqua à Olivier qu'un commissaire ou un exempt passerait le lendemain pour l'interroger. Poulain lui dit alors qui il était, et où il habitait.

Ils repartirent. Entre-temps, Cassandre était descendue et s'était discrètement entretenue avec Caudebec. Olivier retourna près d'eux après le départ du guet et renouvela son invitation que Caudebec accepta.

Désormais le calme était complètement revenu. La chambre était nettoyée et Poulain décida de rentrer chez lui avec son épouse. Cubsac et Caudebec les raccompagnèrent en les éclairant avec une lanterne.

Pendant ce temps, Perrine et sa tante avaient préparé les lits et Cassandre put s'installer dans la chambre au-dessus de celle d'Olivier, une pièce très simplement meublée. Outre le lit, il y avait une table couverte d'une épaisse nappe brodée sur laquelle étaient déposées une cuvette en étain et une cruche d'eau. Il y avait aussi un miroir dans un cadre de bois et un bahut couvert de cuir bouilli, avec un linge pour la toilette. Dans la ruelle du lit était rangée une chaise percée.

La servante donna à Cassandre un corps de nuit, un bonnet et un manteau de nuit appartenant à la gouvernante d'Olivier, puis elle lui expliqua, en allumant une bougie et avec un petit sourire narquois, que cette chambre était l'ancienne chambre de son maître. Elle avait remarqué les regards échangés entre les deux jeunes gens et, malgré les violences qu'elle avait subies, elle avait maintenant envie d'être la confidente de ce qu'elle pensait être une histoire d'amour.

À l'idée qu'elle allait dormir dans le lit d'Olivier, Cassandre ressentit un profond trouble. Elle se coucha. Le sommeil ne venant pas, elle resta longtemps abîmée dans ses pensées. Elle s'était introduite par fraude et mensonge dans cette maison et elle en ressentait une profonde honte. Mais ce qui la torturait, c'est qu'elle n'arrivait pas à distinguer dans ce qui la faisait agir si c'était son désir de rester auprès d'Olivier, ou seulement le besoin de lui faire connaître Salvancy, pour qu'il force le receveur à lui remettre les précieuses quittances.

Ne pouvant comprendre si elle était guidée par son cœur ou par le calcul, elle s'endormit en pensant finalement à son père et à son retour prochain dans le Midi.

Elle fut réveillée le lendemain par les cris et les fracas de la rue. Les cloches sonnaient à la volée. La lumière entrait faiblement par les petits carreaux en losange de la fenêtre, donc il faisait jour. Ce devait être tierce et elle se souvint qu'on était dimanche. C'était aussi le début du carême.

Il faisait froid.

Elle se leva, ôta son manteau de nuit puis serra

sa brassière et passa son corset. Elle avait gardé son caleçon sur elle. Elle enfila ensuite ses bas-de-chausses et ouvrit la porte pour appeler Perrine.

Celle-ci arriva aussitôt de la cuisine et l'aida à serrer son corset et à nouer sa robe et son corps de robe. Quand elle fut entièrement habillée, elle demanda à la servante de la coiffer.

Après quoi, elle se lava les mains et s'humecta les yeux. À cette occasion elle découvrit une tache de sang sur sa robe que la servante essaya en vain d'enlever. Perrine alla ensuite ouvrir la fenêtre. Il pleuvait. Cassandre s'approcha. Elle vit en bas une charrette à bras sur laquelle Caudebec et Cubsac chargeaient un corps enveloppé dans un linceul. Ce devait être le pauvre concierge assassiné.

Elle chaussa ses souliers et descendit dans la cuisine. De l'escalier montaient une bonne odeur de soupe et une douce chaleur.

Elle trouva Olivier assis à la grande table, parlant avec son commis. Ils se levèrent en la voyant entrer. La cuisinière lui proposa de la soupe, des confitures et du pain de Gonesse tout chaud acheté dans la rue. Elle accepta avec plaisir tant elle avait faim. Le Bègue les salua alors et expliqua qu'il allait travailler. Il avait compris qu'il devait les laisser seuls.

Les deux jeunes gens échangèrent d'abord quelques banalités, puis Cassandre demanda :

— Que faites-vous ce matin, Olivier ?

— Je vais à la messe, c'est carême, puis il faudra que je m'occupe des obsèques de mon concierge. Après quoi je reviendrai ici, car un commissaire viendra certainement m'interroger. Et vous, m'accompagnez-vous à l'office ou irez-vous assister à la messe avec votre tante ?

— J'irai sans doute voir ma tante, répondit-elle évasivement.

— Combien de temps allez-vous rester à Paris ?

— Je ne sais pas, un mois tout au plus.

— Vous savez que vous pouvez rester ici, vous y serez bien mieux qu'à l'auberge.

Elle lui sourit sans répondre.

— Je serai dans ma chambre, dit-il en se levant. J'aimerais que nous parlions de ce qui s'est passé hier soir avant que je ne parte pour l'église.

Elle opina sans dire un mot.

Quand elle eut fini de manger, elle se leva, monta à l'étage et alla gratter à la chambre du jeune homme. Elle avait pris sa décision. Visiblement, il l'attendait. Très prévenant, il la fit asseoir sur un fauteuil, tandis qu'il prenait place sur une escabelle.

— Je souhaitais vous parler de ces truands, mademoiselle. M. Poulain pense qu'ils ont été envoyés par la même personne qui a fait tuer mon père.

— Cela me paraît évident, dit-elle. Votre père et vous devez partager quelque secret qu'ils ne veulent pas que vous révéliez.

— Ce secret est bien simple, fit-il dans un soupir. Je vérifie les tailles d'Île-de-France, c'est déjà ce que mon père faisait. Il y a une grande entreprise de fraude et l'on m'a demandé de trouver les coupables. Ceux qui se sont attaqués à nous veulent tout simplement m'empêcher de découvrir la manière dont ils s'y prennent.

— Savez-vous de qui il s'agit ?

— Je crois le savoir, dit-il après une hésitation

— Alors il devrait être facile de découvrir la fraude…

— Non. Je devine qui est le commanditaire, mais j'ignore la façon dont il procède.

Elle digéra sa réponse qui n'était pas ce qu'elle attendait. Qu'avait-il découvert ?

— Et ce commanditaire, qui est-il ?

— Il fait partie d'une confrérie à laquelle on avait demandé à mon père de participer. Je souhaitais aussi les rejoindre. Ces membres veulent sauver Paris de l'hérésie et désirent un autre roi.

Elle eut un sourire étonné et interrogatif.

— Ils se nomment la sainte union et ont rejoint la Ligue de M. de Guise. Je partageais leurs idées, Cassandre, j'approuvais leurs aspirations, car notre roi est un bougre qui écrase le peuple d'impôts pour enrichir ses mignons. Il est prêt à donner son royaume à un hérétique auquel cas nous autres, bons chrétiens craignant Dieu, serons tous damnés. Pourtant, bien que notre famille soit de tout cœur avec eux, ils ont occis mon père, ma gouvernante, et ils voulaient recommencer !

Il prononça ces derniers mots presque en criant.

— Peut-être vos croyances n'étaient-elles pas bonnes, Olivier, dit-elle tristement.

Il la regarda sans comprendre, mais elle resta impassible, comme sculptée dans de la pierre.

— Pouvez-vous m'accompagner à la messe à Saint-Merry ? En priant près de vous, peut-être Dieu m'aidera-t-il, lui demanda-t-il.

— Je ne peux le faire, Olivier. J'ai à vous parler, moi aussi, dit-elle d'une voix morne.

Elle se tut un instant tandis qu'il la regardait, à la fois désemparé et interrogatif.

— Je suis de la religion réformée, lâcha-t-elle.

Un silence écrasant tomba entre eux. En vérité, la rue étant de plus en plus bruyante, ils eurent seulement l'impression que c'était du silence tant Olivier était stupéfait. Au bout d'un long moment, il se leva lourdement et fit deux pas jusqu'à son lit où il s'assit, la tête entre les mains. Tout tournait autour de lui.

— J'avais six ans lors de la Saint-Barthélemy,

poursuivit-elle, comme pour se justifier. Mes parents ont été assassinés pour leur religion. C'est pour cela que j'ai appris à me défendre... Et pour pouvoir les venger...

— Votre père n'est pas procureur au présidial d'Angers ?

— Non, c'est mon oncle. C'est lui qui m'a élevée. Il m'a sauvée du massacre, mentit-elle.

Dehors, les cloches se remirent à sonner. Leur clameur raviva les abominables souvenirs de ce jour funeste et il ne sut que répondre. Il se leva finalement, revint vers elle et tomba à genoux à ses pieds. Ils avaient tous les deux perdu leur père, songeait-il. Tués par les mêmes fanatiques catholiques, et ils brûlaient de les venger. Ils se ressemblaient ! À cette idée, il ressentit un immense émoi, il lui prit les mains, et elle le laissa faire.

Mais son regard était indifférent quand elle lui dit :

— Nous honorons le même Dieu, Olivier, mais il ne nous unira jamais.

18.

Dimanche 10 mars 1585

Au *Fer à Cheval*, François Caudebec gratta à la porte de Mlle de Mornay avant d'entrer dans sa chambre. Il la trouva en train d'écrire. Devant elle, sur la table, étaient disposés deux plumes d'oie, un canif et un encrier. Elle avait fait monter ce nécessaire le jour de leur arrivée pour écrire à Mme Sardini.

— Êtes-vous prête ? J'ai prévenu un valet qui va venir prendre nos bagages pour les porter chez M. Hauteville.

— Je termine cette lettre, François. J'allais justement vous en parler. Une fois chez Olivier, nous n'aurons plus beaucoup l'occasion d'être seuls tous les deux.

— En effet, nous allons devoir redoubler de prudence. La bataille d'hier soir ne pouvait pas plus mal tomber. Déjà, M. de Cubsac m'a pressé de questions ce matin, sur vous et votre habileté à l'épée, et j'ai tellement dû mal mentir qu'il va tôt ou tard faire part de ses doutes à M. Hauteville. Je veux bien croire que ce pauvre garçon ne voit rien parce qu'il est amoureux de vous mais son ami Nicolas Poulain est d'une autre trempe. Il faudrait qu'on s'accorde sur une histoire vraisemblable.

— Ce qui est arrivé n'est pas forcément une mauvaise chose, j'ai parlé à Olivier, et cette attaque lui a quand même ouvert les yeux.

Elle posa sa plume d'oie et rapporta à Caudebec les propos du jeune homme, enfin persuadé que les assassins de son père et les agresseurs de la veille étaient des partisans du duc de Guise.

— Olivier m'a aussi assuré avoir deviné qui était derrière la fraude des tailles, mais il n'a pas voulu le nommer. Je ne sais pas ce qu'il a en tête, mais je ne pense pas qu'il suspecte M. Salvancy, sinon, il aurait vérifié ses comptes et percé la vérité depuis longtemps. Aiguiller ses recherches, voilà ma prochaine tâche. Mais une fois qu'il aura découvert que Salvancy rapine les tailles, le plus difficile restera de le convaincre d'aller chercher les quittances chez lui, et non de le dénoncer à la surintendance des Finances ou de se venger.

— C'est un jeu dangereux, mademoiselle. S'il découvre que Salvancy est coupable, je ne vois pas ce qui l'empêchera de le livrer à la justice. Il lui suffira d'en parler à son ami Poulain. Et s'il est persuadé que Salvancy a tué son père, sans doute tentera-t-il de le tuer lui-même.

— C'est un risque à prendre, jugea-t-elle en accompagnant ces mots d'une grimace. Le temps nous est compté et je n'ai plus le choix. Et même dans ce cas, Henri de Navarre serait gagnant puisque nous aurions arrêté l'hémorragie des finances royales vers le duc de Guise.

Elle observa le silence un moment avant d'ajouter :

— Si nous pouvions mettre la main sur ce boiteux manchot et le faire parler, nous aurions une magnifique preuve de l'implication du duc ou de Salvancy.

— Et si ce n'était pas Guise ? Pour vous dire le fond de ma pensée, mademoiselle, je pense que Salvancy est un personnage trop falot pour avoir organisé l'agression d'hier. Quant à Guise, il est à Joinville, à cinquante lieues de Paris.

— Qui donc alors ?

— J'ai songé à un homme influent qui a les moyens de monter une telle entreprise. Un homme qui n'a en vérité aucun intérêt à ce que le jeune Hauteville découvre quelque chose.

— Mais qui donc ?

Il sourit devant son impatience.

— Un homme qui aurait simplement souhaité qu'on tue Salvancy, c'est ce qu'il espérait quand il a écrit à votre père.

— Sardini ? Mais pourquoi ? s'étonna-t-elle.

— C'est évident, et il nous l'a fait comprendre. Après la mort de Salvancy, la succession sera sans doute longue et difficile, Sardini pourrait faire savoir aux héritiers que l'origine de la fortune de M. Salvancy est assez trouble, et dans une transaction, en obtenir une part.

— Tout cela ne serait qu'une manœuvre montée par M. Sardini ? Il aurait dénoncé Salvancy pour qu'on se débarrasse de lui ? Mais pourquoi ne l'aurait-il pas fait lui-même ? Il est riche et Paris ne manque pas de tueurs à gage.

— Sans doute, mais ainsi il était certain de rester en dehors, s'il y avait enquête.

Elle resta méditative un instant, visiblement mal convaincue, ou peut-être parce qu'elle refusait l'idée de cette trahison après ce que lui avait avoué la douce Limeuil.

— Je n'y crois pas, cela me paraîtrait bien trop tortueux, décida-t-elle enfin.

— Il est italien, pourtant, plaisanta Caudebec.

Elle se força à sourire avant de déclarer :

— Son épouse m'a avoué que c'est elle qui lui avait demandé d'écrire la lettre à mon père.

— Si c'est vrai, raison de plus de penser qu'il n'en avait guère envie.

Elle secoua la tête.

— Je suis certaine que c'est celui qui organise ces rapines qui nous a envoyé ces tueurs, et ce ne peut être que le duc de Guise.

— S'abaisserait-il à ça ? En outre, je vous l'ai dit, il est à Joinville, comment aurait-il fait ?

— Son frère Mayenne, alors.

— Il est dans le Poitou, avec son armée.

— Cette discussion ne nous avance guère, soupira-t-il.

Elle hocha du chef.

— Ce Nicolas Poulain pourrait nous être utile pour reprendre les quittances à M. Salvancy, proposa-t-elle au bout d'un instant.

— Comment ?

— Il est policier, il pourrait perquisitionner chez ce receveur et saisir ses papiers...

— Je ne vois pas comment nous le déciderions à le faire. Et pourquoi nous les donnerait-il, ensuite ?

— Ce n'est qu'une idée en l'air.

Elle reprit sa plume d'oie et parut s'absorber à la tailler soigneusement avec le canif, tandis qu'elle réfléchissait à ce que Caudebec venait de dire.

— Mme de Limeuil m'a beaucoup appris, dit-elle finalement, en rassemblant les copeaux de plume en un petit tas.

— Je crains le pire, ironisa Caudebec.

— Avec raison, mon ami ! C'est une femme expérimentée dans l'art de la tromperie. Je suis en train d'écrire deux lettres pour les Sardini. La première, vous la porterez après m'avoir laissée chez M. Hauteville.

— Je n'aime pas vous laisser seule.

— Que peut-il m'arriver avec Olivier ? Or, je ne peux confier cette lettre à personne d'autre, car vous devrez la remettre en mains propres à Mme Sardini. La seconde lettre sera portée par un valet de l'auberge qui la remettra à M. Sardini.

— J'avoue ne pas comprendre... Pourquoi envoyer ce valet ? Si je vais là-bas, je pourrais la lui remettre...

Elle secoua la tête avec un sourire avant de lui expliquer son plan, ou plus exactement celui que lui avait tracé Isabeau de Limeuil.

— M. Hauteville ne sera donc pour vous qu'un instrument ? demanda-t-il, après un silence réprobateur.

— Oui, répondit-elle, le visage fermé. Il est catholique et je suis protestante ; je le lui ai avoué, d'ailleurs. Il a beau avoir des doutes sur la Ligue, il sera toujours pour le parti de ceux qui refusent Navarre. De surcroît, il a approuvé la Saint-Barthélemy et son père y a sans doute participé.

— Qu'en savez-vous ?

— Je le devine. Quand je lui ai parlé de cet affreux massacre, il ne m'a pas répondu qu'il lui avait fait horreur. Il est simplement resté silencieux, comme s'il n'avait rien à dire.

Au même moment, à la messe de Saint-Merry où il se trouvait avec sa femme et ses enfants, Nicolas Poulain se posait aussi bien des questions.

Qui était vraiment cette fille de drapier qui maniait l'épée comme un *spadaccino* et qui lançait le couteau avec l'habileté d'un *bravo* ? Sa science de l'escrime pouvait peut-être s'expliquer par un entraînement avec un maître d'armes, comme elle l'affirmait, mais pas la façon dont elle se battait. Elle n'avait pas appris de manière académique, mais avec un vrai bretteur habitué des duels. Il y avait chez elle une justesse du geste qu'on n'acquérait qu'avec une longue expérience des combats, ou avec des gens d'armes. Les quelques femmes qu'il avait vues s'entraîner en salle ne considéraient l'escrime que comme un exercice d'adresse, pas comme un moyen de tuer. Or cette fille s'était battue pour occire son adversaire. Elle n'avait d'ailleurs pas paru accablée après avoir tué un homme d'un lancer de couteau fort adroit, comme si elle était endurcie.

En rentrant chez lui, il décida de se rendre au couvent des Filles-de-Sainte-Élisabeth. Cela ne lui ferait pas faire un grand détour.

Dans la même église, Olivier Hauteville était tout autant distrait de l'office. Depuis qu'il avait deviné le nom de celui qui avait préparé le meurtre de son père, il cherchait un moyen de le confondre. Car s'il jugeait connaître le coupable des assassinats, il ignorait toujours tout des mécanismes frauduleux que ce larron avait élaborés pour détourner une partie des tailles.

Et maintenant, il y avait Cassandre. Olivier ne doutait nullement qu'elle fût la nièce d'un procureur au présidial d'Angers. Mais elle était protestante et lui catholique. En outre, il était pauvre, sans famille, sans charge et sans état, et elle paraissait venir d'une famille de robe fortunée.

Que pouvait-il lui proposer ? Qu'était-il prêt à accepter ?

En rentrant chez lui, il la trouva justement dans la cuisine avec Thérèse et oublia instantanément toutes ses craintes. Elle était revenue et cela seul comptait. Le fossé qu'il avait cru voir entre eux allait se combler.

Effectivement, il fut surpris par sa bonne humeur durant le dîner où François Caudebec était absent. Elle ne fit aucune allusion à ce qui les séparait et lui proposa même de lui prêter main forte dans ses recherches.

— Je vous remercie, répondit-il, déconcerté, mais je ne crois pas que vous puissiez m'aider, mademoiselle. Il y a tant et tant de documents à consulter et à comparer, tant de calculs innombrables à faire avec des jetons ! Et surtout, c'est un travail qui demande une bonne connaissance de la collecte et du contrôle des tailles...

— Pour les calculs, je ne crains personne, lui assura-t-elle. Mes grands-parents étaient des marchands et, toute jeunette, ils m'ont appris à compter. Dans notre famille, nous avons les nombres dans le sang. Quant à la collecte des tailles, je ne demande qu'à apprendre...

Elle ajouta après un sourire :

— ... Vous savez, Olivier, pour résoudre un problème, il est parfois judicieux d'avoir près de soi quelqu'un qui n'a pas d'idée préconçue.

Guère convaincu, Olivier accepta tout de même, tant il brûlait d'envie de l'avoir près de lui.

Laissant femme et enfants chez lui, Nicolas Poulain remonta la rue Saint-Martin jusqu'à l'abbaye, puis tourna vers la rue du Temple pour aller au couvent franciscain des Filles-de-Sainte-Élisabeth. La mère supérieure n'était pas là, mais il put rencontrer la sœur tourière qui s'occupait des visites.

Non, elle n'avait jamais vu de Cassandre Baulieu ni de François Caudebec. Il y avait effectivement deux religieuses âgées malades, mais elles n'avaient reçu aucune visite. Il insista, décrivit Cassandre, mais, là encore, la réponse fut négative. Personne ne la connaissait.

Poulain en repartit à la fois troublé et inquiet. Avant de venir se renseigner, il éprouvait quelques suspicions envers Cassandre et ce Caudebec, mais maintenant il n'y avait plus de doute. Ces deux-là avaient menti. Pourquoi cette femme s'était-elle introduite ainsi dans la maison d'Olivier ? Il aurait compris qu'elle fît partie de ses ennemis, qu'elle soit chargée de le séduire pour le faire disparaître plus facilement, mais la façon dont elle s'était battue la veille montrait qu'il n'en était rien. Elle ne faisait pas partie de la Ligue.

Qui l'envoyait ? Que cherchait-elle ? Voulait-elle du mal à Olivier ?

Il décida de passer voir son ami pour le prévenir. Tant pis, si son épouse et ses beaux-parents mangeaient sans lui. Ses retards, ils y étaient habitués, même le dimanche.

Contrarié, il découvrit Cassandre à table en compagnie d'Olivier qui lui annonça que la jeune femme, et Caudebec, logeraient désormais chez lui. Faisant contre mauvaise fortune bon cœur, le lieutenant du prévôt les salua et leur raconta qu'il était allé aux aurores jusqu'à la rue de la Bûcherie. Là, à l'auberge de la *Tête Noire*, on lui avait confirmé qu'il y avait bien un boiteux manchot qui occupait une chambre avec un compagnon. En se rendant à la chambre, armé, il l'avait trouvée vide. Un valet d'écurie lui avait déclaré que les deux hommes étaient partis dans la nuit avec leurs chevaux. Ils n'avaient pu sortir de la ville à ce moment-là puisque les portes étaient fermées, mais à cette heure, ils devaient être loin.

Nicolas Poulain avait tout de même appris que le manchot avait un compagnon, et qu'ils avaient présenté un passeport signé par le chancelier Cheverny au nom de Le Vert. Qui le leur avait donné ? Le Vert était-il le véritable nom du manchot ? Nouvelles questions… nouveaux mystères…

Perfidement, Poulain prit ensuite des nouvelles de la tante de Cassandre. La jeune fille lui confia qu'elle s'inquiétait beaucoup pour elle. Il prit un air affligé et l'assura de toute sa compassion avant de les quitter pour se rendre au *Fer à Cheval*.

À l'auberge, on le connaissait comme lieutenant du prévôt d'Île-de-France puisqu'il laissait son cheval à l'écurie depuis des années, aussi personne ne fut réticent à répondre à ses questions sur Cassandre et Caudebec. Mais en vérité, les servantes et les valets ne purent lui dire grand-chose, sinon que Mlle Baulieu avait bien un passeport à ce nom, délivré par la chancellerie, et que le couple dormait dans des chambres séparées. Ils n'étaient donc pas amants. Que le passeport soit bien à son nom n'avait aucune importance, les gens de qualité pouvaient facilement obtenir ce document en blanc.

C'est en interrogeant un jeune garçon d'écurie qu'il apprit que M. Caudebec lui avait remis un peu plus tôt une lettre à porter au château de M. le baron de Chaumont, près de Saint-Marcel, sur le chemin du Fer-à-Moulins.

Scipion Sardini ! Ces deux-là étaient en relation avec le banquier de Catherine de Médicis ! Quel était ce nouveau mystère ?

Olivier demanda à Jacques Le Bègue de monter une table à tréteaux dans sa chambre et d'y placer tous les documents et registres qu'il avait recopiés. Ils s'y installèrent tous trois et le jeune Hauteville commença par expliquer à Cassandre les difficultés du contrôle des registres.

— L'élection de Paris ne comprend ni la capitale ni ses faubourgs qui ont été exemptés de la taille en 1449, mais il y a tout de même 450 paroisses regroupées en subdélégations : Brie-Comte-Robert, Choisy-le-Roi, Corbeil, Enghien, Gonesse, Lagny, Montlhéry, Saint-Germain, Saint-Denis et Versailles. Pour chaque paroisse, les rôles comprennent parfois des centaines de noms. Voilà pourquoi il y a tant de registres ! dit-il en désignant les piles de papiers attachés par des cordons et les sacs de toile déposés sur le sol.

Il lui détailla ensuite la fonction du bureau des finances, puis le travail des élus, l'importance des asséeurs et des collecteurs, et enfin les opérations de contrôles des registres des receveurs, tant par les élus que par les contrôleurs des finances.

— Mon père m'avait souvent rapporté les moyens de fraude les plus courants, car il souhaitait que je reprenne sa charge. Ils consistent en général en une falsification de registres ou bordereaux par les trésoriers. Il suffit alors de comparer les rôles émis par les élus avec ceux des collecteurs, ou encore avec le détail des registres des receveurs archivés au greffe. Là sont inscrits les dates, les tailles à payer et les paiements effectués. Une copie de ces registres est aussi envoyée au conseil des finances et, en principe, tout ceci est archivé au tribunal de l'élection.

» Mon père avait donc commencé par ces comparaisons, relativement simples, mais il n'avait rien découvert sinon des erreurs et sans doute de petites fraudes, cependant sans rapport avec les sommes disparues. Il s'était ensuite attaché à comparer les registres et les bordereaux d'année en année, par paroisse, par élu, par collecteur et par receveur. C'était un travail considérable car les sommes indiquées correspondent rarement à une année entière. Les collecteurs changent aussi d'une année sur l'autre. Il y a les délais de paiements et ceux qui paient avec retard. Ce travail de titan a malheureusement été emporté par ceux qui l'ont tué. Depuis un mois, avec l'aide de M. Le Bègue, nous recopions à nouveau les rôles des collecteurs et des élus dans chaque paroisse pour examiner s'il y a des différences. Ensuite, je compare ce que j'ai observé aux bordereaux transmis au bureau des finances et aux sommes versées dans les trésoreries. Il y a des centaines d'additions et de différences à faire, car les sommes sont parfois en livres et parfois en écus ou en d'autres monnaies, ce qui ne facilite pas les comparaisons.

— Mais si chaque année les rentrées sont plus faibles, n'avez-vous pas cherché simplement à comparer les variations dans chaque paroisse ?

— J'ai commencé, bien sûr, mais c'est aussi affreusement long. La difficulté est que je ne sais pas ce que je cherche et qu'il y a trop de possibilités, soupira Olivier. Les rôles sont remplis par les collecteurs, mais ceux-ci sont choisis par l'intendant, ou les élus. Certains ne savent même pas écrire et se font aider. Chacun remplit les rôles à sa manière. Tenez, en voici un qui est complet. Il comporte quatre cents noms et il est proprement écrit.

Il lui tendit un rôle qu'il avait copié. Le document commençait par les noms des collecteurs et la référence au mandement de la taille totale de la paroisse. Suivait une liste de noms avec en face le métier, l'habitation, et, si la personne était en location, le nom du propriétaire du logement, la liste des animaux possédés et la surface de sa terre s'il en était propriétaire, puis la somme payée pour la taille en livres, deniers et sols.

En fin de rôle se trouvait la liste des nobles exemptés de l'impôt avec les mêmes informations. Il y avait sur ce document un écuyer, un seigneur, un commis aux aides récemment anobli et deux secrétaires du roi. Ces derniers étaient les plus riches, possédant à eux tous bien plus de bétail, chevaux et terres que tous les autres paroissiens.

— Pour ma part, je partirais de l'idée qu'une fraude à grande échelle ne peut se faire qu'avec la complicité de receveurs, et plus exactement de receveurs généraux, proposa Cassandre.

— C'est possible, reconnut Olivier, déjà découragé, mais généralement les détournements sont plutôt faits par les trésoriers.

— Essayons mon idée, fit-elle joyeusement. Quel est le plus important receveur des tailles de l'élection ?

— C'est M. Salvancy. Il s'occupe de cent cinquante paroisses.

— Je suggère de commencer par lui. Prenons les paroisses de ses collecteurs et calculons les tailles qu'il a collectées ces trois dernières années.

Olivier soupira à nouveau. Cette façon d'agir au hasard était contraire à tous ses principes, et à tout ce que son père et Le Bègue lui avaient inculqué. Ils allaient perdre leur temps. Mais elle le regarda avec tant de tendresse qu'il opina.

— Allons-y ! Le Bègue, avez-vous les copies des registres ici ?

— Pas de tous, monsieur, mais nous avons ceux qui ont été paraphés par les élus. Ceux-là sont certainement vérifiés.

— Ce sera donc un travail inutile, la prévint Olivier, puisque les élus les ont contrôlés.

— Faites-moi plaisir, mon ami... laissez faire l'intuition féminine, dit-elle avec un sourire enjôleur.

Les deux hommes commencèrent à recopier en colonnes les valeurs des paroisses, utilisant des jetons de cuivre pour convertir les sommes.

Bien qu'Henri III ait tenté d'imposer l'écu comme seule unité de compte, la monnaie d'usage restait la livre divisée en vingt deniers, eux-mêmes divisés en douze sols. Seulement, les pièces en circulation étaient les écus, d'or ou d'argent, les liards ou les blancs, et surtout toutes sortes de pièces provinciales, anciennes ou étrangères. Les conversions étaient nécessaires et se faisaient avec des jetons colorés, en fer, en cuivre ou en bois, représentant une monnaie. On calculait en les ressemblant en tas. Quand un tas de sols dépassait douze, on l'écartait pour ajouter un jeton valant un denier au tas de deniers. Cette méthode était commode, mais demandait un temps considérable.

À cette difficulté s'ajoutait le fait que la collecte des impôts s'étendait sur toute l'année. On disposait rarement d'un récapitulatif annuel, car la copie des registres de collecte contenant les tailles à payer et les paiements était transmise tous les quinze jours au conseil des finances. À partir de ces éléments, il fallait donc reconstituer des totaux sur trois années, ceci pour chacune des cent cinquante communes dont Salvancy était receveur.

Ce travail, qu'Olivier jugeait complètement inutile, leur prit trois heures. De temps en temps, il levait les yeux vers Cassandre, espérant qu'elle reconnaisse l'absurdité de ce qu'ils faisaient. Mais celle-ci, fort appliquée, copiait soigneusement les chiffres avec une mine de plomb sur des feuillets de papier rêche. Elle termina ses récapitulations bien avant les deux hommes et proposa à Olivier de l'aider. Il accepta, ayant hâte d'avoir fini.

Elle se rapprocha de lui afin de lui dicter les valeurs qu'elle lisait dans la copie des registres mais elle remarqua qu'à chaque fois qu'elle l'effleurait, il faisait des erreurs de copie. Elle en fut troublée et dut s'écarter de lui.

Alors qu'ils travaillaient ainsi, ils furent rejoints par Caudebec. Informé de ce qu'ils faisaient, il s'installa sur le lit pour sommeiller. Il savait lire, certes, mais fort lentement. Quant à compter, il en était incapable. Il ne pouvait donc leur être d'aucune aide.

Une fois leur ouvrage achevé, ils comparèrent leurs résultats. L'année précédente, les tailles totales collectées par Salvancy avaient baissé de deux cent mille livres, et de cent cinquante mille l'année d'avant.

C'était beaucoup.

— Cette diminution est-elle normale ? demanda Cassandre en simulant la surprise et l'incompréhension.

— Non, répondit Olivier, brusquement soucieux. Elle doit bien représenter les trois quarts de la diminution des tailles de l'élection. Il faudrait pourtant vérifier ces calculs et remonter encore sur deux autres années pour s'en assurer, mais il est trop tard à cette heure. Nous n'y arriverons pas à la lumière des chandelles.

— Je m'y mettrai dès demain matin, monsieur, proposa Le Bègue en se levant.

— Si cette baisse se vérifie, proposa Olivier Hauteville, il faudra l'étudier paroisse par paroisse. D'une façon ou d'une autre, il faut que j'en comprenne les raisons.

— Vous connaissez ce M. Salvancy ? demanda Cassandre.

— Pas personnellement. J'en ai seulement entendu parler, puisqu'il est le plus important receveur de l'élection. Il possède d'ailleurs plusieurs charges de receveur et fait travailler trois ou quatre commis.

— Votre père le connaissait-il ?

— Il ne m'en a jamais parlé.

Le Bègue sortit et Cassandre ne posa pas d'autres questions, même si plusieurs lui brûlaient les lèvres. Elle avait une nouvelle preuve de l'implication de Salvancy dans le détournement des tailles mais était-ce lui qui avait tué M. Hauteville ? Et si ce n'était pas lui, comment avait-il eu la clef de la maison ? Elle se leva à son tour pour faire quelques pas afin de mettre de l'ordre dans ses idées.

— Vous m'avez beaucoup aidé, ce soir, lui dit-il.

— Et moi j'ai eu grand plaisir à travailler avec vous, monsieur Hauteville, sourit-elle. Pour un papiste, vous n'êtes pas un mauvais homme.

— Je vous retourne le compliment, c'est la première fois que j'apprécie une hérétique, plaisanta-t-il, tandis que Caudebec les regardait badiner en souriant. Nous rejoindrez-vous demain avec M. Le Bègue pour poursuivre ce travail ? demanda-t-il après un instant.

— Si vous le souhaitez, monsieur. Je prendrai simplement le temps d'aller voir ma tante dans l'après-midi.

La servante arriva alors, complètement bouleversée.

— Monsieur, dit-elle en tremblant, il y a un homme qui frappe à la porte et qui se dit exempt au Châtelet. M. de Cubsac m'a envoyée vous prévenir. Croyez-vous que ce soit les mêmes qu'hier ?

M. de Cubsac était en effet resté aux cuisines pendant qu'ils travaillaient. Il trouvait la jeune Perrine à son goût et lui contait fleurette. Elle-même n'était pas insensible à cet homme si fort, certainement capable de la protéger.

Saisissant son épée, Caudebec se leva et descendit avec Olivier qui avait aussi pris une épée ainsi que son pistolet à mèche. Cubsac les attendait en bas.

Fausse alerte, l'exempt était un véritable exempt du Grand-Châtelet. Venu seul, il voulait entendre le récit de l'attaque de la veille.

Ils répondirent à ses questions et racontèrent aussi ce que Poulain avait découvert lors de l'interrogatoire d'un des prisonniers qui était mort peu après. L'exempt fit comprendre qu'il n'y aurait sans doute pas d'autre suite, puisque tous les marauds étaient trépassés. Quant à leur chef, il se ferait bien prendre un jour ou l'autre, assura-t-il avec insouciance.

À peu près au même moment, le commissaire Louchart se rendait chez Nicolas Poulain. Par le lieutenant civil qui recevait chaque jour un mémoire sur les interventions du guet, le commissaire avait appris l'agression contre Olivier Hauteville et la présence de Nicolas Poulain sur les lieux. Intrigué par cette affaire, il avait envoyé un exempt interroger Olivier Hauteville et décidé de poser lui-même quelques questions au lieutenant du prévôt d'Île-de-France.

Poulain lui raconta comment les truands étaient entrés en se faisant passer pour des hommes du guet.

— Il y a eu cinq morts, m'a affirmé le sergent, Combien étiez-vous chez M. Hauteville pour un tel massacre ? s'enquit Louchart qui avait du mal à comprendre ce qui s'était passé.

— Ce ne fut pas de chance pour ces pauvres larrons, plaisanta Poulain. M. Hauteville avait engagé un garde du corps, un Gascon nommé Cubsac, qui se trouve être un habile bretteur.

Louchart hocha du chef, se souvenant du ferrailleur armé d'une lourde épée qu'il avait vu avec Hauteville au Palais, fin janvier.

— Ce soir-là, il y avait aussi une dame qu'il avait invitée pour tenir compagnie à la mienne, et qui était venue accompagnée par son cousin, lui aussi rude bretteur. Et pour compléter le tableau, sachez que cette dame savait aussi manier la rapière !

— Qui est cette dame ?

— Elle se nomme Mlle Cassandre Baulieu et vient d'Angers pour soigner une tante malade, répondit évasivement Poulain.

— Vit-elle chez Hauteville ? Fait-elle partie de sa famille ?

— Je ne sais exactement, monsieur Louchart. Mais il est exact qu'il l'héberge, car l'hostellerie où elle était descendue ne lui convenait pas.

— Combien de temps va-t-elle rester ?

— Mais je l'ignore ! s'exclama Poulain qui s'amusait de l'inquiétude de Louchart. Il vous faudrait le demander à M. Hauteville !

— Avez-vous reconnu quelqu'un parmi tous ces truands ? lui demanda encore le commissaire.

— Non, c'était visiblement des gens de sac et de corde. En revanche, il est inquiétant que celui qui les commandait ait réussi à s'enfuir.

— Comment était-il ? Pourriez-vous le reconnaître ?

— Boiteux et manchot, avec une main en bois sans doute. La cinquantaine, peut-être, une épaisse barbe blanche... Ce ne sera peut-être pas trop difficile de le retrouver...

Il raconta alors ce qu'avait dit l'un des prisonniers avant de mourir (sans avouer, bien sûr, qu'il l'avait libéré) et ce qu'il avait appris à l'auberge de la *Tête Noire*, mais il ne mentionna pas le passeport du manchot ni son nom. Pas plus qu'il ne fit part de ses doutes sur Cassandre.

— Mais pourquoi en veut-on ainsi aux Hauteville ? s'exclama Louchart, pour essayer de faire parler Poulain.

— Vous savez que son père était contrôleur des tailles. Je crois qu'il avait mis le nez sur quelque détournement dans les impôts et que ce sont ceux qui organisaient ces rapines qui l'ont occis. Or le fils Hauteville s'est mis en tête de retrouver les fraudeurs à son tour. M. de Bellièvre lui a donc confié la reprise du travail de son père. Certainement, le ou les responsables de ces larronages l'ont su et ont tenté de faire disparaître le fils après le père.

Louchart resta pétrifié en découvrant que Poulain savait tant de choses. Il fallait à tout prix que lui et Hauteville arrêtent de s'intéresser aux tailles !

— Vous devriez conseiller à M. Hauteville de tout abandonner, fit-il, désespéré. Ce ne sont pas ses contrôles des tailles qui ramèneront son père à la vie !

— C'est ce que je lui ai dit, fit Nicolas Poulain avec désinvolture. Mais ne vous inquiétez pas, je vais retrouver le manchot et je le ferai parler !

Il vit avec plaisir Louchart devenir blême tandis qu'il prenait congé en bredouillant.

Depuis le jour où Michelet avait narré au conseil son échec dans les bois de Saint-Germain, et où Mayneville avait décidé qu'il s'occuperait lui-même de Hauteville, Louchart avait évidemment rencontré plusieurs fois les membres du conseil de la sainte union. Aucun ne savait ce que préparait Mayneville, mais celui qui avait organisé l'opération de prélèvement sur les tailles avait dit aux Seize que Salvancy avait besoin d'armes. De quoi équiper une poignée d'hommes au service du duc de Mayenne pour s'attaquer à Hauteville.

Ce manchot faisait certainement partie de l'expédition. Que se passerait-il si Poulain le retrouvait et le faisait parler ? La Ligue était à quelques jours de prendre le pouvoir et Poulain pouvait ruiner tous leurs efforts en faisant passer son devoir de policier avant son serment envers les ligueurs. Quant à Hauteville, il était de plus en plus urgent de le faire disparaître. Louchart craignait que le jeune homme n'ait finalement découvert la vérité sur Salvancy, auquel cas, s'il dénonçait la fraude au surintendant des Finances, ils seraient tous arrêtés avant que l'insurrection ne débute. Il fallait qu'il retrouve ce manchot pour le prévenir et lui demander de se cacher. Salvancy pourrait sans doute lui dire qui il était.

En arrivant rue Sainte-Croix-de-la-Bretonnerie, Louchart trouva le receveur dans un état d'extrême fébrilité qui empira à mesure qu'il entendait le récit du commissaire.

Terrorisé, Jehan Salvancy se trouva ensuite bien incapable de répondre aux questions. Il apprit seulement à Louchart qu'un manchot était effectivement venu le voir à deux reprises avec une lettre du duc de Mayenne lui ordonnant de lui obéir. Le manchot avait exigé des armes qu'il lui avait remises quelques jours plus tard et qui venaient des réserves de la sainte union, mais le receveur ignorait qui était cet homme, ce qu'il était devenu, et comment le joindre.

Aux abois, Louchart partit prendre conseil auprès de son chef, Charles Hotman. Mais malgré son angoisse, une chose lui faisait presque plaisir dans l'échec de l'entreprise contre Hauteville, c'est que Mayneville n'était pas plus fort qu'eux !

19.

Lundi 11 mars 1585

Le lundi matin aux aurores, avant de partir pour Saint-Germain, Nicolas Poulain se rendit chez Hauteville. Il pleuvait à nouveau. Toute la maisonnée dormait encore, sauf Thérèse et Olivier qui était venu ouvrir à son ami en chemise de nuit. Ils s'installèrent dans sa chambre où Olivier jeta une bûche dans la cheminée pendant que la servante allait chercher un bol de soupe au visiteur.

— Mon ami, je suis venu te mettre en garde contre Mlle Baulieu, déclara Poulain de but en blanc, sans même ôter son manteau.

Il sentit son ami se hérisser.

— Je suis allé au couvent des Filles-de-Sainte-Élisabeth, Olivier. Personne ne la connaît, et elle n'y a pas de tante malade, poursuivit-il, d'une voix égale.

— Pourquoi as-tu fait ça ?

— Pour la petite-fille d'un drapier, elle sait trop bien se battre, et tuer. J'ai tout de suite deviné qu'elle n'était pas celle qu'elle laissait paraître.

Olivier resta buté et silencieux. Il n'en croyait pas un mot. Il se souvint alors que Poulain n'avait jamais aimé Cassandre. Peut-être en était-il amoureux... et s'il voulait tout simplement qu'il se détache d'elle ?

— Ce n'est pas tout, poursuivit le lieutenant du prévôt. À l'auberge du *Fer à Cheval*, elle a écrit plusieurs lettres qu'elle a envoyées à Scipion Sardini. Tu sais qui il est ?

Olivier hocha la tête, la mine renfrognée et le regard sombre.

— Un proche de Catherine de Médicis qui est devenu l'un des principaux financiers du roi. Il a en charge la collecte de plusieurs aides [1], poursuivit Poulain.

Voyant qu'il n'avait pas convaincu son ami, il eut une grimace.

— Je suis désolé, Olivier, mais je crois qu'elle s'est introduite auprès de toi en te trompant, dans un dessein que j'ignore. Prends garde à toi. Je ne serai pas là de toute la semaine.

— Elle m'a sauvé la vie, Nicolas. C'est tout ce que je veux savoir d'elle, répliqua Olivier d'une voix glaciale.

— Tu as tort de ne pas vouloir entendre, mon ami, mais c'est ta vie.

Il frissonna en comprenant qu'il ne l'avait pas convaincu. Il se serra dans son manteau long et sortit, laissant le jeune homme désemparé.

Après son départ, Olivier s'habilla rapidement avant de passer dans la salle d'à côté où se trouvaient tous les dossiers. Même en se laissant entièrement absorber par son travail, il ne put s'empêcher de repenser aux paroles de Nicolas.

Cassandre lui avait-elle menti ? Non ! Son cœur se refusait à l'admettre. Elle avait risqué sa vie pour lui ; elle l'avait encore aidé la veille ! Peut-être même,

1. Rappelons que les aides étaient des impôts indirects, comme par exemple les taxes sur les cabaretiers.

grâce à elle, avait-il enfin découvert comment on rapinait les tailles. Elle ne pouvait être une ennemie !

Malgré cela, des questions troublantes le taraudaient. Son oncle, qui l'avait élevée, était protestant, lui avait-elle dit. Mais comment un juge au présidial pouvait-il être hérétique ? Angers n'était pas ville huguenote, même s'il croyait savoir qu'il y avait eu une église réformée et que le massacre des protestants après la Saint-Barthélemy, demandé par le comte de Montsoreau, le gouverneur de la ville, avait été interdit par les magistrats municipaux.

Et pourquoi – si Nicolas disait vrai – personne ne la connaissait au couvent des Filles-de-Sainte-Élisabeth, alors qu'elle lui avait assuré y visiter sa tante malade ? Pourquoi écrivait-elle à Scipion Sardini, l'un des plus gros financiers de Paris ?

Il se remémora soudain le bref entretien qu'il avait eu avec le premier commis de Sardini, lors de la messe pour le repos de l'âme de son père. Il avait ensuite revu M. Vivepreux au Palais, il l'avait d'ailleurs aperçu le jour même où Cassandre était tombée de cheval devant sa maison… Confusément, il songea soudain que ces rencontres n'étaient peut-être pas fortuites.

Il essaya de retrouver les mots qu'elle avait utilisés la veille, lorsqu'ils examinaient les registres des tailles, pour l'inciter à s'engager sur un chemin qui ne lui paraissait pourtant pas judicieux. En y réfléchissant bien, il se souvint que c'était elle qui avait proposé d'étudier les comptes du receveur Salvancy.

En frissonnant, il comprit alors que, d'une façon ou d'une autre, Cassandre était liée à Sardini et à Vivepreux. Progressivement, il prit conscience de son aveuglement et en vint rapidement à la cruelle conclusion qu'elle lui avait fait croire qu'il avait découvert seul que Salvancy était le responsable de la fraude, alors qu'elle l'avait dirigé depuis le début.

Tout cela ressemblait fort à un piège soigneusement préparé. Elle connaissait déjà, sans doute par Sardini ou Vivepreux, la vérité sur le rapinage des tailles. Sardini ne collectait-il pas des aides ? Il devait être informé de la fraude. Jusqu'où l'avait-elle manipulé ? Il se demanda même s'il ne s'était pas complètement trompé sur celui qui avait tué son père. Et si c'était Sardini, ou Vivepreux ?

Ou elle ? À cette idée, son cœur battit le tambour. Aurait-il pu tomber amoureux de celle qui avait tué sa famille ?

Comme son esprit battait ainsi la campagne et qu'il restait les yeux dans le vague, Le Bègue vint le rejoindre pour se mettre au travail. Olivier ne fit pas attention à lui. Au bout d'un moment, le commis interrogea son maître qu'il voyait en train de méditer au lieu de travailler.

— Monsieur, quelques paroisses assurent les plus fortes baisses des tailles collectées par M. Salvancy. Il faudrait consulter leurs rôles au tribunal de l'élection pour savoir de quelles familles il s'agit. Nous pourrions y aller maintenant...

— Allez-y tout seul, Jacques. Je vais rester ici, ce matin.

Voyant que son maître n'avait pas envie d'en dire plus, Le Bègue prépara un dossier et sortit.

Un peu plus tard, Cassandre vint trouver Olivier pour l'aider, comme ils en avaient convenu la veille. Il se força à être aimable avec elle et lui expliqua qu'il attendait le retour de Le Bègue pour se mettre au travail. Elle lui dit qu'elle allait alors accompagner Thérèse aux Grandes Halles, avec Caudebec, car il était nécessaire d'approvisionner la maison en nourriture.

Il acquiesça, content qu'elle et son cousin quittent la maison.

Après leur départ, ayant vérifié que Perrine était en bas avec Cubsac, il grimpa au deuxième étage et entra dans la chambre de la jeune fille, son ancienne chambre. Son parfum l'enivra et il se sentit honteux de se comporter en espion. Il hésita à ressortir, mais il brûlait trop d'en apprendre plus.

Il n'eut pas à fouiller longtemps.

Sur la table, il trouva une double sacoche de cuir, du genre de celles que l'on plaçait en travers d'une selle. Elle ne contenait pas grand-chose, sinon une brassière propre, des chausses, ainsi qu'une clef et une lettre.

La clef était celle de son père, celle qui avait disparu. Stupéfait, il resta un instant à la regarder. Puis, il prit la lettre qui était décachetée. Il l'ouvrit et la lut avec une certaine honte.

Ma chère nièce,

Je suis très satisfait que vous ayez gagné la confiance de M. Hauteville. Il faut maintenant qu'il apprenne rapidement que c'est M. Salvancy qui rapine les tailles royales et qu'il découvre comment il s'y prend. À la cour, on ne parle que des projets de M. de Guise qui achète des armes et négocierait pour la venue de régiments de lansquenets allemands et albanais. M. de Guise va avoir besoin d'argent et les neuf cent mille livres que M. Salvancy a sur mes comptes pourraient bientôt partir en Lorraine.

Je vous embrasse et soyez prudente.

Scipion Sardini, Baron de Chaumont, votre oncle affectionné

Ainsi, tout s'expliquait, se dit-il après avoir relu la lettre. Scipion Sardini était au service de Catherine de Médicis ou du roi. Le banquier avait appris que M. Salvancy détournait les impôts au profit du duc de Guise et, ayant su que son père avait été occis pour avoir découvert la vérité, il avait envoyé sa nièce pour qu'elle l'aide à démasquer la fraude.

Cassandre n'était pas Mlle Baulieu d'Angers, elle était la nièce du banquier Sardini.

Elle s'était bien moquée de lui !

Mais était-elle hérétique ? Sans doute pas, car son oncle était réputé bon catholique. Il eut un peu honte de reprendre espoir.

Devait-il lui dire qu'il avait découvert son rôle ? Devait-il lui dire qu'il connaissait aussi celui qui était sans doute derrière Salvancy ?

Il relut la lettre. Il semblait que le banquier souhaitait seulement que l'argent détourné ne parte pas dans la poche du duc de Guise. Pourquoi n'avait-il pas directement dénoncé Salvancy à la chancellerie ?

Sans doute parce qu'il manquait des pièces à conviction, se dit-il. C'était lui, Olivier, qu'ils avaient choisi pour découvrir les mécanismes de la fraude… M. Séguier était-il dans la confidence ?

Ne sachant que penser, il remit la lettre à sa place.

Il s'aperçut qu'il avait gardé la clef à la main. Cette clef avait été volée à son père le jour où on l'avait assassiné. Comment Cassandre pouvait-elle l'avoir en sa possession ?

Était-elle impliquée dans la mort de sa famille ? Et Sardini ? Et Séguier ?

Il fallait qu'il le lui demande. Il ne pourrait continuer à vivre près d'elle si elle était une criminelle. Il remit la clef dans la sacoche, sous la brassière. Il sentit alors une feuille de papier qu'il sortit. En vérité c'étaient deux passeports. L'un au nom de Cassandra Sardini, née à Lucques, et l'autre au nom de Cassandre Baulieu, née à Angers. La description était la même et ils étaient tous deux signés par le chancelier, Philippe Hurault, comte de Cheverny.

Tout cela avait donc été manigancé à la cour, car qui d'autre aurait pu faire deux passeports aussi proches ?

Il rangea les papiers et resta encore un moment à méditer. Son regard s'égara sur le lit où elle avait dormi et cela l'émut. Il remarqua alors une légère bosse sous la courtepointe.

Il s'approcha et la souleva. C'était un livre.

Après l'avoir feuilleté, il redescendit dans la cuisine, les larmes aux yeux.

Il avait été doublement trompé.

Cassandre revint un peu plus tard. Caudebec portait de lourds paniers de légumes et elle paraissait toute joyeuse. Il la salua avec froideur et lui demanda fort sérieusement de pouvoir lui parler dans sa chambre seul à seul. Elle comprit qu'il avait fouillé ses affaires, comme elle le souhaitait, et qu'il avait trouvé ce qu'elle avait laissé en évidence, en particulier la lettre qu'elle avait demandé à Scipion Sardini de lui écrire.

Dans la chambre, il ferma soigneusement la porte tandis qu'elle restait debout, immobile et attentive près de la fenêtre.

— Mon ami Nicolas Poulain, qui est comme vous le savez policier, a le défaut de suspecter tout le monde. Il trouvait surprenant que vous maniiez si bien la brette aussi s'est-il rendu au couvent des Filles-de-Sainte-Élisabeth…

Il laissa sa phrase en suspens. Pour lui laisser le temps de se défendre.

— On ne m'y connaît pas, dit-elle d'une voix éteinte, et je n'y ai pas de tante…

Les larmes lui vinrent sans qu'elle ait besoin de jouer la comédie tant elle avait honte. Il lui fallait pourtant encore mentir. La douce Limeuil le lui avait affirmé : *la vérité est si précieuse qu'elle doit être préservée par un rempart de mensonges* [1].

— ... Je suis la nièce de M. Sardini. Je ne sais si vous le connaissez, mais il est banquier, et il a découvert qu'un receveur des tailles, M. Salvancy, faisait de gros dépôts chez lui. Des dépôts sans rapport avec sa fortune. Il s'est ensuite aperçu que cet argent était parfois remis au trésorier du duc de Guise. Mon oncle a pensé que M. Salvancy fraudait sur les tailles qu'il encaissait, et qu'il remettait le fruit de ses larcins au duc de Guise. Il a pris peur, il pouvait être accusé de complicité et finir sur l'échafaud. Il ne savait que faire.

» Mon père a une banque à Lucques, j'étais à Paris depuis quelques semaines quand mon oncle m'a raconté l'histoire de M. Salvancy. À Lucques, j'avais l'habitude de travailler à la banque aussi j'ai proposé à mon oncle de déjouer les manigances de ce receveur des tailles. Lors d'un dîner, je me suis fait inviter par sa femme qui se pique de tenir un salon de poésie, j'ai simulé un malaise et on m'a conduite dans sa chambre pour que je m'y repose. J'espérais y trouver les quittances et les emporter, j'avais agi de même, une fois, à Lucques...

— Les quittances ? Quelles quittances ?

— Lorsque quelqu'un fait un dépôt dans une de nos banques, nous lui remettons une quittance qui est la preuve du dépôt. Sans quittance, le déposant ne peut reprendre son argent. L'idée de mon oncle était

1. Curieusement, sir W. Churchill utilisera la même formule durant la guerre au sujet des opérations secrètes de la *London Controlling Section*. Voir à ce sujet : *Juliette et les Cézanne*, de Jean d'Aillon. Éditions du Grand-Châtelet.

d'offrir les quittances au roi pour prouver sa bonne foi.

» Mais, ayant rapidement fouillé la chambre, je n'ai rien trouvé, sinon une clef. Le soir, j'ai questionné M. Vivepreux qui a reconnu le monogramme HV sur la clef. Il m'a ensuite parlé du terrible assassinat de votre père. Puisqu'il possédait une clef vous appartenant, j'en ai déduit que Salvancy était lié au crime et j'ai pensé que, par vous, je pourrais obtenir des preuves contre lui, et que celles-ci assureraient la protection de mon oncle et de notre banque.

» M. Vivepreux vous connaissait. Avec son aide, j'ai croisé votre route et je suis volontairement tombée devant votre cour pour faire votre connaissance...

Elle se tut un instant pour refouler ses larmes.

— ... Vous m'avez offert votre confiance, votre amitié... plus peut-être... balbutia-t-elle, étreinte par une sincère émotion, et je vous ai menti pour aider mon oncle... Je suis parvenue à vous mettre sur la voie, hier, et sans la perspicacité de M. Poulain, vous n'auriez pas su que je vous avais trompé. Mais désormais, vous n'aurez aucun mal à démontrer les malversations de M. Salvancy. Vous le dénoncerez et mon oncle ne risquera plus rien. Sachez que je me méprise pour mon attitude. Je regrette profondément de vous avoir menti, et je vous supplie de me pardonner. Je quitterai votre maison cet après-midi et vous ne me reverrez jamais.

Comme on le voit, le récit de la jeune femme était un adroit mélange de mensonge et de vérité. Pourtant, elle ne mentait pas sur ses sentiments, elle se sentait réellement honteuse, surtout en sachant qu'elle trompait à nouveau Olivier, mais elle ne voulait plus abandonner maintenant qu'elle était si proche du but. Tout s'était déroulé comme le lui avait prédit la douce Limeuil. Et si tout se terminait bien, Henri de Navarre disposerait sous peu d'un million de livres qui feraient peut-être la différence pour sauver sa religion.

— Cette clef a en effet été volée à mon père... fit Olivier.

Il n'ajouta rien. Le coupable serait donc Salvancy ? Non, c'était impossible ! Son père ne le connaissait pas, alors qu'il connaissait *l'autre*... Salvancy n'était qu'un complice. En regardant le beau visage de Cassandre, il crut lire la sincérité dans ses yeux embués de larmes. Même si elle lui avait menti, tenta-t-il de se convaincre, c'était tout de même grâce à elle qu'il avait désormais tous les éléments pour terminer le contrôle des tailles de l'élection.

Elle ne lui avait jamais voulu aucun mal.

Pourtant, en songeant au livre caché sous la courtepointe, il savait aussi qu'elle lui cachait bien des choses, et qu'il ne pouvait plus lui faire confiance.

C'était une situation cruelle. Ils se jouaient tous deux la comédie. Il faisait le nigaud, et il ne l'était pas, elle contrefaisait l'innocente, quand elle lui mentait.

— J'ai encore besoin de vous, dit-il doucement. C'est mon cœur qui vous parle.

En disant ces mots, il se demandait pourtant s'il était sincère.

— Vous vous abusez, Olivier, répondit-elle, un peu trop froidement.

— Vous n'êtes pas protestante ?

C'était la question la plus importante pour lui. Elle secoua négativement la tête, mais sans ouvrir la bouche.

— Pourquoi m'avoir dit que vous l'étiez ?

— Pour que vous ne cherchiez pas à m'approcher.

Il se dirigea vers un coffret, posé sur une crédence, l'ouvrit, et en sortit une médaille.

— C'est une image de la vierge Marie, lui dit-il. Elle appartenait à ma mère. Je souhaiterais que vous la portiez pour moi.

Elle refusa, d'un autre mouvement de tête, mais il lui passa malgré tout la chaîne autour du cou.

— Je vous en prie, restez au moins jusqu'à vendredi. Nicolas reviendra et vous pourrez vous disculper auprès de lui. C'est important pour moi.

Elle acquiesça sans mot dire.

Le reste de la semaine se déroula comme si rien ne s'était passé entre eux. Ils ne parlèrent plus de Sardini. Avec Jacques Le Bègue, Olivier poursuivit l'examen des paroisses dont s'occupait Salvancy. Il se rendit à nouveau au tribunal de l'élection et, en étudiant sur quatre années les rôles des paroisses ayant connu les plus fortes baisses de leurs impôts, il découvrit que plusieurs bourgeois comptant parmi ceux qui avaient le plus de biens, et souvent se disant noble homme, avaient été exemptés de taille après avoir été récemment anoblis. Il s'agissait le plus souvent de noblesse personnelle, et non héréditaire, obtenue par achat d'un office anoblissant comme celui de secrétaire du roi, de conseiller à la maison et couronne de France, de conseiller-secrétaire du roi, ou encore d'audiencier. La plupart de ces charges ne conféraient la noblesse héréditaire qu'après vingt ans d'exercice, mais Olivier savait que ce temps pouvait être réduit par la grande chancellerie moyennant pécunes. La plupart étaient déjà propriétaires d'au moins une terre noble fieffée, ou d'une seigneurie, condition nécessaire pour acquérir un titre nobiliaire – le fief sent la noblesse, disait-on –, mais ils avaient payé le droit de franc-fief[1] avant d'être anoblis. Ces informations étaient la plupart du temps détaillées dans des feuillets annexés au rôle paroissial qui indiquaient que, soit le parlement de Paris, soit la chambre des comptes, avait enregistré leurs lettres patentes.

Ces documents étaient toujours visés par un élu et par le receveur. Ce dernier était à chaque fois M. Salvancy.

Mais si Olivier savait maintenant pourquoi les tailles avaient tant baissé, il ne comprenait pas comment Salvancy s'était enrichi, ni comment une partie de cet argent était allée dans les poches de M. de La Chapelle et de sa sainte union puisque les tailles n'avaient pas été payées. Se pouvait-il que ce soit en fermant les yeux sur de faux anoblissements ? À moins que le marquis d'O et Nicolas Poulain ne se trompent...

Pour en avoir le cœur net, il se rendit le jeudi à la grande chancellerie du Palais. Grâce à la lettre que lui avait fait parvenir le marquis d'O, il n'eut aucune difficulté à consulter les dossiers d'anoblissement soigneusement rangés dans des sacs.

La chancellerie gardait les doubles des lettres patentes et des lettres de provision, ainsi que les modalités de leur enregistrement. Avec un clerc, il passa la journée à faire des recherches sur une dizaine de riches roturiers, vivant dans deux paroisses différentes, et récemment anoblis, selon les registres des tailles. Mais il n'y avait aucun dossier d'anoblissement ou copie de lettre patente à leur nom.

Cela signifiait que les élus des paroisses où

1. Somme à payer pour posséder ou acheter une terre fieffée sans être noble.

vivaient ces gens avaient accepté de fausses lettres d'anoblissement, mais savaient-ils qu'elles étaient fausses ? Pouvait-il s'agir de lettres patentes d'une qualité telle que leur fausseté était indétectable ? Cela lui paraissait difficile à admettre, car les lettres devaient porter le sceau vert de la chancellerie.

Il y avait là un nouveau mystère dont il parla, à son retour, avec Caudebec et Cassandre.

Ce fut Caudebec qui expliqua ce qui avait dû se passer :

— En province, l'usurpation de titres nobiliaires est fréquente pour ne pas payer la taille. Les roturiers propriétaires d'une terre noble fieffée présentent souvent aux receveurs de fausses chartes de noblesse, parfois si bien imitées qu'elles font illusion. La fabrication de fausse noblesse est devenue un métier pour certains faussaires et il est vrai que la possession d'un fief est souvent une solide présomption. Et puis, les contrôles sont toujours longs, car il faut aller vérifier au parlement qui les a enregistrées, ou à la chambre des Comptes, parfois même à la chancellerie. Mais dans le cas de cette fraude, c'est l'inverse qui a dû se produire : ce ne sont pas les roturiers qui ont cherché à se faire passer pour noble, c'est le receveur qui les a inscrits pour tels. Le receveur, ou encore l'élu... je ne sais pas. Celui-là a encaissé la taille du roturier, et comme cette taille était en surplus sur les rôles réels, il l'a gardée par-devers lui.

La méthode de la fraude proposée par Caudebec était habile bien que fort dangereuse. Non informé de leur nouvelle – mais fausse – noblesse et ignorant qu'on les utilisait, les roturiers auraient ainsi continué à payer leur taille à leur collecteur, sans savoir qu'elles n'apparaîtraient plus sur les rôles des élus, puisqu'ils étaient officiellement nobles et exemptés d'impôts !

Évidemment, une telle organisation avait dû demander bien des complicités, mais convaincre quelques élus de fermer les yeux moyennant pécunes et avantages n'avait pas dû être si difficile tant la corruption régnait dans l'élection de Paris.

Il restait tout de même que des lettres d'anoblissement avaient dû être présentées au bureau des finances, ou à un contrôleur des titres nobiliaires, pour qu'elles soient validées. Qui les avait faites ? Y avait-il complicité du chancelier ?

Incapable de répondre, Olivier décida d'aller en parler à Nicolas Poulain. Il était jeudi et il devait être chez lui à cette heure, car vêpres venaient de sonner, et puis ce serait l'occasion de faire la paix, se dit-il.

Il se rendit aussitôt chez son voisin, seulement le lieutenant du prévôt n'était pas encore revenu de Saint-Germain. Olivier expliqua donc seulement à son épouse qu'il avait hâte de voir Nicolas, car il avait beaucoup de bonnes nouvelles à lui donner.

20.

Après l'échec de leur assaut sur la maison de Hauteville, Maurevert et son écuyer avaient quitté Paris. Ils attendirent quelques jours dans une hostellerie des faubourgs, puis Maurevert revint seul dans la capitale, habillé en gagne-denier. Avec les campagnes ruinées, il y en avait tant et tant qu'on ne le remarqua pas.

Le vendredi 15 mars, assis sur une borne de pierre à l'angle de la rue de Venise, il vit Poulain entrer dans la maison de Hauteville. Il comprit qu'il ne pourrait jamais rien faire tant que cet homme serait là. Mais, dans l'immédiat, ne pouvant rester ainsi travesti, il décida de se loger dans la rue. Il examina donc les maisons en face de celle de Hauteville pour repérer quelque chambre inoccupée qu'il pourrait louer.

Un peu plus bas, il remarqua que le deuxième étage au-dessus de la boutique d'un fourreur avait ses volets intérieurs clos. Il revint le lendemain, cette fois habillé d'une robe de clerc, et s'adressa à la femme du fourreur qui tenait l'échoppe tandis que son époux et ses deux ouvriers cousaient dans l'ouvroir.

— Je suis de passage à Paris et je cherche à me loger, madame, fit-il. On m'a dit qu'un étage de votre maison est vide...

— C'est vrai, monsieur, mais il faut vous adresser à la dame qui est propriétaire de la maison. Elle est veuve et n'occupe que le premier étage avec ses domestiques, mais je ne sais pas si elle voudra vous louer une pièce.

Elle appela un de ses ouvriers, un jeune garçon de seize ans, et lui demanda de conduire le seigneur chez leur propriétaire. La veuve était âgée et sourde. Quand Maurevert lui eut expliqué qu'il voulait louer l'étage vide, elle refusa car ses meubles étaient toujours dedans. Cela ne gênait pas Maurevert qui lui proposa dix écus par semaine, une somme exorbitante pour un tel logement. Pour la décider, il lui en promit trente d'avance en l'assurant qu'il ne viendrait que de temps en temps.

— C'est pour loger une garce, monsieur ? demanda la veuve en plissant les yeux pour lui faire comprendre qu'il ne la roulerait pas facilement. Je suis bonne catholique, je me confesse et je vais à la messe. Je n'accepterai pas qu'on rataconnicule [1] dans ma maison.

— Pas du tout, madame, s'offusqua le seigneur de Louviers, je suis chanoine à Conflans, et j'ai simplement besoin de venir à Paris pour un procès qui se tient au Palais. Je n'aurai besoin de votre logement que pour un mois ou deux.

— Pourquoi n'allez-vous pas dans une hôtellerie ?

— J'ai quelques biens qui m'autorisent à éviter la promiscuité des auberges, madame, aussi quand je me déplace, je préfère être chez moi.

— Vous êtes chanoine ? Feriez-vous dire des messes pour feu mon époux ?

---

1. Ce mot, dont chacun devinera le sens, a été inventé par Rabelais.

— Si vous le souhaitez, je prierai pour lui sur les saintes reliques de sainte Honorine.

— Qui est sainte Honorine ?

— Une Gauloise, madame, martyrisée et jetée dans la Seine. Nous avons ses reliques à Conflans où elle provoque de nombreux miracles. Elle pourrait protéger votre mari, là où il se trouve...

— Que lui demandez-vous quand vous la priez ?

— Par vos bontés, que notre foi s'accroisse.

Au tentateur nous saurons dire : « non ! »

Contre tout mal, protégez la paroisse ! psalmodia Maurevert en se signant.

La veuve parut impressionnée par tant de dévotion.

— C'est d'accord, venez lundi avec vos écus, mais attention : pas de garce !

Le jeudi, Nicolas Poulain était rentré fort tard et très fatigué par une épuisante chevauchée. Ce n'est donc que le lendemain vendredi qu'il vint voir Olivier. C'était à cette occasion que Maurevert, grimé en gagne-denier, l'avait vu entrer.

Le lieutenant du prévôt s'interrogeait sur les bonnes nouvelles qu'Olivier voulait lui apprendre, mais il s'inquiétait aussi sur l'attitude qu'il aurait envers lui. Il fut rassuré quand il vit que son ami le recevait avec effusion. Pourtant, lorsqu'il lui proposa : « Viens avec moi, Cassandre veut te parler ! » Nicolas se raidit, prévoyant une pénible épreuve.

Dans sa chambre, Cassandre se coiffait, debout devant le miroir.

Elle salua Nicolas Poulain avec une grande courtoisie et lui proposa la seule chaise disponible, qu'il refusa.

— Avant que mademoiselle ne parle, le prévint Olivier qui était resté debout, je dois te dire qu'après ta visite de lundi, je ne savais plus que penser. J'ai alors commis une effroyable cuistrerie. Je suis venu dans sa chambre et j'ai fouillé dans ses bagages.

Le regard de Poulain allait de l'un à l'autre. Elle se mordillait les lèvres tandis qu'Olivier paraissait d'un calme étonnant.

— J'y ai trouvé la clef de ma maison, celle qui appartenait à mon père et qui avait disparu, ainsi qu'une lettre de M. Scipion Sardini, poursuivit-il. Cassandre, pouvez-vous la lui montrer ?

La lettre était sur la table et elle la tendit au policier qui la lut sans que son visage témoigne de quoi que ce soit.

— Il y avait aussi deux passeports signés du chancelier. Un au nom de Cassandre Baulieu, et l'autre au nom de Cassandra Sardini. Je l'ai donc interrogée.

— Et alors ? s'enquit Poulain, secrètement satisfait d'avoir eu raison, mais passablement inquiet quant à la suite.

— Cassandre, je vous laisse la parole, il vaut mieux que ce soit vous qui vous expliquiez.

Elle répéta le récit qu'elle avait fait à Olivier. Quand elle eut terminé, Nicolas Poulain resta silencieux. Après ce que la jeune femme venait de dire, tout s'éclairait à peu près. Il passa en revue ce qu'il savait déjà afin de distinguer un mensonge dans son discours, mais il ne trouva rien. Il paraissait en effet probable que le banquier ait été inquiet à l'idée que l'on découvre qu'il recevait en dépôt de l'argent volé au roi. Il pouvait non seulement perdre sa fortune dans cette affaire, mais finir sur le gibet.

— Vous seriez donc la nièce de M. Sardini ?

— Oui, monsieur, je suis la fille de son frère qui est banquier à Lucques.

Nicolas hocha de la tête.

— Ce serait donc M. Salvancy qui aurait organisé cette fraude, et qui aurait tué ton père ? demanda-t-il à Olivier.

— Lui, ou quelqu'un qui lui est proche, répondit évasivement Olivier. Mais en tant que receveur général, il est certainement au cœur de la fraude. Je peux aussi t'expliquer comment il s'y est pris. Je n'ai pas encore toutes les preuves, mais des indices suffisants.

Il lui détailla ce qu'il avait découvert sur les fausses lettres d'anoblissement qui permettraient aux receveurs d'encaisser des tailles qui n'apparaîtraient pas dans les rôles.

— La seule chose que je ne sais pas, c'est comment ces faux documents ont pu abuser tant de monde parmi ceux chargés du contrôle. Il n'y a qu'une explication à mes yeux, une complicité du chancelier envers ceux qui fabriquaient de fausses lettres.

— De M. le comte de Cheverny ? C'est impossible ! Il n'y a pas à la cour d'homme plus intègre et plus fidèle au roi.

— Peut-être lui a-t-on subtilisé les sceaux sans qu'il le sache ? suggéra Cassandre.

— Non, les sceaux ne le quittent jamais.

Le silence se fit un moment, puis Poulain proposa :

— Il y a peut-être une autre explication. L'année dernière un graveur et son assistant ont été pendus devant l'hôtel de Bourbon. Le graveur se nommait Larondelle et avait imité des sceaux du Châtelet, du parlement et de la Chancellerie. Et si c'étaient eux les artisans de ces fausses lettres ?

— Possible... Mais comment M. Salvancy, simple receveur général, a-t-il pu engager une si vaste entreprise ? demanda alors Caudebec.

— Il n'a été qu'un instrument entre les mains d'un homme proche de la surintendance des finances, affirma Olivier.

Nicolas Poulain considéra son ami avec intérêt. Qu'avait-il découvert pour être aussi affirmatif ?

— Mais je vais mettre fin à ses larcins, poursuivit Olivier. Je vais rassembler des preuves et préparer un mémoire pour M. de Bellièvre. Je ferai pendre M. Salvancy devant ma maison, autant pour ses vols que pour l'assassinat de mon père, et son corps finira à Montfaucon [1] mangé par les corbeaux.

— Croyez-vous ? demanda Cassandre, avec un air dubitatif.

— Comment pourrait-il échapper à son châtiment quand je disposerai de preuves accablantes !

— Ses amis sont puissants, ils ne l'abandonneront pas. Mon oncle m'a dit que l'argent de Salvancy était parfois remis au trésorier du duc de Guise, croyez-vous que le duc acceptera qu'il y ait procès ? Son image serait trop ternie si les Français apprenaient qu'il rapine les tailles du roi. De surcroît, quand bien même M. Salvancy finirait pendu, le roi ne reverrait pas son argent.

— Pourquoi ? demanda Nicolas Poulain.

— Je l'ai expliqué à Olivier, fit Cassandre en soupirant. M. Salvancy a fait des dépôts dans la banque de mon oncle. Pour ces dépôts, il a obtenu des quittances qu'il peut céder comme bon lui semble. Il en a déjà fait passer une partie au duc de Guise. Si M. de Bellièvre ne met pas la main sur ces documents, il ne retrouvera pas l'argent du roi. C'est pour cela que je

1. Les corps des pendus étaient généralement transportés au gibet de Montfaucon (hors de Paris, approximativement aux Buttes-Chaumont) pour y être suspendus à des chaînes où on les laissait se décomposer.

m'étais introduite chez lui, je voulais savoir s'il gardait les quittances dans sa chambre.

— Mais s'il y a perquisition chez lui, elles seront saisies, objecta Poulain.

— Sans doute, mais pouvez-vous être certain qu'il ne sera pas prévenu et qu'il ne les aura pas fait disparaître ou cédées à Guise en échange de sa défense ? Vous allez remettre un mémoire à M. de Bellièvre, mais combien de gens vont l'avoir entre les mains avant que M. le lieutenant civil envoie des archers pour fouiller la maison de ce larron ?

Ni Olivier ni Nicolas Poulain ne répondirent. Effectivement, une fois Salvancy dénoncé, l'affaire leur échapperait. Olivier songeait au complice de Salvancy qu'il avait identifié, et Nicolas Poulain à tous ceux de la Ligue qui appartenaient à la chambre des Comptes, à la cour des Aides ou qui étaient magistrats au Châtelet. Il était évident que l'un d'eux préviendrait le receveur.

Le lieutenant du prévôt songea alors à Richelieu. Le Grand prévôt pouvait peut-être organiser une perquisition dans le plus grand secret. Mais il faudrait être absolument certain de la culpabilité de Salvancy.

— Si tu me donnes des preuves irréfutables, dit-il à Olivier, je pourrais peut-être faire quelque chose.

— Même dans ce cas, une opération de police avec des archers ou des Suisses pourrait échouer, remarqua Cassandre. Cette semaine, en achetant des provisions aux Grandes Halles, je n'ai entendu que des gens gronder contre la cour et les mignons. Beaucoup n'attendent qu'une occasion pour se heurter au roi. Si Salvancy ne se laisse pas arrêter, s'il ameute la populace, s'il crie que les suppôts d'Hérodes veulent du mal à un honnête catholique, les soldats qui viendront pour l'arrêter seront balayés par une émeute.

Poulain hocha la tête pour approuver. Il ne dit pas que la situation était encore plus grave, et que presque tous les officiers du Châtelet étaient devenus ligueurs. Il n'y avait guère que les conseillers et les présidents du parlement à être encore fidèles au roi.

— Il serait bien plus simple de vous rendre chez Salvancy, de le surprendre, de lui faire rendre gorge, et d'emporter ces maudites quittances, gronda Caudebec. Ce serait moins de temps perdu, et vous pourriez toujours le faire pendre après. J'irais bien avec vous, mais il me connaît...

— Ce n'est pas si simple, remarqua Poulain, car il doit être bien protégé. Mais c'est en effet une éventualité à envisager. Laissez-moi un peu de temps pour trouver un moyen d'agir. Et toi, Olivier, rassemble des preuves nécessaires.

— Je vais dresser une liste de ces vrais-faux anoblis. La semaine prochaine, je me rendrai chez quelques-uns d'entre eux. S'il se confirme qu'ils sont toujours roturiers, et qu'ils ont payé leur taille, je leur demanderai un témoignage écrit. Si j'en ai suffisamment, en les comparant avec les faux registres certifiés, la félonie de Jehan Salvancy apparaîtra si clairement qu'il ne pourra échapper au châtiment. L'exécuteur de la haute justice lui fera bien avouer quelle part il a jouée dans le meurtre de mon père et de mes gens.

Le soir de ce même vendredi, le commissaire Louchart vint chercher Nicolas Poulain. Ils se rendirent ensemble à la maison professe des jésuites, rue Saint-Antoine. En chemin, Poulain lui expliqua qu'avec l'argent qui lui restait, il avait acheté quelques morions et épées qu'il avait portés à l'hôtel de Guise. C'étaient en vérité les armes des truands tués chez Olivier ! Il garderait ainsi une centaine d'écus dont sa femme ferait bon usage. Elle coudrait des vêtements chauds pour ses enfants et achèterait peut-être une belle armoire pour leur linge, chez un artisan menuisier.

Ils arrivèrent parmi les premiers dans la grande salle sombre où se réunissaient habituellement les pères jésuites. Quelques prêtres circulaient pour installer des bougies de suif dans des lampes grillagées mais malgré cela on n'y voyait pas grand-chose. Il n'y avait aucun feu et l'endroit était glacial et sinistre.

Peu à peu la salle se remplit. Comme toujours, bien des participants étaient masqués ou tellement enveloppés dans de grands manteaux qu'on ne pouvait voir leur visage. Malgré cela, Nicolas Poulain reconnut plusieurs procureurs au Châtelet ainsi que des membres de la chambre des Comptes dont il avait été jusqu'à présent certain de leur loyalisme.

Comme MM. Hotman, La Chapelle, Le Clerc, Louchart, et quelques curés, dont le père Boucher, s'installaient sur une estrade, la salle s'emplit de tellement de monde qu'il ne put plus bouger. Il n'y avait aucun doute, la Ligue était en passe de devenir une puissance formidable.

Le brouhaha cessa quand Hotman prit la parole.

— Mes amis, notre société s'est étendue avec une rapidité et une vigueur qui nous enflamment et qui prouvent que Dieu est à nos côtés.

À ces mots, les cris : « Vive la messe ! » et « Mort aux hérétiques ! » fusèrent.

— Il y a quelques jours, j'ai rencontré M. de Mayenne en son hôtel de Saint-Denis. Il revenait du Poitou et repartait pour Dijon avec ses hommes d'armes. Je lui ai fait part de nos craintes d'être découverts par le roi tant nous sommes désormais nombreux, et je l'ai supplié de nous donner l'ordre d'agir promptement et de nous donner des armes.

Nous avons seulement de quoi équiper quelques centaines d'entre nous, aussi m'a-t-il promis d'en faire entrer secrètement dans Paris dans des tonneaux. Ce sera chose facile, car nous détenons les clefs de plusieurs des portes. J'ai sa promesse que l'offensive aura lieu aux premiers jours d'avril. Jusque-là, nous devons être patients.

Il y eut des murmures et même quelques protestations d'insatisfaction, sinon d'hostilité, dans la salle.

Le reste de la réunion ne fut qu'interventions des chefs des seize quartiers qui expliquèrent comment ils armeraient leurs hommes. Alors qu'ils s'exprimaient ainsi, Poulain songeait avec anxiété à la puissance désormais redoutable de cette ligue. La ville pouvait-elle tomber entièrement entre leurs mains ? Tant qu'il avait pensé que Hotman et ses amis voulaient attaquer la Bastille ou le Louvre avec les armes qu'il leur avait vendues, il n'avait pas été très inquiet, sachant qu'ils se feraient écraser par les Suisses et les troupes royales qui disposaient de couleuvrines et de centaines d'arquebuses. Mais maintenant que la Ligue avait gagné le guet bourgeois, les quarteniers, les cinquanteniers et les dizainiers, maintenant que Bussy Le Clerc et ses amis avaient les clefs des portes de la ville, maintenant que Guise pouvait faire entrer ses propres troupes et armer la populace, les compagnies du roi pourraient bien être balayées. Il y aurait un effroyable bain de sang, sans compter le pillage qui suivrait et qui durerait des jours et des jours.

C'était une damnable entreprise qui ne cachait même plus ses desseins. La sainte union parisienne s'était jusqu'à présent présentée comme le moyen de sauver la religion catholique et romaine contre l'hérésie, mais ses chefs montraient maintenant leur vrai visage. Ils attendaient les ordres du duc de Guise.

Guise qui faisait jouer le petit peuple pour déposséder le roi de sa couronne, après avoir lui avoir coupé la gorge.

Poulain était profondément croyant. En rentrant chez lui, il pria Dieu de lui donner le courage de continuer tant il avait peur d'être découvert par les conspirateurs. Qu'arriverait-il alors à sa femme et à ses enfants ? Il se souvenait toujours du bijoutier huguenot qui logeait en face de chez lui, et du sort effroyable de sa famille, le jour de la Saint-Barthélemy. Il pria Dieu pour qu'il le protège, qu'il le conseille et qu'il le fortifie avant de prévenir le Grand prévôt de France.

Le lendemain, avec les précautions d'usage, il se rendit chez Richelieu. Celui-ci l'écouta avec attention quand il lui décrivit l'étendue des partisans de la Ligue dans tous les corps de métiers de la ville.

— La seule consolation que l'on puisse avoir, monsieur le Grand prévôt, c'est que le parlement semble être resté fidèle à la couronne. Je n'ai vu aucun conseiller ou président de chambre. Les félons semblent se cantonner aux auxiliaires de justice, aux avocats, et surtout au monde du Châtelet et de la chambre des comptes.

— Je vous promets d'en parler au roi demain, quand je le verrai au Louvre, assura Richelieu, sans cacher son pessimisme ni son inquiétude quant à l'attitude du monarque. J'avoue ne plus comprendre Sa Majesté. Le soir, il court les rues masqué et déguisé avec ses amis pour se faire encore plus détester de son peuple quand Guise se prépare à lui porter des coups peut-être fatals.

Il se tut un instant, comme s'il hésitait à raconter ce qui allait suivre.

— Savez-vous ce qui est arrivé avec le convoi d'armes de M. de La Rochette ?

— Non, je suppose que vous l'avez fait saisir.

— Je l'ai fait, Dieu m'en est témoin ! Nous avons arrêté la barque à Lagny et trouvé les sept cents arquebuses. Il y avait aussi deux ou trois centaines de corselets et d'épées ainsi que de la poudre et des balles. De quoi équiper trois compagnies comme vous le pensiez. J'ai fait mettre La Rochette et ses gens au fond d'un cachot, tout écuyer du cardinal de Guise qu'il était. C'était mardi dernier.

» Guise l'a appris dans la soirée. Il a aussitôt envoyé un messager au roi qui m'a fait chercher, mercredi soir. Devant Épernon et Joyeuse, le roi n'a pas caché sa colère, me menaçant de m'ôter ma charge si je recommençais. Son cousin Guise était très fâché, a-t-il expliqué. Ces armes étaient pour un régiment qu'il rassemblait afin d'aller délivrer sa cousine Marie [1] enfermée en Angleterre par la reine, et l'empêcher d'accomplir ce devoir sacré était un crime contre la religion catholique et romaine.

Poulain devinait, au ton haché du Grand prévôt, à quel point celui-ci avait été humilié d'être ainsi traité.

— Épernon n'a pas dit mot et Joyeuse a approuvé le discours de Sa Majesté. J'ai dû me rendre jeudi à Lagny pour faire libérer M. de La Rochette et ses gens, et leur faire mes excuses ! J'ai dû leur rendre leur barque et ils ont pu librement repartir pour Châlons avec les armes !

— Ce n'est pas possible, murmura Poulain, assommé par cette nouvelle.

— Cela s'est passé comme je vous le dis, monsieur Poulain ! Beaucoup murmurent à la cour qu'il y aurait intelligence entre le roi et ceux de Guise. Moi-même, je ne sais plus que penser…

1. Marie Stuart était la fille de la tante du duc de Guise.

Poulain resta silencieux. Si c'était vrai, dans combien de temps serait-il découvert ? Il n'aurait alors aucune aide à attendre et finirait pendu devant chez lui. Et le même sort attendait sans doute sa femme, ses enfants et sa belle-famille.

Quel fou il avait été de faire confiance à ce roi si lâche !

— ... Mais tout n'est pas perdu, monsieur Poulain, fit Richelieu pour le rassurer en voyant son visage défait. Je connais le roi. Il est capable de grandes colères qu'il regrette bien vite, il s'est déjà comporté ainsi dans le passé. Il aime et hait sans mesure. Quand il a confiance en quelqu'un, personne ne peut le convaincre qu'on le trahit. Pour des raisons que j'ignore, il semble y avoir une sorte de pacte entre Henri de Guise et lui, depuis la Saint-Barthélemy. Il est persuadé que le duc ne tentera jamais de le renverser par la force, qu'il veut juste devenir son favori, comme son père était celui d'Henri II. Malheureusement, le roi désire trop la paix pour son royaume et ses sujets. Mais ses yeux finiront bien par se dessiller, malgré sa mère qui aime Guise plus que son fils, et malgré Joyeuse qui a donné sa foi aux Lorrains. Dès lors, je peux vous l'assurer, sa patience se transformera en fureur, il sera comme un fauve entouré par des chiens, et il ne se laissera pas prendre au filet !

L'entretien était terminé. Poulain repartit terrorisé. Il songeait à Salvancy. Si Olivier le dénonçait et que le duc de Guise intervienne, c'est lui et Hauteville qui finiraient en prison et à Montfaucon.

21.

Dimanche 17 mars 1585

Le dimanche 17 mars, Olivier expliqua à ses domestiques que Mlle Baulieu était souffrante et ne pouvait les accompagner à la messe. À l'église où il se rendit avec ses gens, Olivier rencontra Nicolas Poulain et sa famille, et revint avec eux après l'office.

Après avoir raccompagné sa femme et ses enfants chez lui, Nicolas Poulain repartit avec Olivier sous le prétexte de saluer Cassandre et Caudebec, mais en vérité pour leur faire part de ce qu'il avait appris la veille du Grand prévôt de France sur le convoi d'armes de M. de La Rochette.

— On a saisi sur la Marne une barque pleine de corselets et d'arquebuses – de quoi armer plusieurs compagnies – conduite par des gentilshommes du cardinal de Guise, expliqua-t-il dans la chambre de la jeune femme où ils s'étaient tous réunis. Le duc s'en est plaint auprès du roi, et Sa Majesté a donné ordre de libérer les gentilshommes et de laisser passer le chargement…

Il ne dit pas, bien sûr, qu'il savait tout cela du Grand prévôt de France, ni que lui-même avait été l'un des acheteurs de ces armes pour la Ligue !

Olivier ne savait comment prendre cette nouvelle. Il avait trop longtemps admiré le duc de Guise et détesté Henri III pour se chagriner de la lâcheté royale, mais Cassandre en fut ulcérée pour deux :

— Cela prouve que le roi a peur ! Qu'il n'a plus aucun pouvoir dans son propre royaume !

— D'aucuns disent qu'il y aurait intelligence entre le roi et ceux de Guise, remarqua Nicolas Poulain, sans cacher son inquiétude.

— Quelle qu'en soit la raison, reprit Cassandre avec fougue, cette histoire doit vous ouvrir les yeux, Olivier ! Si vous dénoncez Salvancy, et si Guise prend sa défense, le roi vous sacrifiera, même avec les preuves les plus accablantes.

— Il faut pourtant l'empêcher de nuire ! Et rendre l'argent au royaume, remarqua Nicolas Poulain.

— Non ! Vous devez inverser l'ordre des choses ! assura-t-elle. D'abord Salvancy doit rendre l'argent volé, ensuite vous pourrez l'empêcher de nuire, car s'il n'a plus d'argent, le duc de Guise l'abandonnera sans état d'âme.

— Pourquoi M. Salvancy rendrait-il l'argent ? demanda Nicolas Poulain.

— Il ne le rendra pas volontairement ! Il faut donc que vous parveniez à lui reprendre ses quittances. Une fois que mon oncle les aura, il remboursera le roi. Ensuite, quand Olivier aura rassemblé suffisamment de preuves contre Salvancy, M. de Bellièvre pourra lui retirer sa charge et intenter contre lui une action en justice.

— Mais comment reprendre ces maudites quittances ? s'enquit Olivier en écartant les mains en signe d'impuissance.

— Je ne sais pas ! répondit-elle en secouant la tête. C'est à vous de trouver un moyen !

Nicolas Poulain ne savait plus que penser. Cette

jeune femme raisonnait justement, mais ses idées étaient impraticables. Comment à trois ou quatre pourraient-ils s'attaquer à la maison de Salvancy ?

Le silence s'abattit. Personne n'ayant de suggestion.

— J'ai une longue liste de noms de gens faussement anoblis, proposa finalement Olivier. Durant la semaine, j'irai les voir et je leur ferai signer une déclaration de paiement de leur taille. Entre-temps, l'un de nous aura peut-être trouvé une idée.

Dans la semaine qui suivit, tandis que Poulain était en chevauchée et que Olivier rassemblait des preuves dans les paroisses de l'élection de Paris avec Cubsac, Charles de Maurevert revint chez Salvancy.

Il lui raconta l'échec de son attaque contre Hauteville en l'accusant d'en être responsable pour ne pas l'avoir prévenu que ce jeune homme, soi-disant un clerc insignifiant, avait d'aussi redoutables compagnons.

— Mais je l'ignorais, monsieur ! pleurnicha Salvancy. Et vous saviez pourtant qu'il avait un garde du corps ! Quant aux autres, M. le commissaire Louchart m'a appris leur existence, il y a quelques jours seulement. Parmi eux, il y avait son ami, cet infernal Nicolas Poulain qui l'a déjà sauvé quand on a essayé de se débarrasser de lui dans les bois de Saint-Germain.

— Qui était l'autre bretteur, celui qui accompagnait la femme qui se battait comme un spadassin ?

— Je ne les connais pas ! D'après M. Louchart, ce sont des amis qui logent chez le jeune Hauteville et qui ne devraient pas rester. Qu'allez-vous faire ? Je vous en prie, il faut agir vite. Cet Olivier en sait déjà trop sur moi !

— Il faut d'abord écarter ce Nicolas Poulain, gronda Maurevert.

— C'est l'homme qui achète nos armes et M. Louchart m'a dit que M. Mayneville avait interdit qu'on le navre.

— Je le sais, il faut donc l'éloigner. Il restera encore le garde du corps, la fille et l'autre homme. Soit je leur tirerai dessus d'une fenêtre, soit je m'introduirai chez eux en leur absence. J'aurai vite fait de m'occuper des domestiques et, quand ils rentreront, j'abattrai le Gascon avec mon pistolet, puis je percerai l'autre à l'épée. Pour la fille, j'en fais mon affaire.

— Pressez-vous ! le supplia Salvancy.

Au retour de sa chevauchée, Nicolas Poulain se rendit au Palais pour savoir où se tiendrait la prochaine réunion du conseil des Seize ; le graveur au service de la Ligue lui apprit qu'elle aurait lieu à la Sorbonne.

La salle où les comploteurs se réunirent était pleine à craquer et il y avait de moins en moins de conjurés masqués. Nicolas Poulain découvrit ainsi nombre de gens dont il n'aurait jamais cru qu'ils abandonneraient le roi. Quelle pouvait être leur motivation pour changer ainsi de fidélité, se demandait-il ? Avaient-ils rejoint la Ligue en espérant obtenir quelque picorée ou avantage, ou plus simplement pour éviter le pillage de leur maison quand le temps des émeutes viendrait ? Mais quelles que soient leurs raisons, il fallait qu'ils soient bien certains de la victoire de la sainte union pour se montrer ainsi à découvert, songeait-il avec amertume.

Il échangea quelques mots avec M. de Mayneville, le commissaire Louchart et M. Bussy Le Clerc. Quantité de rumeurs circulaient. Les troupes du duc de Guise se seraient mises en marche, assuraient certains, faisant comprendre par leurs mimiques qu'ils en savaient même beaucoup plus. D'autres juraient que le duc serait à Paris dans un jour ou deux. D'autres encore qu'il fallait assiéger le Louvre et saisir le bougre pour l'enfermer dans un couvent. Même monté sur un escabeau, Hotman parvint difficilement à se faire entendre dans le tumulte.

— Mes amis, j'ai reçu il y a une heure un messager venant de Châlons, cria-t-il. À l'heure qu'il est, le duc de Guise a dû s'emparer de la ville qui deviendra la capitale de la Ligue, en attendant que nous livrions Paris !

Les hourras et les cris de joie couvrirent sa voix pendant plusieurs minutes. Les gens s'embrassaient, se félicitaient, et Nicolas ne fut pas le dernier à montrer son apparente satisfaction.

Tandis que Bussy Le Clerc faisait signe à Hotman qu'il voulait lui parler, le père Boucher monta sur l'escabeau pour se faire entendre.

— Il faut maintenant prendre la Bastille ! hurla-t-il. Ce sera facile, nous saisirons chez lui le chevalier du guet qui en est le gouverneur et, le poignard sur la gorge, il nous fera entrer !

Un des participants vociféra :

— Il faut pendre à Montfaucon tous les politiques, les présidents du parlement, les mignons, le chancelier, le Procureur général...

Les longues clameurs d'approbation rendirent la suite inaudible.

Poulain s'approcha de Hotman qui était en conciliabule avec La Chapelle, Louchart et Bussy. À cause du tumulte, il ne put entendre ce qu'ils disaient, mais à leur expression, il devinait qu'ils désapprouvaient ce discours belliciste. Il en comprenait les raisons : les membre du conseil des Seize savaient que ce n'était pas avec les quelques centaines d'épées et de corselets qu'il leur avait achetés qu'ils pourraient battre les Suisses du Louvre, bien équipés de mousquets et de couleuvrines. Ils avaient besoin des armes que leur avait promises le duc de Guise et qui n'étaient toujours pas arrivées.

Le calme étant revenu, Hotman reprit sa place sur le tabouret.

— M. de Nully et les échevins sont de tout cœur avec nous, vous le savez, ainsi que toute la garde bourgeoise et les quarteniers. Il est donc inutile de prendre des risques et de nous lancer dans des aventures, ou dans des émeutes que nous ne pourrions plus maîtriser. Il y a en ville beaucoup de truands et de crocheteurs qui, une fois prévenus de notre entreprise, ne pourront plus être retenus s'ils se sont mis à piller. Les commissaires et les sergents du Châtelet doivent pouvoir assurer l'ordre quand l'heure de la bataille aura sonné. M. de Guise m'a écrit que nous devons simplement lui livrer les portes. Nous recevrons à ce moment d'autres armes, et particulièrement des arquebuses qui nous font cruellement défaut. Ce n'est qu'après que nous pourrons nous lancer à l'assaut du Palais, de l'Arsenal, de la Bastille et du Louvre, et régler leur sort à la noblesse et aux politiques qui tiennent pour le parti du roi.

— Vive la messe ! cria un participant.

Le cri fut aussitôt repris par l'assemblée où chacun se voyait obtenir états et dignités confisqués à ceux qu'ils auraient massacrés. Les plus âgés se remémoraient même entre eux, avec force détails croustillants, leurs meilleurs souvenirs de la Saint-Barthélemy. Leurs ennemis qu'ils avaient tués, les femmes et les filles qu'ils avaient violentés, les bijoux qu'ils avaient volés.

Écœuré, Nicolas Poulain s'approcha du commissaire Louchart.

— Si je comprends bien, vous n'aurez bientôt plus besoin de mes services, fit-il avec un sourire sans joie. Guise vous fournira bientôt tout ce que vous demandez.

— Croyez-vous ? répliqua Louchart, le visage jaune et crispé. Ce n'est pourtant pas faute de lui avoir déjà demandé de nous donner des mousquets ! Mais si le duc prend nos pécunes, il ne nous baille jamais rien en échange, ayant trop peur de notre nombre. Croyez-moi, vous avez encore beaucoup à faire pour nous, conclut-il.

Poulain hocha la tête d'un air entendu. Louchart était certainement bien meilleur politique que les braillards dans la salle qui ne parlaient plus que de rapines et pillage.

Six ans plus tard, quand le commissaire Louchart serait pendu aux solives de la Grande salle basse du Louvre, au côté de l'avocat Ameline et de deux autres membres du conseil des Seize, après avoir été condamné à mort par le duc de Mayenne, Poulain se souviendrait de cette méfiance que le commissaire avait déjà envers les Lorrains.

En vérité, Guise voulait le pouvoir pour luimême, il n'avait aucune intention de le partager avec une sainte union bourgeoise trop bien armée qui pourrait s'opposer à lui.

La réunion terminée et la salle vidée, le conseil des Seize se retrouva autour de M. de Mayneville. Le commissaire Louchart avait demandé à Jehan Salvancy de rester avec eux. Les conjurés traitèrent de plusieurs points pratiques pour la maîtrise des portes de la ville, puis Louchart aborda avec Mayneville le problème d'Olivier Hauteville. Ce dernier ignorait encore l'échec de la dernière tentative du duc de Mayenne.

— Cet homme nous demande maintenant d'écarter M. Poulain, mais c'est impossible tant nous avons besoin de lui, décida Louchart.

— Et Mgr de Bourbon ne veut pas qu'on attente à sa vie, ajouta Mayneville.

— Comment faire, alors ? s'exclama Hotman en levant les mains pour montrer qu'il n'avait pas de solution.

— Il faudrait à nouveau éloigner M. Poulain de Paris, suggéra finalement M. de La Chapelle. Peut-être le renvoyer à Arras…

— Mais acceptera-t-il ?

— Et si je le faisais jeter en prison ? proposa Louchart, après un temps de réflexion.

— Comment ça ?

— Imaginons qu'on profère une accusation grave contre lui. Il serait arrêté et, le temps qu'il se disculpe, l'homme de M. de Mayenne agirait contre Hauteville.

— Comment vous y prendriez-vous ? demanda Hotman.

— J'aurais besoin de vos gardes du corps, monsieur Salvancy, répondit le commissaire.

Le samedi 23 mars

Très tôt, Nicolas Poulain se rendit chez M. de Richelieu, il avait hâte de lui rapporter ce qu'il avait appris, et surtout de vérifier les dires des ligueurs quant aux succès du duc de Guise.

Hélas, le Grand prévôt lui confirma le fait. Il ajouta qu'il avait parlé au roi une semaine plus tôt mais qu'il n'avait pu le convaincre. Tant que Henri III n'aurait pas rencontré un témoin ayant assisté aux réunions de la sainte union, il resterait incrédule sur le dessein du duc de Guise de s'emparer de la capitale... et de son royaume.

— Je vais vous conduire chez M. Hurault, décida-t-il. Le comte de Cheverny est un des rares à pouvoir rencontrer Sa Majesté à toute heure. Vous lui raconterez ce que vous avez entendu hier et la semaine dernière. M. Hurault saura bien décider le roi à vous entendre, surtout maintenant que Guise a abattu son jeu en prenant Châlons.

Le prévôt fit préparer son coche. En ces temps troublés, Philippe Hurault s'était installé dans sa maison fortifiée hors de Paris, expliqua-t-il à Poulain. C'était un ancien château appelé La Rochette, qu'Henri III lui avait donné dix ans plus tôt. Situé près de la porte Saint-Antoine [1], l'endroit était facilement défendable si des séditieux envisageaient de l'attaquer.

À cause d'encombrements dans l'étroite rue Verrerie, le trajet dura plus d'une heure. Le chancelier les reçut après une délégation de présidents à mortier du parlement qui venaient aux nouvelles, ayant eux aussi appris avec une grande inquiétude la prise de Châlons. Ils avaient à leur tête M. Achille de Harlay, le président du parlement, qui était aussi le beau-frère du chancelier. Ils avaient peur. Le peuple grondait et ils savaient ne pas pouvoir compter sur le corps de ville [2] ni sur la milice bourgeoise. Ils savaient

1. Dans la rue de la Roquette qui a pris le nom du château.

2. Le corps de ville était constitué par les magistrats qui dirigeaient la cité. À Paris, il était formé du prévôt des marchands, des échevins et des conseillers, auquel on rattachait parfois les officiers municipaux tels que les procureurs, le colonel des archers, les quarteniers et les officiers subalternes.

aussi que si des émeutes éclataient, leurs maisons seraient les premières pillées.

Le chancelier Philippe Hurault, comte de Cheverny, maître des requêtes et ancien conseiller au parlement, avait cinquante-sept ans. C'était un homme trapu, à l'épaisse barbe et aux cheveux drus, à la trogne de sanglier. Sa famille avait toujours servi les rois de France et lui-même avait hérité de nombreuses charges et de plusieurs domaines. Présent à la bataille de Jarnac où il s'était distingué au côté du duc d'Anjou – le roi actuel – il avait toute la confiance d'Henri III. Fin juriste, parlant latin comme un clerc, il avait une réputation d'habile diplomate et ne s'était jamais fâché avec les Guise.

Richelieu lui présenta Nicolas Poulain qui raconta les dernières réunions de la sainte union.

Cheverny écouta les poings serrés. Que de petits bourgeois de Paris, sans talent et sans charge à la cour ou au parlement, se réunissent ainsi secrètement, se rebellent, et envisagent même de livrer la ville aux ennemis du royaume, le mettait en fureur.

Il promit d'en parler au roi le soir même, mais pour être certain de le convaincre, il demanda à Nicolas Poulain de revenir le lendemain matin aux aurores. Ils iraient ensemble au Louvre, en voiture fermée, et le lieutenant du prévôt parlerait lui-même à Sa Majesté juste avant le conseil.

— Je prendrai de grands risques, monsieur, en me rendant au Louvre à visage découvert, objecta Poulain. Qu'un homme de la sainte union me reconnaisse et je finirai dans la Seine, le ventre ouvert.

Cheverny eut une grimace de mécontentement, tout en sachant que l'espion avait raison.

— Très bien ! J'essaierai donc de faire venir le roi ici après le conseil. S'il refuse, nous irons tout de même au Louvre, mais je m'arrangerai pour vous faire entrer discrètement et vous faire rencontrer Sa Majesté dans un petit cabinet après le souper.

L'entrevue terminée, le Grand prévôt et Poulain retournèrent à Paris. Leur coche fut arrêté par les encombrements dans la rue Saint-Antoine, non loin de la rue du Roi-de-Sicile. Comme l'attente s'éternisait, Nicolas dit à Richelieu qu'étant près de sa maison, il préférait rentrer chez lui à pied. Ce qu'il fit.

Il était à peu près onze heures et un agréable soleil brillait, même s'il faisait fort froid. Poulain avait passé la rue Sainte-Croix-de-la-Bretonnerie et arrivait au carrefour de la rue Méderic avec la rue Saint-Martin quand il fut heurté par un homme auquel il ne prêta pas attention tant il songeait à la nouvelle robe que sa femme se faisait faire et qu'elle lui avait décrite la veille. Une robe de velours lacée dans le dos et décolletée en carré sur le devant. La rue était tellement encombrée de marchands ambulants et il y avait tant d'échoppes dont les devantures avançaient sur la chaussée que les bousculades de ce genre étaient fréquentes.

C'est un peu plus loin qu'il fut brusquement assailli par un homme qui l'attrapa par le cou en criant :

— Au voleur ! Au truand !

Il tenta de se dégager de son assaillant mais l'autre le maintenait avec une telle force qu'ils roulèrent tous deux sur le pavé boueux.

Un attroupement se forma, mais comme toujours dans de telles circonstances, les badauds regardaient en riant, sans intervenir. Finalement, Poulain parvint à se dégager et envoya un grand revers à son agresseur qui s'écroula dans le ruisseau central, au milieu des excréments.

Poulain se releva furieux. Son manteau était souillé, son chapeau à plumet était sali par les crottes noirâtres, et ses chausses étaient déchirées. Il tira son épée et gronda à son agresseur :

— Maraud ! Pour qui te prends-tu pour agresser un lieutenant de la prévôté de Paris ? Tu vas le payer cher !

À cet instant, deux archers et un sergent à verge arrivèrent en courant de la rue Saint-Martin ; ils paraissaient conduits par un autre homme en sarrau et capuchon.

— C'est lui ! c'est lui le voleur ! criait ce dernier en désignant Nicolas Poulain.

Tandis que l'agresseur tombé dans le caniveau se relevait et que le sergent s'approchait, le lieutenant du prévôt resta interloqué face à cette accusation.

— Monsieur, cet homme vous accuse d'être un voleur, fit le sergent.

— Il ment ! Je suis lieutenant de la prévôté, je me nomme Nicolas Poulain et j'habite non loin d'ici.

— C'est un voleur ! accusa l'agresseur d'une voix aiguë. Il m'a volé ma bourse ! Mon compagnon l'a vu !

— Ça n'a aucun sens, je suis connu ici !

— Comment était votre bourse ? demanda sévèrement le sergent en se tournant vers le plaignant.

— En tissu de velours rouge, monsieur le sergent, avec un cordon de cuir. Elle contenait un double ducat, un écu pistolet, une réalle de huit sols et quatre liards. Mon compagnon venait de me donner le double ducat, une somme qu'il me devait. Cet homme était à côté de nous, il m'a vu et m'a volé.

— Mais vous êtes maître fol ! gronda Poulain. Je ne vous ai jamais vu !

— Monsieur, voulez-vous vous laisser fouiller ? demanda le sergent.

— Ce sera inutile, fit Poulain en rengainant son épée et mettant sa main dans la grande poche intérieure de son manteau.

Il en sortit le contenu et resta interloqué en découvrant deux bourses. La sienne et une seconde en velours rouge.

— C'est la mienne ! glapit l'homme qui l'avait accusé.

Le sergent prit la bourse et l'examina. Elle contenait un double ducat, un écu pistolet, une réalle de huit sols et quatre liards.

La foule qui les entourait murmura quand le sergent étala les pièces dans sa main. Il y avait bien eu vol !

— Monsieur, vous allez nous suivre au Grand-Châtelet pour vous expliquer avec ces deux hommes. Comment vous appelez-vous ? fit-il à un des accusateurs.

— Moi... Euh, Valier, monsieur le sergent.

— Et moi, Faizelier, fit l'autre, nous sommes d'honnêtes artisans en étain.

Poulain ne savait comment réagir. Toute cette histoire puait le guet-apens, mais quant à passer outre à la barrière de badauds qui les entourait, c'était impossible. Et puis, se dit-il, il sera certainement plus facile de convaincre un commissaire du Châtelet de mon innocence. De surcroît, en interrogeant là-bas ces deux drôles, il en apprendrait plus...

— Je vous suis, monsieur le sergent ! Nous tirerons tout ça au clair là-bas, menaça-t-il.

Quelques personnes qui connaissaient bien Nicolas Poulain approuvèrent bruyamment. Certains menacèrent même les deux accusateurs, et ce mouvement de foule inquiéta le sergent qui précipita le départ des protagonistes.

Ils se mirent en chemin et descendirent la rue

Saint-Denis. En marchant entre les deux archers, qui lui avaient laissé son épée, le lieutenant du prévôt bouillait de rage. À quoi rimait cette comédie ? À peine arrivé au Grand-Châtelet, il demanderait à être convoqué par le lieutenant civil et se ferait disculper de cette ridicule accusation. Si nécessaire, il ferait même témoigner Louchart.

Il songea soudain que le commissaire ligueur pourrait bien être à l'origine de cette manigance. Mais pourquoi l'aurait-il fait arrêter ? Soupçonnerait-il quelque chose ? Il frissonna. Et s'il avait été découvert ? Si tout ceci n'était qu'un stratagème pour être mis à la *Fond d'Aise* [1] et oublié ?

Il envisagea un instant de fausser compagnie au sergent et aux archers pour aller demander la protection de Richelieu, mais ils étaient déjà arrivés à la Grande Boucherie, juste devant la place du Grand-Châtelet, et avec la foule qui se pressait devant les échoppes, il serait vite rattrapé si les archers criaient qu'un voleur s'enfuyait.

Il se retourna pour vérifier où était le sergent à verge. Il le vit toujours derrière lui, parlant amicalement avec ses deux accusateurs, les nommés Valier et Faizelier. Quoi qu'il arrive, se jura-t-il, il retrouverait ces deux-là et leur ferait payer cher leur comédie.

Ils pénétrèrent sous le porche de la prison forteresse. Poulain s'attendait à tourner à droite pour entrer dans la cour principale qui conduisait par un grand escalier aux salles judiciaires. De là, en passant par le grand vestibule, il aurait certainement rencontré des gens qu'il connaissait. Mais les archers le saisirent chacun par un bras et le forcèrent à prendre par la gauche, vers la grille et le guichet qui

1. Une des basses-fosses du Châtelet.

fermaient l'entrée de la petite cour intérieure où se situaient la salle des gardes et un accès aux prisons.

La grille s'ouvrit sans attendre, comme si les factionnaires étaient prévenus. Il tourna la tête et vit qu'il n'y avait plus derrière lui que le sergent affichant un sourire ironique. Ses deux accusateurs avaient disparu. Ils ne l'avaient donc accompagné que pour donner le change et il comprit immédiatement qu'il était tombé dans un traquenard.

Il tenta de se défaire des deux mains qui le maintenaient mais plusieurs geôliers se jetèrent sur lui et le rouèrent de coups. Avant de perdre connaissance, il eut une dernière pensée pour sa femme et ses enfants, qu'il ne reverrait jamais.

Lorsqu'il revint à lui, il était allongé sur un sol de dalles. Il se redressa, le corps douloureux. Sa mâchoire et son torse lui faisaient terriblement mal. Sa bouche était pleine de caillots de sang. Comme tout vacillait autour de lui, il s'assit et attendit un instant que son équilibre lui revienne.

Il se trouvait dans une pièce sombre éclairée par un soupirail. Il reconnut la salle voûtée en ogive située au premier sous-sol où on avait l'habitude d'interroger les prisonniers. Il y avait un lit de planches, une cheminée éteinte, un vase et une cruche. Il se leva, fit le tour de sa cellule pour constater qu'il n'avait rien de cassé, puis il but un peu d'eau à la cruche et se nettoya le visage. L'eau venait sans doute de la Seine car elle avait un goût de charogne. Quelle heure pouvait-il être ? Il faisait sombre mais encore jour. Il n'avait pas dû rester longtemps évanoui.

On allait sans doute venir l'interroger, et certainement pas pour ce vol ridicule. Qui allait-il voir ? Il ramassa son manteau qu'on lui avait laissé et s'approcha du lit dont il secoua la paillasse de crin.

Des dizaines de cafards et de punaises en tombèrent qu'il écrasa de sa botte. Ensuite, il s'allongea. Il devait être patient.

Il devait sommeiller depuis une heure quand il entendit les verrous de sa porte que l'on tirait. La porte s'ouvrit et un geôlier au visage couvert de croûtes et d'ulcères apparut dans l'encadrement.

22.

Cassandre et Caudebec revenaient des Grandes halles par la rue Aubry-le-Boucher, avec la cuisinière et Jacques Le Bègue qui portaient leurs achats, quand ils aperçurent l'attroupement autour du sergent et des deux archers. Caudebec conseilla de rester prudemment éloignés, ce genre de rassemblement pouvant mal tourner. Pourtant, quand ils entendirent les accusations de vol et qu'ils virent Nicolas Poulain pris à partie, Cassandre voulut intervenir et se porter à son secours.

Jacques Le Bègue eut un geste pour la retenir.

— Je vous en prie, madame, restons à l'écart, il s'agit d'un coup fourré.

— Que veux-tu dire ? demanda Caudebec.

— Ces archers, je les ai reconnus, ce sont ceux qui étaient avec M. le commissaire Louchart lorsqu'il est venu chez nous, après la mort de mon maître.

— Tu en es sûr ?

— Certain, monsieur, d'ailleurs comment se fait-il qu'ils soient là ? Il n'y en a jamais par ici.

— Si c'est un coup monté, ils sont sans doute complices, dit Caudebec en observant que Nicolas Poulain venait de découvrir avec surprise la bourse volée dans sa poche.

— Nous n'allons pas abandonner M. Poulain ! s'insurgea Cassandre.

— Si nous intervenons en assurant que nous le connaissons, ils pourraient nous poursuivre aussi, ou même venir chez M. Hauteville arrêter tout le monde, s'inquiéta Caudebec. Tout ça finirait fort mal.

— Que faut-il faire ? demanda Le Bègue, blanc d'effroi.

— Dans l'immédiat, M. Poulain ne risque rien ; il est lieutenant de prévôt et il parviendra certainement à se justifier. On devrait cependant prévenir ses amis.

— Mais qui ? Nous n'en connaissons aucun !

— M. Hauteville doit bien les connaître, décida Cassandre.

Ils virent Nicolas Poulain partir avec les archers qui l'encadraient. En se pressant, ils reprirent alors leur chemin vers la maison d'Olivier.

Le jeune homme était rentré la veille dans la soirée avec M. de Cubsac et préparait un mémoire auquel il comptait joindre les nombreuses dépositions écrites de paiement de la taille qu'il avait obtenues. Cassandre, Caudebec et Le Bègue le trouvèrent dans sa chambre, à sa table de travail, et lui racontèrent ce qu'ils avaient vu.

— Je vais prévenir le prévôt d'Île-de-France, décida Olivier en se levant.

— M. Poulain nous a dit que M. Hardy était très malade, rappela Le Bègue, il ne nous recevra pas, ou ne fera rien.

— Qui donc alors ?

— Je ne sais pas, monsieur. Mais il faut au moins avertir Mme Poulain. Elle va être dans tous ses états !

Olivier songea au marquis d'O qui aurait pu intervenir s'il n'avait été absent. Et Poulain ne lui avait jamais parlé des gens qu'il connaissait, ou de protecteurs qu'il aurait. Il se rendait compte qu'il ne savait pas grand-chose sur lui et il réfléchit encore un moment avant de décider :

— Je vais chez M. Séguier. Il me connaît et son frère est le lieutenant civil. Si on enferme Nicolas, il pourra facilement le faire sortir du Grand-Châtelet.

Escorté par Cubsac, il partit immédiatement pour la rue des Petits-Champs pendant que Cassandre se rendait chez Mme Poulain. En chemin, Olivier songeait à quel point le destin pouvait être malicieux. Trois mois plus tôt, c'est Nicolas qui l'avait fait sortir de sa prison du Châtelet, et maintenant, c'était son tour d'intervenir en sa faveur.

M. Séguier était à table et les fit longtemps attendre. Quand enfin il les reçut, il ne parut guère content de cette visite impromptue. Après s'être excusé, Olivier expliqua au conseiller que les travaux de vérification sur les tailles que le marquis d'O lui avait demandés étaient sur le point d'aboutir. D'ici quelques semaines, il aurait entièrement démonté le mécanisme de la fraude et trouvé les coupables. Ayant ainsi considérablement soulevé l'intérêt de M. Séguier, il lui raconta qu'il avait été victime d'une agression dans sa maison par une bande de truands et qu'il n'était toujours vivant que grâce à son garde du corps et à M. Poulain, lieutenant du prévôt, qui était chez lui ce soir-là. Il précisa que cette agression avait certainement été préparée par ceux qui avaient déjà tué son père.

Après cette révélation, et les détails de l'attaque, M. Séguier l'écouta avec encore plus d'attention.

Olivier lui expliqua ensuite que M. Poulain venait d'être arrêté par des archers du Châtelet, et peut-être emprisonné. Il en ignorait les raisons mais il s'agissait forcément d'un nouveau traquenard de ceux qui rapinaient les impôts de l'État, et il supplia le conseiller au parlement de prévenir son frère pour qu'il vienne à sa rescousse.

Antoine Séguier ne connaissait pas tous les détails de cette affaire de fraude sur les tailles. Quand le surintendant lui avait demandé de vérifier les registres de l'Île-de-France, il avait jugé qu'il ne s'agissait que d'une simple histoire de détournement, comme il y en avait tant. Celle-ci étant seulement plus importante que les autres. Puis, il avait reçu une lettre comminatoire du marquis d'O, un homme qu'il croyait en disgrâce à Caen. Il s'en était ouvert à Bellièvre qui lui avait ordonné de tout faire pour satisfaire le marquis, car c'étaient les ordres du roi. Il s'était donc exécuté en donnant à Olivier Hauteville toute liberté pour travailler.

Maintenant, il découvrait qu'il y avait bien un rapinage des finances du roi et que leurs auteurs étaient sacrément puissants. Diable ! Faire arrêter un lieutenant du prévôt de l'Île-de-France signifiait qu'ils avaient des complicités au plus haut niveau du Châtelet ! Rien que pour cela, son frère devait en être informé.

Il promit donc à Olivier de faire le nécessaire.

Le jeune Hauteville repartit rassuré, après avoir cependant rappelé au conseiller que personne ne devait savoir qu'il était sur le point d'aboutir dans ses vérifications.

Derrière le guichetier entra un homme en robe noire avec un petit chapeau carré. Il était seul et le geôlier ferma la porte derrière lui. Il n'y avait donc pas de greffier pour son interrogatoire ? s'étonna Poulain.

— Monsieur Poulain ? s'enquit le visiteur d'une voix fluette.

— Oui, monsieur, à qui ai-je l'honneur ? fit le lieutenant du prévôt, en restant assis sur son lit.

— Gilbert Chambon, sieur d'Aimbesy, je suis commissaire de police au Châtelet, répondit l'homme.

Il avait un petit visage doux, au front haut et au crâne presque chauve. Vêtu de toile noire râpée jusqu'à la trame, il paraissait timide et insignifiant malgré des yeux vifs qui n'allaient pas avec le reste de sa physionomie.

— Allez-vous me faire libérer, monsieur ? Je suis lieutenant du prévôt d'Île-de-France et j'ai été enfermé ici par ruse et violence, sans raison ni décret de prise de corps.

— Je le sais. Mais je ne vais pas vous faire libérer. Ce serait imprudent, pour l'instant. Pouvez-vous m'accompagner chez M. le lieutenant civil ?

Poulain se leva. Jean Séguier faisait-il partie de ceux qui l'avaient enfermé ici ? Si c'étaient les ligueurs, la situation du roi était encore pire qu'il ne l'imaginait car Séguier avait été réputé loyal jusqu'à présent.

— Avant de sortir, monsieur, je veux votre parole que vous ne chercherez pas à vous enfuir. Pour vous convaincre, je vais vous dire quelques mots sur la raison de ma présence.

» Vous avez des amis fidèles, souffla-t-il à voix basse. Ils ont appris votre arrestation et ont prévenu M. Antoine Séguier qui est allé voir son frère, lequel m'a envoyé vous chercher aussitôt.

Poulain poussa un soupir de soulagement.

— Vous avez ma parole, monsieur.

Le commissaire Chambon frappa à la porte et le guichetier au visage couvert d'ulcères revint. Ils sortirent, le porte-clefs marchant devant avec une lanterne. Ils suivirent une large galerie sablée à la voûte noircie par la fumée des torches et des lanternes et aux murs rongés par le salpêtre. Ils croisèrent un autre porte-clefs accompagné d'un magistrat et d'un greffier qui saluèrent le commissaire. Parfois un gémissement lugubre retentissait. Le guichetier ouvrit une grille rouillée qui grinça, ensuite ce fut un nouveau passage fort pentu avant d'arriver à un escalier aux marches recouvertes de moisissures verdâtres. En haut, le guichetier ouvrit une nouvelle porte et ils débouchèrent dans le grand vestibule du Châtelet.

Ils traversèrent la grande salle plongée en partie dans les ténèbres malgré les chandelles allumées dans des niches et sortirent dans la cour sans passer par le bureau des écrous. Ils n'avaient croisé que quelques archers. Dehors, il faisait presque nuit.

— Ma monture est là, j'en ai fait préparer une seconde pour vous ; vous me suivrez, dit le commissaire à Poulain en désignant deux mules.

Jean Séguier, seigneur d'Autry, lieutenant civil de Paris habitait lui aussi rue des Petits-Champs, à quelques maisons de l'hôtel de son frère. La plupart des grands commis de l'État logeaient dans cette rue proche du Louvre. En chemin, Poulain réfléchissait à ce qu'il pourrait dire au lieutenant de police. Les Séguier étaient réputés fidèles au roi, mais il avait vu ces temps-ci tant de gens jugés loyaux basculer du côté de Guise qu'il lui fallait rester discret.

Le portail de l'hôtel de Jean Séguier était ouvert mais surveillé par deux gardes armés de pertuisanes. Ils entrèrent dans une petite cour et un valet s'occupa des montures. Dans le vestibule, un autre valet les attendait. Poulain remarqua qu'il portait une épée et un pistolet glissé à sa taille. M. Séguier s'inquiétait donc pour sa sécurité.

Il avait sans doute raison, songea le lieutenant du prévôt avec amertume.

— Je reste ici à vous attendre, expliqua le commissaire. M. Séguier m'a fait savoir qu'il veut vous rencontrer seul.

Le valet accompagna Nicolas Poulain à l'étage et le fit entrer dans une pièce où travaillait un homme au lourd visage sanguin. Il avait un nez charnu, une bouche lippue et des sourcils épais mais il leva des yeux étonnamment vifs en voyant entrer son visiteur. Deux chandeliers éclairaient sa table de travail et leurs flammes vacillantes faisaient ressortir les traits empâtés et fatigués du lieutenant civil.

— Monsieur Poulain ?

— Oui, monsieur.

— Nous n'avons guère de temps. Mon frère m'a prévenu que des amis à vous sont venus lui raconter votre arrestation. Selon eux, il s'agit de gens fort puissants qui détournent une partie des tailles royales. Pouvez-vous m'en dire plus ?

— Il y a en effet une importante fraude sur les tailles, monsieur. Un de mes amis est sur le point d'en démonter les ressorts, et comme j'ai eu l'occasion de le protéger lors d'une agression contre sa personne, on a cherché à m'éliminer pour pouvoir s'en prendre plus facilement à lui, ou simplement pour m'écarter.

En vérité Nicolas Poulain ignorait si son arrestation avait un rapport avec la fraude. Ce pouvait être aussi une décision du conseil de la Ligue qui aurait découvert sa trahison. Cependant, en réfléchissant, il s'était dit que, dans ce cas, les ligueurs l'auraient simplement convoqué chez l'un d'eux, et l'auraient dagué.

— Avant d'aller plus loin, je suppose que vous avez faim, monsieur Poulain...

— En effet, dit lugubrement le lieutenant du

prévôt. Ces messieurs du Grand-Châtelet ne m'ont pas encore porté à souper !

— J'ai fait préparer sur cette table du pain, du vin et du jambon, servez-vous.

Poulain s'approcha de la table et se servit un grand verre de vin du flacon qu'il but avec soulagement tant il avait soif. C'était du vin de Montmartre, son préféré.

— J'ai été rapidement informé par mon frère de votre arrestation, mais il m'a fallu trouver M. Chambon, qui est un des rares commissaires qui ont encore ma confiance. Ceci pour vous dire que j'ignore tout des raisons de votre enfermement.

— Ce matin, j'ai été accusé dans la rue par deux marauds de les avoir volés. Nous avons échangé des coups et quelques archers qui étaient sur place sont intervenus. On m'a fouillé et j'avais effectivement sur moi la bourse d'un des marauds.

— Comment l'expliquez-vous ? s'enquit le lieutenant civil, surpris.

— Je ne l'explique pas, monsieur ! L'impudence est l'apanage des larrons. On a sans doute glissé cette bourse dans une poche de mon manteau.

— Mais dans quel but ?

— Me conduire au Châtelet et me serrer en cellule.

— Mais pourquoi vous emprisonner ?

— Sans doute pour m'écarter, comme je vous l'ai dit, monsieur. Il y aurait aussi d'autres explications liées aux affaires que je traite, cependant, et vous m'excuserez, je ne peux vous en dire plus pour l'instant, car je suis lié par un serment.

Un soupçon de mécontentement traversa le visage du lieutenant civil, mais il inclina la tête faisant comprendre qu'il acceptait cette explication.

— Je vais vous faire élargir sur-le-champ.

— N'en faites rien pour l'instant, monsieur. Il faut me laisser en prison pour ne pas alerter ceux qui m'y ont mis. Ainsi ils vont se manifester et je connaîtrai leurs véritables raisons. En revanche, il faudrait me conduire demain matin chez M. le comte de Cheverny.

— Le chancelier ?

— Oui, monsieur.

— Il vous attend ?

— Oui, monsieur. Je dois rencontrer chez lui un important visiteur.

Tout en parlant, Nicolas Poulain s'était coupé une large tranche de pain et un morceau de jambon qu'il dévorait.

— Que pouvez-vous me dire d'autre ?

— Rien, monsieur, sinon que si je n'étais pas là, le chancelier et son visiteur seraient fort fâchés.

Séguier laissa Poulain mastiquer son repas pendant qu'il laissait vagabonder ses pensées. Malgré les questions qu'il avait posées à Nicolas Poulain, il connaissait déjà les grandes lignes de cette affaire de vérification des tailles que son frère lui avait narrée. Il savait que le père d'Olivier Hauteville avait été assassiné et que le commissaire Louchart avait fait arrêter le fils avant de le libérer. Il savait aussi que Louchart incitait commissaires, sergents et exempts à le rejoindre dans une société de défense de la religion catholique et romaine. Louchart était à la Ligue et presque tous les commissaires l'avaient suivi. Seul Chambon avait rejeté ses offres.

Ce coquin de Louchart assurait même qu'il serait bientôt lieutenant civil à sa place !

Il savait aussi que le marquis d'O était revenu secrètement à Paris et que la situation était dramatique pour le roi. On disait que la populace s'était armée, qu'elle allait s'attaquer au Palais, au grand et au petit Châtelet, au Louvre, à la Bastille même. Il n'ignorait pas que sa maison serait la première pillée en cas d'émeute, et qu'il serait un des premiers pendus ou dagués jetés en Seine. Il avait engagé des gardes supplémentaires en sachant bien que ce serait insuffisant s'il y avait une sédition générale. Ce ne serait pas les quelques centaines de Suisses et de gardes françaises qui pourraient défendre les gens du roi.

Poulain était sans doute une pièce importante dans un plus vaste jeu.

Qui devait-il rencontrer secrètement chez Cheverny qui était un des hommes au plus près du roi. Et ce juste après le conseil ? Il ne voyait qu'une seule personne... mais c'était invraisemblable... se déplacerait-il pour un simple lieutenant du prévôt ?

— Le roi ? s'enquit-il un peu au hasard.

Poulain tressaillit et s'arrêta de manger. Il considéra Séguier dans un mélange de surprise et de contrariété.

— Comment le savez vous, monsieur ?

— Je l'ai deviné, déclara-t-il en laissant filtrer un sourire de satisfaction. Je suppose que cette manœuvre contre vous est aussi en rapport avec la situation insurrectionnelle qui règne en ce moment en ville...

Poulain hocha la tête sans dire un mot.

— Je vais faire appeler M. Chambon.

Il tira un cordon.

Le commissaire et Poulain revinrent au Grand-Châtelet. Il faisait nuit mais Chambon, fort avisé, transportait sur sa mule une petite lanterne. Il conduisit Poulain au bureau des écrous où se tenaient un greffier et deux geôliers qui jouaient aux cartes. Chambon expliqua qu'ils devaient enfermer

M. Poulain et lui donner du pain et une couverture. Il précisa qu'il viendrait le chercher à nouveau le lendemain matin pour un autre interrogatoire.

Après une médiocre nuit, Poulain mangea un peu de pain ainsi qu'une soupe portée par le valet d'une auberge proche. Il brossa comme il put ses vêtements tachés de boue et se nettoya le visage avec son manteau. Il ne pouvait se raser et sa barbe était rêche, mais il essaya au moins d'éliminer les poux qui couraient sur son corps et ses vêtements.

Peu de temps après, le commissaire Chambon vint le chercher. Il le conduisit au château de la Rochette, cette fois accompagné de quelques sergents. En chemin, le commissaire le traita publiquement fort mal, comme cela avait été convenu entre eux. Il fallait que les ligueurs ne devinent rien si on leur rapportait son déplacement.

Arrivé chez le chancelier, on le conduisit en le bousculant dans une belle salle aux murs en boiseries et au plafond peint où on le laissa seul. Le commissaire était resté dans un vestibule avec les sergents.

Il attendit là longtemps. Enfin Cheverny entra suivi du Grand prévôt Richelieu et d'un petit homme maigrelet, au regard sombre et torturé, qui marchait avec beaucoup de lenteur. Poulain le reconnut immédiatement. Il l'avait souvent aperçu lors de cérémonies ou de processions, même si c'était toujours de loin. Sous sa cape entrouverte en velours noir doublée de taffetas et brodée d'or, on distinguait un justaucorps de satin gris à double rang de perles et brodé de pierreries. Ses chausses étaient écarlates et une fraise empesée lui entourait le cou. Ses cheveux étaient très courts, presque rasés, sous un bonnet noir serré par un cordon et une broche d'or. À son cou pendait un grand collier d'ambre serti d'or qui sentait très fort et à chacune de ses oreilles étaient attachées de grosses perles. Sous sa minuscule moustache et sa courte barbe, son teint était blafard avec des traits tirés et de lourdes poches sous les yeux.

Nicolas Poulain tomba à genoux.

L'homme aux boucles d'oreille le considéra un instant sans faire un geste. Puis, son visage impassible se détendit d'un demi-sourire, un peu dédaigneux pourtant.

— J'aimerais avoir plus de serviteurs comme vous, monsieur Poulain, dit-il d'une voix sans tonalité.

— Je ne fais que respecter mon serment de fidélité, sire.

— D'autres le disent aussi, d'autres le disent... Mon prévôt m'a rapporté que vous faites partie de cette confrérie, cette nouvelle ligue mise en place par quelques bourgeois... la sainte union ?

— Oui, sire, j'y suis entré pour votre défense.

— Relevez-vous et racontez-moi donc ce qu'il s'y dit, puisque c'est ce que souhaite M. de Richelieu, fit Henri III d'une voix fatiguée.

Poulain commença lentement, d'abord en cherchant ses mots. Il raconta comment il avait été contacté pour acheter des armes au début de janvier, puis les réunions secrètes, les participants de plus en plus nombreux, les villes gagnées à la sainte union, comme Chartres, Blois, Orléans et bien d'autres en Beauce, en Touraine, en Anjou et dans le Maine. Peu à peu, il oublia qu'il s'adressait au roi et devint plus persuasif, il évoqua la présence de Mayneville à chaque assemblée, les armes qu'il portait à l'hôtel de Guise, celles qu'il avait ramenées d'Arras avec l'écuyer du cardinal de Guise, enfin le projet des ligueurs de prise de la ville, et l'entrée prochaine d'armes et de troupes après que les conspirateurs eurent livré les portes de Paris.

Quand il eut terminé, le roi était toujours aussi impassible, mais beaucoup plus blême.

Le silence s'installa. Soit par crainte, soit à cause de l'étiquette, aucun des proches du monarque ne voulait prendre la parole. Henri III paraissait comme absent.

— J'ai été très accommodant, n'est-ce pas Cheverny ? dit-il finalement d'une voix calme.

— Peut-être trop, sire, gronda le chancelier.

— Il y aura conseil demain matin, soyez-y. Je veux aussi la présence de Villequier, du colonel général de mes Suisses, de M. le duc de Retz, de M. le duc de Montpensier, de M. de Chavigny et de M. de Senneterre.

Il considéra à nouveau Nicolas Poulain.

— Vous êtes un brave, monsieur. Que souhaitez-vous ?

— Rien, sire, sinon vous servir.

Henri III eut une moue d'étonnement, teintée de scepticisme.

— Je suppose que vous voulez au moins sortir de prison, mon ami ? grimaça-t-il.

— Si je sortais maintenant par votre puissance, sire, je serais découvert. Or, la comédie n'est pas terminée.

— La comédie ?

Le roi resta un instant silencieux, les yeux dans le vague, comme plongé dans des souvenirs. Puis il déclara d'un ton presque guilleret :

— Lors des États généraux de 1577, ma mère a invité à Blois une troupe italienne, les *Gelosi*. J'ai beaucoup appris avec Flaminio Scala, leur chef… On peut vaincre un ennemi en le trompant, m'a-t-il rappelé, il suffit de bien jouer son rôle, c'est ce qu'a fait Ulysse.

Nicolas ne comprenait pas ce que le roi voulait dire, par politesse il hocha sottement la tête.

— J'aime les travestissements et l'illusion, monsieur Poulain. Nous continuerons donc à jouer la comédie selon votre guise, contre mon cousin Guise.

Il eut un sourire satisfait de son bon mot et Richelieu se força à rire.

— Il serait bon que M. de Cheverny me fasse publiquement quelques réprimandes et menaces, sire, suggéra Poulain. Cela ne pourrait que renforcer ma position auprès de vos ennemis.

— Ce serait une idée plaisante, reconnut le roi. Les *Gelosi* auraient aimé participer à cette comédie. Cheverny, faites ce qu'il faut ! Et tâchez d'être convaincant ! À vous revoir, monsieur Poulain...

Il se tut une seconde avant d'ajouter :

— ... Continuez à prévenir M. de Cheverny ou M. de Richelieu, de tout ce que vous apprendrez de fâcheux contre moi ou contre le royaume, et soyez certain que je ne vous oublierai pas. Je n'oublie rien.

Le roi et ses compagnons repartirent.

Cheverny sonna un valet pour qu'il aille chercher le commissaire Chambon.

Le chancelier ordonna au commissaire de se mettre aux ordres de Nicolas Poulain, tout en le traitant toujours avec le plus grand mépris et la plus grande brutalité en public. Le commissaire Chambon avait déjà compris que Poulain n'était pas un prisonnier comme un autre et qu'il jouait un rôle. Il assura Cheverny de son obéissance et Nicolas Poulain lui expliqua ce qu'il attendait de lui. Après quoi, Cheverny fit venir un secrétaire afin de lui dicter une lettre pour M. de Villeroy, le ministre qui avait le prévôt Hardy sous ses ordres et qui était donc le supérieur du lieutenant du prévôt.

Jusqu'en 1579, le baron de Sauves s'occupait de

la gendarmerie et de la maison du roi au sein du secrétariat d'État à la Guerre. À sa mort, M. de Villeroy avait repris son département et avait désormais la haute main sur les prévôts des maréchaux. Cheverny savait que M. de Villeroy penchait pour la Ligue, et que ce qui se dirait chez lui serait vite connu des ligueurs. Quand la lettre fut terminée, le chancelier appela les sergents pour qu'ils viennent chercher le prisonnier. Devant eux, il déclara que le lieutenant Nicolas Poulain avait fait une grande faute et qu'il en serait sévèrement puni. Il donna ordre qu'on le conduisît au logis de M. de Villeroy pour y être sanctionné.

Le secrétaire d'État fit longuement attendre Poulain et Chambon, car il était avec son confesseur, puis il dîna. Ce ne fut que dans l'après-midi qu'il vint les trouver dans l'antichambre où ils attendaient avec les sergents. Il tenait la lettre de Cheverny à la main.

— Monsieur Poulain, vous avez été accusé de vol dans la rue… le roi est fort courroucé contre vous et il faudra que vous vous défissiez de votre office, ou autrement je vous ferai pendre.

Poulain répondit qu'il était innocent et qu'il voulait d'abord un procès. Le secrétaire le menaça pour son insolence avant d'ordonner qu'on le reconduisît au Grand-Châtelet.

Le lundi matin, Le Clerc, Louchart et La Chapelle furent introduits dans la cellule de Nicolas Poulain. Ils l'interrogèrent assez amicalement sur les raisons de son emprisonnement, puis sur celles pour lesquelles on l'avait mené au logis du lieutenant civil, du chancelier et de M. Villeroy.

Ainsi, ils avaient vite été informés ! songea le lieutenant du prévôt.

— Ils ont voulu me contraindre de résigner mon état pour un vol que je n'avais pas commis. J'ai dit qu'il fallait faire mon procès avant et M. de Villeroy a été très fâché contre moi.

» Le commissaire Chambon recherche mes accusateurs, qui disent se nommer Valier et Faizelier, mais ils n'habitent pas où ils l'ont dit. Pour ma part, je suis certain de pouvoir montrer des témoins et faire tomber cette accusation.

— Je ferai tout ce qui est en mon pouvoir pour vous aider, l'assura le commissaire Louchart avec effusion, et je vais donner des ordres pour que vous soyez bien traité. Rassurez-vous, vous ne resterez pas plus de quelques jours ici.

— Mais j'y compte bien, fit Poulain en les accolant avec une feinte amitié.

Les trois ligueurs partirent assez inquiets. Poulain s'était trop bien défendu. Il fallait à tout prix qu'il ne retrouve pas ses accusateurs et qu'il reste encore enfermé une dizaine de jours. Le temps pour le tueur de Mayenne de faire son travail.

Un peu plus tard, ce fut son épouse qui vint avec Olivier Hauteville. Il les rassura et leur promit de sortir le lendemain.

Le mardi suivant, jugeant que la comédie avait assez duré, il demanda à Chambon d'obtenir un ordre du lieutenant civil pour être libéré. L'ordre arriva dans l'après-midi. Pour que la comédie soit complète, il précisait que M. Poulain était toujours accusé de vol et qu'il ne devrait pas quitter la ville. Il avait aussi obligation de retourner coucher chaque soir à la prison.

Mais ce n'était qu'une clause de style, lui précisa le commissaire.

23.

L'armée de Guise s'était bien emparée de Châlons et le duc y avait installé une garnison ainsi que le quartier général des gens de son parti. Chacun à Paris devinait que la grande offensive des princes lorrains, appuyée par les ligues urbaines catholiques, venait de commencer. Beaucoup s'en réjouissaient ; au moins autant étaient épouvantés. La guerre civile allait-elle s'étendre à la capitale, avec son cortège de pillages, de viols et de meurtreries ? Le roi de France allait-il résister à ces coups de butoir, ou capituler ? Allait-on vivre une nouvelle Saint-Barthélemy, cette fois de ceux qu'on nommait les *politiques*, c'est-à-dire les catholiques légitimistes, favorables à la venue de Navarre sur le trône ?

C'est que les forces en présence n'étaient pas à l'avantage d'Henri III. Paris était largement dominé par la petite bourgeoisie ligueuse soutenue par le corps de ville, et même si le parlement restait fidèle, ses magistrats pesaient peu face aux milliers de marchands et aux très nombreux officiers du Châtelet, de la chambre des comptes et de la cour des Aides, et encore moins devant la masse des miséreux et des *gens mécaniques* décidés au pillage. Il est vrai que l'armement leur manquait, mais, en face, le roi ne pouvait guère aligner que quelques centaines de

Suisses et de gardes françaises ainsi que ses gentilshommes encore fidèles complétés par les redoutables quarante-cinq de M. Épernon. Faute d'argent, il en était même venu à négocier des emprunts pour augmenter les effectifs de sa garde suisse.

Quant à la police urbaine, que ce soit celle du Grand-Châtelet ou le guet bourgeois, Henri III ne pouvait plus compter sur elle. Il restait bien sûr la possibilité de faire entrer l'armée dans la ville, mais c'était difficilement concevable. Paris avait le privilège de se garder elle-même et les troupes royales ne pouvaient y pénétrer sans y être invitées. Violer cette antique coutume aurait entraîné une insurrection généralisée. De surcroît, si le roi était certain de la fidélité des troupes suisses, qui pouvait assurer que les soldats des régiments traditionnels ne se joindraient pas aux ligueurs pour piller, eux aussi, les plus fortunés ?

En revanche, le duc de Guise ne manquait pas d'argent et ne cessait de recruter et d'armer de nouvelles troupes mercenaires. Il attendait encore quelques milliers de lansquenets allemands.

Pour sauver son trône, Henri III avait donc choisi de s'appuyer sur des forces spirituelles avec une campagne d'affiches et de placets rappelant qu'il était le roi légitime choisi par Dieu et que les hommes ne pouvaient le déposer. Mais cela suffirait-il en cas d'insurrection alors que les prédicateurs de la Ligue disaient l'inverse ? Après tout, même le protestant Théodore de Bèze avait déclaré que l'homme n'était pas soumis au roi lorsque celui-ci commandait des actes contraires à la justice.

Le dimanche 24 mars, alors que Nicolas Poulain rencontrait le roi chez le chancelier, Maurevert était installé dans son nouveau logement de la rue Saint-Martin. De sa fenêtre, il voyait parfaitement la maison de Hauteville. Il avait apporté avec lui un mousquet de cinq pieds de long dont il avait démonté le canon pour qu'il soit facile à transporter, sa fourquine, un récipient de poudre noire et un sac contenant quelques balles de plomb et des mèches. Quoi de plus simple, s'était-il dit, que de recommencer avec ce jeune homme ce qu'il avait déjà fait avec l'amiral de Coligny ?

La principale difficulté tenait au fait qu'il lui manquait un bras. Il était donc très lent pour charger l'arme. Quant à viser, il fallait qu'il ait auparavant solidement attaché la fourquine à un coffre. En revanche, une fois le mousquet immobilisé et reposant sur l'appui de la fenêtre, il n'aurait qu'à allumer la mèche lente et attendre le bon moment pour mettre le feu à la poudre. Évidemment, pendant ce temps la cible ne devrait pas bouger et rester visible.

Il n'était pas encore prêt quand il vit Olivier partir à la messe, accompagné du Gascon et de ses domestiques. La jeune femme et son garde du corps ne les accompagnaient pas. Sans doute étaient-ils restés à l'intérieur, pensa-t-il.

Maurevert ne pouvait pas savoir que, pour éviter d'inventer un nouveau prétexte afin de justifier leur absence à l'office religieux, Cassandre et Caudebec avaient annoncé qu'ils retournaient pour quelques jours à l'hôtel Sardini afin d'assister à des réceptions que donnait le banquier. Le jeune Hauteville revint en fin de matinée, malheureusement entouré de Cubsac et de ses gens, et Maurevert ne put tirer sur lui à coup sûr.

Le lundi, Olivier fut absent toute la journée. L'agitation qui régnait dans Paris, et qu'il observait dans la rue, inquiétait un peu Maurevert. Il sortit deux fois et remarqua que ses voisins, qui ne le connaissaient pas, le regardaient avec méfiance. Il se rendit à l'auberge du *Fer à Cheval* pour dîner et écouta les conversations des gens attablés avec lui. Bien des rumeurs circulaient : sur les gens de Guise qui seraient bientôt en ville, mais aussi sur ces milliers de huguenots cachés dans les maisons des politiques, surtout dans le faubourg Saint-Germain, et qui préparaient une Saint-Barthélemy des catholiques.

Ce climat de suspicion ne faisait pas l'affaire du *tueur des rois*. Pour accroître sa contrariété, quand il revint dans son logement, il découvrit qu'Olivier Hauteville était déjà rentré.

Le mardi, les choses s'aggravèrent avec la visite de sa logeuse.

— Monsieur, je sais que vous êtes bon catholique mais le prévôt de Paris a demandé aux dizainiers et aux cinquanteniers de vérifier les passeports de tous les étrangers qui sont dans Paris. Des milliers de huguenots seraient cachés en ville, prêts à nous couper la gorge, à nous autres bons chrétiens priant Dieu. Il faut me laisser le vôtre pour que je le montre au quartenier.

— Je vous le porterai à ma prochaine visite, répliqua-t-il. Je dois me rendre maintenant au Palais pour une audience.

Il avait dissimulé son mousquet sous son lit quand elle avait frappé à sa porte.

— Le quartenier sera fort fâché, monsieur ! protesta-t-elle d'un ton plus aigu. Dès votre retour, il fera certainement une perquisition ici et il vous conduira de force à l'Hôtel de Ville pour ne pas avoir obéi…

Maurevert ignora ses vociférations et la fit sortir.

Après son départ, il resta un instant indécis. Certes, il avait un passeport en règle que lui avait remis Mayenne, mais c'était un papier signé par le chancelier Cheverny. Or Cheverny était un des politiques dont le peuple insinuait qu'il était favorable à un massacre des catholiques. Maurevert avait plusieurs fois entendu parler de cette fable des huguenots cachés dans Paris mais il n'aurait jamais pensé que cette rumeur pouvait lui causer du tort. Surtout à lui, l'assassin de Coligny, l'homme qui était justement à l'origine de la Saint-Barthélemy !

Il se rendait compte qu'il ferait un bon bouc émissaire : il était étranger à la ville, son passeport – signé Cheverny ! – révélerait vite sa fausse identité, et il cachait des armes ! Il songea d'abord à demander à Salvancy qu'il lui procure un passeport présentable au quartenier, puis il se dit qu'il valait mieux qu'il quitte la ville pour attendre quelques jours que l'agitation provoquée par l'offensive du duc de Guise se calme un peu. Il serait tout de même dommage que, pris par le guet, il soit pendu par ses propres alliés !

Il prépara rapidement ses affaires, démonta entièrement son mousquet qu'il rangea sous le matelas, avec un pistolet et une dague, puis il se rendit à l'écurie. En faisant seller son cheval, il apprit que personne ne pouvait passer par la porte Saint-Martin et qu'il était probable qu'on ne le laisserait pas sortir. En revanche, lui assura un palefrenier, contre un écu, la porte Saint-Antoine était toujours ouverte.

Alors qu'il se dirigeait vers la Bastille, l'agitation s'étendait. Le roi n'avait pas osé envoyer ses troupes de Suisses aux principaux carrefours pour faire régner l'ordre et des patrouilles du guet bourgeois avaient pris possession des rues, prêtes à intervenir à toute dénonciation. Il en croisa une qui faisait grand fracas alors qu'il approchait du faubourg où son écuyer l'attendait à l'auberge de *l'Étoile d'or*.

Des bourgeois, martialement casqués de morion et porteurs d'arquebuse, traînaient un pauvre homme en chemise, la corde au cou, le visage tuméfié.

S'étant arrêté, il écouta ce que l'un des hommes de la milice expliquait à un groupe de femmes.

— C'est un huguenot qu'on a découvert à l'hôtellerie de la *Croix-Blanche* où il a été dénoncé par ses voisins. Un de ceux qui sont cachés en ville pour nous massacrer. Celui-là avait plein de papiers et d'ordres secrets dans sa chambre.

— Je ne suis pas huguenot, juste écrivain public, pleurnicha le pauvre homme.

Le visage plein d'ecchymoses, la bouche en sang, plusieurs dents en moins, il avait du mal à parler.

En se moquant de lui, le bourgeois lui donna un coup de pertuisane sur la tête pour le faire avancer. Le sang jaillit. Celui-là sera pendu ce soir, se dit Maurevert. Il fit presser sa monture tant il avait hâte de passer la porte Saint-Antoine.

Ce même jour, Nicolas Poulain, libéré du Grand-Châtelet, rentra chez lui.

Toute la semaine qui suivit son entrevue avec Nicolas Poulain, le roi tint conseils. Non les conseils d'en haut, avec ses secrétaires d'État, mais des conférences restreintes qui avaient lieu l'après-midi avec ses fidèles et les capitaines de ses gardes et de ses archers. Chacun lui proposa son avis. Certains voulaient l'affrontement, comme le duc Épernon et ses proches ; d'autres comme Cheverny ou Villequier conseillaient la prudence ; d'autres, enfin, tels sa mère et son beau-frère, le duc de Joyeuse, suggéraient un arrangement avec le duc de Guise.

Cependant quel que soit leur désaccord, tous étaient parfaitement conscients que le peuple de Paris tenait pour le parti de la Ligue et aucun ne sous-estimait le danger. La Saint-Barthélemy était dans toutes les mémoires. Si la populace s'attaquait au Louvre et au Palais, ils savaient que les troupes royales seraient balayées et la ville mise au pillage pendant plusieurs jours.

Le roi décida donc d'agir avec prudence et fermeté. Ayant appris que les quarteniers surveillaient les gens de passage, il reprit l'ordre à son compte et demanda aux dizainiers d'informer M. de Villequier de toutes les allées et venues suspectes. Il prohiba aussi la navigation sur la Seine la nuit et imposa que toute personne qui hébergeait un étranger le signale au gouverneur de Paris. Il fit aussi fouiller quelques maisons, sans toutefois s'attaquer aux chefs ligueurs afin de ne pas dévoiler qu'il les connaissait.

Néanmoins, cette preuve d'autorité inquiéta les bourgeois les plus timorés qui savaient le sort réservé aux rebelles.

Le dernier jour de mars, le roi convoqua au Louvre le prévôt des marchands et les échevins, ainsi que les quarteniers et les dizainiers, pour leur annoncer que les capitaines et lieutenants de la milice bourgeoise ayant la garde des portes de la ville seraient remplacés par des officiers de robe longue. Bussy Le Clerc dut rendre les clefs de la porte Saint-Antoine, comme les autres gardiens des portes.

Henri III fit ensuite venir les nouveaux capitaines qu'il avait nommés et leur fit prêter serment de fidélité en leur demandant d'être bons et loyaux sujets, et de monter bonne garde des portes et avenues. Il envoya aussi ses propres officiers renforcer les défenses du grand et du petit Châtelet, du Temple et de l'Arsenal.

Ceux de la Ligue se trouvèrent surpris par ce *remuement d'armes et de trouble* et beaucoup prirent peur, craignant que le roi ne les ait découverts et soit décidé à les punir ; ce en quoi ils se trompaient. Henri III avait trop fait couler le sang durant la Saint-Barthélemy pour envisager un nouveau massacre. La boucherie ordonnée par sa mère hantait toujours ses nuits, comme on disait qu'elle avait hanté celles de son frère Charles IX.

Dès le lendemain de ce coup de force circula en ville un manifeste imprimé à Reims dans lequel la Ligue et ses alliés lorrains expliquaient les raisons pour lesquelles ils avaient été amenés à prendre les armes. Le manifeste était signé Charles de Bourbon qui se présentait désormais comme l'héritier du trône en cas de disparition du roi.

Devant une telle insolence, Henri III aurait pu réagir avec autorité. Il aurait pu faire entrer d'autres Suisses dans Paris, arrêter et exécuter les meneurs, confisquer tous les biens des Guise et de leurs proches. Par la violence, la ville se serait peut-être soumise. Mais une fois encore, le roi refusa de faire couler le sang de ses sujets et en appela seulement à leur loyauté.

Il répliqua donc seulement par un autre manifeste dans lequel il affirmait que la déclaration de la Ligue et des Lorrains ne visait qu'à l'exterminer, ou à le chasser, pour lui ravir la couronne, ou celle de ses héritiers légitimes. Les masques étaient donc tombés, mais Henri ne s'en prenait qu'aux Guise et au cardinal de Bourbon, non à ses sujets.

Le 2 avril, des officiers fidèles au monarque firent fermer la plupart des portes de Paris, ne gardant ouvertes, et particulièrement surveillées, que les portes de Saint-Honoré, Saint-Martin, Saint-Denis, Saint-Antoine, Saint-Germain, Saint-Jacques et Saint-Marcel. Des proches du roi, et parfois le roi lui-même avec ses quarante-cinq, assurèrent un tour de garde régulier de ces sept portes.

Il était désormais impossible aux Guise de faire entrer des troupes ou des armes dans la capitale.

Dès sa libération, Nicolas Poulain examina avec Olivier les premières preuves que celui-ci avait obtenues. Celles-ci, bien que peu nombreuses, paraissaient irréfutables. Les quelques riches roturiers qu'Olivier avait interrogés avaient effectivement payé leurs tailles. Ils lui avaient même montré les quittances des quatre termes annuels qu'ils avaient portés à leur receveur. Ils n'avaient jamais été anoblis, et pourtant ils n'apparaissaient pas dans les registres des tailles versées transmis au conseil des finances.

Avec ces éléments, Olivier se proposait d'écrire un court mémoire pour M. Séguier et de suggérer l'arrestation immédiate de Jehan Salvancy. Une fois celui-ci emprisonné, il serait aussi interrogé sur l'assassinat de son père et il nommerait sans doute ses complices.

Olivier jugeait que le roi montrait sa fermeté en faisant fouiller les maisons et surveiller les allées et venues suspectes, et qu'il ne se laisserait plus dominer par le duc de Guise. Salvancy pouvait donc être arrêté sans risques.

De retour de chez M. Sardini, Cassandre n'était pas de son avis. Elle lui rappela à quel point la ville était en ébullition. Partout des bourgeois du guet circulaient, en morion et armés de mousquet ou de pertuisane. Si des gardes du roi venaient arrêter Salvancy, ou fouiller sa maison, et s'il appelait à l'aide, tous ses voisins lui porteraient secours et chasseraient les forces de l'ordre, qui seraient même écharpées. De toute façon, elle doutait que les commissaires de police du Châtelet acceptent d'exécuter un ordre d'arrestation d'un homme soutenu par la Ligue.

Le Bègue, qui assistait à leur entretien, confirma cette difficulté.

Nicolas Poulain reconnut aussi qu'elle avait sans

doute raison et qu'une arrestation serait difficile, sinon impossible. Il savait pertinemment que la plupart des commissaires du Châtelet ayant rejoint la sainte union, aucun n'exécuterait l'ordre qu'on leur donnerait (sauf peut-être M. Chambon), ou alors qu'ils préviendraient Salvancy qui se cacherait.

Le plus sage, selon lui, était d'attendre pour savoir si le roi parviendrait à imposer sa volonté. Il espérait aussi en savoir plus lors de la réunion du vendredi avec les ligueurs, mais cela il ne le dit pas à ses amis. Seulement, en se rendant au Palais le vendredi, il apprit par le graveur qu'il n'y aurait pas de réunion ce soir-là. Chacun était bien trop inquiet de l'attitude du roi et voulait éviter de se compromettre tant que le duc de Guise ne serait pas à Paris pour les protéger.

Les jours s'écoulèrent donc sans que rien ne change. Cassandre hésitait à partir. La prudence aurait voulu qu'elle quitte la ville, car les quarteniers visitaient les maisons et recensaient les étrangers. Qu'on découvre qu'elle était protestante et elle subirait alors les pires atrocités.

Mais d'un autre côté, elle se savait si proche du but qu'elle ne pouvait se décider à abandonner la partie. Et puis, il y avait Olivier. Partir maintenant, c'était peut-être ne plus jamais le revoir. Surtout si la guerre recommençait.

Le destin prit la décision à sa place.

Le samedi matin, veille du dernier jour de mars, le dizainier du quartier, accompagné d'un capitaine de la milice, se présenta chez les Hauteville. Il avait appris par une dénonciation qu'il logeait trois personnes. Pour ce qui est de Cubsac, celui-ci avait un passeport signé par le duc d'Épernon et ils ne lui cherchèrent pas de poux. En revanche, ils interrogèrent longuement Cassandre et François Caudebec après avoir examiné le passeport de la jeune femme au nom de Baulieu. Elle avait en effet jugé qu'il était trop dangereux de se présenter comme la nièce de Scipion Sardini, considéré comme un grand voleur par les Parisiens à la fois parce qu'il était Italien, banquier et collecteur d'impôt !

Le dizainier était un homme méfiant. Il leur déclara qu'il gardait le passeport et qu'il enverrait un courrier à Angers pour le vérifier. En attendant, ni elle ni Caudebec ne pourraient quitter la ville, les passeports étant désormais aussi exigés pour sortir.

Après leur départ, Le Bègue rapporta que des rumeurs circulaient sur la fermeture prochaine des portes de la ville dès le lendemain sur ordre du roi. Cassandre annonça alors à Olivier que la situation devenait trop dangereuse pour elle. Elle risquait de se retrouver prisonnière dans une ville en pleine fièvre. Comme elle possédait son autre passeport au nom de Sardini, elle préférait retourner chez son oncle.

Ce départ précipité lui permettait aussi d'éviter d'aller à la messe le lendemain sans avoir à inventer une nouvelle maladie !

Les deux jeunes gens se firent longuement leurs adieux. Ce fut à cette occasion que Cassandre suggéra à nouveau à Olivier de reprendre lui-même les quittances chez Salvancy.

— Mais comment pourrais-je le faire ? demanda-t-il. Nicolas m'a dit que c'était impossible.

— Tu as vu (ils se tutoyaient depuis quelques jours) que la milice fouille les maisons et que les officiers du roi en font autant. Tu pourrais profiter de ce désordre pour te présenter avec M. Poulain et M. de Cubsac chez Salvancy en vous faisant passer pour des gens du guet. Après tout, c'est bien ce qu'ont fait ces truands quand ils ont pénétré chez toi. Une fois à l'intérieur, vous pourriez facilement maîtriser les domestiques.

— Nous ne sommes que trois, et tu m'as dit qu'il y avait des gardes.

— C'est vrai, mais M. Poulain pourrait se faire aider par ses sergents et ses archers... Vous pourriez aussi engager des hommes de main.

— Peut-être, fit Olivier, mal convaincu.

C'était tout de même prendre un bien grand risque. Pourtant, c'était aussi l'assurance de reprendre les quittances, et surtout la certitude de connaître la vérité sur la mort de son père. Le coupable était-il Salvancy ou l'autre personne à laquelle il avait pensé ? Olivier savait qu'un face à face avec le receveur aurait lieu tôt ou tard. Il assura à Cassandre qu'il en parlerait à nouveau à Nicolas Poulain, aussi lui fit-elle promettre de la prévenir, chez Sardini, s'ils se décidaient.

— Je veux être près de toi quand tu ramèneras ces quittances, lui dit-elle. Mon oncle sera rassuré s'il sait que le duc de Guise ne profitera pas de ses rapines. Et pense aussi à la récompense que t'octroiera le roi !

— Ce n'est pas de lui que je brigue une récompense, lui répondit-il de façon détournée en la regardant dans les yeux.

Elle comprit parfaitement son allusion et elle hésita un instant, sachant à quoi elle s'engageait. Mais finalement, elle accepta son baiser. Le cœur apparemment en fête, il la raccompagna avec Caudebec et Cubsac jusqu'à la porte Saint-Marcel. Pourtant, au retour et malgré le baiser, il ne cessa de penser à ses mensonges, à ce qu'il avait trouvé dans son lit, et à la médaille de sa mère qu'elle avait laissée. Pourquoi insistait-elle tant pour qu'il reprenne lui-même les quittances ?

Le dimanche, Olivier et Eustache de Cubsac se rendirent chez Nicolas Poulain dans l'après-midi. Le lieutenant du prévôt lisait un livre en latin à ses enfants. Avec l'arrivée des deux hommes, il termina rapidement sa leçon et envoya sa fille et son fils dans la cuisine rejoindre son épouse.

Olivier raconta alors à son ami que Cassandre était retournée chez son oncle – une prudence que Poulain approuva – et il lui suggéra qu'ils reprennent eux-mêmes les quittances à Salvancy, comme s'il était à l'origine de cette idée.

Entre-temps, il avait bien réfléchi au plan de Cassandre et il l'avait amélioré. Il proposa à Poulain qu'ils fassent parvenir au receveur des tailles une lettre l'avisant qu'il allait être arrêté. Que sa fraude aux faux anoblissements était découverte et que trois officiers du duc de Guise allaient venir le chercher pour le conduire à l'hôtel de Clisson où il serait à l'abri.

Ces trois officiers, ce seraient eux, avec M. de Cubsac. Salvancy leur ouvrirait sa porte sans hésiter. Il faudrait alors qu'ils neutralisent les gardes et les domestiques, mais avec Cubsac, ils devraient pouvoir y parvenir. Ensuite, ils interrogeraient le receveur, lui prendraient les quittances et les lui feraient signer avant de les rendre au roi.

Nicolas Poulain resta bouche bée devant ce projet. Il avait toujours jugé Olivier comme un clerc et il découvrait un homme d'action. L'entreprise était séduisante, audacieuse, certes, mais réalisable. Seulement, il y vit plusieurs défauts, dont le principal était qu'il ne pouvait y participer !

— C'est un plan solide, et qui pourrait bien réussir avec un peu de chance. Mais je ne peux en être, car j'ai rencontré plusieurs fois Salvancy à des réunions, avec des gens du corps de ville. Il sait que je suis le lieutenant du prévôt Hardy ; je ne peux donc me présenter chez lui comme un officier du duc de Guise. Or si toi et Cubsac êtes seuls, vous ne parviendrez pas à maîtriser toute la maisonnée.

— Je pourrais demander à quelques Gascons de ma connaissance, certains des quarante-cinq me prêteraient main forte, proposa Cubsac.

— Nous pourrions aussi engager des hommes de main, suggéra Olivier.

— Et je pourrais moi-même trouver des archers, reconnut Poulain, mais je préfère ne mêler personne à cette affaire. Nous ne pouvons agir qu'avec des gens de confiance, car si les amis de Salvancy découvraient que ce sont des gens du roi qui ont repris les quittances, ils préviendraient le duc de Guise qui ferait pression sur Sa Majesté.

Il resta silencieux un instant, cherchant à proposer une alternative. Le plan d'Olivier était excellent, mais où trouver deux ou trois personnes sûres ? Il songea un instant à Caudebec, mais il était lui aussi connu de Salvancy.

Finalement, son visage s'éclaira. C'était tellement évident !

— O ! fit il.

Olivier crut à une interjection et regarda autour de lui, ce qui fit rire Nicolas.

— Le marquis d'O ! Nous allons le prévenir. S'il pouvait venir à Paris, je suis certain qu'il aimerait participer au dernier acte !

— Mais cela lui sera-t-il possible ? s'enquit Olivier. En ce moment, tous les gouverneurs sont à leur poste. Il ne pourra sans doute pas quitter Caen.

— Il pourrait nous envoyer quelques-uns de ses lieutenants en qui il a toute confiance, suggéra Poulain.

— C'est bien possible. Mais comment le prévenir ?

— Je peux y aller, proposa Cubsac. En partant lundi, je serai à Caen avant vendredi. Et il est inutile de me donner une lettre, je peux tout expliquer à M. le marquis.

— En effet… Et tu serais de retour à la fin de la semaine suivante, calcula Poulain. Toute cette affaire pourrait être réglée dans une quinzaine.

— Tout de même, grimaça Olivier, il y aura deux semaines à attendre !

Même s'il le cachait, il bouillait maintenant d'impatience, mais c'était surtout pour revoir Cassandre !

— Ce ne sera pas de trop pour affiner ton plan. N'oublie pas que tu n'as pour l'instant que quelques témoignages contre Salvancy. Durant les deux semaines de chevauchée qui m'attendent, tu pourrais m'accompagner à Saint-Germain pour poursuivre tes vérifications auprès des roturiers faussement déclarés nobles. Nous ferons le voyage ensemble et si, dans quinze jours, après avoir récupéré les quittances, tu déposes un mémoire accusatoire contre Salvancy auprès de M. Séguier, tu auras suffisamment de preuves.

C'était parler avec sagesse. Ils préparèrent les derniers détails de leur entreprise avant de se séparer. Il fut finalement convenu que Nicolas Poulain viendrait chercher Olivier le lundi matin. Il serait inutile que Le Bègue l'accompagne. Quant à Cubsac, il partirait à la première heure.

Durant la semaine qui suivit, le roi envoya le duc de Montpensier à Orléans afin de s'assurer de la fidélité de la ville car son gouverneur, Charles de Balzac d'Entragues, venait de se déclarer pour la Ligue.

Époux de Marie Touchet, l'ancienne maîtresse de Charles IX, et l'un des survivants du fameux duel des mignons qui, en 1578, avait opposé trois partisans du roi à trois partisans de Guise, Entragues avait toujours été proche des Lorrains. Son ralliement n'avait donc surpris personne, sauf le roi.

Montpensier commandait une importante troupe de gendarmes et ne doutait pas qu'à son arrivée les portes s'ouvriraient pour le recevoir, et qu'on lui livrerait la citadelle. Le roi le lui avait assuré, Entragues et le corps de ville ne pouvaient basculer dans la félonie !

Il n'en fut rien. Le dimanche 7 avril, non seulement M. d'Entragues refusa de laisser entrer l'armée royale, mais il fit tirer ses canons sur les gens d'armes du roi, provoquant de nombreux morts et blessés.

Impuissant, le duc revint à Paris, abandonnant sans combattre la ville aux rebelles.

Ce même jour, arrivèrent des nouvelles de Mézières, de Dijon, d'Auxonne, de Mâcon et de Troyes. Toutes ces villes venaient de tomber comme des fruits mûrs dans les mains de la Ligue. Des défaites si rapides et si cuisantes émurent au plus haut point les officiers de la cour et les parlementaires. À nouveau des rumeurs circulèrent sur l'intelligence et le double jeu d'Henri III avec ceux de la Ligue. Pourtant, elles ne reposaient sur rien ; ces désastres n'étaient que la conséquence de la faiblesse du roi, de son aveuglement, et de son refus de l'affrontement.

Lorsque Scipion Sardini lui eut raconté ces tristes évènements, Cassandre comprit que les combats allaient reprendre. Le duc de Guise ne tarderait pas à entrer dans Paris et à s'assurer de la personne du roi. Son dernier adversaire serait Henri de

Navarre. C'est à l'issue de cet ultime conflit que serait désigné le prochain souverain de France.

Désormais, elle n'avait plus beaucoup de temps.

La veille, Olivier était venu la voir et l'avait rencontrée en présence d'Isabeau de Limeuil, qu'il ne connaissait pas. Il avait passé la semaine dans les paroisses autour de Saint-Germain et ramené de nouveaux témoignages prouvant l'existence de doubles registres de taille. Assuré par Cassandre qu'il pouvait faire confiance à Isabeau, il leur avait expliqué qu'il avait envoyé M. de Cubsac chercher le marquis d'O à Caen. Dès son arrivée, ils iraient ensemble faire une fausse perquisition chez Salvancy, et si le marquis ne pouvait venir à Paris, il espérait qu'il lui enverrait quelques lieutenants.

L'entreprise pourrait être conduite à la fin de la semaine suivante. Cassandre avait insisté pour être présente quand le projet définitif serait préparé avec le marquis, ce qu'Olivier avait accepté. Il avait promis d'envoyer Le Bègue pour la prévenir lorsqu'ils se réuniraient. Il avait ajouté qu'il aurait aimé qu'elle retourne habiter chez lui, mais que ce serait imprudent. Paris restait en grand désordre et elle était plus en sécurité dans le château de Scipion Sardini.

Le dizainier était d'ailleurs revenu, et Le Bègue lui avait expliqué que son maître était parti à Saint-Germain contrôler des tailles avec M. le lieutenant du prévôt d'Île-de-France. Qu'ils en avaient profité pour escorter Mme Baulieu qui souhaitait rentrer à Angers. Les officiers municipaux étaient partis mécontents, mais impuissants.

C'est peu de temps après le départ du jeune Hauteville qu'une troupe de trois cavaliers solidement armés s'était présentée chez le banquier italien.

24.

Au château de Caen, le marquis d'O s'était installé dans le logis des Gouverneurs. Le donjon carré avait été renforcé et deux couleuvrines installées, dont une en face de la porte des Champs, pour couvrir la barbacane. François d'O avait fait rentrer d'importantes quantités de porc salé, de céréales et de cidre qui étaient entreposées dans les caves. Il avait aussi donné ordre aux échevins de la ville de renforcer la garde des portes et de ne laisser entrer aucune troupe armée sans qu'il en ait donné l'autorisation. Craignant une trahison comme cela s'était produit dans plusieurs autres villes, seuls ses gens avaient accès aux canons et à la poudre. Il avait d'ailleurs fait désarmer les habitants qui n'assuraient pas la garde et ses sergents surveillaient étroitement la milice bourgeoise.

Quant à son frère et à son lieutenant, ils patrouillaient continuellement dans les campagnes avec une centaine de cavaliers. Chaque jour des messagers informaient le roi, et chaque jour le marquis recevait des instructions de Paris. O avait ainsi été averti de la grande offensive du duc de Guise par plusieurs lettres d'Henri III. Dans la dernière, celui-ci affichait sa satisfaction quant aux mesures que le marquis avait prises pour la défense de Caen.

Ce m'a été plaisir de voir par les lettres que vous m'avez écrites l'assurance que vous me donnez... Vous ne vous départirez jamais de l'affection et de la fidélité que vous portez au bien de mon service...

Le roi voulait à tout prix conserver la Normandie maintenant que partout en France, les villes et les places fortes tombaient dans l'escarcelle des Lorrains soit par trahison des gouverneurs, soit par ralliement des ligues bourgeoises. Si la province, qui fournissait le quart des tailles du royaume, passait à la Ligue, le roi ne pourrait plus payer son armée et perdrait son royaume.

Seuls la ville de Rouen et ses environs restaient sous l'emprise de Charles de Lorraine, comte d'Harcourt et duc d'Elbeuf, qui détenait par sa branche maternelle des droits féodaux sur la province dont il voulait devenir gouverneur. Henri III avait plusieurs fois tenté de le gagner à sa cause. Après tout, n'était-il pas un Vaudemont, de la même famille que la reine, son épouse ? Ainsi, le jeune Elbeuf était entré dans l'ordre du Saint-Esprit dès 1581. Mais le monarque conciliant n'avait pas été récompensé de ses bienfaits et Charles de Lorraine avait rejoint la Ligue de son oncle, le duc de Guise.

Depuis le début du mois, avec une troupe de trois cents lances, il gagnait peu à peu les villes à sa cause, que ce soit par la force, la persuasion, ou la trahison. Rouen était à trois jours de Caen et chaque jour, François d'O s'attendait à ce que Elbeuf se présente aux portes de la ville pour demander les clefs du château. Il était d'autant plus certain qu'il viendrait que son père, le marquis d'Elbeuf, avait été gouverneur du château et avait capitulé devant les protestants de Montgomery en 1563, après un petit siège de trois jours. Pour cette raison, le fils brûlait de reprendre la place afin d'effacer ce déshonneur familial.

C'est à ce moment de grande tension, en une froide fin d'après-midi, qu'Eustache de Cubsac arriva, puant et suant après une chevauchée presque sans débotter depuis Paris. François d'O le reçut aussitôt et lui fit porter à boire et à manger. La bouche pleine, le Gascon lui raconta les récents évènements qui s'étaient déroulés dans la capitale et lui expliqua que M. Hauteville avait enfin fait la lumière sur les détournements des tailles royales. Cubsac était incapable d'expliquer la fraude, sinon que tout reposait sur de fausses noblesses. M. Hauteville avait aussi découvert que l'organisateur en était un receveur général des tailles du nom de Jehan Salvancy.

Avec les preuves qu'il avait en mains, M. Hauteville pouvait demander à M. Séguier de faire arrêter M. Salvancy, mais il y avait vu deux obstacles.

— M. Salvancy est non seulement receveur général, mais sans doute membre de la sainte union, et protégé par le duc de Guise. À moins que le roi ne donne une lettre de cachet au prévôt de Paris, M. Hauteville devra monter un solide dossier d'accusation pour le lieutenant civil, ce qui prendra du temps. Durant ce délai, les amis de ce félon le préviendront et, soit il disparaîtra, soit il détruira toutes les pièces compromettantes qu'il aura en sa possession.

— Je peux écrire à Sa Majesté pour qu'il remette une lettre de cachet à Villequier. Mon beau-père est gouverneur de Paris et peut procéder à l'arrestation, affirma O.

— C'est là que surgira le second obstacle, monsieur. Paris est en ébullition avec le changement des capitaines et des lieutenants de la milice. Le peuple gronde. Selon M. Poulain – et je suis d'accord avec lui – il suffirait d'un rien pour déclencher une insurrection. Si une troupe de soldats se présente chez

M. Salvancy et s'il ne se laisse pas faire – sa maison est une forteresse –, il y aura émeute et nul ne sait ce qui se passera ensuite.

O ne répondit pas à l'argument. Il en voyait parfaitement la pertinence. Il serra les poings jusqu'à se faire mal. Son roi était devenu si faible qu'il ne pouvait même plus imposer sa volonté !

— Mais tout n'est pas perdu, Cap de Diou ! MM. Poulain et Hauteville ont dans l'idée de reprendre eux-mêmes l'argent volé à Sa Majesté !

— Comment ça ? demanda O avec surprise, persuadé qu'il était que Guise s'était déjà tout approprié.

— Sandioux ! M. le marquis m'excusera si je n'ai pas tout compris, mais ce fripon de M. Salvancy posséderait certains papiers qui, rendus au roi, lui permettraient de récupérer les tailles qu'on lui a rapinées !

— Des lettres de crédit ? Des quittances de banquier ?

— Oui, c'est cela, monsieur le marquis.

François d'O hocha la tête, montrant qu'il connaissait le procédé.

— Et ça représenterait combien ? demanda-t-il.

— Ça, je ne sais pas, monsieur le marquis.

Ce devait pourtant être une coquette somme, se dit O, pour qu'ils soient prêts à prendre le risque de s'attaquer ainsi à la Ligue.

— Comment comptent-ils agir ?

À grand renfort de Panfardious ! de Sandioux ! et de Cap de Bious ! le Gascon expliqua le plan des deux hommes avant de conclure :

— ... Comme M. Poulain ne pouvait participer à ce coup de main, car M. Salvancy le connaît, il n'y aurait eu que M. Hauteville et moi. On aurait été un peu juste, d'autant que le Salvancy a des gardes ! Alors, M. Poulain a pensé à vous. Peut-être pourriez-vous nous donner quelques hommes de confiance pour monter cette entreprise... Ou venir vous-même...

O hocha de la tête. Il comprenait mieux maintenant la venue de Cubsac, Poulain et Hauteville avaient sans doute élaboré une action audacieuse contre Salvancy, mais ils ne pouvaient la mener à bien. Il était naturel qu'ils aient fait appel à lui. Et ce qui tombait bien, c'est qu'il avait très envie d'y participer ! D'abord pour châtier ce larron, mais surtout pour reprendre l'argent, si c'était vraiment possible. Quelques centaines de milliers de livres pourraient bien faire la différence dans la guerre qui se préparait. Seulement, il ne pouvait s'absenter pour l'instant. Le matin même, il avait appris que le duc d'Elbeuf marchait sur Caen avec ses trois cents lances. Tant qu'il menaçait la ville et le château, il ne pouvait s'éloigner.

C'est ce qu'il expliqua à Cubsac en lui précisant que, puisqu'il était là, il le garderait à son service, car il pourrait bien y avoir escarmouche, ou même bataille, dans les jours à venir.

Le lendemain, justement, un héraut d'armes se présenta aux échevins de la ville. Le duc d'Elbeuf leur demandait l'entrée dans la cité avec sa troupe. Après avoir consulté leur gouverneur, les échevins, craignant d'être désagréables au roi, le supplièrent de ne pas le faire. Leur réponse était fort cérémonieuse et révérencieuse, mais elle était tout aussi ferme et négative ! Ils n'ouvriraient pas les portes de leur ville à la compagnie du duc.

Cependant, pour éviter de se faire d'Elbeuf un ennemi mortel, François d'O l'invita à dîner pour le lendemain, le 6 avril. L'invitation précisait toutefois que le duc ne devrait pas être accompagné de plus de quarante hommes d'armes, lesquels seraient logés dans les hôtelleries de la ville.

Le duc accepta et entra dans Caen par la porte des Champs du château, ce qui permettait au marquis d'O de contrôler ses soldats. Le dîner se déroula avec beaucoup de faste afin de montrer à Elbeuf à quel point le gouverneur était honoré de sa visite. Pourtant, et en toute amitié, O lui expliqua qu'étant déjà un fidèle du duc de Guise, il n'avait pas à lui remettre les clefs de la ville, ou à accepter une garnison militaire. Le lui demander aurait été un manque de confiance injurieux à son égard.

Malgré un premier échange assez vif, Elbeuf dut se contenter de cette réponse. Il n'avait pas les moyens d'imposer sa volonté par la force, ayant remarqué comme le château était bien défendu. Il avait aussi appris que les quelques bourgeois de Caen gagnés à la cause de la Ligue avaient tous été désarmés et écartés de la milice.

Il fit contre mauvaise fortune bon cœur, assura lui aussi fort hypocritement le marquis de son amitié et repartit pour Rouen le lendemain sans avoir rien obtenu. O savait que ce double jeu ne pourrait guère durer et que le duc de Guise devinerait vite qu'il avait été joué, mais le temps gagné permettrait au roi de mieux préparer sa défense.

Après le départ d'Elbeuf, François d'O hésita encore à se rendre à Paris. Abandonner le château n'était pas sans risque alors que la troupe d'Elbeuf était encore dans les environs. Le roi pourrait le lui reprocher, même si c'était pour une opération à son service. Or, deux jours après ce dîner mémorable, lors d'un transport, les deniers royaux de la recette générale de Caen furent volés par une troupe de pillards que l'on ne put identifier. Vengeance d'Elbeuf, ou coïncidence ? Nul ne pouvait le dire mais l'affaire était des plus graves. Elle donnait surtout au marquis un prétexte pour se rendre à Paris. S'étant assuré qu'Elbeuf s'était suffisamment éloigné, François d'O partit pour la capitale le surlendemain, cette fois accompagné par une dizaine d'hommes d'armes. Son frère et son lieutenant pourraient assurer la défense de Caen en son absence.

Il arriva à Paris le matin des Rameaux où, en attendant de pouvoir rencontrer Henri III, il fit prévenir Nicolas Poulain et Olivier Hauteville de se rendre chez lui le lendemain.

Huit jours après avoir fui de Paris, Maurevert était revenu sans difficulté dans la capitale avec son passeport signé par Cheverny, un document fort acceptable depuis que le roi avait installé ses officiers aux portes de la ville.

L'assassin s'était rendu directement chez Salvancy. Il avait trouvé le receveur des tailles amaigri, torturé par la crainte incessante d'être arrêté. M. Salvancy savait, par son protecteur, qu'Olivier Hauteville ne se rendait plus au tribunal de l'élection mais qu'il avait fait des vérifications à la chancellerie. Le receveur des tailles était de plus en plus certain que Hauteville allait découvrir son rôle, si ce n'était déjà fait.

Maurevert lui expliqua pourquoi il n'avait pu encore agir et lui demanda de lui procurer un passeport en blanc signé du prévôt des marchands, indispensable pour sa logeuse afin qu'il ne soit plus importuné par le quartenier. Le contrôleur des tailles lui remit le précieux document dans les deux jours et Maurevert n'eut plus qu'à le remplir sous son nom d'emprunt de chanoine de Conflans. Avant de partir, Salvancy le supplia encore d'agir au plus vite. Il risquait à tout moment l'arrestation, lui expliqua-t-il entre deux geignements, et il ne savait pas s'il pourrait résister à la question avec les brodequins.

Maurevert revint s'installer en face de la maison de Hauteville. Il remit son nouveau passeport à sa logeuse et lui demanda de ne plus le déranger quand il était là, sauf pour qu'un de ses domestiques lui porte à souper. Le *tueur des rois* était exaspéré par tous les contretemps qu'il avait subis et était décidé à en finir au plus vite. Cependant, il eut tôt fait de se rendre à l'évidence. La maison de Hauteville n'était plus occupée que par des domestiques. En effet, Olivier était parti avec Nicolas Poulain à Saint-Germain pour rassembler des preuves contre Salvancy.

À la fin de la seconde semaine d'avril, Poulain et Hauteville rentrèrent de Saint-Germain. Alors qu'Olivier commençait la rédaction d'un mémoire sur ses travaux d'investigation, Nicolas se rendit plusieurs fois rue Sainte-Croix-de-la-Bretonnerie pour étudier la maison de Salvancy. Celle-ci n'avait que deux ouvertures en façade : une massive porte cloutée à deux battants et une grande fenêtre protégée par une grille et des volets intérieurs. Il était impossible de les forcer. Quant aux fenêtres du premier étage, en encorbellement, elles étaient aussi fermées par des volets intérieurs et de toute façon trop hautes pour s'y introduire.

C'était impossible de pénétrer par la force, se dit-il, surtout s'il y avait des gardes, comme le leur avait affirmé Cassandre, sans compter les domestiques qui devaient être nombreux. La ruse d'Olivier restait sans doute le seul moyen. Mais Salvancy s'y laisserait-il prendre ? Et n'auraient-ils pas malgré tout à batailler ?

C'est lors de son troisième passage dans la rue – c'était le samedi matin – qu'il vit sortir l'homme qui l'avait accusé de lui avoir volé sa bourse. Celui qui avait déclaré se nommer Valier. Stupéfait, Nicolas Poulain se dissimula dans un porche.

L'homme se rendit jusqu'à la minuscule boutique d'un chandelier de suif où il acheta des chandelles avant de revenir à la maison de Salvancy.

C'était bien là qu'il logeait ! Son accusation, et l'arrestation qui s'était ensuivie, était bien un coup monté par Salvancy. Mais dans quel but ? Il n'était resté emprisonné que trois jours et les ligueurs qui étaient venus le voir n'avaient rien laissé paraître des raisons qui auraient pu les guider à agir ainsi.

Cette affaire restait un mystère, mais il allait être aisé de le résoudre. Puisque le commissaire Chambon voulait retrouver ses accusateurs, il suffisait de lui faire savoir que Valier habitait chez Salvancy. Une fois arrêté et menacé de la question, le pendard raconterait tout.

Nicolas Poulain s'apprêtait à prévenir le commissaire quand il se dit qu'il pouvait peut-être en apprendre un peu plus. Il attendit donc un moment, pour être certain que Valier n'allait pas ressortir, puis se rendit jusqu'à l'échoppe du chandelier de suif où il resta à examiner les chandelles, bougies et flambeaux que l'artisan exposait sur une étagère. Le maître chandelier était en train de fondre des cierges dans un grand moule en bois et il ne s'interrompit qu'après avoir vidé tout son suif puant dans les formes et placé les mèches. C'était un homme sanguin, au teint rouge et au nez couperosé. Vêtu d'une robe sombre protégée par un tablier de cuir, il transpirait abondamment à cause de la chaleur du fourneau où il faisait fondre la graisse de mouton.

Poulain lui glissa un liard de trois deniers un quart et lui demanda, en désignant un des plus petits modèles :

— Donnez-m'en une douzaine de cette taille...

L'artisan se rendit jusqu'à son minuscule ouvroir, au fond de la boutique, et revint avec un paquet de douze chandelles liées par un cordon. Il prit la pièce et rendit quelques sols.

— Je ne savais pas que mon ami Valier habitait là, fit encore Poulain en désignant la maison de Salvancy. Je l'ai connu à la bataille de Jarnac et je ne l'avais pas revu depuis.

— Vous étiez soldat ?

— On était ensemble dans une compagnie du duc d'Anjou ! Pouah ! Il a bien changé en devenant roi, celui-là !

— Dieu nous en débarrassera, promit le chandelier en se signant. Dans quelques jours, on l'aura attrapé et serré dans un couvent. Enfin, on aura un vrai roi... mais je ne vous ai jamais vu dans le quartier... ajouta-t-il avec une ombre de méfiance.

— J'habite sur la rive gauche et je cherche un logis plus grand. On m'a dit qu'il y en avait à louer rue du Puits, ou vers les Blancs-Manteaux.

— C'est bien possible. Si vous trouvez, je vous verrai sans doute plus tard à la milice du guet, car j'en suis lieutenant. Valier en fait aussi partie, il remplace souvent son maître, M. Salvancy, quand il ne peut venir. Vous aurez ainsi l'occasion de le revoir.

— Ce sera un honneur d'être sous vos ordres, le flatta Poulain. Je me souviens qu'à Jarnac, on était aussi avec un nommé Faizelier, je ne sais pas ce qu'il est devenu, lui.

— Faizelier ? Il est avec Valier, ils sont tous les deux au service de M. Salvancy.

— Ils ont bien de la chance, c'est une belle maison ! s'extasia Poulain.

— C'est vrai, et ils n'ont pas grand-chose à faire ; ils ne font que l'escorter quand il sort.

— Voilà un travail qui me plairait, conclut Poulain en le saluant avant de s'éloigner.

C'est le lendemain dimanche qu'il reçut le mot que le marquis d'O, qui venait d'arriver à Paris, lui avait fait porter.

Le lundi, à la pique du jour, Nicolas Poulain et Olivier Hauteville, se présentèrent avec Caudebec et Cassandre chez le marquis d'O.

En effet la veille, Olivier, averti lui aussi de l'arrivée de M. d'O, s'était rendu chez Scipion Sardini pour prévenir Cassandre et lui proposer de rentrer avec lui à Paris afin d'aller ensemble chez le marquis le lundi matin. Elle l'avait reçu froidement, sans la présence de Caudebec et en le laissant dans la cour, souhaitant visiblement ne pas faire durer leur entretien, comme si elle avait quelque chose ou quelqu'un à cacher. Elle lui avait simplement promis de venir chez lui le lendemain, dès l'ouverture des portes de la ville. Il était reparti le cœur meurtri de son indifférence.

François d'O avait logé tous ses hommes d'armes avec beaucoup de difficultés dans sa maison trop petite. Il aurait pu en envoyer une partie rue Vieille-du-Temple, à l'auberge de *L'Homme armé*, mais il préférait les savoir près de lui : en traversant Paris, il avait senti à quel point la sédition grondait et il s'était dit qu'il risquait fort d'avoir besoin de ses gens.

Ses soldats avaient donc été entassés au deuxième étage, sous les combles avec les domestiques, et un peu partout où il restait de la place. La chambre du marquis était la seule pièce préservée.

Quand les visiteurs y entrèrent, introduits par Charles, le valet de chambre, O fut surpris en découvrant Cassandre et Caudebec qu'il ne connaissait pas. C'est Nicolas Poulain qui les présenta rapidement et Cassandre fut la première à prendre la parole, en expliquant son rôle. Elle s'en tint bien sûr à l'histoire qu'elle avait racontée à Olivier. Elle était la nièce de Scipion Sardini qui soupçonnait le receveur des tailles Jehan Salvancy de détourner une partie des impôts et qui s'en inquiétait. Elle raconta comment elle avait été invitée chez lui, comment elle avait tenté une perquisition et à quelle occasion elle avait trouvé la clé qui lui avait permis de rencontrer Olivier Hauteville.

Ce dernier l'écouta, le visage impénétrable. Quand elle eut terminé, il détailla le mécanisme frauduleux mis au point par Salvancy, et l'existence de doubles registres de tailles : l'un servant à la collecte et préparé par les asséeurs des paroisses, et un autre, celui des receveurs, paraphé par les élus, puis archivé au greffe, sur lequel les plus riches habitants faussement anoblis avaient été supprimés.

La fraude n'était finalement que l'imitation à grande échelle d'un procédé banal utilisé par ceux qui ne voulaient pas payer de tailles, mais organisé avec de tout autres moyens, et l'accointance d'une partie de l'administration chargée de la collecte.

— J'entends bien la méthode, fit O après ces explications. Mais pour que cette fraude fonctionne, elle a dû impliquer de puissantes complicités à la surintendance. Salvancy ne peut en avoir été que le percepteur. Qui sont les autres ?

— Pour l'instant, je l'ignore, monsieur le marquis, répondit Olivier. Ce sera aux enquêteurs et aux procureurs de la cour des Aides de faire toute la lumière. Il semble toutefois que les complicités n'étaient peut-être pas si nombreuses. Les lettres de provision de ces faux nobles ont été présentées au bureau des finances qui les a jugées valides. Toutes portaient le sceau de la chancellerie.

— Comment se fait-il ? s'étonna O, brusquement

inquiet à l'idée que le chancelier Cheverny, un des plus solides soutiens du roi, puisse être impliqué dans cette fraude.

— Il semble qu'un adroit faussaire ait imité les sceaux, monsieur. Peut-être est-ce ce fameux Larondelle qui a été pendu en juillet de l'année dernière, proposa Poulain.

— Pour ma part, j'ai surtout rassemblé des preuves, reprit Olivier. J'ai déjà le témoignage écrit de trente-sept personnes qui ont effectivement payé leurs tailles alors qu'elles sont déclarées comme nobles, et vérifiées comme telles par les élus. Je pense qu'il y a au total un millier de personnes dans ce cas, dans toute l'élection de Paris.

O resta silencieux un moment, vérifiant mentalement l'affirmation de Hauteville. Un tenant occupant une ferme d'une centaine d'acres avec une dizaine de chevaux, autant de vaches et deux cents moutons, payait au moins deux cents livres de taille. Un millier d'entre eux, faussement anoblis, entraînaient facilement une perte annuelle de deux cent mille livres. C'était bien l'ordre de grandeur annuel de la fraude.

Ensuite l'argent allait à Guise. Ce n'était pas la première fois que l'intuition du roi s'avérait d'une rare justesse. Malheureusement, il avait agi trop tardivement. S'il avait été prévenu quelques mois plus tôt, la situation serait bien différente ! Maintenant, combien de ses ministres, de ses officiers, de ses proches, de ses amis – ou qui se disaient tels –, étaient passés dans le camp adverse ?

— Avez-vous tout de même des soupçons sur ceux qui ont arrangé ce brigandage ? demanda-t-il finalement.

— Il y a certainement parmi eux des membres de la ligue parisienne, bien que nous n'ayons aucune certitude, répondit Nicolas Poulain. Nous espérons avoir des noms en fouillant les papiers de M. Salvancy. Ce qui est probable, c'est qu'il ait des amis haut placés à la surintendance, c'est la raison pour laquelle nous vous avons demandé de l'aide. Seuls, nous ne pouvions le confondre et reprendre l'argent volé à Sa Majesté.

— Expliquez-moi comment vous comptez vous y prendre.

— C'est Mlle Sardini qui nous a donné cette idée, avoua Olivier. Elle nous a dit qu'à chaque dépôt que faisait M. Salvancy à la banque Sardini, il recevait une quittance.

O hocha la tête, montrant qu'il connaissait le procédé.

— Une partie de ces quittances a déjà été encaissée par le trésorier du duc de Guise. Pour environ cinq cent mille livres. Mais M. Salvancy a toujours sur les comptes de la banque Sardini pour environ neuf cent mille livres. Il doit donc en avoir les quittances. Si nous pouvions entrer chez lui par surprise, nous pourrions obtenir des papiers l'incriminant ainsi que ces quittances qui, signées par lui, permettraient au roi de se rembourser.

O le considéra longuement sans que son visage ne manifeste le moindre sentiment, puis son regard balaya Poulain et Cassandre et Caudebec qui attendaient sa décision. Ces quatre-là semblaient avoir conçu une habile solution pour renflouer les caisses du roi. Trois cent mille écus soulageraient certainement Henri ! Sans compter que cet argent ferait en même temps défaut à Guise et à la Ligue !

— Êtes-vous certain qu'il a des quittances pour cette somme ?

— C'est ce qui est indiqué sur les comptes de mon oncle, répondit Cassandre.

— Et il suffirait de les lui faire signer ?

— Oui, monsieur, affirma-t-elle.

— Comment voyez-vous la chose ? demanda alors O.

Ce fut Poulain qui reprit la parole :

— Il y a quelques semaines, nous étions tous invités à souper chez M. Hauteville quand une troupe du guet bourgeois s'est présentée. C'était la nuit et le chef de la patrouille s'est fait passer pour un officier de la milice urbaine. Le concierge d'Olivier lui a ouvert sans méfiance, car ces hommes portaient morion, corselet et pertuisane.

» Ils étaient venus pour assassiner Olivier, comme d'autres l'avaient fait le mois précédent pour son père, et sans doute pour les mêmes raisons : on ne voulait pas qu'il découvre comment les tailles de l'élection de Paris étaient rapinées.

— M. de Cubsac m'a raconté l'affaire en chemin. Vous les avez tous occis ! s'exclama O avec un rire cruel. Je crois qu'ils étaient bien mal tombés avec vous !

— En effet, monsieur. Mais cette aventure nous a donné l'idée d'agir comme eux avec M. Salvancy.

— Vous présenter comme une troupe d'exempts du Châtelet, par exemple ? Mais vous venez de me dire que cela pourrait provoquer une émeute…

— Non, monsieur. Notre idée est de venir chez M. Salvancy comme des hommes de M. de Mayenne ou de M. de Guise, qui seraient là au contraire pour le protéger d'une arrestation. Il doit être possible de le duper avec une fausse lettre de M. de Mayneville que M. Hauteville se proposait d'écrire. Une fois dans sa maison, si nous sommes assez nombreux, il sera aisé de maîtriser gardiens et domestiques et de fouiller complètement les lieux. Malheureusement M. Salvancy m'a déjà vu (il ne précisa pas en quelles circonstances) et il connaît M. Caudebec. Nous ne pouvons donc prendre part à cette supercherie. Or quatre ou cinq personnes, au moins, seraient nécessaires.

— Vous auriez pu demander de l'aide à vos sergents ? suggéra O.

— Cela restera une opération illégale, monsieur, même si elle est pour la cause du roi. Ne pourraient y participer que des gens de confiance. Imaginez que le Parlement en entende parler, le roi ne pourrait nous défendre !

— Et vous avez pensé à moi dont la réputation d'archilarron, n'est plus à faire ! s'esclaffa O de bon cœur. Vous avez bien fait ! Avec Dimitri et Charles, c'est mon valet de chambre, vous l'avez vu tout à l'heure, nous serons cinq, ce qui devrait suffire... Combien y a-t-il de domestiques chez Salvancy ?

— Une bonne dizaine, mais beaucoup de femmes. Lui-même est marié. Nous pourrons rassembler tout le monde dans une seule pièce, monsieur. Mlle Sardini et M. Caudebec nous ont fait un plan de la maison. Le problème vient surtout de ses gardes du corps, mais je sais depuis deux jours comment les neutraliser.

— Expliquez-moi ça...

— J'ai été emprisonné au Grand-Châtelet durant quelques jours sous une fausse accusation, monsieur. Je n'en ai pas encore percé les raisons exactes, mais j'ai découvert récemment que mes accusateurs étaient les deux gardes du corps de M. Salvancy. Or le commissaire Chambon, qui m'a libéré sur ordre de M. Séguier, recherche ces hommes pour les interroger. Je vais lui dire où ils se trouvent, et lui demander qu'il les appréhende et les conduise au Châtelet pour les mettre sous clef. Ainsi, nous aurons deux personnes de moins.

— Je vois que votre entreprise est bien avancée,

approuva O. Je vous propose que nous l'étudiions maintenant dans le détail, car elle présente encore quelques point faibles. Ainsi, je ne pense pas que M. Hauteville puisse imiter une lettre de M. de Mayneville, mais je sais à qui confier cette tâche. Cependant avant de commencer, vous allez me raconter cette attaque que vous avez subie, monsieur Hauteville. Ce manchot qui dirigeait les truands m'intrigue fort. Ensuite, monsieur Poulain, je veux tout savoir des circonstances de votre arrestation.

Ils travaillèrent ainsi une couple d'heures. Il fut convenu qu'une fois chez Salvancy, si celui-ci possédait les quittances, ils les lui feraient signer de force, avec une déclaration de culpabilité. En revanche, s'il ne les avait pas, il serait nécessaire de l'emmener pour un interrogatoire. Sans doute faudrait-il alors le bâillonner et le transporter sur un cheval, mais cela ne pourrait se faire qu'à la nuit tombante pour que personne ne le reconnaisse.

Restait un sujet dont François d'O s'étonnait qu'il n'ait pas été abordé. Jehan Salvancy était-il l'assassin du père d'Olivier, de sa gouvernante et de son domestique ? C'était le plus probable, aussi proposa-t-il au jeune homme de décider du sort du receveur des tailles, en lui faisant remarquer qu'à sa place, il lui passerait son épée au travers du corps sans autre forme de procès.

Olivier lui répondit qu'il souhaitait interroger Salvancy, et que tout dépendrait de ses réponses ainsi que des documents trouvés chez lui. Le receveur devrait s'expliquer sur la présence de la clef de sa maison, mais même s'il était l'assassin, le jeune homme voulait avant tout punir celui qui avait conçu la fraude, car c'était sans doute lui qui avait décidé la mort de son père.

Or, celui-là, il croyait le connaître, et ce n'était

pas M. Salvancy, assura-t-il, mais il refusa d'en dire plus. Son visage était alors tellement sombre et fermé que personne n'osa lui poser de question.

Le soir même, le marquis d'O se rendit chez Richelieu pour lui dire qu'il avait besoin des services d'un faussaire capable d'écrire une lettre signée et cachetée par M. de Mayneville. Un tel faux était passible de pendaison, parfois de la roue, mais Richelieu avait déjà commis ce genre d'écart, et il pouvait faire bien pire au service du roi. Le marquis d'O lui raconta à peu près la vérité ; qu'il voulait, par cette lettre, éloigner de chez lui un receveur des tailles afin de perquisitionner sa maison. Cet homme participait aux détournements des impôts qu'avait constatés Bellièvre.

Le Grand prévôt ne posa pas de questions. O avait la responsabilité de cette affaire et il la conduisait comme il voulait, jugeait-il. Le marquis lui remit le texte de la lettre que le faussaire devrait écrire, et lui demanda qu'on la lui porte le lendemain matin, aux aurores. De son côté, Nicolas Poulain s'était rendu au Grand-Châtelet pour rencontrer le commissaire Chambon. Ne l'ayant pas trouvé, il était allé chez lui. Pierre Chambon vivait seul avec un valet et une cuisinière dans un petit logement de la rue de la Croix-Blanche, à côté de l'hôtellerie du même nom. Il fut surpris de voir arriver Nicolas Poulain comme il était à table avec ses domestiques. Ceux-ci se rendirent dans une autre pièce et Poulain lui expliqua qu'il avait retrouvé les nommés Valier et Faizelier ; ils étaient au service d'un receveur des tailles nommé Jehan Salvancy qui habitait rue Sainte-Croix-de-la-Bretonnerie.

Quand le commissaire lui demanda comment il avait fait, le lieutenant du prévôt inventa qu'il avait interrogé des gens ayant assisté à son interpellation, et que ces témoins avaient reconnu les deux hommes. Il suggéra à M. Chambon de les arrêter le lendemain à la première heure. Lui-même aurait voulu en être, mais il aurait alors une importante visite. En revanche, sitôt l'arrestation faite, il aurait été reconnaissant au commissaire de le faire prévenir, non chez lui, mais chez Olivier Hauteville dont il donna l'adresse. Il le rejoindrait ensuite au Châtelet dès qu'il le pourrait.

Tout ceci était bien sûr fort inhabituel pour le commissaire, mais, après avoir conduit Poulain chez le lieutenant de police et chez le chancelier, après avoir assisté à son pseudo blâme par M. de Villeroy, et enfin après avoir reçu pour instruction de le libérer quand il le souhaiterait, il avait compris que M. Poulain s'occupait d'affaires d'une haute importance pour lesquelles il n'avait pas à s'interroger.

Obéissant donc aux ordres que lui avait donnés M. Séguier, M. Chambon promit de faire scrupuleusement ce que son visiteur exigeait.

Mais une autre idée trottait dans la tête de Nicolas Poulain depuis qu'il avait retrouvé ses accusateurs. Le tailleur, voisin des Hauteville, avait vu trois hommes, dont deux traîneurs d'épée se présenter chez M. Hauteville. Si c'étaient les assassins, les deux spadassins étaient sans doute les exécutants chargés de faire la sale besogne sous la direction de leur chef, un homme que M. Hauteville père connaissait et en qui il avait confiance.

Les deux bretteurs étaient peut-être des truands engagés pour l'occasion, mais Poulain n'y croyait guère. Ils auraient pu se retourner contre celui qui les avait pris à son service, ou simplement parler lors d'une beuverie. Le chef avait donc certainement choisi des gens sûrs. Et si c'étaient tout simplement les deux gardes de Jehan Salvancy ? Pour ce qu'il avait vu d'eux, il les jugeait capables de tuer père et mère pour de l'argent. Or, au service du receveur des tailles, leur silence était garanti et leur présence aurait parfaitement expliqué la découverte de la clef de la maison de Hauteville chez le receveur ; les deux pendards l'auraient emportée et remise à leur maître.

— Ces deux hommes que vous arrêterez demain ont peut-être des crimes plus graves à se reprocher, dit-il finalement.

— Lesquels ? s'enquit le commissaire.

— Interrogez-les sur l'assassinat de M. Hauteville qui a eu lieu au début du mois de janvier, dans la rue Saint-Martin.

25.

Le lendemain mardi, un homme apporta au marquis d'O la lettre fabriquée par le faussaire de Richelieu. Elle était cachetée par un sceau aux armes de Mayneville, parfaitement imité. François d'O appela son valet de chambre et lui demanda de trouver un gamin sérieux qui porterait la lettre chez M. Salvancy. Ensuite, il ne lui resterait plus qu'à attendre Nicolas Poulain et Olivier Hauteville.

Ce même matin, mais beaucoup plus tôt, le commissaire Chambon se présenta chez M. Salvancy à prime. Ce fut Valier qui lui ouvrit après que M. Chambon eut décliné son identité par le judas. Le commissaire était accompagné de six archers coiffés des courtes bourguignotes du Châtelet et porteurs de mousquet et de pertuisane. À peine entré, M. Chambon laissa deux archers à la porte avant de demander qu'on le conduise auprès du receveur général pour une importante affaire. Valier l'accompagna.

Salvancy, en robe de nuit, déjeunait d'une grosse soupe et de confitures. Il était passé à la selle sur sa chaise percée et sa chambre puait. Chambon avait laissé deux autres archers dans l'escalier et gardé les deux derniers. Valier était entré le premier dans la pièce, comme il avait ordre de le faire quand son maître avait des visiteurs.

Le commissaire fit fermer la porte par un de ses archers qui se plaça devant, comme pour en interdire le passage. Apercevant une autre porte dans la chambre, il fit signe au second archer de s'y rendre. Tous ces mouvements furent faits très rapidement, à la grande surprise du receveur des tailles. Ensuite M. Chambon se présenta comme étant commissaire au Châtelet.

Salvancy marqua sa perplexité en plissant le front, mais l'inquiétude ne l'avait point gagné. Certes, il redoutait l'arrestation mais il savait que tous les commissaires au Châtelet, ou presque, avaient rejoint la sainte union et obéissaient au commissaire Louchart. S'il devait être un jour saisi, ce serait par un officier du roi avec une troupe de gardes françaises ou suisses. C'était d'ailleurs pour cette raison que Valier avait ouvert sans crainte quand il avait vu qu'il s'agissait de gens du Châtelet.

Chambon expliqua alors au receveur qu'il avait appris que deux hommes du nom de Valier et Faizelier vivaient dans sa maison...

À ces mots, Valier pâlit tandis que d'un geste indécis, Salvancy désignait son garde du corps.

— ... Ils doivent être entendus pour une incompréhensible affaire de vol, poursuivit Chambon en prenant un air abruti. M. Valier a accusé un lieutenant du prévôt Hardy de lui avoir pris sa bourse. M. Faizelier était son témoin. Il apparaît que ce n'était pas vrai et le lieutenant accusé a demandé une enquête. MM. Valier et Faizelier doivent maintenant s'expliquer devant un procureur.

Salvancy parut abasourdi par ce discours inattendu. Il bredouilla :

— En avez-vous parlé à M. Louchart ? C'est un ami qui peut arranger tout ça...

— Non, monsieur, car il s'agit d'une requête de M. Séguier et M. le chancelier Cheverny est personnellement intervenu dans cette affaire. C'est pour cela que je suis venu avec six archers, mais je suis certain que MM. Valier et Faizelier pourront se justifier. Ils seront de retour avant midi, je vous l'assure.

— Valier, de quoi s'agit-il ? demanda Salvancy d'un ton faussement détaché.

— Je m'en souviens, monsieur... Un homme m'avait pris ma bourse, tout au moins je le croyais... Je suis désolé s'il y a eu une méprise.

— Méprise ! C'est certainement ça ! approuva Chambon en opinant du chef avec une expression bonhomme. M. Fraiche, le procureur du roi, vous interrogera rapidement. Il a hâte de clore cette affaire, et sans M. Séguier, personne ne s'y serait intéressé. Si vous m'accompagnez maintenant, cela permettra de classer rapidement cette histoire. Nous avons des délits bien plus importants et M. Poulain se contentera d'un dédommagement de quelques écus.

Le silence se fit mais personne ne bougea, aussi le commissaire demanda :

— Où est M. Faizelier ?

— En bas ! lâcha Valier à contrecœur.

Il n'avait aucune envie d'aller au Grand-Châtelet où on risquait de l'enfermer.

— Allons le retrouver, mes archers vont vous accompagner, décida le commissaire Chambon.

Valier hésitait encore. Il regarda Salvancy comme pour obtenir un secours mais finalement celui-ci opina d'un signe de tête. Que pouvait-il faire d'autre ?

Le commissaire emmena donc Valier qui le conduisit à Faizelier. Encadrés par les archers, les deux gardes du corps du receveur prirent le chemin du Châtelet.

En chemin, les deux spadassins se concertèrent à mi-voix. Avaient-ils intérêt à s'enfuir ? C'était le souhait de Faizelier, mais Valier lui souffla que, si on les emprisonnait, la Ligue les tirerait de ce mauvais pas avant ce soir. Chacun savait que le sergent Michelet et le commissaire Louchart faisaient la loi au Châtelet. Quand Guise serait à Paris, Louchart serait même nommé lieutenant civil, lui affirma-t-il.

Non loin de la rue Saint-Martin, Chambon murmura quelques mots à un de ses archers qui quitta le groupe pour prévenir Nicolas Poulain que l'arrestation était faite. Les deux gardes du corps n'y prêtèrent pas attention.

Arrivé au Grand-Châtelet, le commissaire passa par l'entrée réservée aux prisonniers. Il fit aussitôt enfermer les deux hommes dans une salle et quérir un geôlier chargé de leur mettre les fers. Comprenant qu'ils étaient tombés dans un piège, ceux-ci se débattirent, mais en vain.

Une fois les fers aux pieds et aux mains, ils repartirent avec M. Chambon et ses archers jusqu'à la Conciergerie. Construit par Saint-Louis, cet édifice avait été le premier palais des rois de France avant d'être abandonné pour le Louvre. Ses salles obscures étaient maintenant transformées en prison dont le concierge – ou bailli – était le gouverneur. C'est son titre qui avait donné le nom à l'endroit.

Alors que le Grand-Châtelet était la prison du prévôt et vicomte de Paris, c'est-à-dire celle d'une justice prévôtale ou présidiale, la Conciergerie accueillait en principe les détenus qui devaient être jugés par les cours souveraines [1], donc au niveau de juridiction supérieur. Chambon savait que, contrairement au Châtelet, peu de parlementaires penchaient pour la sainte union et que ses prisonniers seraient serrés dans une geôle d'où personne ne pourrait les libérer. Il expliqua d'ailleurs au greffier, qui le nota dans le registre d'écrou, que les deux hommes devaient être enchaînés et ne recevoir aucune visite.

Quant au fait qu'un commissaire au Châtelet conduise des détenus à la Conciergerie, cela n'étonnait nullement les geôliers car il n'était pas rare que des prisonniers de l'une des juridictions soient transférés dans la prison de l'autre, la Conciergerie ayant (relativement) un meilleur confort et une meilleure réputation.

Après le départ de ses deux hommes de main, Salvancy ne sut que faire. Devait-il prévenir Louchart ? Ce commissaire Chambon lui était apparu comme un individu falot et sans envergure, mais il ne pouvait rejeter la possibilité que ses hommes ne confient trop de choses au procureur quand ils seraient interrogés.

Devait-il fuir ? Ou au moins quitter sa maison quelque temps pour se cacher ?

La Chapelle ne le voudrait pas chez lui, ni son protecteur. Ce serait trop risqué pour eux. Peut-être Louchart, ou Le Clerc... mais ils n'avaient guère de place dans leur petite maison. Il devrait coucher dans leur lit, et leur femme protesterait [2]. Il décida de sortir les papiers importants de son coffre de fer et de brûler tout ce qui était compromettant.

1. Les cours souveraines étaient le Parlement, les Aides et les Comptes.

2. Il était courant à cette époque que les visiteurs de marque dans les maisons bourgeoises n'ayant qu'un grand lit dorment avec leur hôte et son épouse.

Il venait de finir de se préparer avec l'aide de son valet de chambre qui ranimait le feu quand un enfant apporta un pli qu'il laissa à une servante par le judas (Salvancy avait entre-temps interdit qu'on ouvre la porte d'entrée).

C'était une lettre au cachet de M. de Mayneville.

Il l'ouvrit fébrilement. La missive ne contenait que quelques mots. Sa maison allait être fouillée sur ordre de M. de Bellièvre. Pour éviter qu'on ne l'arrête, cinq gentilshommes de M. de Mayenne allaient se présenter chez lui pour le protéger et le conduire à l'hôtel de Guise. Qu'il prépare tous les papiers importants en sa possession pour les emporter.

Salvancy était tellement inquiet après l'arrestation de ses deux gardes du corps qu'il ne perçut pas l'incohérence de la démarche de Mayneville. Pourquoi n'était-il pas venu lui-même ? Pourquoi ne pas avoir simplement envoyé des gens de M. de La Chapelle pour l'aider à transporter ses affaires ? Pourquoi même ne pas lui avoir écrit de se rendre directement à l'hôtel de Guise avec ses domestiques ? Terrifié par la perspective de finir comme ce commis qu'il avait vu pendu, rue des Arcis, Salvancy ne pensa à rien de tout cela.

Il rassembla registres, quittances et bordereaux dans deux gibecières qu'il s'était fait apporter. Restaient encore deux épais registres. Ne devrait-il pas les brûler ? Jusqu'à présent, il les avait conservés comme une protection puisqu'ils prouvaient qu'il n'était pas l'instigateur de la fraude. Finalement, il décida de les détruire et jeta le premier dans le foyer.

Mais le registre était très épais et, avec sa couverture de cuir, il ne brûlait pas. Il le ressortit du foyer et commença à en arracher les pages quand son valet de chambre gratta à la porte. S'interrompant, il le fit entrer.

— Monsieur, il y a là cinq gentilshommes qui se disent envoyés par M. de Mayneville...

— Je sais, faites-les monter tout de suite !

Il abandonna le feu et arrangea un peu sa tenue avant de redresser son bonnet noir. Il devait paraître comme un honnête bourgeois auprès de ces gentilshommes.

Ils entrèrent. Le premier avait un visage sévère sous une chevelure coupée court et une barbe noire taillée en pointe comme la portait le duc de Guise. Son regard de braise était celui d'un homme à qui on devait obéir. Sous sa cape noire doublée et finement brodée, on apercevait un pourpoint de soie noire et des hauts-de-chausses de velours. Ses bottes montaient à mi-cuisse.

Celui qui le suivait ne pouvait être plus différent. Un physique de soudard, avec corselet de cuivre bosselé, toison en broussaille, hautes bottes râpées aux éperons de fer. Si le premier avait une épée à la garde en arceaux, le second portait une brette de côté, en acier à poignée de bronze. Le troisième était un géant blond avec une épaisse barbe et des cheveux tressés dégageant une nuque rasée. Il tenait un immense sabre. Salvancy n'avait jamais vu un pareil individu, sauf peut-être lors de la venue de l'ambassade de Pologne en 73. Enfin suivait un jeune homme à la fine barbe en collier et, derrière lui, un homme plus discret, d'une trentaine d'années à l'allure de domestique. Les deux derniers aussi portaient épée.

— Monsieur de Cubsac, monsieur Kornowski, et vous Charles, laissez-nous, et occupez-vous du valet de chambre, ordonna celui qui était entré le premier et qui apparemment commandait la troupe.

Aussitôt, trois des hommes ressortirent en bousculant le domestique. Salvancy resta un instant confondu. Puis il se dit que le chef ne voulait pas que ses serviteurs assistent à leur entretien, forcément confidentiel.

— Vous avez bien fait d'être venus à cinq, fit-il. Mes gardes du corps ont été arrêtés et je crains à tout moment l'arrivée du lieutenant civil. Ai-je le temps de finir de brûler ces papiers avant de partir ?

Il montra la cheminée où le gros registre grésillait faiblement. Le second était à côté, intact.

À peine avait-il dit ces mots que le jeune homme se jeta sur les registres pour les pousser hors du feu. Cette fois, Salvancy resta interloqué, puis comprenant que quelque chose n'allait pas, son estomac se serra, la peur l'envahit, et il fit deux pas vers ses deux sacoches posées sur le lit pour tenter de se les approprier.

— Nous allons nous occuper de tout, l'arrêta le chef de la bande avec un geste de la main. Allez donc vous asseoir sur votre lit, monsieur Salvancy, et attendez que je vous interroge.

Comme le contrôleur restait figé, celui qui venait de parler fit un pas vers lui et le souffleta trois fois avec une violence telle que le receveur tomba au sol et que sa tête heurta le pied de son lit, provoquant une profonde entaille.

— Obéissez !

Salvancy se releva, les yeux pleins de larmes et le crâne ensanglanté, pour s'asseoir sur le bord du lit. Qui étaient ces brutes ? Des gens du roi ? Des hommes de Mayenne ? Il savait que le duc était réputé pour sa brutalité.

On l'aura deviné sans peine, l'homme au pourpoint de soie noire était le marquis d'O et le jeune homme était Olivier. Celui-ci s'approcha du lit et prit les deux gibecières qu'il porta sur la grande table. Il les vida sur le tapis qui la couvrait, puis se rendit à la fenêtre qui donnait sur la rue, l'ouvrit, et fit un signe convenu à Nicolas Poulain qui attendait en bas.

— Qui... qui êtes-vous ? bredouilla le contrôleur des tailles en le regardant faire sans comprendre.

— La justice, monsieur Salvancy ! répondit O tranquillement. Maintenant, taisez-vous. Vous parlerez si je vous le demande.

— Il y a des gens dans ma maison, des gardes, ils vont donner l'alerte ! glapit Salvancy qui crut pouvoir lui faire peur.

— Ne vous inquiétez pas. Mes gens ont pour ordre de leur couper la gorge... Comme vous avez agi avec M. Hauteville, ajouta-t-il d'un ton sinistre en dégainant sa main gauche.

— C'est faux ! hurla Salvancy, terrorisé à l'idée qu'on l'accuse de ce crime.

Le marquis d'O lui attrapa les cheveux et tira sa tête en arrière, puis passa le fil de la lame sur son cou, faisant couler quelques gouttes de sang sur son col blanc, déjà taché par celui qui coulait de sa blessure à la tête.

Salvancy ouvrit la bouche pour hurler mais n'y parvint pas tant l'émotion le submergeait.

— Criez, et je vous coupe la langue avant de vous égorger comme un cochon ! gronda O.

Comme un écho, on entendit un hurlement dans la pièce d'à côté.

— Ma femme ! bredouilla le receveur.

— Pour l'instant, il n'arrivera rien à vos gens, fit O. Mais tentez de vous rebeller ou de nous tromper et nous ne laisserons personne de vivant ici. Est-ce clair ?

Salvancy déglutit en hochant de la tête.

— Monsieur Hauteville, pouvez-vous examiner le contenu de ces sacoches ? demanda encore O en rengainant la lame.

À ce nom, Salvancy comprit tout et se sut perdu.

Olivier était revenu à la table et avait commencé à regrouper les documents par piles. Une des gibecières contenait les fameuses quittances, mélangées à une centaine d'écus d'or et à des bijoux : un collier de perles, deux bagues, un bracelet en or. La seconde sacoche ne contenait que des papiers et deux registres.

— Tout est là, fit Olivier, après avoir rapidement examiné les quittances.

Au vu des sommes inscrites, il y en avait pour près d'un million de livres. O recula d'un pas et glissa sa main gauche dans son fourreau, sous son manteau.

— Monsieur Salvancy, vous êtes devenu raisonnable. Allez à cette table et commencez à signer au dos toutes ces quittances. Je vois qu'il y a là ce qu'il faut pour écrire.

Salvancy jeta un regard rapide à la table, aux quittances, puis aux plumes d'oie et aux encriers. Ainsi ces gens étaient venus pour ça ! Pour le rapiner !

Ils n'allaient peut-être pas le tuer, et encore moins l'arrêter, se rassura-t-il. Il décida d'obéir sans barguigner. Ces sots ne savaient pas que son cachet était nécessaire pour que les quittances puissent être payées. Il pouvait signer sans crainte, les quittances ne vaudraient rien ! Un bref éclair de triomphe traversa son visage qui n'échappa pas à O.

— J'obéirai, monsieur, mais je vous supplie de me laisser en vie, ainsi que ma femme, fit-il, apparemment dompté.

Que cachait-il ? s'interrogea le marquis, en dissimulant son trouble.

Salvancy se leva lentement et se dirigea vers la

table. En passant devant Olivier, il lui dit d'une voix implorante :

— Je n'ai pas tué votre père. Je peux le jurer sur les Évangiles.

Olivier ne répondit pas, l'heure du châtiment n'avait pas sonné.

Le receveur s'assit, prit une plume qu'il tailla rapidement et commença à parapher les papiers sous la surveillance du marquis d'O. Pendant ce temps, Olivier examinait le contenu de la seconde sacoche. Ce n'étaient que des dossiers attachés ensemble par des cordelettes. Beaucoup étaient des papiers familiaux et notariaux, il y avait des rentes sur l'Hôtel de Ville, l'acte de propriété d'une terre, puis un mémoire d'une dizaine de feuillets sur lequel il reconnut l'écriture de son père.

Sur la première page était écrit :

Mémoire pour M. Claude Marteau, contrôleur général des tailles à la surintendance de M. de Bellièvre.

Ainsi, il ne s'était pas trompé, se dit-il en commençant à le parcourir.

Son père n'avait pas découvert tout ce que lui avait trouvé, mais il avait repéré que les plus fortes baisses des tailles étaient faites dans les subdélégations et paroisses dont le receveur était Jehan Salvancy. Il avait aussi vu que ces diminutions de tailles étaient dues à des anoblissements anormalement fréquents et il suggérait un contrôle de ceux-ci.

Il glissa le mémoire dans son manteau, avant de revenir vers la cheminée, pour examiner les registres qui auraient dû être brûlés. Il découvrit en les feuilletant que c'étaient les véritables registres des paroisses collectées par Salvancy. Sur ceux-ci, les gens prétendument anoblis étaient bien indiqués comme roturiers avec le montant de la taille qu'ils avaient payée.

Il avait désormais toutes les preuves de la machination.

Il revint vers Salvancy qui signait toujours. À ce moment, on gratta à la porte qui s'entrouvrit. C'était M. de Cubsac.

— Monsieur, tous ceux qui se trouvaient dans la maison ont été rassemblés dans une chambre. Il y a eu quelques cris, mais on y a mis bon ordre.

— Très bien, nous n'en avons plus pour longtemps. En partant, vous fermerez la chambre à clef derrière vous.

Salvancy paraphait les dernières quittances. Quand il eut terminé, Olivier sortit le mémoire de son père et le lui mit sur les yeux :

— Comment l'avez-vous eu ?

— C'est M. Marteau qui me l'a donné, bredouilla Salvancy.

— C'est M. Marteau que mon père a reçu, n'est-ce pas, le jour où on l'a assassiné ?

— Oui. Votre père lui avait confié qu'il terminait un mémoire et qu'il allait le lui porter. Dans ce mémoire, il avait découvert que c'est moi qui préparais les faux bordereaux et les faux registres. Mais c'est M. Marteau qui avait tout organisé. Craignant que le mémoire ne soit lu par quelqu'un d'autre, il est venu le chercher lui-même.

— Pourquoi lui ?

— J'avais découvert il y a quelques années que certains fraudaient les tailles en se faisant passer pour nobles. Ils utilisaient de fausses lettres d'anoblissement avec des sceaux qu'ils avaient fait faire par un faussaire, M. Larondelle. J'ai raconté la fraude à M. Marteau. Nous nous connaissions depuis des années car c'est lui qui m'avait prêté l'argent pour acheter ma charge. C'est lui qui a eu l'idée des fausses lettres de provision présentées à l'élu chargé de vérifier les facultés des taillables à partir de rôles établis par le bureau des finances. C'est lui qui a mis au point le système de doubles registres. Après, je n'ai pas pu reculer, pleurnicha le receveur.

— Qui étaient ceux qui l'accompagnaient ?

— Mes gardes du corps. Ils ne sont pas là, ce matin, un commissaire du Châtelet est venu les chercher pour les interroger.

— Qui a tué mon père, ma gouvernante et ma servante ? demanda encore Olivier d'une voix blanche.

— Valier, tout seul. Il me l'a dit. Il a aussi volé un peu d'argent et une clef. J'ai caché la clef, mais elle a disparu. Quant à M. Marteau, il m'avait donné le mémoire afin que j'étudie comment votre père avait procédé pour découvrir la vérité. Il voulait améliorer la façon de détourner les tailles.

Salvancy parlait maintenant sans qu'on le force. Il était prêt à tout dire, et plus encore. Il savait qu'il n'avait plus longtemps à vivre et il regrettait réellement de s'être laissé entraîner.

Le visage fermé, O tendit sa *main gauche* à Olivier, mais d'un geste, le jeune homme refusa de prendre la lame. Il fit quelques pas dans la chambre, les yeux dans le vague.

— Je vais appeler Dimitri, proposa doucement O qui crut que le jeune clerc était incapable de tuer de sang-froid. Il a l'habitude et il lui coupera la gorge très proprement.

— Je ne peux pas, monsieur le marquis ! Je ne peux pas ! lui répondit Olivier en se retournant. Le tuer ne me rendra pas mon père !

Il s'adressa au contrôleur des tailles :

— Vous allez écrire une confession complète, monsieur Salvancy, expliquant que M. Marteau, M. Valier et M. Faizelier ont tué mon père, et dans quelles circonstances. En échange, je vous laisse la vie. Mais, dès ce soir, j'aurai prévenu M. Séguier et M. de Bellièvre. Si vous êtes encore là, vous serez arrêté et jeté dans un cachot. Votre châtiment sera alors effroyable. Vous aurez donc le temps de fuir, mais vous et votre femme deviendrez des parias, des miséreux sans maison, vivant de la charité. Peut-être aurez-vous le temps de vous repentir et, en priant Notre Seigneur, peut-être vous pardonnera-t-il.

Il se tourna vers O.

— Dès qu'il aura écrit ses aveux, je l'attacherai avec le cordon du rideau, décida-t-il. Valier et Faizelier, eux, subiront la peine des assassins. Quant à M. Marteau, je m'en charge.

26.

Après avoir garrotté Salvancy et enfermé à clef tous les gens de la maison dans la chambre de Mme Salvancy, ils sortirent.

Bien que la rue Sainte-Croix-de-la-Bretonnerie ne fût guère éloignée de la rue Saint-Martin et de la rue de la Plâtrière, ils s'y étaient rendus à cheval. D'abord parce que le marquis d'O ne se serait jamais déplacé à pied sans escorte, et ensuite parce que le cheval était le moyen le plus rapide de fuir si une difficulté inattendue devait surgir. Pour la circonstance, Olivier avait donc loué une jument à l'écurie du *Fer à Cheval*. En arrivant rue Sainte-Croix-de-la-Bretonnerie, ils avaient laissé leurs montures rue des Billettes, sur un petit enclos qui bordait l'église Sainte-Croix où quelques gagne-deniers avaient pour habitude de surveiller les bêtes que leur confiaient les gentilshommes de passage. Nicolas Poulain, lui, avait attendu ses amis en bas, devant la maison de Salvancy.

Quand, de la fenêtre et par un signal convenu, Olivier l'eut prévenu qu'ils en avaient terminé, le lieutenant du prévôt était allé chercher les chevaux que deux gagne-deniers avaient ramenés avec lui. Ils avaient ainsi pu partir rapidement.

Nicolas Poulain et François d'O étaient en tête.

Le marquis faisait au lieutenant du prévôt un compte rendu rapide de ce qui s'était passé, assorti de commentaires ironiques sur la terreur de Salvancy. Certes, le receveur des tailles aurait fui quand on viendrait l'arrêter, mais cela n'avait plus guère d'importance. Son rapinage était terminé et, dans la sacoche accrochée à la selle du marquis, il y avait près d'un million de livres qu'il remettrait au roi le soir même.

Enfin, maintenant qu'on savait que Claude Marteau avait ordonné la mort de M. Hauteville, M. d'O suggérait à Nicolas de régler cette dernière affaire lui-même, ou avec le commissaire Chambon. Leur entreprise était donc un succès complet, néanmoins Nicolas Poulain éprouvait un inexplicable sentiment de malaise. Il avait remarqué la pâleur d'Olivier, quand il était sorti de la maison de Salvancy. Maintenant, son ami était derrière eux, tout seul et il n'avait pas ouvert la bouche ; Caudebec, Dimitri et Charles fermant la marche plus loin.

Certes, le marquis d'O lui avait dit qu'Olivier connaissait désormais l'assassin de son père – Claude Marteau –, mais ce nom n'avait apparemment pas été une révélation pour lui. Le lieutenant du prévôt s'interrogeait donc aussi sur la façon dont Olivier l'avait identifié.

Pour toutes ces raisons, quand M. d'O eut terminé de lui raconter ce qui s'était passé chez le receveur, Nicolas Poulain retint sa monture un instant, de manière à ce qu'Olivier les rattrape et se retrouve entre eux.

— Tu m'as l'air bien sombre, Olivier, pourtant tu devrais être en joie. Tout s'est bien terminé, fit-il d'un ton neutre.

— Sans doute, répondit le jeune homme d'un air absent.

— Depuis quand te doutais-tu que c'était Marteau ?

— Si je n'avais pas été aveuglé, je l'aurais compris tout de suite. Je savais que l'assassin était une connaissance de mon père, or souviens-toi, il y a quelques semaines, tu m'as dit que ces bourgeois parisiens qui s'étaient constitués en sainte union étaient peut-être ceux qui rapinaient les taxes de l'élection de Paris. M. d'O les a plus franchement accusés devant moi, et j'avoue ne pas l'avoir cru à ce moment-là. Mais il avait cité des noms, en particulier M. de La Chapelle et son frère.

» Mon père vérifiait les registres des tailles à la demande de M. Séguier, mais c'est M. Marteau qui avait la charge du contrôle général des tailles à la surintendance, je ne crois pas te l'avoir dit. Et quand M. le marquis m'a parlé de M. de La Chapelle, j'ai fait le lien : M. de La Chapelle s'appelle Michel Marteau, c'est le frère de Claude Marteau. Voici ce qui a dû se passer : M. de La Chapelle a tenté de convaincre mon père de rejoindre sa ligue. Mais mon père avait sans doute déjà deviné que M. Salvancy était le responsable de la fraude et il le lui a peut-être dit, ou il l'a dit à son frère. Il leur a sans doute dit aussi qu'il écrivait un mémoire sur ce qu'il avait découvert. Ce qui prouve qu'il ne suspectait pas M. Marteau. Mais celui-ci a pris peur et il est venu chez nous chercher le mémoire, avec les sbires de Salvancy.

» Tout cela était tellement évident que je m'en veux de ne pas l'avoir compris plus tôt. D'ailleurs, qui était mieux placé que Claude Marteau, responsable du contrôle des tailles à la surintendance, pour trouver des complices parmi les élus et les officiers de l'élection ?

— Vous avez un esprit habile, monsieur Hauteville, remarqua le marquis d'O après un temps de réflexion durant lequel ils avaient fait avancer leurs montures à la file afin de contourner un chariot de pierres.

Olivier se mordilla les lèvres sans répondre. Il n'avait nullement un esprit habile, se reprochait-il. C'était Cassandre qui avait tout fait. C'est elle qui lui avait désigné Salvancy, c'est elle qui avait organisé cette entreprise qui leur avait permis de reprendre les quittances, et c'est elle encore qui lui avait ouvert les yeux sur les gens de la Ligue.

Et c'est elle maintenant qu'il allait devoir affronter.

— Qu'allez-vous faire désormais ? demanda O.

— Je ne sais pas, monsieur. Je vais peut-être m'inscrire comme avocat au Palais, si je suis accepté. Ou alors à la chambre des Comptes. Je suis trop jeune pour reprendre la charge de mon père.

— Je vous ai proposé d'entrer dans ma maison, mon offre tient toujours, si vous n'avez pas honte d'être au service de l'archilarron !

Ces mots amenèrent un maigre sourire sur le visage d'Olivier.

— Merci, monsieur le marquis. Pourrais-je vous donner une réponse quand tout sera vraiment terminé ?

O lui fit signe que oui. Ils arrivaient à l'écurie du *Fer à Cheval* où ils laissèrent les montures pour gagner à pied la maison d'Olivier.

Quand ils avaient discuté le détail de leur plan, chez le marquis, celui-ci souhaitait qu'ils se retrouvent chez lui une fois les quittances reprises. Mais Cassandre lui avait demandé une faveur :

— Olivier a perdu son père dans sa maison, monsieur le marquis, j'y ai moi-même vécu quelques temps et je crois vous avoir aidés à résoudre cette affaire. Il me serait agréable de vous retrouver là-bas pour dîner ensemble. Je pourrais y être à midi, et vous me feriez le récit de ce qui s'est passé. Après quoi, j'examinerais les quittances et je vérifierais qu'elles peuvent être payées. Après dîner, vous pourriez m'escorter jusqu'à la banque Sardini. Ainsi mon oncle vous paierait sur-le-champ les quittances contre une lettre de crédit pour Sa Majesté.

— Mais vous pourriez aussi bien nous retrouver chez moi ! avait objecté François d'O. Nous dînerions et je vous raccompagnerais de la même manière.

— Certes, mais toute cette aventure a commencé dans la maison d'Olivier. J'ai tant à cœur que tout se termine là-bas aussi, avait-elle insisté d'un ton mi-enjôleur mi-suppliant.

François d'O était trop galant homme pour ne pas céder. Sans compter qu'il ne pouvait froisser cette femme qui allait être indispensable pour échanger les quittances de Sardini contre trois cent mille écus d'or. À ce moment-là, tout à la satisfaction de leur entreprise, le marquis d'O n'avait pas remarqué l'expression désespérée d'Olivier Hauteville.

Depuis la fenêtre de sa logeuse, Maurevert surveillait toujours la maison de Hauteville. Le vendredi 12 avril, il avait enfin revu le jeune homme (Olivier rentrait de Saint-Germain), mais il faisait trop sombre pour tirer. Apparemment, la jeune femme et son compagnon n'habitaient plus chez lui, pas plus que son garde du corps. Il avait guetté toute la journée du samedi, le mousquet solidement calé sur la fourquine et la mèche lente pouvant être allumée à partir d'une chandelle de suif, mais sa victime n'était pas sortie.

Le dimanche, il l'avait vu partir, sans doute à l'église, accompagné de ses domestiques. Malheureusement, alors qu'il allait tirer, un soldat était arrivé et avait remis une lettre à Olivier Hauteville, et lorsque les domestiques étaient revenus de l'office religieux, le jeune homme n'était plus avec eux. En effet, après la messe, Olivier s'était rendu à pied à la maison de Scipion Sardini pour annoncer à Cassandre et à Caudebec qu'un soldat venait de lui porter une lettre du marquis d'O qui le convoquait pour le lendemain.

Fort en colère, Maurevert avait quitté son poste où il s'engourdissait pour aller manger dans une auberge. Il avait ainsi raté le retour de celui qu'il devait tuer !

Le lendemain lundi, il était encore à son poste quand il avait vu arriver la femme et son compagnon, tous deux à cheval. Allait-elle de nouveau loger chez Hauteville ? s'inquiéta-t-il. Il en était au point où il ne pouvait plus maîtriser son exaspération. Les deux visiteurs avaient été rejoints par Nicolas Poulain et ils étaient partis tous ensemble sans que le *tueur des rois* ait pu tirer, car Poulain et Hauteville, à pied, avaient été en partie cachés par les chevaux des deux autres.

Plus tard, Maurevert avait été dérangé par la servante qui lui montait à souper alors même qu'Olivier rentrait chez lui après avoir raccompagné Cassandre chez son oncle. Une nouvelle fois, il n'avait pu tirer.

Aussi, le mardi matin, il décida de revenir à son plan initial. Il prendrait désormais tous les risques. Dès que le jeune homme quitterait sa maison, il se présenterait chez lui sous un prétexte qu'il avait préparé, entrerait, tuerait tout le monde à l'intérieur, et quand Hauteville reviendrait, puisqu'il n'avait plus de garde du corps, il l'occirait facilement d'un coup d'épée.

Il en était là dans ses réflexions quand il vit le jeune homme partir à pied, tout seul, pour se rendre au *Fer à Cheval*. C'était un nouveau coup du sort ! ragea-t-il. S'il avait préparé son mousquet, il l'aurait abattu sans coup férir ! Il se consola en se disant que puisqu'il était parti seul, il reviendrait seul. Le pauvre garçon n'avait donc gagné que quelques heures de vie, jugea-t-il.

Il vérifia une nouvelle fois le rouet de son pistolet, une opération difficile avec une seule main et qui l'obligeait à coincer l'arme avec son genou. Le mécanisme fonctionnait parfaitement, Maurevert glissa l'arme dans un étui attaché à son pourpoint. Il était peu probable qu'il l'utilise, jugea-t-il. Son épée suffirait pour percer tous les habitants de la maison, mais si c'était nécessaire, il pourrait toujours lâcher sa lame, attachée à son poignet par une dragonne, sortir le pistolet de sa main valide, tirer, le replacer et reprendre son épée.

Il s'était longuement entraîné à cette séquence durant sa convalescence.

Il attacha le fourreau de son épée à sa ceinture, prit une dague, ouvrit sa porte et descendit. Il ne pouvait plus attendre.

Dans l'escalier, il rencontra sa logeuse qui montait le voir.

— Monsieur Le Vert (on se souvient que c'était le nom qu'utilisait Maurevert et qui était inscrit sur son passeport), vous ne m'avez pas encore payé la semaine d'avance et nous sommes mardi. Vous savez bien que vous devez me payer tous les dimanches.

— Je vous donnerai votre argent à mon retour, lui dit-il.

— Non ! protesta-t-elle aigrement. Vous êtes déjà en retard !

Elle lui obstruait le passage et il comprit qu'il ne pourrait se débarrasser d'elle. Il fit demi-tour et remonta dans sa chambre, lui demandant d'attendre dehors. Il avait un sac de cuir bien dissimulé et en tira dix écus. Il remit le sac à sa place et rejoignit la femme à qui il donna l'argent.

Ce contretemps lui avait fait perdre quelques minutes.

Dans la rue Saint-Martin, un gentilhomme qui surveillait la maison vit Olivier se diriger vers le *Fer à Cheval*. Il se précipita aussitôt à l'auberge et grimpa quatre à quatre jusqu'à une chambre dont les occupants sortirent aussitôt pour se rendre chez Hauteville, en évitant de se faire voir des écuries.

Ils étaient cinq en tout, lourdement armés, et avaient la clef de la porte d'entrée et de la herse.

Maurevert arriva peu après, alors qu'ils étaient déjà entrés. Ignorant leur présence, il frappa à la porte. Ce n'est qu'au bout d'un temps assez long qu'une voix d'homme se fit entendre par l'une des meurtrières de la tourelle.

— Que voulez-vous ?

— M. Hauteville vient d'être agressé par une bande armée ! Il est blessé et m'a demandé de venir chercher de l'aide ! lança Maurevert croyant s'adresser à un domestique.

Personne ne répondit, sans doute l'homme – un concierge – allait demander s'il pouvait le faire entrer. Au bout d'une longue minute, la porte s'ouvrit. À peine était-elle entrebâillée que Maurevert la poussa d'un coup d'épaule et entra en sortant sa dague pour qu'on ne le vît pas de la boutique du tailleur. Il la plongea dans le ventre de l'homme qui était devant lui. Celui-ci s'écroula en gargouillant.

Il était seul. Maurevert regarda son visage : il ne l'avait jamais vu. En revanche le fait que sa victime soit vêtue en gentilhomme et porte une épée l'inquiéta. Était-ce un nouveau garde du corps ? Peu importe, se rassura-t-il, puisqu'il est mort. Il rengaina sa dague et sortit sa rapière, puis ouvrit prudemment la porte de la cuisine. Elle était vide.

— Joachim, cria une voix d'homme de l'étage, fais monter cet homme !

Comment se faisait-il qu'il y ait encore un autre homme dans la maison ? se demanda le tueur qui n'avait jamais vu que le commis. Un second garde du corps ? Il s'efforça de chasser le malaise qui l'envahissait et grimpa l'escalier quatre à quatre, l'épée dans sa main valide.

Il fut stupéfait en découvrant le visage de celui qui se trouvait devant une porte ouverte, au niveau du premier étage, et qui avait été attiré par le fracas qu'il avait fait en montant. C'était un homme habillé de toile noire sans broderie ou passementerie. Il portait une épaisse barbe bouclée, comme sa chevelure, son front était haut avec des plis profondément marqués sous les yeux.

— Mornay ! murmura Maurevert.

— Maurevert ! s'exclama, abasourdi, M. de Mornay en reculant d'un pas pour protéger sa fille adoptive qui se tenait derrière lui. Cache-toi, Cassandre ! ordonna-t-il.

Les deux hommes, autant interloqués l'un que l'autre, se dévisagèrent une seconde. Puis la surprise fit place à la haine. Cassandre avait reconnu le manchot avec qui elle s'était battue. Elle ne chercha pas à comprendre comment son père le connaissait, elle savait seulement que cet inconnu allait les tuer.

— Caudebec, à l'aide ! cria-t-elle.

Caudebec était au deuxième étage. Il se trouvait déjà dans la cage d'escalier avec un pistolet quand il avait entendu du bruit en bas. Il se précipita et découvrit Maurevert à l'instant où celui-ci allait frapper M. de Mornay d'un coup d'estoc.

L'assassin le vit surgir au-dessus de lui alors qu'il

montait d'une marche. Il aperçut le pistolet et fit aussitôt demi-tour.

— Tire, Caudebec ! hurla Mornay.

Dans l'escalier à vis, la balle s'écrasa à l'endroit où Maurevert se trouvait une seconde plus tôt. Déjà en bas, l'assassin enjamba le cadavre, ouvrit la porte et s'enfuit en courant dans la rue. Les gens s'écartèrent devant ce furieux armé.

Mornay le poursuivit et s'arrêta à une des meurtrières de la cage d'escalier pour le voir disparaître dans la foule de la rue Saint-Martin. La poursuite était inutile.

Son cœur battait à tout rompre.

— Je te retrouverai, Maurevert ! murmura-t-il.

Philippe de Mornay était arrivé chez Scipion Sardini quelques jours plus tôt, accompagné d'un de ses capitaines et d'un écuyer. Cela faisait un mois qu'il était sans nouvelle de sa fille et dès qu'il avait appris l'offensive du duc de Guise sur Châlons, il avait décidé de venir la chercher. La guerre allait reprendre et bientôt les armées sur les routes empêcheraient tout déplacement autre que militaire.

Mais chez Sardini, Cassandre lui avait raconté qu'elle était près du but. Ce n'était plus que l'affaire de quelques jours pour qu'elle soit en possession des précieuses quittances. Elle lui avait expliqué son plan en détail et son père avait accepté de rester et d'attendre, d'autant qu'elle avait besoin de lui pour le dernier acte. Sans son père, elle aurait dû engager des hommes de main.

C'est ainsi que le matin où Olivier était parti chez le marquis d'O pour aller chez Salvancy, ils s'étaient introduits chez lui avec la clef qu'elle avait gardée. Mais Maurevert avait failli tout faire échouer.

— Qui était cet homme, père ? s'enquit Cassandre qui, avec Caudebec, avait rejoint son père et découvert le cadavre de l'écuyer de M. de Mornay.

— Un fantôme, Cassandre, un fantôme...

— C'est lui qui a tenté de tous nous tuer ici, il y a un mois, avec une troupe de pendards.

— Comment cela est-il possible ? murmura Mornay.

— Qui est-ce, père ?

— Je dois le retrouver, Cassandre... fit-il sans répondre. Je vais le retrouver, je le jure... Je croyais qu'il était mort... Je t'en parlerai... plus tard... Mais sache, et toi aussi, Caudebec, que cet homme est le plus grand criminel que l'histoire ait connu. C'est lui qui a provoqué la Saint-Barthélemy...

» Mon Dieu, pauvre Joachim ! Venir mourir ici..., fit-il en se penchant vers le corps de son écuyer. Aidez-moi, nous allons le monter dans une chambre et l'installer sur un lit.

Saisissant le corps par les pieds et les mains, Caudebec et lui grimpèrent au deuxième étage. La cuisinière, la servante et Le Bègue se trouvaient dans la chambre du fond sous la surveillance d'un jeune homme à la barbe fine, lui aussi vêtu de toile noire, qui les tenait en joue. Il se nommait Antoine, c'était un des capitaines de M. de Mornay.

— Que s'est-il passé ? demanda-t-il sans cesser de regarder ses prisonniers terrorisés.

— Je ne sais pas exactement, Antoine, répondit Mornay. Un homme s'est fait ouvrir en nous faisant croire que M. Hauteville avait été blessé. C'était faux, il venait sans doute pour occire tout le monde dans cette maison.

Il s'adressa aux domestiques pour les rassurer :

— C'est celui qui est déjà venu ici avec une

bande de truands. Il s'est enfui, il ne reviendra pas mais il a tué Joachim, mon écuyer.

— Vous le connaissiez, monsieur ? s'enquit le jeune capitaine.

— Oui, Antoine, nous en reparlerons plus tard.

— Je vous en prie, laissez Perrine ! supplia Thérèse alors que sa nièce sanglotait, regrettant amèrement d'être venue dans cette maison où on tuait si souvent et où on violentait régulièrement les pauvres filles.

— Je ne vous veux aucun mal, madame, la rassura Mornay. Je me nomme Philippe de Mornay, vous avez peut-être entendu parler de moi. Je suis le surintendant de la maison de Mgr Henri de Navarre. Vous connaissez déjà ma fille Cassandre, elle a vécu avec vous et vous aime beaucoup. Votre maître va revenir avec des documents que je désire. Il me les remettra et nous partirons. Par sécurité, nous allons vous attacher et vous bâillonner. Restez calmes et il ne vous arrivera rien.

» Nous allons coucher le corps de mon écuyer dans la chambre d'à côté, ajouta-t-il. Je laisserai aussi de l'argent pour ses obsèques. Il était protestant, mais je doute que vous puissiez le faire inhumer suivant les rites de notre Église. Pourtant, si vous le pouvez, faites-le.

Toujours avec Caudebec, ils transportèrent le corps. Ensuite Philippe de Mornay et François Caudebec récitèrent un psaume avant de retourner dans l'autre chambre pour attacher les prisonniers. Auparavant, ils s'étaient fait remettre toutes les clefs de la maison. Après quoi, ils fermèrent les deux chambres et s'installèrent en haut de l'escalier.

— Il faut maintenant terminer ce pour quoi nous sommes venus, mais tout commence bien mal, dit Mornay à sa fille.

Arrivé chez lui, Olivier ouvrit la porte, puis déverrouilla la grille avec sa clef. Ses cinq compagnons entrèrent après lui.

— Nicolas, accompagne M. le marquis dans la chambre de l'étage où nous avons soupé. Thérèse a dû dresser la table, fit Olivier en fermant la porte, puis la herse.

Les autres montèrent tandis que le jeune homme se rendait dans la cuisine. Le feu était allumé dans la cheminée. La grande table était couverte de nourriture mais on avait retiré de l'âtre la broche sur laquelle étaient enfilées des bécasses. Les marmites de cuivre habituellement pendues aux crémaillères étaient aussi posées à côté de la cheminée. Il n'y avait personne. Aucun repas n'était préparé.

Olivier sentit son cœur se serrer. Il avait bien deviné.

Il sortit et rattrapa ses compagnons. Alors qu'ils entraient dans la grande chambre où la table à tréteaux, couverte d'une épaisse nappe damassée, était dressée pour le dîner, Olivier préféra passer par sa chambre. En poussant une pierre qui pivotait sur un axe dans le mur de la tourelle, il bloqua la herse avec le verrou. Puis il rejoignit les autres par la porte de communication entre les deux chambres.

— Où sont tes domestiques ? demanda Poulain, étonné de ne voir personne.

Cubsac, qui portait les sacoches contenant les quittances et les lourds registres, les posa sur le lit puis, ayant repéré les flacons de vin et les verres sur la crédence, il s'approcha des boissons en claquant la langue de plaisir.

Le marquis d'O, lui, examinait les lieux, sans méfiance mais malgré tout un peu surpris par le calme étonnant de cette maison.

Ils avaient laissé la porte de l'escalier ouverte et

Cubsac fut le premier à voir entrer trois hommes, chacun tenant deux menaçants pistolets à rouet.

La porte de la chambre s'ouvrit ensuite et Cassandre entra à son tour, elle aussi armée d'un pistolet.

O et sa troupe se retournèrent et firent face aux intrus.

— Cassandre ? s'étonna Poulain.

— Monsieur de Mornay ! s'exclama O qui venait de comprendre qu'il était tombé dans un piège.

Olivier ne dit rien et regarda la jeune femme en mettant dans son expression tout le mépris qu'il pouvait.

Cubsac mit la main sur la poignée de son épée.

— Monsieur de Cubsac, prévint Caudebec, ne tentez rien, je vous en prie. J'aimerais rester votre ami mais je n'hésiterais pas à vous tuer. Nos pistolets sont en parfait état et nous ferons mouche à chaque coup. Nous avons chacun décidé de nos deux victimes. Si l'un de nous tire, nous tirons tous.

— Quel est ce traquenard ? s'enquit O avec insolence.

— Messieurs, vous allez tous vous aligner contre le lit en gardant vos mains visibles, ordonna Mornay sans répondre.

Ils obtempérèrent.

— Maintenant, asseyez-vous par terre.

Olivier obéit le premier, puis ce fut Poulain et ensuite Charles.

— Monsieur d'O, faites ce que je vous dis. Sinon je serais désolé de tirer, menaça Mornay.

O s'assit et fit signe à Cubsac et à Dimitri de faire de même.

Le plus dur était fait, se dit Mornay, satisfait. Une fois assis, il leur serait difficile de se lever rapidement.

— Vous allez faire lentement glisser vos dagues

et vos épées de leurs fourreaux pour les pousser devant vous avec vos pieds.

Cette fois, ils se soumirent immédiatement. François d'O fut le premier à sortir son épée et à la repousser, après quoi il fit de même avec sa dague.

— Qui êtes-vous vraiment, madame ? demanda-t-il ensuite à Cassandre.

— Je suis la fille de M. de Mornay.

O lança un regard interrogatif à Olivier et Poulain.

— Vous le saviez ? s'enquit-il sévèrement.

— Non, monsieur, répondit Poulain, interloqué. Certes, je savais qu'elle nous avait menti quand elle s'est introduite ici sous le nom de Mlle Baulieu, mais ensuite je n'ai jamais douté qu'elle fût Mlle Sardini. C'est tout de même elle qui nous a permis d'identifier Salvancy, et elle habitait bien chez M. Sardini. Olivier l'a rencontrée, là-bas.

— Je suis venue à Paris pour prendre cet argent pour Mgr Henri de Navarre, expliqua-t-elle tristement. Seulement, je ne pouvais le faire seule, il me fallait des alliés...

— Vous nous avez trahis ! la coupa Poulain. Nous avions confiance en vous.

— Je ne vous ai pas trahi, Nicolas, je suis simplement dans un autre parti que le vôtre et je sers un autre maître, répliqua-t-elle un ton plus haut.

— Rassurez-vous, monsieur, intervint Mornay dans un sourire ironique, un jour ce maître sera le vôtre.

— Et Scipion Sardini dans tout cela, c'est donc votre complice ? s'enquit O en mettant tout le mépris qu'il pouvait dans sa question.

En même temps, il surveillait Dimitri du coin de l'œil. Dans chacune de ses bottes, le Sarmate avait un poignard qu'il pouvait saisir et lancer très vite.

— Nous l'avons aussi trompé, l'assura Mornay. Mais consolez-vous, vous n'avez pas tout perdu. Nous aurons l'argent, certes, mais il n'y aura plus de larronage sur les tailles désormais.

» Antoine, éloigne leurs armes, ordonna-t-il à son capitaine.

Antoine fit deux pas en avant et, avec son pied, déplaça épées et dagues vers lui sans pour autant perdre de vue les prisonniers. Ensuite, il repoussa toute la ferraille derrière lui jusqu'à la porte. De quelques derniers coups de botte, il fit tomber les épées et les dagues dans l'escalier où elles dévalèrent à grand fracas.

— Qu'avez-vous fait de mes gens ? demanda alors Olivier.

— Ne vous inquiétez pas pour eux. Ils sont garrottés à l'étage. Je suppose que cette sacoche contient les quittances ? demanda Mornay. Monsieur d'O, vous qui êtes le plus près, attrapez-la et poussez-la devant vous comme vous avez fait pour votre épée.

Ils étaient tous assis sur le sol, devant le lit, et la sacoche était dans le dos du marquis. Mais le lit se trouvait sur une estrade, le matelas était à peu près à la hauteur de leur tête.

— Il faut que je me lève, remarqua O.

— Non, vous allez très bien y arriver en restant où vous êtes… Sinon, je devrais vous occire.

O ne bougea pas et un lourd silence s'abattit dans la pièce. Visiblement, le marquis avait choisi de ne pas obéir. La tension devint palpable. Cassandre comprit que son père allait abattre les deux hommes qu'il avait choisis. Ils avaient convenu qu'en cas de bataille Mornay tuerait O – qu'il connaissait – et Dimitri, qui était facilement reconnaissable. Caudebec devait occire Nicolas et Olivier, et Antoine s'occuperait de Cubsac et du dernier homme. Elle avait refusé de participer au carnage.

Les canons étaient pointés sur leur cible et Poulain murmura une brève prière.

— Non, mon père ! s'exclama Cassandre avec un geste de la main. Je vais chercher ces quittances moi-même !

Elle fit le tour vers l'autre ruelle, sauta sur le matelas et prit la sacoche. Puis elle revint près de M. de Mornay. La double gibecière étant très lourde, elle l'ouvrit et vit les deux registres qu'elle sortit.

— Nous n'avons pas besoin de ça ! fit-elle en les jetant par terre.

— Avant de partir, dit alors Mornay d'une voix douce, j'ai une grâce à vous demander, messieurs. J'avais amené avec moi un jeune écuyer. Pendant qu'on vous attendait, un homme s'est introduit ici. Ma fille m'a dit que c'était celui qui avait déjà tenté de vous tuer, messieurs Hauteville et Poulain. Il est manchot...

— Comment a-t-il fait ? s'enquit Poulain, stupéfait.

— Peu importe ! Il nous a trompés. Il a tué mon écuyer et nous a échappé. Mon compagnon est sur un lit, à l'étage. Si vous y parvenez, j'aimerais qu'il ait une sépulture décente. Il était de la religion, comme nous.

» En sortant, nous fermerons cette porte à clef, poursuivit-il. Inutile donc de tenter de nous suivre.

— Monsieur de Mornay, dit alors Olivier, j'ai moi aussi une grâce à vous demander.

— Laquelle ?

— Je veux parler seul avec votre fille.

— C'est impossible !

— Vous devez accepter ! cria Olivier, s'il vous reste un peu d'honneur !

Cassandre vit que, sous l'insulte, son père allait tirer sur lui. Elle se jeta en avant pour l'empêcher.

— Père ! Je veux l'écouter. Je suis armée et je ne risque rien. Qu'il m'accompagne dans la chambre d'à côté.

Mornay serrait son arme avec une telle vigueur que ses phalanges en étaient blanches, mais il avait à nouveau tourné les canons vers O et Dimitri qui s'agitaient.

— Nous perdons du temps, ma fille !

— Je le lui dois ! insista-t-elle simplement.

Et sans attendre la réponse, elle fit signe à Olivier de se lever. Au moment où les armes de Mornay s'étaient tournées légèrement vers Olivier, le marquis d'O avait donné un coup de coude à Dimitri à côté de lui. Il y avait peut-être une opportunité. Mais Dimitri vit que Mornay s'était déjà retourné vers eux. Il était à plus de trois toises de lui. Le temps qu'il sorte ses dagues, ils seraient tous morts.

Entre-temps, Olivier s'était dirigé vers la chambre, Cassandre le suivait.

— Je te donne cinq minutes ma fille, pas une de plus !

— J'ai toujours su que vous n'étiez pas celle que vous vouliez me faire croire, Cassandre, lui dit Olivier d'un ton désabusé quand elle entra dans l'autre pièce.

Elle le regarda avec surprise. Elle avait refermé la porte derrière elle et le menaçait à peine du pistolet.

Il la vouvoyait à nouveau. Tout était donc fini entre eux. Mais après tout, c'était justice avec ce qu'elle venait de faire. Les larmes lui vinrent aux yeux. Il ignora sa détresse et poursuivit, sans acrimonie, avec indifférence.

— Je savais que vous me mentiez depuis plusieurs semaines. Il y avait la médaille de ma mère que vous n'aviez jamais portée, comme si elle vous brûlait la peau. (Il la montra, posée sur la table de la chambre où elle l'avait laissée.) Il y avait la messe, à laquelle vous avez toujours trouvé une raison pour ne pas vous rendre, pas plus qu'à la confession, même après m'avoir dit que vous étiez la nièce de Sardini. Il y avait aussi la clef de la maison que vous aviez gardée. Mais surtout, il y avait le livre que vous aviez caché dans vos draps.

— Vous avez regardé dans mes draps ? lui reprocha-t-elle, rouge de honte.

— Oui, je l'avoue. Vous y laissiez le nouveau testament traduit par M. de Bèze [1]. J'ai compris que vous étiez vraiment protestante. Vous n'avez jamais été la nièce de Sardini, vous n'avez jamais été Mlle Baulieu, alors qui étiez-vous ?

Il se tut une seconde.

— Pourtant, vous m'avez indiqué que M. Salvancy était le voleur que je cherchais. C'est alors que j'ai compris votre insistance : vous ne vouliez pas qu'on l'arrête, mais qu'avec Nicolas, nous récupérions les quittances à votre place.

» Vous saviez vous battre à l'épée, vous saviez tuer. J'en ai facilement déduit que vous étiez une espionne huguenote, exactement comme ces femmes de l'escadron volant de Mme de Médicis, même si vous ne m'avez pas proposé vos charmes pour me convaincre.

» Croyez que je le regrette, sourit-il sans joie.

— Je ne les ai jamais proposés à personne, répliqua-t-elle sèchement.

— Ainsi vous êtes la fille de cet hérétique de

---

1. Théodore de Bèze, successeur de Calvin à Genève.

Mornay ! Je croyais que M. d'O était un démon, alors que j'ignorais avoir près de moi Lilith.

— Je vous interdis de dire du mal de mon père ! s'insurgea-t-elle. C'est l'un des rares hommes de ce royaume à prôner la tolérance et à souhaiter la liberté du culte pour chacun.

— Vous m'avez toujours trompé, lui reprocha-t-il en secouant la tête.

Brusquement, la tension fut trop forte et elle éclata en sanglots. Elle bredouilla en baissant le canon de son arme.

— Oui ! Oui, Olivier, je t'ai toujours trompé ! Je le reconnais... Je t'ai trompé pour ma foi... pour ma religion... et pour mon roi. Mais si cela peut te consoler, sache que je souffre déjà comme si j'étais en enfer.

— Puis-je te croire, après tant de mensonges ?

Elle posa l'arme sur le lit, s'approcha de lui et lui prit les mains :

— Je suis venue ici pour prendre cet argent pour Henri de Navarre, Olivier. Je ne pensais pas te trouver sur ma route, mais quels que soient mes sentiments pour toi, ils ne pouvaient m'écarter du chemin que je m'étais tracé. *Arte et marte !* Par le talent et par le combat ! C'est la devise de ma famille. Mon roi a besoin de cet argent, et tu dois l'accepter, car ce roi, ce sera un jour le tien !

Il eut un mouvement répulsif.

— Je ne serai jamais protestant !

— Et moi je ne serai jamais catholique ! lui cria-t-elle en lui lâchant les mains. Mais je t'engage à lire ce que mon père a écrit avant de parler sans jugement ! Sais-tu que le roi de Navarre a toujours défendu que les consciences doivent rester libres ?

Ils restèrent un instant silencieux, s'affrontant du regard.

— Vous ne pourrez pas sortir d'ici, dit-il finalement. J'ai bloqué la grille d'entrée avec un verrou que je suis le seul à connaître.

Elle le regarda, sans croire ce qu'elle venait d'entendre.

— Si nous ne pouvons partir, il y aura massacre, Olivier. C'est ce que tu veux ? Mon père sera sans pitié. Pense aussi à la femme de Nicolas, à ses enfants.

Il resta silencieux avant de soupirer.

— Tu as gagné.

Il s'approcha du mur de la tour à six pans, poussa la pierre et débloqua le verrou, puis il fit relever la grille avec le contrepoids.

— Pars ! Va rejoindre les tiens.

Elle resta immobile.

— Sais-tu que j'ai songé à rester avec toi ? J'en ai même parlé à mon père, hier soir.

— Rester à Paris ? Avec moi ? demanda-t-il plein d'espoir.

— Oui. Il m'en a dissuadée. La guerre va reprendre, une huguenote n'a pas sa place dans Babylone. J'ai hésité, mais je sais qu'il a raison.

— Tu pourrais te convertir, proposa-t-il.

— Jamais ! Mais toi, tu pourrais venir avec nous, suggéra-t-elle à son tour. Mon père accepterait de te prendre à son service comme secrétaire. Il me l'a dit.

— Comment pourrais-je accepter ? Je te déshonorerais. Tu es noble et je suis roturier. Je n'ai même pas de dot à t'offrir.

— Je dois t'apprendre la vérité. Je ne suis que la fille adoptive de M. de Mornay. J'ignore qui étaient mes parents. On les a tués durant la Saint-Barthélemy, peut-être étaient-ils des roturiers, eux aussi... Toi, tu pourras venger ton père, moi je vivrai toujours en ignorant qui ils étaient...

Il ouvrit la bouche pour dire quelque chose, puis il jugea que c'était inutile. Tout était terminé entre eux, jamais plus ils ne se reverraient.

Cassandre s'efforçait de ne pas pleurer. Elle aussi aurait voulu parler, mais que dire ? Il n'avait plus aucune confiance en elle. C'est alors qu'elle aperçut la médaille. Elle alla vers la table, saisit le bijou et passa la chaîne autour de son cou.

Il la regardait, interdit.

— Tu sais ce que ça me coûte, je suppose ? C'est une médaille de la Vierge qui va contre le premier commandement : *Je suis le Seigneur, ton Dieu. Tu n'auras pas d'autres dieux à côté de Moi. Ne te fais jamais d'image*. Pourtant, je la porterai désormais par amour pour toi. Elle ne me quittera pas… Maintenant, je dois les rejoindre. Mon père est gouverneur de Montauban. Le courrier arrive parfois à passer depuis Paris. Je t'écrirai… J'attendrai tes lettres… La guerre finira un jour et peut-être nous reverrons-nous.

Elle lui tourna le dos, prit le pistolet et revint dans l'autre pièce.

Il la suivit, ne sachant plus que penser.

Déjà, elle avait rejoint son père. Elle ramassa la gibecière et sortit la première sans lui accorder un regard. Caudebec et Antoine la suivirent mais ils restèrent à attendre sur une marche. M. de Mornay salua les prisonniers, sortit à son tour et poussa la porte. La clef était déjà sur la serrure. Il la tourna.

Tout le monde se précipita en bas.

Dans la pièce, les prisonniers s'étaient tous levés. Dimitri avait sorti un pistolet à rouet caché dans son manteau. Poulain demanda :

— Olivier, où est l'arquebuse ?

— Je ne veux pas qu'on tire sur elle, répliqua Olivier en secouant la tête.

Dimitri le bouscula et entra dans sa chambre, il se précipita à la fenêtre, l'ouvrit et tira avec le pistolet sitôt qu'il vit les fuyards. Mais ils étaient déjà trop loin et ils couraient vite.

Cubsac et O étaient passés par l'autre porte et dévalaient déjà les escaliers. Ils saisirent leurs épées par terre et sortirent, l'arme au poing. Dimitri les rejoignit.

— Là-bas, ils s'enfuyaient par là-bas !

C'était vers la Seine. Ils s'élancèrent, bousculant les passants, effrayés par ces furieux armés.

Mornay guidait ses compagnons. Il avait tourné sans hésiter dans la rue Aubry-le-Boucher, puis dans la rue Quincampoix qu'ils remontaient en courant et en bousculant eux aussi sans ménagement ceux qui les gênaient. Ils reprirent la rue de Venise vers la rue Saint-Martin. Ils avaient finalement suivi une boucle qui les avait ramenés à leur point de départ.

À la rue Aubry-le-Boucher, O et Dimitri hésitèrent. Ils furent rattrapés par Charles qui s'était aussi armé. O interrogea un mendiant assis par terre. L'homme fit celui qui ne comprenait pas. Le marquis lui jeta un écu d'or qu'il avait dans son pourpoint :

— Quatre hommes qui détalaient comme s'ils avaient le diable à leurs trousses ?

— Par là ! fit le gueux édenté en empochant la pièce.

Ils repartirent. De nouveau, ils croisèrent un carrefour très encombré. Cette fois, un savetier dont la boutique faisait le coin de la rue Quincampoix leur montra la direction des fuyards quand Cubsac l'interrogea. O, de son côté, questionnait un rémouleur qui tirait un âne.

Ils prirent la rue Quincampoix. Au premier carrefour, ce furent encore des questions pour apprendre que ceux qu'ils poursuivaient étaient revenus rue Saint-Martin par la rue de Venise. O comprit. Il aurait dû s'en douter. Ils étaient venus à cheval et ils allaient reprendre leur monture. Dans la rue Saint-Martin, Dimitri monta sur une borne d'angle pour tenter de les voir. Il vit des cavaliers sortir de l'écurie du *Fer à Cheval* et mettre leur cheval au galop sans s'inquiéter des gens qu'ils heurtaient sur leur passage. La rue Saint-Martin était suffisamment large pour qu'ils filent rapidement.

— On ne les rattrapera pas, monsieur, fit-il à O.

Le marquis soupira.

— Rentrons chez M. Hauteville.

Nicolas Poulain les attendait. Il n'avait pas jugé utile de participer à la poursuite. Olivier, lui, était allé délivrer ses gens au deuxième étage. O le fit chercher, plein de rage.

— Vous saviez que cette garce était la fille de Mornay ? lui cria-t-il quand il se présenta.

— Non, monsieur, elle m'avait menti une première fois mais j'avais foi en elle. Je suis allé plusieurs fois chez M. Sardini. Elle vivait là. Rien ne me laissait croire qu'elle avait encore menti.

» Et ce n'est pas une garce, monsieur, elle a agi par fidélité pour son roi, tout comme vous, ajouta-t-il, les poings serrés.

— Je réglerai ça ! menaça O.

Il resta sans mot dire, à méditer et à tenter de se calmer. Jamais la colère ne l'avait commandé. Ses hommes l'avaient rejoint, ils attendaient sa décision. Il songea un instant à aller chez Sardini, mais il savait que le banquier, bien armé, protégeait toujours ses clients, quels qu'ils soient. Pour le vaincre, il faudrait une armée et il n'avait que ses hommes d'armes.

Il avait été trompé par plus adroit que lui !

— J'aurai ma revanche, promit-il finalement

l'air mauvais. Mais maintenant, je veux le secret sur cette histoire. Vous allez le jurer. Jamais le roi ne doit apprendre que je me suis fait voler trois cent mille écus lui appartenant.

— Vous avez ma parole, monsieur le marquis, dit Poulain.

— La mienne aussi, monsieur, fit Olivier, soulagé. Je vous jure de n'en parler jamais.

— Je le jure sur les Évangiles, monsieur, promit Cubsac.

— Moi aussi, monsieur, dit le valet de chambre.

Dimitri opina. Lui, il était inutile qu'il jure. O lui faisait confiance.

— Monsieur Hauteville. Vous avez toujours le mémoire de votre père ?

— Oui, il était dans mon manteau, ainsi que la confession de M. Salvancy. Et ils nous ont laissé les registres.

— Je veux que Marteau soit saisi dès ce soir. Débrouillez-vous avec M. Poulain. Ensuite passez me voir avant complies. Je verrai le roi plus tard et je veux lui annoncer que j'ai mis fin à ces rapines.

— Pouvez-vous nous laisser M. de Cubsac encore une journée ? demanda Poulain.

27.

Après le départ du marquis d'O et de Dimitri, Olivier demanda à Le Bègue de s'occuper des obsèques de l'écuyer de M. de Mornay. Le curé de Saint-Merry n'accepterait pas de faire un enterrement religieux à un inconnu du quartier, et comme l'homme n'aurait pas voulu de cérémonie catholique, il serait transporté directement aux Innocents et enseveli dans une fosse non consacrée.

Ils mangèrent ensuite rapidement avant de partir pour la rue de la Croix-Blanche. Le temps était gris et les nuages bas. Ils avaient repris les chevaux à l'écurie du *Fer à Cheval*.

Le commissaire Chambon ne se trouvait pas chez lui mais son valet leur indiqua qu'il était à la Conciergerie. Ils se rendirent donc dans l'île de la Cité.

L'entrée de la prison se faisait par la cour de mai, la grande cour du Palais. Ils confièrent leurs montures à un gamin et entrèrent par la petite porte qui ouvrait directement dans le guichet et le greffe. Un endroit obscur, à peine éclairé par une fenêtre grillagée aux carreaux épaissis par la crasse et les toiles d'araignées.

Assis sur un banc de bois, des gens attendaient. Une femme portait de la nourriture dans un paquet qui puait affreusement. Un jeune homme serrait contre lui des lettres et des bougies de suif. Il y avait aussi, d'après leur robe et leur chapeau, un greffier et deux marchands. Olivier frissonna en songeant à son séjour dans le cachot aux carcans du Grand-Châtelet.

Nicolas Poulain s'approcha du teneur d'écritures qui tenait à jour le livre d'écrou.

— Nous cherchons le commissaire Chambon.

— Il est occupé, il interroge un prisonnier avec un procureur, répondit l'homme sans le regarder. Attendez sur le banc avec les autres !

— Je n'ai pas le temps d'attendre, je suis lieutenant du prévôt d'Île-de-France. Allez le chercher tout de suite !

Le teneur d'écritures maugréa quelques mots et fit signe à un porte-clefs qui attendait devant une porte.

— Jacques, va chercher M. Chambon. Il est avec les prisonniers du Paradis. Dis-lui qu'on l'attend ici.

Le geôlier parti, Olivier demanda :

— Qu'est-ce que ce paradis ?

— L'un des pires cachots, avec le *Grand César* et la *Chambre du Noviciat*. Il se trouve au fond de la tour d'Argent et il est souvent inondé.

Chambon arriva peu après, le visage contrarié d'avoir été dérangé. Mais sa mauvaise humeur s'effaça en reconnaissant Nicolas Poulain.

— Monsieur Poulain, s'exclama-t-il. J'étais avec un procureur du parlement en train de questionner vos deux canailles sur la mort de M. Hauteville. Le commissaire Louchart, qui était chargé de l'enquête pour le Châtelet, avait fait un mémoire au lieutenant civil concluant à un crime commis par des vagabonds qu'on ne retrouverait sans doute pas. Ces pendards doivent le savoir, car ils nient tout et demandent à s'expliquer avec monsieur Louchart. J'envisage donc de les soumettre à la question préliminaire.

— Ils ne nieront plus quand le procureur leur lira ce texte, monsieur le commissaire, intervint Olivier en lui tendant la confession de Salvancy.

En s'approchant de la chandelle du teneur d'écritures, Chambon la parcourut brièvement.

— Qui êtes-vous ? Comment avez-vous eu ce document ? s'enquit-il, suspicieux quand il eut fini sa lecture.

— Olivier est le fils de M. Hauteville. En ce qui concerne cette confession, c'est M. Salvancy qui l'a écrite de sa main, et il n'a pas eu la liberté de nous la refuser, répondit Poulain. Il faudra aussi se saisir de lui, mais à l'heure qu'il est, il s'est certainement enfui, donc ce n'est pas urgent. En revanche, nous devons aller voir quelqu'un d'autre, maintenant.

— Qui donc ?

— Sortons ! proposa Poulain qui jugeait que les gens du greffe en avaient assez entendu.

Dans la cour, une petite pluie commençait à tomber et ils grimpèrent les marches du grand escalier pour se réfugier dans la grande galerie. Une fois à l'écart et à l'abri des oreilles indiscrètes, Poulain lui dit :

— Vous avez lu ce papier. Il s'agit de M. Claude Marteau. Il faut l'arrêter tout de suite, avant qu'il ne soit prévenu.

— Claude Marteau ! Mais il ne va pas se laisser faire ! s'effraya Chambon. Vous connaissez son frère ?

— Oui.

— Vous savez que son beau-père est le prévôt des marchands et le président de la cour des Aides ? C'est quelqu'un de considérable !

— En effet, dit Poulain. Il est donc temps que

vous connaissiez la vérité. Il s'agit d'une gigantesque fraude sur la collecte des tailles, et le roi lui-même suit de près cette affaire. Il m'a donné tout pouvoir. M. Hauteville va vous en dire plus.

Olivier expliqua alors au commissaire le travail de vérification des registres des tailles qu'effectuait son père. Ce contrôle, ordonné par le surintendant des Finances, avait été transmis à M. Claude Marteau par M. Séguier. Son père avait terminé un mémoire aboutissant à une mise en cause de M. Jehan Salvancy, l'homme qui venait de rédiger la confession qu'il avait entre les mains. Le mémoire devait être remis à M. Séguier qui ne l'avait jamais eu. Et pour cause, M. Marteau était venu le chercher chez son père... et il l'avait tué à cette occasion.

Olivier montra le fameux mémoire au commissaire.

— À la demande de M. Séguier, j'ai repris ce contrôle. J'ai abouti aux mêmes conclusions que mon père, mais j'ai appris en plus que les sommes détournées étaient en grande partie reversées au trésorier du duc de Guise. Cette fraude sur les tailles finançait la sainte union ! Or il n'est un secret pour personne que M. de La Chapelle a de la sympathie pour cette confrérie, ainsi que pour M. de Guise, de même que son beau-père, M. de Nully, le président de la cour des Aides. Ils sont donc certainement complices. Pour l'instant, je n'ai de preuves que contre M. Marteau, mais s'il parle quand il sera interrogé, c'est toute la sainte union qui sera ébranlée.

— Mais vous ne disposez que de la confession écrite de M. Salvancy ? demanda le commissaire. Et vous me dites qu'il est sans doute en fuite. Il n'y a donc aucun procureur qui ait assisté à son interrogatoire ?

— Aucun ! reconnut Olivier. Seul l'interrogatoire

de M. Marteau pourra révéler toute la vérité et les noms des complices.

— S'il nie, je serai dans une situation fort difficile, objecta M. Chambon avec une évidente réticence.

— Il ne niera pas, l'assura Olivier. J'y veillerai.

— Je suis bien obligé de vous faire confiance, soupira le commissaire, après une dernière hésitation.

Après qu'il eut prévenu le procureur de son départ, ils se rendirent rue des Deux-Portes, Chambon porté par sa mule.

Arrivé là-bas, le lieutenant du prévôt expliqua au commissaire qu'il ne les accompagnerait pas, M. Marteau ne devait pas savoir quel rôle il avait joué dans son arrestation, aussi resterait-il en bas à garder les montures. Cette nouvelle manœuvre surprit et tracassa encore plus le commissaire qui allait se retrouver seul avec Hauteville et ce brigand gascon qui les accompagnait pour accuser une personne d'une importance considérable.

Le concierge qui les reçut leur désigna une banquette de bois dans l'entrée et, avec insolence, leur demanda d'attendre. Cubsac l'interrompit très vite en sortant sa dague et en lui ordonnant de les conduire auprès du contrôleur général des tailles.

Ils forcèrent ainsi la porte de la chambre où le financier travaillait avec un secrétaire. Avec la faible pluie qui tombait, la cheminée fumait et l'une des fenêtres, celle du fond, près du lit, avait été ouverte pour aérer.

M. Marteau resta paralysé de stupeur, puis de peur, en voyant entrer deux hommes avec des épées en main et le commissaire Chambon qu'il connaissait. Cubsac s'approcha du secrétaire, qui s'était levé et, le saisissant par sa robe, il le bouscula vers le lit.

Olivier fit signe au concierge de rester près du secrétaire avant de s'approcher de Marteau. Chambon était prudemment resté près de la porte, ne voulant pas trop s'impliquer si l'affaire tournait mal.

— Monsieur Marteau, vous êtes venu voir mon père en janvier accompagné d'hommes de main de M. Salvancy. Vous l'avez assassiné ainsi que ma gouvernante et mon valet. J'ai ici une confession complète de M. Salvancy. J'ai aussi le mémoire que vous avez volé à mon père après l'avoir occis. M. le commissaire Chambon dispose des aveux de vos complices MM. Valier et Faizelier. Aujourd'hui, il est temps de vous repentir, car je suis venu pour régler tous les comptes que j'ai avec vous.

À ces mots, Marteau était devenu livide, il balbutia :

— Vous... Vous inventez, mon garçon ! Ce ne sont que... des fariboles ! Vous n'avez pas le droit d'entrer ainsi chez moi... je vais appeler...

Olivier s'avança vers lui, la pointe de l'épée en avant. Il lui donna un léger coup de taille au cou, juste au-dessus de sa fraise blanche qui se teinta de rouge.

— Par là, lui dit-il en le forçant à se lever pour se diriger vers la fenêtre ouverte.

En même temps, Cubsac avait serré le secrétaire et le concierge entre le lit et l'armoire, et les empêchait de bouger en les menaçant de son épée.

— Monsieur Marteau, poursuivit Olivier, nous allons vous garrotter pour vous conduire auprès du Grand prévôt de France. Si vous ne vous laissez pas faire, je vous tuerai. J'en ai le droit. C'est le prix du sang et je n'attends que ça.

Claude Marteau eut un regard de terreur et bredouilla, une main contre la plaie de son cou :

— Savez-vous qui je suis ! Savez-vous... de

quelle famille je suis ? Vous ne pouvez rien contre moi ! Si... Si vous me touchez, mon frère me vengera. Soyez raisonnable ! Votre père est mort... vous ne pouvez rien y changer. C'est pas moi... c'est Valier... Rejoignez-moi... Je ferai votre fortune... Je vous obtiendrai une charge éminente dans l'administration de la ville.

De grosses gouttes de sueur tombaient sur son épaisse barbe et sa fraise rougie.

Avec la pointe de son épée, Olivier le poussa plus loin que la fenêtre, contre le mur où se dressait la cheminée.

C'était une très large fenêtre. Il regarda en bas dans la rue. Nicolas Poulain était là. Il lui fit signe que tout se passait comme prévu.

— Monsieur Marteau, êtes-vous prêt à nous suivre sans protestation ou devons-nous vous ficeler comme un chapon ? Je peux vous assurer que vous ne devez pas espérer de secours. Je viens de faire signe à des officiers du prévôt qui nous attendent en bas.

Terrifié, Marteau opina, espérant seulement que dans la rue, il trouverait un moyen d'ameuter ses voisins.

Olivier se tourna alors vers les domestiques.

— Votre maître est un criminel qui sera roué en place de Grève. Nous allons l'emmener. Restez ici sans bouger et sans appeler. Sinon, nous reviendrons vous chercher et vous finirez aussi sur la roue. Cette porte ferme-t-elle à clef ? leur demanda-t-il en désignant la porte d'entrée et après avoir vérifié d'un coup d'œil circulaire qu'il n'y avait pas d'autre passage dans la chambre.

— Oui, monsieur, répondit le concierge en déglutissant.

— Où est la clef, monsieur Marteau ?

En vacillant, complètement blême, la main tremblotante, le contrôleur des tailles désigna sa table de travail. Olivier se retourna et se dirigea vers le meuble afin de prendre la clef.

Après coup, bien sûr, il se reprocha d'avoir promis à M. Marteau d'être roué. Le contrôleur des tailles en avait certainement été terrorisé. Avoir bras et jambes brisés plusieurs fois à coups de barre de fer et rester à agoniser durant des heures était une mort affreuse.

Il y eut un grand fracas et Olivier se retourna : la fenêtre était grande ouverte et Marteau avait disparu. Le commissaire Chambon se précipita en même temps que lui.

— Je l'ai vu sauter, je ne pouvais rien faire, il était trop loin ! fit-il d'une voix affolée.

Ils se penchèrent. Déjà un attroupement se pressait autour du corps fracassé de Marteau. En bas, Nicolas leva les yeux vers eux et secoua la tête de droite à gauche. Le contrôleur général s'était brisé la tête en tombant.

— Allons-nous-en ! décida Olivier.

Il fit signe à Cubsac, saisit la clef et ils sortirent tous trois en verrouillant la porte derrière eux.

Ils descendirent rapidement l'escalier jusqu'à l'antichambre. La porte d'entrée était grande ouverte. Sans doute valets et servantes venaient d'être avertis du drame.

Olivier fit signe à Poulain de les rejoindre et ils s'éloignèrent avec leurs montures.

Peu de temps après, ils se retrouvèrent chez François d'O à qui Olivier fit un bref compte rendu de l'échec de l'arrestation.

— Décidément, monsieur Hauteville, vous jouez de malchance, aujourd'hui ! ironisa le marquis. Nous ne connaîtrons donc jamais les complices...

Après un temps de réflexion, il ajouta :

— ... Mais ce n'est peut-être pas plus mal. On ne pourra pas nous reprocher que Marteau se soit donné la mort, et cela évitera une enquête et un procès qui auraient provoqué bien de l'agitation. En revanche, monsieur Hauteville, méfiez-vous désormais de M. de La Chapelle. Je crains qu'il ne vous en veuille.

Le marquis d'O se rendit au Louvre le soir même. Il fut publiquement complimenté par le roi pour avoir conservé Caen au royaume. Pour tous les courtisans, il était rentré en grâce et, sous peu, les Guise l'accuseraient d'être un renégat. Plus tard dans la soirée, le roi le reçut dans sa chambre avec Pomponne de Bellièvre, le surintendant des finances. O leur raconta alors par quels moyens des gens de la Ligue parisienne avaient détourné les tailles au profit du duc de Guise. Hélas, l'argent était désormais dans les poches des Lorrains et il ne pouvait le faire rendre. Mais dès cette année, le rendement des tailles serait amélioré de plusieurs centaines de milliers de livres ! C'était une consolation.

En quittant Paris, M. de Mornay, sa fille, Caudebec, et le capitaine qui les avaient accompagnés, se rendirent au château de Scipion Sardini.

M. de Mornay donna au banquier les neuf cent mille livres de quittances, mais celui-ci lui signala que, si elles portaient bien la signature de M. Salvancy, il y manquait le sceau du receveur pour qu'il puisse les payer.

Cassandre sortit alors le sceau qu'elle avait fait graver à partir de l'empreinte du cachet volée chez le receveur. Elle demanda de la cire et scella toutes les quittances devant le banquier.

Mornay demanda cent mille livres en pièces et le reste sous forme de billets à ordre au nom de Henri de Bourbon, roi de Navarre. Le banquier n'ayant pas assez d'écus au soleil, il compléta son compte en pesant le poids d'or correspondant avec plusieurs monnaies étrangères : des doubles ducats à quarante livres onze sous tournois, des nobles à la rose d'or valant juste cent sous, des philippus portugais et enfin des ducats d'or à quatre livres dix sous. Le tout fut rangé dans plusieurs sacoches [1].

Après un voyage sans histoire, M. de Mornay retrouva le roi à Nérac, trois semaines plus tard. Henri accola son ami avec effusion en se découvrant si riche. Il jeta aussi un regard quelque peu paillard sur Cassandre, qu'il n'avait jamais remarquée, mais l'expression sévère de son vieux compagnon lui fit comprendre qu'il devrait se contenter de la *Belle Corysande* [2]. Au demeurant, l'air désespéré de Cassandre ne l'aurait guère incité au badinage.

À la fin du mois de mai, et après un procès rapide devant la chambre de la Tournelle, MM. Valier et Faizelier furent condamnés pour l'assassinat de M. Hauteville, de sa gouvernante et de leur valet. En chemise et à genoux, la corde au cou, tenant une torche de cire ardente de deux livres à la main, après avoir été battus et fustigés de verges – suivant la formule consacrée –, ils firent amende honorable devant la maison de leur victime. Ils déclarèrent alors se repentir et demandèrent pardon à Dieu, à la justice et au roi. Après quoi, on les conduisit à la Croix-du-Trahoir où ils eurent la main droite coupée par l'exécuteur de la haute justice avant d'être pendus et étranglés.

---

1. Soit un poids total d'environ 90 kg !
2. Corysande d'Andouins, comtesse de La Guiche et de Gramont, sa maîtresse en titre.

Le commissaire Chambon ne retrouva pas Jehan Salvancy qui avait disparu avec son épouse. Seuls ses serviteurs, désespérés, étaient encore dans sa maison. Le peu de biens qu'il avait laissés, essentiellement de la vaisselle et des draps, fut saisi et donné en dédommagement à Olivier Hauteville, ainsi que les rentes de l'Hôtel de Ville qu'il possédait. En revanche, sa terre fut attribuée à la couronne.

Avec la mort de Claude Marteau, et comme le marquis d'O s'en doutait, il fut difficile pour la surintendance des Finances d'établir toutes les complicités qui avaient participé à la fraude sur les tailles. Ceux qui furent accusés se défendirent de leur bonne foi, d'autres, surtout des trésoriers et des receveurs, ne furent même pas inquiétés. Protégés par leur président, M. de Nully, les conseillers de la cour des Aides chargés d'enquêter n'avançaient qu'avec une grande lenteur et une excessive prudence, aussi, avant de rentrer à Caen, le marquis d'O proposa au roi de faire cesser la procédure et d'accorder à tous les trésoriers une abolition de leurs larcins contre une somme forfaitaire de deux cent mille écus. Le roi mit en place cette mesure en mai, ce qui lui rapporta finalement deux cent quarante mille écus. Soit presque ce que M. de Mornay avait emporté.

Jamais le grand économique ne mérita mieux son surnom !

M. de Cubsac avait finalement rejoint la maison du marquis d'O et se morfondait à Caen. Or, à la fin du mois de mai, le marquis apprit que, par un arrêt du grand conseil, M. Montaut, un des quarante-cinq, avait été décapité pour avoir tenté d'obtenir vingt mille écus d'Henri III par tromperie. Il proposa alors au roi de remplacer M. Montaut par M. de Cubsac, un Gascon on ne peut plus fidèle qui était à son service.

M. d'Épernon, chef effectif des quarante-cinq, et M. de Montpezat, leur capitaine, ayant accepté, M. de Cubsac rentra à Paris sans cacher sa satisfaction. Certes, O perdait un serviteur fidèle, mais il gagnait un homme qui serait à toute heure près du roi et qui pourrait l'informer de ce qui se tramait à la cour.

Nicolas Poulain continua à participer aux réunions de la Ligue, mais celles-ci furent de moins en moins fréquentes. De semaine en semaine, le roi cédait sur tous les terrains devant le duc de Guise, et une insurrection des Parisiens contre lui n'était plus nécessaire. Même l'achat d'armes s'interrompit et on ne le convia plus guère aux réunions.

Olivier s'inscrivit finalement comme avocat à la cour des Aides malgré l'opposition de son président. François d'O n'avait pas renouvelé sa proposition de le prendre à son service, devinant que la relation qui s'était nouée entre Olivier et Cassandre ne lui permettait pas de s'assurer de la fidélité du jeune homme.

Les mois d'avril et de mai furent calamiteux pour Henri III et pour son royaume. L'armée du duc de Guise prit Épernay, puis occupa Toul et Verdun. Seul Metz résista, solidement défendu par des troupes du duc d'Épernon. Le duc de Mayenne saisit facilement Dijon et Mâcon, et Elbeuf occupa une partie de la Normandie. Le duc d'Aumale ravagea la Picardie avec une horde de gueux et de canailles, massacrant et pillant fermes et châteaux. Si, au début, il ne s'attaqua qu'aux huguenots, très vite sa bande de brigands se livra aux pires atrocités et saccages auprès de toute la population, quelle que soit sa religion, pillant même églises et monastères. À son sujet, on ne parla plus de gentilhomme mais de genpillehomme.

Seul le Midi parvint à résister à l'offensive

ligueuse. À Marseille, les ligueurs ne purent se rendre maîtres de la ville que le consul voulait livrer aux Lorrains. Bordeaux resta dans le giron du roi et le duc de Joyeuse tint solidement Toulouse. Les gouverneurs de Provence, du Languedoc et de Guyenne restèrent fidèles. Mais il est vrai qu'en Languedoc le duc de Montmorency soutenait les huguenots, et que le gouverneur de Guyenne était Henri de Navarre !

Pour éviter cependant que son fils ne se retrouve prisonnier dans un territoire qui, de l'Orléanais à la Champagne et de la Bourgogne à la Picardie, était presque entièrement tenu par les ligueurs, Catherine de Médicis, après avoir joué durant des mois un double jeu avec le duc de Guise qu'elle avait secrètement soutenu, avait entamé avec lui des négociations. Feignant d'accepter les discussions, le *Balafré*, qui voulait surtout gagner du temps pour renforcer ses troupes, la promena de ville en ville sans respecter les rendez-vous qu'il lui proposait. La seule consolation de la reine mère fut la confidence du cardinal de Bourbon qui lui avoua en sanglotant regretter *de se voir embarqué dans ces choses-ci*.

Finalement les véritables tractations commencèrent en juin. Le duc, qui attendait une nouvelle armée de lansquenets, se sentait en telle position de force qu'il posa sur la table des demandes exorbitantes.

Les Lorrains revendiquaient des places de sûreté et des gouvernements. Le cardinal de Bourbon souhaitait Rouen, Guise voulait Metz, Toul, Verdun et Châlons, Mayenne exigeait toutes les grandes villes de Bourgogne qu'il n'avait pas encore, et Aumale réclamait toute la Picardie. Enfin les ligueurs entendaient être eux-mêmes chargés de chasser l'hérésie de France et escomptaient bien s'enrichir à l'occasion des pillages de cette nouvelle croisade.

Début juillet, un accord fut finalement signé à

Nemours par Catherine de Médicis et le duc de Guise. Sans argent, affaibli par les trahisons, refusant l'appui proposé par le roi de Navarre, le roi capitula et se soumit à presque toutes les exigences qu'on lui imposait.

Henri III rencontra Henri de Guise à Saint-Maur et s'efforça de lui faire bon visage en acceptant *d'extirper l'hérésie*. Le 18 juillet, comme le parlement refusait d'enregistrer l'arrêt signé avec la maison de Lorraine, Guise contraignit le roi à tenir un lit de justice pour imposer cet enregistrement à ses magistrats.

Cet arrêt prévoyait que tous les précédents édits de pacification et de tolérance signés avec les protestants étaient abolis. Seule la religion catholique, apostolique et romaine serait autorisée dans le royaume, le culte protestant étant interdit. Les pasteurs huguenots devraient quitter la France et les protestants abandonner leurs places fortes. La guerre reprendrait avec Navarre s'il refusait la conversion. Il serait alors déchu de ses droits à la couronne.

Le roi en avait pleuré.

« Ils veulent ma couronne et ma peau ! » avait-il dit à Villequier.

Lucide sur les mauvais choix qu'on lui imposait, il déclara au cardinal de Bourbon qu'en signant les précédents édits de pacification, il avait agi contre sa conscience et sa religion, mais pour le bien de son peuple, alors qu'en venant au Palais publier le traité de Nemours, il agissait certes selon sa conscience de catholique, mais il ruinait son État.

À la fin du mois de juillet, le duc de Guise s'installa à Montereau. Mayenne se rendit à Dijon pour préparer la campagne qu'il mènerait en Gascogne et en Poitou contre les protestants. Il disposait déjà de cinq mille hommes d'infanterie et d'un millier de cavaliers qu'il compléta par des compagnies de sauvages albanais et de reîtres. Avec cette formidable armée, il jura à son frère qu'il raserait les villes protestantes, occuperait leurs places fortes et se saisirait du Béarnais.

Henri de Navarre apprit avec stupeur les termes du traité de Nemours. Il avait toujours espéré que le roi ferait alliance avec lui contre les Guise, et il découvrait que son beau-frère devenait son ennemi. On raconte que la moitié de sa moustache avait blanchi en quelques heures quand il avait connu la nouvelle.

Pourtant, M. de Mornay lui assura que tout cela n'était que comédie et que sous peu le roi reprendrait langue avec lui, car en vérité Henri III n'avait cédé qu'en apparence, et ses vrais amis l'encourageaient à la lutte.

Ainsi, Agrippa d'Aubigné déclara dans ses mémoires :

« *Le roi se rendit par force ennemi des Bourbons et des réformés, et se couchant par peur d'être abattu, se fit chef de ses ennemis pour donner par le dedans le premier branle de leur destruction.* »

Henri III avait toujours paru lunatique à ses sujets, passant sans raison du mysticisme à la débauche, faisant succéder des périodes d'élaboration de justes lois pour le royaume à de dévotes retraites où il se faisait flageller. Mais après le traité de Nemours, il parut se complaire dans les grandioses mascarades, des activités de découpage ou de dressage de chiens. Il se passionna même pour un nouveau jeu, le bilboquet, alors que son royaume se désagrégeait.

Ainsi l'ambassadeur de Savoie nota dans sa correspondance : *la cour s'affaiblit tous les jours. Tous les vieux capitaines appointés s'en vont vers Guise.*

Une anagramme apparut en ville sur des placards affichés par les ligueurs :

HENRI=H RIEN

Le duc de Guise en vint peu à peu à penser qu'il

était inutile de faire disparaître un roi si fol s'il pouvait facilement le gouverner à son gré. D'autant qu'il cherchait lui aussi à éviter la confrontation, car après avoir perdu l'argent des tailles royales, il n'avait plus les moyens de faire la guerre. Certes, il avait reçu en mai cinquante mille écus pistolets espagnols [1], mais cet argent n'avait fait que solder une partie de ses dettes et comme il l'avait avoué une fois à Catherine de Médicis : *je ne peux rien décider seul.*

Car le roi d'Espagne était son maître.

Le Lorrain n'attacha pas trop d'importance à la liste des nouveaux chevaliers du Saint-Esprit reçus le 31 décembre 1585, en l'église des Grands-Augustins de Paris. Parmi eux, il y avait François d'O, premier gentilhomme de la chambre, son frère Jean d'O, seigneur de Manou, capitaine des cent archers de la garde du corps du roi, et François du Plessis, seigneur de Richelieu, Grand prévôt de France.

Il fut cependant plus surpris quand François d'O entra au conseil royal et reçut la charge de gouverneur de Paris occupée jusque-là par son beau-père, M. de Villequier.

Il ne se douta pourtant jamais que, depuis des mois, le roi portait un masque comme le lui avait appris Flaminio Scala, le chef de la troupe des Gelosi. Sous ce masque, personne ne devinerait qu'il allait entreprendre la reconquête de son royaume.

La suite de ce roman s'intitule :
La guerre des amoureuses

1. L'écu pistolet valait 58 sous contre 60 pour l'écu d'or au soleil.

Note de l'auteur

Ce récit repose en grande partie sur les *Confessions de Nicolas Poulain*, précieux document qui raconte comment le lieutenant du prévôt d'Île-de-France s'est introduit au sein de la ligue parisienne pour l'espionner. Nous avons tenté de rester aussi près que possible de ce texte, n'hésitant pas à en reprendre certains extraits.

Sur la ligue parisienne, sur son rôle, sur ses participants, sur ses motivations, les historiens divergent. Comme le déclare Robert Descimon, il y a même des *divergences fondamentales*. Nous avons fait des choix en sachant bien que certains historiens nous les reprocheront, mais je ne suis pas historien (comme je le dis plus loin) et ce livre n'est qu'un roman.

Les personnages qui y apparaissent ont tous existé, sauf Olivier Hauteville et Cassandre de Mornay. Le plus important est bien sûr Nicolas Poulain qui a été fort maltraité par Alexandre Dumas dans les *Quarante-cinq* où il est présenté comme un ligueur opportuniste, trahissant ses amis sous la menace d'être dénoncé, et par appât du gain. Nous avons voulu réhabiliter ici le véritable Poulain, le lieutenant du prévôt fidèle et loyal qui, en sauvant plusieurs fois la vie du roi, a sans doute aussi préservé le trône pour Henri IV.

De la même façon, François d'O reste un mignon d'Henri III particulièrement dénigré par les historiens. Curieusement, si Henri III a fait l'objet durant le XXe siècle d'une réelle réhabilitation, ce n'a guère été le cas pour ses favoris. Or O tient une place à part parmi ceux-ci. Surintendant des Finances sous Henri IV, sa mort trop jeune a sans doute été la cause de son oubli. S'il avait vécu, peut-être aurait-il été un ministre beaucoup plus habile que Sully.

Pour tous les historiens, Charles de Louviers, seigneur de Maurevert, est bien mort en 1583. Nous avons choisi de le faire survivre à ses blessures, comme l'avait déjà fait Michel Zévaco dans les *Pardaillans* !

Enfin, la douce Limeuil et le banquier Scipion Sardini nous sont apparus comme un couple romanesque qui avait forcément sa place dans cette histoire, tout comme le Grand prévôt, François de Richelieu, le père du cardinal.

Sur le sujet lui-même, la fraude aux tailles en utilisant de faux anoblissements, les exemples abondent du XVIe au XVIIIe siècle. Sur les fausses lettres de provision à des charges royales, et plus généralement les faux sceaux de chancellerie ou les fausses lettres de noblesse en blanc, les fraudes étaient parfois faites à très grande échelle avec la fabrication de centaines de fausses pièces. Ce fut le cas en 1663 avec l'affaire La Mothe Le Hardy.

Bibliographie

Arbaleste Charlotte, *Mémoires de Mme de Mornay*, J. Renouard éd., 1868.

Babelon Jean-Pierre, *Demeures parisiennes sous Henri IV et Louis XIII*, Le Temps, 1977.

Bailly Auguste, *Henri le Balafré, duc de Guise*, Hachette, 1953.

Barbiche Bernard, *L'administration centrale des finances au temps de Sully*, L'administration des finances sous l'ancien régime, Comité pour l'histoire économique et financière de la France, 1997.

Bayle Pierre, *Dictionnaire historique et critique*, en ligne avec www.lib.uchicago.edu.

Boucher Jacqueline, *La cour d'Henri III*, Ouest France, 1986.

Carel Pierre, *Histoire de la ville de Caen sous Charles IX, Henri III et Henri IV*, Champion, 1886.

Chalambert Victor de, *Histoire de la Ligue sous les règnes de Henri III et de Henri IV*, 1854.

Chevalier Pierre, *Henri III*, Fayard, 1985.

Cimber Louis, Danjou Félix, *Archives curieuses de l'histoire de France*, 1834-1837, tome 11.

Crouzet Denis, *La nuit de la Saint-Barthélemy*, Fayard, 1994.

Descimon Robert, *La Ligue : des divergences fondamentales*, Annales. Histoire, Sciences Sociales, Volume 37, Numéro 1, 1982.

Descimon Robert, *La Ligue à Paris (1585-1594) : une*

révision, Annales. Histoire, Sciences Sociales, Volume 37, Numéro 1, 1982.

Descimon Robert, *Qui étaient les Seize ? Étude sociale de 225 cadres laïcs de la Ligue radicale parisienne*, Fédération des sociétés historiques et archéologiques de Paris, tome 34, 1983.

Erlanger Philippe, *Richelieu*, Perrin, 1969.

Erlanger Philippe, *Henri III*, Perrin, 1975.

Erlanger Philippe, *La Reine Margot*, Perrin, 1979.

Erlanger Philippe, *Le massacre de la Saint-Barthélemy*, Gallimard, 1960.

La Ferrière Hector de, *Trois amoureuses au XVIe siècle. Françoise de Rohan, Isabelle de Limeuil, la reine Margot*, Calmann-Lévy, 1885.

Franklin Alfred, *La vie privée d'autrefois, les repas*, Plon, 1889.

Frégier Honoré Antoine, *Histoire de l'administration de la police de Paris, depuis Philippe Auguste jusqu'aux États généraux de 1789*, 1850.

Jouanna Arlette, Boucher Jacqueline, Biloghi Dominique, *Histoire et dictionnaire des guerres de Religion*, Laffont, 1998.

Leboucq Karine, *L'administration provinciale à l'époque des guerres de religion : Henri III, François d'O et le gouvernement de Basse-Normandie (1579-1588)*, Revue Historique 299/300, 1998.

Leboucq Karine, *François d'O (1551-1594), Vie et carrière d'un « mignon » sous Henri III et Henri IV*, thèse de l'École des chartes, 1996.

L'Estoile Pierre de, *Journal de Henri III, 1587-1589 (Mémoires-journaux, 1574-1611)*, Taillandier, 1982

L'Estoile Pierre de, *Journal de Henri III, 1587-1589 Pièces additionnelles, Mémoires-journaux, Le procès-verbal d'un nommé Nicolas Poulain, lieutenant de la prévôté de l'île-de-France, qui contient l'histoire de la Ligue, depuis le second janvier 1585 jusques au jour des barricades, échues le 12 mai 1588.*

Marin Jean-Yves, Levesque Jean-Marie, *Mémoires du château de Caen*, Le Seuil, 2000.

Orieux Jean, *Catherine de Médicis*, Flammarion, 1986.

Pêcheur Anne-Marie, Blay Nelly, *Figeac*, éd. du Rouergue, 1998.

Périni Édouard Hardy de, *Batailles françaises*, Flammarion, 1894-1906.

Poton Didier, *Duplessis-Mornay, Le pape des huguenots*, Perrin, 2006.

Solnon Jean-François, *Henri III*, Perrin, 2001.

Sully, Maximilien de Béthune, *Mémoires de Sully, principal ministre de Henri le Grand*, J.-F. Bastien, 1788.

Vaissière Pierre de, *Charles de Louviers, seigneur de Maurevert*, Revue des Études historiques, 1911.

Vivent Jacques, *La tragédie de Blois*, Éditions Hachette, 1946.

— Êtes-vous historien ?

Cette question est sans doute la plus fréquente qui me soit posée lorsque je fais des dédicaces.

Je serais historien, et bardé de diplômes universitaires, je donnerais assurément à certains un gage de qualité aux romans que j'écris. Hélas, bien qu'universitaire, je ne suis pas historien, je suis simplement un romancier qui raconte des histoires en essayant de s'approcher au plus près de la vérité historique.

Ce qui me rassure, c'est que je ne suis pas le seul écrivain à qui on a reproché de ne pas être un authentique historien. Ainsi Alexandre Dumas, dans un dialogue savoureux, raconte ses démêlés avec un magistrat, historien réputé, qu'il vient interroger pour écrire *les Compagnons de Jéhu*. En voici quelques extraits :

Je trouvai un homme à la figure luisante et au sourire goguenard. Il m'accueillit avec cet air protecteur que les historiens daignent avoir pour les poètes.

— Eh bien, monsieur, me demanda-t-il, vous venez donc chercher des sujets de roman dans notre pauvre pays ?

— Non, monsieur : mon sujet est tout trouvé ; je viens seulement consulter les pièces historiques.

— Bon ! je ne croyais pas que, pour faire des romans, il fût besoin de se donner tant de peine.

— Vous êtes dans l'erreur, monsieur, à mon endroit du moins. J'ai l'habitude de faire des recherches très sérieuses sur les sujets historiques que je traite.

— Vous voudrez bien m'apprendre, monsieur, me dit-il, à quoi je puis vous être bon dans cet important travail ?

— Vous pouvez me diriger dans mes recherches, monsieur. Ayant fait une histoire du département, aucun des événements importants qui se sont passés dans le chef-lieu ne doit vous être inconnu.

— En effet, monsieur, je crois, sous ce rapport, être assez bien renseigné.

— Voici, monsieur. Quatre... jeunes gens, les principaux parmi les compagnons de Jéhu, ont été exécutés à Bourg, sur la place du Bastion.

— D'abord, monsieur, à Bourg, on n'exécute pas sur la place du Bastion ; on exécute au champ de foire.

— Maintenant, monsieur... depuis quinze ou vingt ans, c'est vrai... Mais, auparavant, et du temps de la Révolution surtout, on exécutait sur la place du Bastion.

— C'est possible.

— C'est ainsi... Ces quatre jeunes gens se nommaient Guyon, Leprêtre, Amiet et Hyvert.

— C'est la première fois que j'entends prononcer ces noms-là... Vous êtes sûr, monsieur, que ces gens-là ont été exécutés ici ?

— J'en suis sûr.

— De qui tenez-vous le renseignement ?

— D'un homme dont l'oncle, commandant de gendarmerie, assistait à l'exécution.

— Vous nommez cet homme ?

— Charles Nodier.

— Charles Nodier, le romancier, le poète ? Vous avez fait un voyage inutile ! Il y a vingt ans, monsieur, que je compulse les archives de la ville, et je n'ai rien vu de pareil à ce que vous me dites là.

Dumas quitta l'historien fort contrarié et poursuivit ses recherches au greffe de la prison. Il y trouva finalement le procès-verbal d'exécution des quatre jeunes gens qui confirmait ses dires ! Laissons-lui la parole :

Ah ! C'était donc le poète qui avait raison contre l'historien ! Le capitaine de gendarmerie qui avait remis au juge de paix le procès-verbal de ce qui s'était passé dans la prison – où il était présent – c'était l'oncle de Nodier !

J'avais dans ma poche les Souvenirs de la Révolution *de Nodier. Je tenais à la main le procès-verbal d'exécution qui confirmait les faits avancés par lui.*

— Allons chez notre magistrat, dis-je.

Le magistrat fut atterré, et je le laissai convaincu que les poètes savent aussi bien l'histoire que les historiens, s'ils ne la savent pas mieux.

Que le lecteur ne s'imagine pas, à travers cette anecdote, que j'ai l'outrecuidance de me comparer à l'un des plus grands romanciers de tous les temps. Pourtant, comme M. Dumas, je construis mes histoires en essayant d'être au plus près d'une vérité historique (pour autant qu'il y en ait une !). Ainsi, chaque fois que je le peux, pour suivre au mieux ce qui est rapporté par des mémorialistes, j'incorpore dans mon récit des extraits de leur œuvre. Parfois en citation, parfois en les transformant en dialogues ou en les insérant dans le déroulement du récit.

Pourtant, et malgré toutes les vérifications que je m'impose, il arrive que je commette des erreurs. Parfois, simplement d'inattention, d'autres fois à cause d'un manque de documentation, plus fréquemment du fait d'un trop-plein d'information, car il n'est pas rare que le même fait rapporté par deux mémorialistes se situe à deux dates différentes, ou comporte des variantes importantes.

Malgré tout, le mélange de textes historiques et de détails authentiques au sein du roman permet de nourrir l'imagination et d'apporter cette impression de vécu qu'Alexandre Dumas a su si bien nous faire partager. C'est en tout cas ce que je souhaite, et si je parviens ainsi à transporter le lecteur dans une autre époque, tout en le passionnant par l'intrigue romanesque que je raconte, j'aurai réussi mon pari.

Remerciements

Je remercie Karine Leboucq de m'avoir autorisé à consulter sa thèse de l'École des chartes : *François d'O, vie et carrière d'un « mignon » sous Henri III et Henri IV*. Je reste cependant seul responsable de l'interprétation que j'ai faite du caractère et des agissements du marquis d'O dans ce roman. Un grand merci aussi à M. David Vilain qui m'a permis de voir la cour de l'hôtel de Scipion Sardini, rue Scipion, alors que le porche de l'assistance publique était fermé !

Toute ma gratitude envers Jeannine Gréco et Béatrice Augé qui ont accepté si volontiers de relire et de corriger le manuscrit et à Cathy Pesty qui m'a confié de précieux documents sur Vernon et sur les tailles de Normandie. Je n'oublie pas Maÿlis de Lajugie, pour la qualité de son travail d'éditrice et ses remarques pertinentes !

J'éprouve aussi une profonde reconnaissance envers Isabelle Laffont pour la confiance qu'elle m'a accordée, et plus généralement envers toute l'équipe des éditions Jean-Claude Lattès.

Enfin, je dois remercier mon épouse et ma fille cadette, toujours premières lectrices. Elles restent les plus sévères juges des premières versions de mes ouvrages.

Vous pouvez joindre l'auteur :
aillon@laposte.net
www.grand-chatelet.net

Pour l'éditeur, le principe est d'utiliser des papiers composés de fibres naturelles, renouvelables, recyclables et fabriquées à partir de bois issus de forêts qui adoptent un système d'aménagement durable.

En outre, l'éditeur attend de ses fournisseurs de papier qu'ils s'inscrivent dans une démarche de certification environnementale reconnue.

Cet ouvrage a été composé
par Facompo (Lisieux)
et achevé d'imprimer en septembre 2008
sur Roto-Page
par l'Imprimerie Floch à Mayenne
pour le compte des Éditions Lattès

N° d'édition : 01 – N° d'impression : 71955
Dépôt légal : octobre 2008

Imprimé en Ftance